薄互层弹性波传播理论

（上册）

王 赟 杨 春 著

科 学 出 版 社
北 京

内 容 简 介

薄互层不仅可作为克拉通盆地上地壳和工程领域浅层沉积层的简化模型,更是我国化石能源勘探开发中需要面对的一种重要的目标层。现行的反射地震理论是建立在厚层单阻抗差界面的弹性波反透射基础上,由此衍生的反射地震技术对薄互层的预测存在较大的理论误差,难以满足科学研究与油气储层预测、工程勘查等生产实践的需要。本书从均匀各向同性弹性水平层状介质的传播矩阵理论与反射率法数值模拟出发,通过单薄层的地震地质建模、均匀各向同性弹性波波场数值模拟与传播特征的研究,在论证薄层反射不同于单阻抗差界面反射的基础上,给出了一系列适用于薄层的弹性波反/透射系数计算的精确公式与近似公式及其推导过程,并利用典型薄互层模型的反射 PP 波与转换 PS 波波场模拟与 AVO/A 分析,给出这些理论公式的误差分析与适用条件,为薄互层的反演提供理论基础。

本书可供地球物理、能源地质、石油工程、工程勘察、天然地震等专业的本科生、研究生及相关专业的工程技术人员参考与使用。

图书在版编目(CIP)数据

薄互层弹性波传播理论. 上册 / 王赟, 杨春著. —北京:科学出版社, 2019. 11

ISBN 978-7-03-063135-0

Ⅰ. ①薄… Ⅱ. ①王… ②杨… Ⅲ. 薄互层-弹性波-波传播 Ⅳ. ①O347. 4

中国版本图书馆 CIP 数据核字(2019)第 247527 号

责任编辑:张井飞　韩　鹏　姜德君 / 责任校对:张小霞
责任印制:赵　博 / 封面设计:图阅盛世

科学出版社 出版
北京东黄城根北街 16 号
邮政编码: 100717
http://www.sciencep.com
涿州市般润文化传播有限公司印刷
科学出版社发行　各地新华书店经销
*
2019 年 11 月第　一　版　开本:787×1092　1/16
2025 年 2 月第三次印刷　印张:14
字数:327 000

定价:298.00 元

(如有印装质量问题,我社负责调换)

前　言

在简述前人有关薄互层反射、透射研究成果的基础上，本书主要介绍了近十年来我们在单阻抗差界面反射、薄层反射、薄互层地震传播方面的理论成果，重点介绍了在 Zoeppritz 方程及其各种近似方法研究的启示下，我们对于单薄层反/透射各种近似公式的推导和处理，包括单薄层在极薄层假设、弱阻抗差及小角度假设下的近似公式，并进行了针对不同模型的误差分析，以厘清各种近似公式的适用条件和近似精度。通过典型模型模拟对比分析说明了薄层与单界面地震响应的不同，并将均匀各向同性的单薄层模型逐步复杂化，研究了薄层含构造煤或夹矸、含一组或两组正交裂隙、含不同性质与饱和度流体时的波场特征与异常。总而言之，上册主要以单薄层为研究对象。为说明单薄层的研究意义和薄互层研究难点，上册还介绍了薄互层在不同波函数情况下反/透射系数的差异，薄互层各向异性近似的研究方法；并通过一个简单的、韵律型薄互层模型的地震波场模拟与分析，说明了薄互层反射不同于单薄层的更复杂的特征，以期为下册——关于薄互层地震传播与各向异性近似处理的介绍做一些必要的理论准备和铺垫。上册共分七章。

第 1 章绪论。根据前人的研究成果，重点论述了薄互层的研究意义及研究现状，并分析了存在的问题；概述了薄互层视各向异性、AVO(amplitude versus offset)研究技术、反射率法等的研究现状，作为薄互层研究的辅助内容。

第 2 章弹性波动力学理论基础。概述了线弹性动力学的基本方程：Hooke 定律、几何方程及运动微分方程；各向同性介质中纵、横波方程，Snell 定律，边界条件及位移与位移位函数等本书后续研究所需要的相关基本理论和概念。

第 3 章薄互层弹性波传播的反射率法。本章主要分为三部分内容：首先详细介绍了单界面情况下的 Zoeppritz 方程及各种近似式，并给出各近似式的假设条件及适用范围；其次具体介绍了位移及位移位情况下的薄互层弹性波反/透射系数，并分析了不同波函数下反/透射系数的不同；最后概述了反射率法数值模拟方法并对薄层进行了拟合分析。

第 4 章薄(互)层反射的各种近似。首先，介绍了现有的理论——Schoenberg 近似式及各向异性近似式，为后续薄互层视各向异性的研究提供了理论基础。其次，讨论了薄互层反/透射系数与射线参数 p 的级数关系及其奇偶性，并给出了 $n=1$ 的低阶级数近似解。再次，在薄层厚度很小的假设前提下，给出了薄层拟 Zoeppritz 矩阵方程，简化了薄层的反/透射公式，为薄层反演提供了可能。最后，对弱阻抗差薄层进行了进一步的简化处理，给出了弱阻抗差近似、四次幂级数近似及二次幂级数近似。

第 5 章双相介质薄(互)层弹性波的反射与透射。在前述的固相弹性介质地震波传播介绍的基础上，本章针对孔隙弹性双相介质，首先依据 Gassmann 方程，给出了等效介质假设下的薄层 PP 波及 PS 波反射系数；其次在低频 Biot 理论模型框架下给出双相介质薄互层的传播矩阵，建立了双相介质薄层的反/透射系数矩阵方程。结合快纵波入射情况下的单薄层孔隙弹性波场响应数值模拟，通过与单相介质的反射对比，分析孔隙流体对薄层响应的影响。

第6章典型薄(互)层模型的弹性波传播特征。本章在给出各向同性薄层地震响应特征的基础上,依次讨论了含构造煤及夹矸薄层、含裂隙薄层、含流体(游离态、吸附态)薄层、黏弹性及其各向异性薄层、均匀各向同性薄互层等复杂情况下煤层的弹性波传播特征。从理论数值模拟的角度综合分析煤层复杂程度的变化对地震反射的影响,为薄层反演奠定理论基础。

第7章总结。对薄互层弹性波传播理论及其波场特征进行了归纳总结,给出了对全书各章节内容的认识和结论;并总结了现有薄互层研究所存在的问题及下册书中将主要介绍的内容。

本书部分内容来自于杨春博士在研究生与博士后阶段的研究成果,部分内容来自作者为完成国家"十一五"、"十二五"、"十三五"油气与煤层气专项任务所做的研究,还有部分内容是"多波多分量"(multi-wave multi-component,MWMC)研究组的以往研究积累。

本书的出版得到了科技部973项目"深部煤炭资源关键地质体与多相介质的地球物理响应"(编号:2006CB202207)、863项目"多分量地震技术识别裂缝与流体"(编号:2013AA064201),国家科技重大专项"十一五"计划"煤层气储层的地震波场响应数值模拟技术"(编号:2008ZX05-035-001-003HZ),"十二五"计划"煤层气储层的地震波场响应数值模拟技术"(编号:2011ZX05035-001-006HZ)、"十三五"计划"薄层地震波场特征与反演研究"(编号:2016ZX05002-005-008)、国家自然科学基金项目(编号:41425017、41374131、41574126、41504107、41604119)等的资助。更要感谢北京多分量地震技术研究院长期以来对我们研究组在地震各向异性理论和多分量地震技术攻关方面所给予的经费、数据和常规处理与解释反演技术等方面的支持。

由于作者水平有限,不妥之处在所难免,恳请读者批评指正。

"多波多分量"(MWMC)研究组

目　　录

第1章　绪　　论

1.1　薄互层的研究意义

1.1.1　薄互层的典型性

随着我国油气、煤炭等资源开发的不断深入,薄(互)储层、岩性储层、碳酸盐岩缝洞型储层、非常规油气等复杂油气藏及煤储层成为勘探的重点(王明春,2007)。在我国东部地区或一些西部盆地,绝大多数的中、新生代陆相含油、含煤盆地以薄层砂、泥岩沉积为主,并夹有少量的碳酸盐岩、页岩及膏盐层,这些地层岩性和厚度横向变化较大,而且厚度远远低于目前地震技术的垂向分辨率,以薄层的形式存在(刘亚茹,2007)。如图1.1所示的窟野河水平层理席状砂岩岩层叠置形成的地层即是典型的海陆交互相的薄互层。如图1.2所示的是现代解剖的美国一个典型河口沉积环境的地层层序。显然,每个岩性层都很薄,且存在明显的物性差异,其叠置形成的陆相碎屑岩薄互层是更古老、深层沉积的现代指示。如图1.3所示的是中国石化某气田钻孔测井岩性解释与录井剖面图,显然密度与声波速度可区分的地层是很薄的,这些无数的薄层组成了我国东部陆相沉积的一个典型代表。总而言之,不论是海陆交互相还是纯陆相沉积,作为我国油气资源勘探的主要对象,薄互层在我国大多数陆相和海陆交互相沉积盆地中是广泛存在的(常子恒,2001)。

图1.1　水平层理的窟野河席状砂岩剖面(摘自地质静的博客:blog. sina. com. cn/cqhj3)

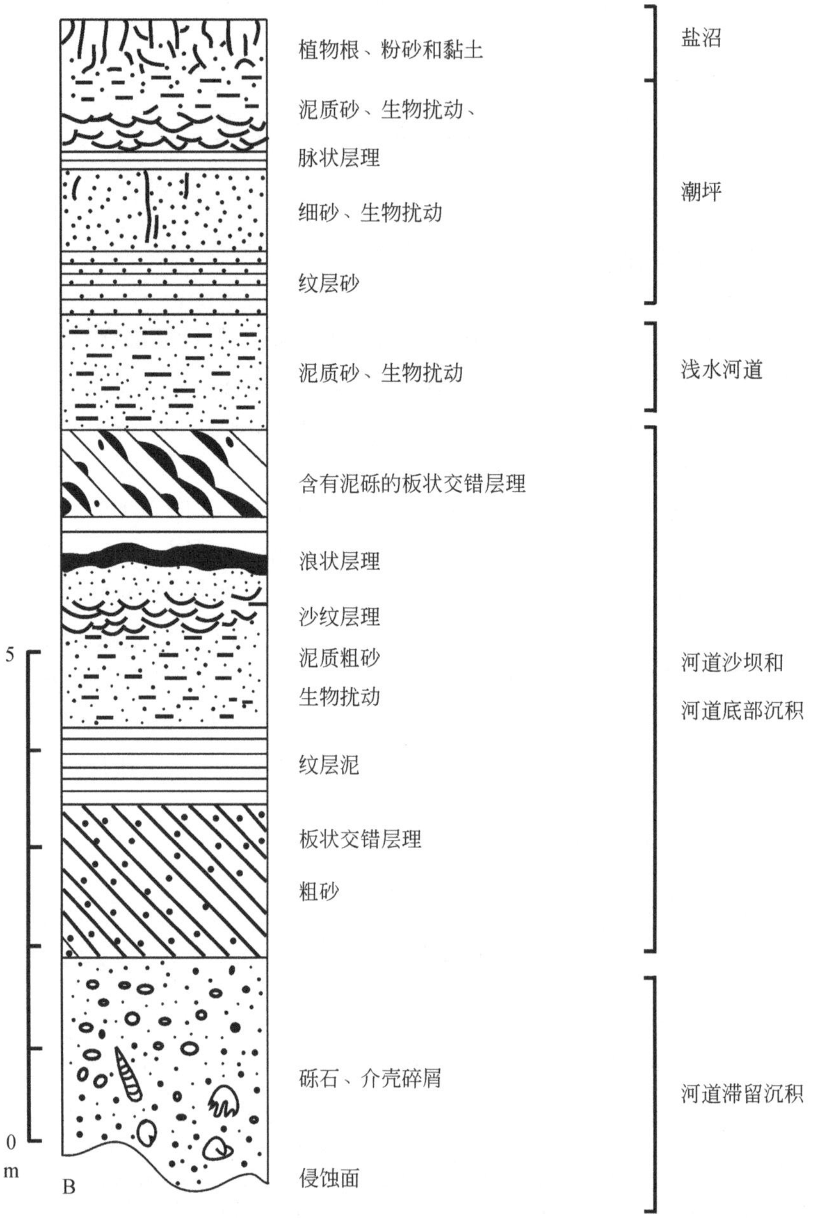

图 1.2　美国某河口沉积层序(曾允孚和夏文杰,1986)

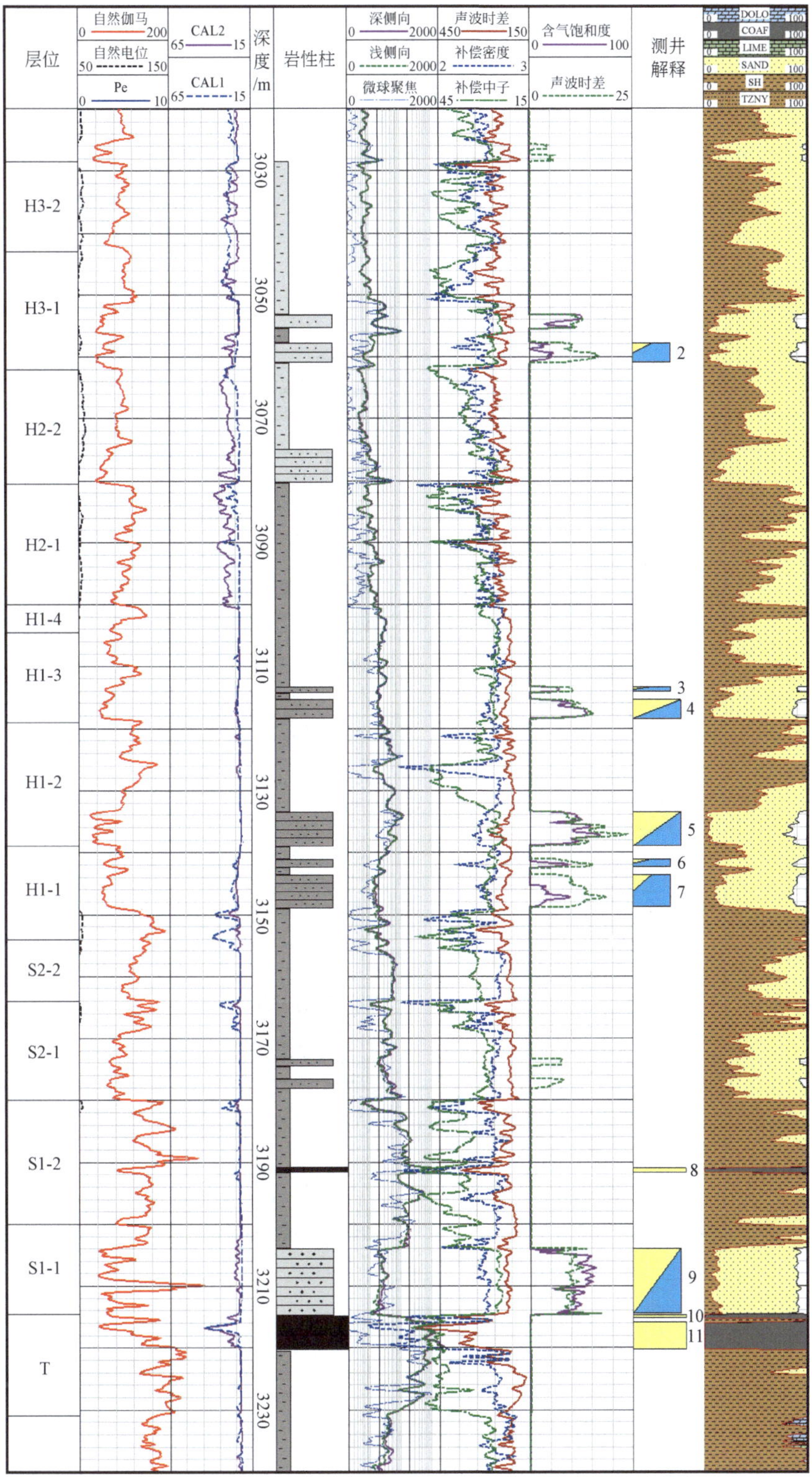

图 1.3 某致密砂岩气田测井相处理结果

我国煤系地层绝大部分煤层与围岩物性差异较大,煤层顶、底板为良好的波阻抗分界面,可以形成较强的反射波。由于煤层厚度多在 2 ~ 10m,且常与砂泥岩互层以薄互层的形式存在,反射响应并非单一界面产生,而是顶底反射、层间多次波和转换波叠加而成的复合波(张爱敏等,1997)。如图 1.4 所示为淮南顾桥煤矿二叠系煤系地层典型的测井与岩性柱状图,这种煤田的薄互层也是广泛存在的。而作为我国主要的采煤层系,从石炭纪到侏罗纪,几乎所有的煤系地层都属于海陆交互相或陆相沉积(董书宁和张群,2007),都可以看作薄互层。

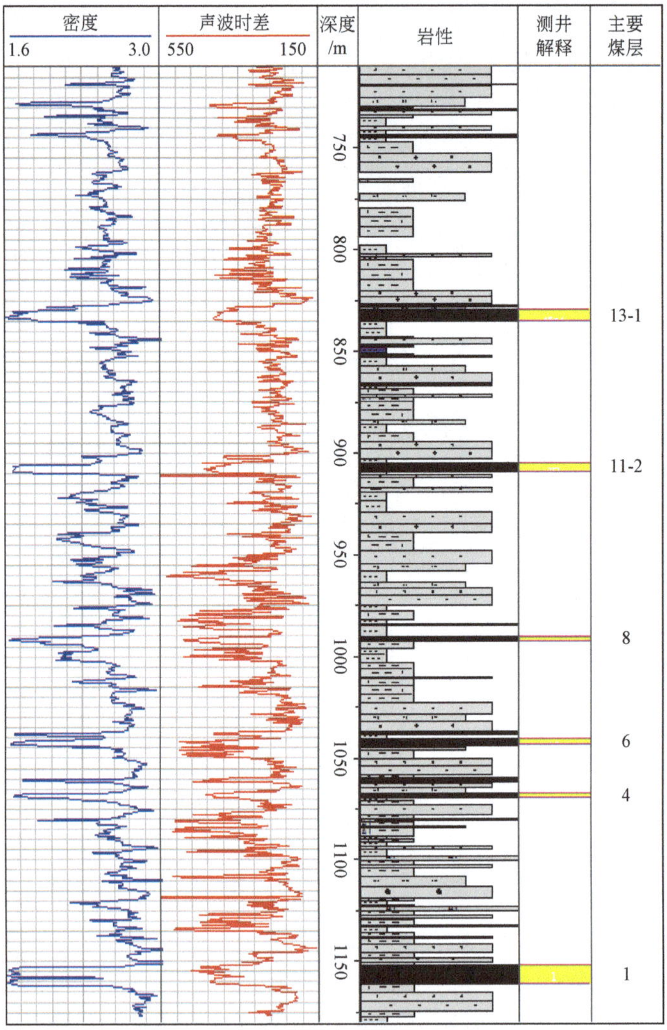

图 1.4 淮南顾桥煤矿某钻孔煤系地层的典型柱状图

1.1.2 现行地震反透射理论面临的挑战

中国石油工业从国外引进地震技术之初,由于国外的油气勘探主要针对的是海相厚层储层,因此,此阶段的地震技术是建立在层状介质厚层反射基础上的,即单阻抗差界面的反射基础上(许云,1981a,1981b;沃特斯,1983)。而我国油气发展的初期阶段以勘探开发构造油气藏为主,套用的也是厚层的地震反射理论。几十年来,随着构造油气藏的开发殆尽,岩性等更复杂的油气藏的勘探开发日益紧迫,建立在单阻抗差界面、厚层反射基础之上的地震技术受到越来越明显的挑战,存在不可接受的误差(张川等,2015)。

实际地球介质是一种非均匀、非完全弹性、各向异性、多相态的介质。地震波在各向异性介质中传播时,其弹性波特征,如传播速度、偏振方向和振幅衰减等都具有一定的方向性,体波之间相互耦合,并会产生横波分裂等现象(Crampin et al,1980;Crampin,1981,1984)。近些年来,随着油气勘探难度的加大和地质目标复杂性的增加,基于各向同性介质理论的地震技术已经难以满足油气工业界的需求,因此,开展薄(互)层各向异性及视各向异性研究对认知地壳介质结构、勘探开发复杂油气藏等均有一定的超前性和十分重要的指导意义。

因此,开展针对薄互层地震传播的专项研究,建立适用于薄互层的地震波理论,以期获得对薄层、薄互层的定性或定量预测分析,提高预测精度,对油气、煤炭等能源的地震勘探开发均具有重要的理论及现实意义。

1.2 薄(互)层研究现状与存在的问题

1.2.1 薄(互)层的地震研究方法

数值模拟与 AVO 分析是地震技术的重要组成部分,是认知地震地质模型理论波场特征,指导地震解释与反演,并进一步实现模型参数定量预测的主要手段。

1.2.1.1 薄层正演研究方法

纵观薄层正演研究,主要有以下三个思路。

一是将问题简化,只考虑平面纵波垂直入射情况。Treitel 和 Robinson(1966)利用通信理论分析了垂直入射 P 波在水平层状各向同性弹性介质中的传播规律,建立同等时间刻度模型并利用 Z 变换给出了层状传播矩阵。Widess(1973)最早提出利用振幅信息预测薄层厚度的思想,建立了垂直入射时反射振幅与薄层厚度之间的关系式,但其研究仅限于薄层顶、底反射系数等幅异号的情况。Chung 和 Lawton(1995a,1995b)将其推广到顶、底反射系数等幅同号的情况并讨论了不同类型地震子波对薄层地震反射的影响。以上研究忽略了转换波和层间多次波的影响。Koefoed 和 de Voogd(1980)指出,当薄层与围岩的声阻抗比值位于 0.5 ~2 时,转换波及层间多次波对薄层反/透射的影响可以忽略,故在阻抗比值较小时,可以按照该思路研究薄层问题。

二是任意入射角情况下利用时间延迟建立薄层反/透射关系式。Meissner 和 Meixner(1969)提出了用于计算各向同性薄层中反射平面波的振幅时间延迟的反/透射方法,将薄层顶、底界面分别看作单界面进行处理并利用反/透射系数连乘来反映层间系数特征,包含了层间多次波及转换波信息。Liu 和 Schmitt(2003)分析了任意入射角下单薄层的反射系数,并讨论了层厚及泊松比对地震 AVO 响应的影响。Pan 和 Kristopher(2013)在 Liu 和 Schmitt 的基础上,进行了单一薄层在弹性介质下的 AVO/AVF(amplitude versus frequency)特征研究,表明声学介质不适合单一薄层 AVO 研究。

三是利用层状介质传播矩阵理论研究薄层问题。Brekhovskikh(1980)从弹性波动力学的角度讨论了平面波在层状介质中的反射和透射情况,建立了传播矩阵方法,但由于公式复杂,多年来一直没有得到发展和应用。Kennett(1974,1979)根据递归理论提出了针对多层介质中柱面波入射情况下反/透射系数的层间递归关系。汪恩华(1991)、汪恩华等(2001)在 Brekhovskikh 研究的基础上导出了平面纵波入射和全固相介质假设条件下的纵、横波反/透射公式,并以单层为例,计算了不同厚度、不同入射波频率和不同埋深条件下含气(包括高阻、低阻)与不含气时的反射系数随入射角变化的结果。汪恩华等(2001)在推导出任意入射角入射条件下的多个薄层纵、横波反射系数谱理论基础上,进一步简化给出了单个薄层的纵波反射系数谱计算公式,从而获得了在薄层条件下不同频率成分的纵波反射系数谱数学关系式。Chen 和 Liu(2006)延续汪恩华等的研究,数值模拟说明反射系数谱方法考虑了波传播过程中所有可能的波型转换和所有类型的多次波。

1.2.1.2　反射率法研究

正演模拟是全面认识地震波在复杂介质中的传播特征、用于解释观测数据并预测地质构造的一种有效手段。正演模拟方法主要有射线追踪法、有限差分法、有限元法和反射率法。射线追踪法计算成本较低,能够处理复杂形态的地质体;缺点是精度低且难以处理方位各向异性介质中不同类型横波之间的耦合问题。有限差分法、有限元法应用范围比较广泛,能够较精确地模拟任意非均匀介质中的地震波场;缺点是计算成本较高,同时需要采用吸收边界条件。反射率法是一种数值变换方法,它是实现层状半空间介质中全波场模拟的最有效方法,其精度高于有限差分法和射线追踪法,计算成本介于二者之间;不足之处是只适用于垂向非均匀介质。对于薄(互)层的模拟,反射率法能满足精度要求。

反射率法的核心思想是在特定介质(水平层状介质)条件下,得到波动方程的谐波形式解,在此解的基础上进行数值计算,合成地震反射和透射记录。Fuchs 和 Müller(1971)最早用反射率法计算了合成地震记录,后来 Kennett(1974,1979,1983)的工作使该方法逐渐完善,没有数值不稳定问题,也易于实现。Booth 和 Crampin(1983)修改了 Fuchs 和 Müller 的反射率法,计算了层状各向异性介质模型的合成地震记录。Fryer 和 Frazer(1984)对具有水平对称面的介质给出了传播矩阵的特征值和特征向量的解析表达式。Mallick 和 Frazer(1990)用反射率法计算了方位各向异性层状介质中的合成地震记录。在国内,王椿镛(1982)应用传播矩阵的方法把 Fuchs 和 Müller 计算合成地震图的反射率法推广到层状不均匀介质中。寻浩等(1997)应用 Fryer 和 Frazer 的方法计算了任意各向异性层状介质中的合成地震记录。Yao 和 Xiong(1993a,1993b)、Yao 等(1999)发展了各向同性介质的反射率法,进一步形成有效的各向异性计算方法。张繁昌等(2003)和张显文等(2010)实现了各向同性介质反射率法的正演模拟。陈康等(2013)在平面波入射和全固相各向异性介质的假设条件下,推导了水平层状 TTI 介质中的频率-慢度域纵、横波反/透射系数表达式。张营革(2014)推导了水平层状饱和流体孔隙介质中的频率-慢度域纵、横波的反/透射系数公式,实现了将反射率法由单相介质推向饱和流体孔隙介质情况。

反射率法的主要优点是精度高,没有数值不稳定问题,也较易于实现。它是在水平层状介质平面波假设基础上,通过传播矩阵求出层状介质平面波传播解,再通过对所有方向平面波的积分得到从点源到接收点地震波曲面波前的方法。因此利用反射率法合成的理论地震图包括了地震波的全部运动学和动力学特征。其主要缺点是:只能在垂向非均匀介质情况下使用;速度梯度带常用许多薄层近似;为了避免空间假频,要求反射率函数在波数域采样要足够多;为了避免时间假频,要求计算长序列。

1.2.1.3　AVO 技术研究

AVO 技术是利用反射系数随入射角变化的原理,在叠前道集上分析地震反射振幅随偏移距的变化规律,估算岩石的弹性参数,研究岩性、检测油气的重要技术。该技术自 20 世纪 80 年代提出以来,在油气勘探中不断发展,并得到迅速推广和广泛应用。根据地震波动力学中反射和透射的理论,反射系数随入射角的变化与弹性分界面两侧介质的物性参数有关。这个事实包含两层意思:一是不同岩性参数的组合,反射系数随入射角变化的特征不同,称为 AVO 正演方法;二是反射系数随入射角变化本身隐含了岩性参数的信息,利用 AVO 关系可以反演介质的密度、纵波速度和横波速度,称为 AVO 的反演方法。在理论研究中,可以建立地层模型进行 AVO 正演,即利用介质参数求取的反射系数和地震子波褶积获得地震合成记录,根据理论合成记录与实际采集的地震记录对比,可进行 AVO 反演。AVO 技术的理论基础——Zoeppritz 方程及其各种近似方程都是基于单阻抗差界面模型提出的,利用现有 AVO 理论反演薄互层势必造成解释上的误差(王赟等,2018),因此开展薄互层 AVO 分析及薄互层近似公式的推导是薄互层研究的当务之急。

针对反射振幅随偏移距变化的规律研究,Knott(1899)指出弹性波在界面上产生反射和折射,振幅随入射角的变化而变化,给出了反射系数公式。Zoeppritz(1919)建立了 Zoeppritz 方程,它具体描述了弹性纵波在介质分界面上的反射和透射问题。但由于该方程比较复杂,一直没能得到直接的应用。Muskat 和 Merest(1940)发表了他们的经典论文《弹性介质中平面波的反射和透射系数》,并宣称“平面波的反射和透射系数是入射角的函数”,当深度一定时,入射角和炮检距成正比关系。Koefoed(1955)第一次给出了将泊松比与反射系数直接联系起来的 Zoeppritz 近似方程,以泊松比 σ 为参数计算出纵波反射系数与入射角的关系曲线,他用 17 组纵波速度、密度和泊松比模型参数,较为详细地研究了泊松比对不同各向同性介质之间反/透射面所产生的反射系数的影响,最大入射角达到 30°,他的研究成果被公认为 Koefoed 五原则。Bortfeld(1961)利用地层厚度趋于零来逼近单界面的方法计算了平面纵波和转换波的反射系数,给出了区分流体和固体的简化公式。Hiltemen(1983)对 Bortfeld 近似公式进行了修改,给出了反射振幅的近似表达式,该公式第一次给出了能够满足大多数地球物理介质的近似反射系数,提供了复杂问题简化的途径。Aki 和 Richards(1980)在假设相邻地层介质弹性参数变化较小的情况下对 Zoeppritz 方程进行了近似,给出了简单直观且精度较好的反/透射系数的近似表达式;在以后的研究中,大多数的近似方程都是在 Aki-Richards 近似式的基础上提出的。Shuey(1985)给出了不同角度项表示的反射系数近似公式,用显式方程表达了纵波反射系数与介质弹性参数及入射角之间的关系。Smith 和 Gidlow(1987)在假设介质速度和密度满足经验方程条件下,在方程中去除密度项,利用共中心点(common widdle point,CMP)道集的加权迭加进行 AVO 反演来研究含水硅酸盐岩的纵波反射情况。Gidlow 等(1992)提出了以相对波阻抗变化表示纵波反射系数的近似方法;Fatti 等(1994)在 Gidlow 等研究的基础上给出了以相对波阻抗表示转换 PS 波的近似方程,并利用最小二乘法实现了单界面的多波联合反演;Goodway 等(1997)利用拉梅常数对反射系数进行了近似;Xu 和 Bancroft(1998)提出直接利用拉梅常数和剪切模量表示的反射系数近似方法;Wang (1999)利用岩性分界面两侧的速度、密度及慢度等关系给出了反射系数相对于炮检距的非线性近似;Gray(2002)利用体积模量、拉梅常数、剪切模量的相对变化量对 Aki-Richards 近似进行了变换,给出一种与之不同的表达形式。郑晓东(1991)证明了"在不同弹性介质分界面上入射平面弹性波、转换波的反射系数和透射系数是射线参数 p 的奇函数;非转换波的反射系数和透射系数是射线参数 p 的偶函数",并在此基础上,给出了以幂级数形式表示的 Zoeppritz 方程近似公式,阐明了转换波和非转换波动力学特征的差异。杨绍国和周熙襄(1994)针对郑晓东的近似方程只适应弹性参数相对变化量小的局限性,给出了 Zoeppritz 方程的级数近似表达式,可适应弹性参数变化较大的情况。

1.2.2　薄层研究的意义与现状

在我国东部油田,薄储层是当前陆相沉积环境中油气勘探面临的主要储层类型,包括砂岩与生物碎屑灰岩储层等(王濮等,2007;陈继松和常旭,1987)。尽管早在 20 世纪,薄层反射的特殊性就引起了国内外众多学者的关注(Widess,1973;唐文榜,1987;Gochioco,1991,1992;袁子龙等,1996),但至今薄层的反演仍是难点。随着构造油田勘探开发殆尽,岩性勘探成为东部老油田挖潜的主要方向之一,而对于岩性勘探,薄层与薄互层问题更加突出(孙树海和牛彦良,1991)。为此,李雪英等(2012,2014)对近些年的薄层正演模拟、时频分析方法、厚度预测等研究进展进行了综合论述。

总结前人的研究,不难发现,对于薄层地震反射的探索工作主要分为三个方面。

一是讨论薄层与单阻抗差界面反射的差异,以突出薄层反射的特殊性。

在单阻抗差界面地震反射的 AVO 特征研究方面前人已做了大量的工作(徐仲达等,1991),研究已经证明薄层和薄互层的反射不同于单阻抗差界面的反射,难以用 Zoeppritz 方程刻画;当用单阻抗差界面的 AVO 分析技术反演薄层或薄互层时将产生错误的结果。杨辉(1988)在利用地震反射识别薄气层时发现了薄层反射与一般单阻抗差界面反射的差异,从而可能给岩性与油气预测带来误导。苏盛甫(1988)通过楔状体模型的数值模拟初步分析了单薄层的厚度与复合波反射振幅、峰值频率的关系,论证了单薄层厚度或薄互层累计厚度的反演方法,并在东部油田沙三段碳酸盐岩、砂泥岩互层地区进行了应用。

二是集中于薄层厚度预测问题的研究。

薄层厚度预测是地震勘探领域的一个难题,不论对于煤田还是油田地震勘探,薄层的厚度及其物性的反演都是非常重要的。自 Widess(1973)首先提出利用薄层反射振幅反演薄层厚度以来,无论在时间域、频率域,薄层厚度反演方法获得了一些有意义的成果,包括利用地震多种属性进行综合反演的方法(Krollpfeifer,1988;Partyka et al.,1999;Liu and Marfurt,

2006;Puryear and Castagna,2008;黄真萍等,1997;柏冠军等,2006;苑春方等,2014)。孙鲁平等(2010)通过薄层不同顶、底界面反射系数组合模型的模拟分析,制作了地震峰值频率与厚度关系量板,实现薄层厚度的定量预测。徐善辉(2012)研究了利用经验模态分解和 Hilbert-Huang 变换压制噪声,提高地震信号分辨率的方法,并进一步利用对数谱提高薄层的识别能力。Li 和 Guo(2007)探索了利用薄层反射振幅与频率的关系预测薄层厚度的可行性。其中,谱分解及其关联技术在薄层厚度预测中获得了较好的应用(刘万金等,2013)。王贻朋等(2014)通过反射系数的奇偶分解,在谱分析的基础上提出了进行薄层厚度定量反演的匹配追踪(matching pursuit,MP)二步法。Wu X Y 和 Wu R S(2006)用 AVO 技术分析薄储层的反射特征,指明了薄层解释的特殊性。张铁强等(2013)则针对薄煤层的反射特征提出了利用薄层 AVO 分析预测煤层厚度的方法。而对于薄层物性与孔隙结构的反演则鲜见报道。

三是薄层 AVO 特征分析研究。

为了提高薄层与薄互层反演精度,一些学者进行了薄层反射 AVO 特征的研究。例如,Martin 等(1996)基于声波方程和薄互层油藏模型,通过正演模拟讨论了上覆薄互层对于下伏单阻抗差界面反射 AVO 特征的影响及其校正方法;Liu 和 Schmitt(2003)针对单薄层模型推导了基于声波方程的时间域反射系数谱公式,分析了薄层厚度、泊松比对单薄层声波 AVO 特征的影响;Marmalyevskyy 和 Roganov(2006)讨论了含气薄互层 AVO 响应特征与单薄层、单阻抗差界面反射的差异,以及与频率、衰减因子、饱和流体性质的关系;Ellison 等(2004)针对薄储层的时移地震监测问题,分析了单阻抗差界面反射与薄层反射 AVO 特征的差异,并讨论了薄层 AVO 特征的校正方法。通过墨西哥湾一个薄互层储层 5 年注水开发的时移地震分析实现了均匀半空间反射 AVO 技术预测水驱前缘。尽管各种 AVO 校正技术均使用,但仍难以获得与理论相符的结果,从而说明了薄互层反射的特殊性,以及薄互层反演的复杂性。

不可回避的是,尽管上述研究已有很多,但目前薄层的研究大多针对均匀各向同性声学介质假设下的单薄层,且以薄层厚度预测为主要目的。

1.2.3 各向异性与流体、黏弹性对于薄层反射的影响

尽管早期 Samec 和 Blangy(1992)研究已表明:实际介质是黏弹性的,且具有速度各向异性,基于速度各向同性和完全弹性假设的 AVO 解释方法并不能完全反映地下岩性界面的反射和传播效应,上下岩层各向异性特征直接影响界面的反射系数;同时,实际介质对地震波的衰减作用使得界面入射波和反射波能量发生改变并影响其相位。所以,在 AVO 模拟和解释时,要综合考虑介质的黏滞性和各向异性。Tsvankin(1995)分析了弹性 VTI(transverse isotropy with a verticle axis of symmetry,具有垂直对称轴的横向各向同性介质)各向异性介质界面反射的 AVO 性质,指出各向异性不但影响界面的反射系数而且各向异性介质的 AVO 截距也会发生变化,并分析了各向异性 Thomsen 参数对振幅的影响。但针对薄层的研究还相对较少。杨春峰(2010)、姚陈等(2010)讨论了当考虑各向异性和多种波型相互转换时,薄层的反射将更加复杂。

1.2.3.1 含裂缝薄层的研究

对于裂缝诱导的 HTI 型各向异性介质,Bakulin 等(2000)通过建立 Thomsen 参数和裂缝参数之间的关系式,在纵波 AVO 梯度的基础上解释裂缝方向,并为估算纵横波速度比提供帮助。Al-Marzoug 等(2006)将各向异性 AVO 技术应用到含气储层的裂缝检测,发现两个地区的 AVO 分析结果与裂缝方向一致,预测精度较基于速度分析的方法要高,分析结果对布钻有指导意义。在非常规天然气方面,储层的天然裂缝和地层压力作用都可引起地层各向异性。Goodway 等(2006)综合分析各向异性 AVO 效应,在三维工区计算得到的裂缝密度和断层分布吻合。这些研究主要是讨论各向异性对厚层(或称单阻抗差界面)反射 AVO 特征的影响,且是基于裂缝的等效各向异性介质理论进行数值模拟分析的。对于含裂缝的介质各向异性研究,兰慧田(2014)基于 Chapman 裂缝介质等效理论进行了系统的研究,并进行了黏弹性的改进。尽管针对煤层气储层的裂缝预测问题,Shuck 等(1996)通过对新墨西哥州 Cedar Hill 油气田采集的 3D9C 试验地震数据的分析,对煤层中发育的裂缝进行了综合的解释,但在薄层或薄互层背景下裂缝对薄层反射的影响的研究尚未见报道。

1.2.3.2 双相介质薄层的研究

当地层孔缝中填充流体时,地震波能量将被吸收衰减(Aki and Richards,1980)。Ursin 和 Stovas(2002)推导了层状黏弹性介质纵横波反射与透射系数的一阶近似,该近似式包括了地震波的相移和衰减作用。Chapman 和 Liu(2005)研究发现油气层存在较强的衰减作用且不能忽略,这种衰减现象与频率相关,且通过 Rutehrford-Williams 理论解释了衰减和频率的相关性,认为和频率相关的衰减是储层解释的一个依据。Chichinina 等(2006)分析了纵波衰减各向异性,提出了品质因子梯度和截距的概念,品质因子梯度指示了裂缝方位和衰减各向异性。Chapman 等(2006)采用其推导的物理模型分析了衰减的频变作用,发现储层衰减会引起第一类 AVO 向高频方向移动,而第三类 AVO 具有低频放大作用,合成记录结果显示这种衰减作用在叠加剖面上是可检测的。但这些研究都是针对厚的层状介质的,对于薄层问题的讨论并不多见。Deresiewicz 和 Rice(1962)研究了自由表面边界条件下的地震波反射与透射问题;Geertsma(1961)、Deresiewicz 和 Rice(1964)研究了双相各向同性介质分界面上垂直入射时的反射和透射问题;王尚旭(1990)研究了双相介质中地震波的传播规律,推导出了类似于 Zoeppritz 方程的双相介质反射和透射系数方程,并实现了双相介质中地震波传播的有限元解法;Wu 等(1990)、乔文孝等(1992)研究了声波在双相介质分界面上的反射和透射规律;刘银斌和李幼铭(1994)研究了柱坐标系下横向各向同性多孔隙介质中地震波的传播规律;张应波(1994)探讨了 Biot 双相介质理论在地震勘探中的实际应用,确立了一套反演储层参数的处理技术和预测岩性的新方法;魏修成(1995)研究了双相各向异性介质中弹性波及耗散波理论,研究结果表明在双相各向异性介质中,存在四类弹性波;牟永光(1996)利用地震物理模型实验方法,观测并证实了双相各向异性介质中慢纵波和慢横波的存在,对双相介质中的弹性波场进行了深入研究,给出了双相各向异性介质中弹性波方程的有限差分解法;刘洋等(2000)研究了双相横向各向同性介质分界面上弹性波的反射和透射问题;马海珍(2003)、雍学善等(2006)推导出了双相介质参数与常见储层物性参数之间的关系式,建立了储层顶界面和底界面的反射、透射系数AVO方程，并对双相介质AVO波形反演的原理和方法进行了系统的研究。撒利明(2003)以多相介质理论的实验室数据为基础，提出对应低频共振和高频吸收的时窗区域即为高产油气区。卢明辉等(2007)给出可退化为Zoeppritz方程的双相介质分界面上的弹性波反射与透射系数方程。张营革(2014)从Biot提出的饱和流体多孔隙介质理论出发，在平面波入射和双相各向同性介质的假设条件下，推导了水平层状饱和流体多孔隙介质的频率-慢度域纵、横波反/透射系数公式。李红星等(2015)给出了基于BISQ模型(不含喷射流长度)的AVA方程。

国内外对薄层孔渗变化及含不同性质流体时所引起的双相介质薄层反射的研究尚少见报道。

1.2.3.3　黏弹性薄层的研究

对于地层介质黏弹性所导致的地震波能量的吸收衰减作用，Carcione(1995a,1995b,1997,2001)研究了黏弹性各向异性的本构方程，发展并完善了黏弹各向异性介质基本理论。Ursin和Stovas(2002)给出了黏弹性介质PP波、SS波透射系数的一阶近似，近似式中包括了地震波的相移和衰减作用。关于薄层或薄互层的黏弹性对反射波场的影响，由于薄互层作为我国一种广泛存在的陆相沉积环境下所形成的具有典型代表性的介质类型，国外关注较少。孙成禹等(2011)实现了黏弹性介质的波场模拟，并分别探讨了黏弹性对单薄层、薄互层反射相位的影响，获得了薄层与薄互层反射相位滞后与黏弹性关系的一些定性认识。郭智奇(2008)系统地研究了黏弹各向异性介质模型中波的反射、透射问题，并初步讨论了黏弹性各向异性对薄层、薄互层AVO反射特征的影响。

1.2.4　薄层研究存在的问题

薄层不同于单阻抗差界面情况，薄层反射是顶底界面反射、层间多次波与转换波叠加形成的复合调谐波，而目前产业界AVO反演方法都是基于单阻抗差界面基础上的Zoeppritz方程及其近似公式开展的，对于薄层问题不再适用。薄层反/透射理论的研究成为推动薄层AVO技术发展的基础。现有薄层精确公式是基于传播矩阵的位移位反/透射矩阵公式，形式复杂，难以应用于薄层反演。只有研究可用于AVO反演的简单的薄层近似式，才能真正地解决薄层预测问题。

尽管目前对于黏弹性、双相介质、裂缝隙的波场特征研究进行了很多探索，也取得了相对多的成果，但现有的研究都是基于厚层介质、讨论单阻抗差界面的地震反射特征。对于薄层，由于多次反射、多种波型的叠加、干涉调谐的作用，介质的黏弹性、含裂缝隙与流体变化对薄层反射的影响尚是需要探讨的课题，也是实现薄层更复杂物性与结构反演的理论基础。

1.2.5　薄互层研究现状与存在问题

对于单薄层的研究尚且如此艰难，对于更加复杂的薄互层，地震预测的难度就更大了(黄文锋等，2012；袁子龙等，1996)；薄互层反射AVO特征将变得更加复杂(赵伟等，2006；孙树海和牛彦良,1991),例如薄互层反射的理论正演模拟研究发现沉积相解释的等时性与地震反射之间并不存在一一对应的关系(李国发等,2011),从而使薄互层沉积地区的地震地质解释与储层预测更为复杂(朱建伟等,1994)。

1.2.5.1 对薄互层反射特征的研究

对于薄互层的反射特征研究,赵晨光(1986)通过对韵律型薄互层的数值模拟与分析,说明了薄互层的反射与互层中单层厚度、物性、入射波频率、层间物性差异、互层中单层数量等紧密相关,薄互层反射极其复杂。徐萍等(2010)从海上油气勘探的实际出发,通过定义的几个典型砂泥岩互层模型的波场模拟与分析,讨论了薄层厚度、衰减、层间多次波和转换波对薄层反射 AVO 特征的影响,不仅说明了基于波动方程的正演相对于基于单阻抗差界面的射线追踪能更真实地模拟实际波场,也初步定性地展示了薄互层的反射受互层厚度与衰减的影响极其复杂,做好正演模拟与合成地震记录是提高薄互层背景下储层预测精度的基础。唐文榜等(2012)研究认为地震可检测的薄层分辨率高于薄层理论分辨率,主要取决于薄层反射与背景地震波场相比的异常大小。Hovem(1995)通过数值模拟证明了对于薄互层中一定厚度的薄层,存在一个极限频率,使得薄互层的反射在每个波阻抗界面处均存在散射损失或没有损失,且这个极限频率与薄互层的结构与物性差异有关。Stovas 和 Ursin(2005)利用 Hovem(1995)给出的特征值分解法,讨论了两种介质组成的周期性薄互层的地震反射特征:通过改变韵律型薄互层中两种介质的阻抗差和单薄层的时间厚度,证明了薄互层在低频时表现为等效介质速度,在高频时表现为均值走时速度;同时也讨论了波长与薄层厚度比处于过渡带时的薄互层反射特征。Imhof(2003)通过声波测井曲线制作的薄互层模型与数值模拟主要讨论了非均匀性,包括薄互层的结构尺度对地震波反射、透射的影响,以及与频率的关系。

1.2.5.2 薄互层视各向异性研究

薄互层地震传播波场的模拟与分析使我们认识到薄互层的反射比单薄层还要复杂,更非单阻抗差界面反射所能反映。从此也揭开了对于薄互层所引起的地震长波长假设下视各向异性的研究(王赟等,2017)。

薄互层视各向异性得到了许多地球物理学家的关注。Bruggeman(1935)计算了层状固体的平均弹性常数,指出确定具有轴对称的横向各向同性固体的性质需要 5 个弹性常数,成为周期性薄互层模型的理论奠基人。Riznichenko(1949)研究了地震视各向异性。Postma(1955)利用应力-应变关系与界面处的连续性,结合运动方程首先推导了薄互层在满足一定波长与厚度比条件下可以近似为视各向异性介质,即横向各向同性(transverse isotropy, TI)介质;并进一步解释了地震资料时深转换的误差问题。由于形成油气藏的储集层通常是层状沉积岩,Postma 的理论对今天勘探地球物理工作者开展地震各向异性研究、寻找隐蔽油气藏具有重要的理论指导意义。Backus(1962)首次给出了薄互层在长波长假设下各向异性近似的弹性参数计算方法,并丰富发展了 Postma 的理论。Krey 和 Helbig(1956)研究了各向异性介质中反射波的传播规律,在理论研究中发现薄互层组合可以引起介质的各向异性,并针对石油地震勘探的时深转换产生 5% 以上的误差,解释了当时海上地震资料研究中垂向和横向地震波速不一致的现象。Melia 和 Carlson(1984)通过玻璃与树脂的叠层物理模型实验讨论了薄互层的视各向异性效应与波长、层厚的关系;通过测量平行于层面和垂直于层面两个方向的纵波速度,得到了两个等效弹性常数,并与等效理论公式计算的结果进行比较,在实验室证实了纵波的各向异性。Helbig(1984)同时针对各向异性和波场传播,讨论了薄互层视各向异性公式的推导,并对 P 波和 SH 波进行了模拟分析;从勘探地震所面对的复杂薄互层目标的角度上论证了研究 TI 介质的意义。Zykov 等(1984)通过冰与黏土制作的韵律型薄互层模型超声物理实验,对比了视各向异性近似理论值与实验观测值,并讨论了温度和含水饱和度对各向异性系数的影响。Lyakhovitskiy(1984)从大尺度地球动力学的角度讨论了薄互层所引起的视各向异性存在的问题:①薄互层各向异性假设成立依赖于薄层纵横波速度比,②SV 型面波相速度交叉点与弹性参数的关系。Levshin 和 Ratnikova(1984)则通过横向非均匀介质、薄互层与厚层模型超第一临界角的数值模拟对比说明了薄互层的视各向异性近似可能存在误导,大角度与横向非均匀也会引起体波与面波的横波分离现象。Carcione 等(1991)通过 1D 和 2D 数值模拟证明了薄互层的长波长假设不仅与波长-薄层厚度比有关系,还与入射角和单薄层的物性差异有关。Kerner(1992)通过数值模拟分析讨论了随机分布薄互层的弹性波场各向异性特征,并指出存在波长与薄层厚度比值的中间过渡带,此时波场特征同时受各向异性和散射的影响。Foldstad 和 Schoenberg(1992)对薄互层引起的 TI 各向异性效应进行了讨论,从数值上证明了当薄层厚度满足各向异性近似的条件时,再进一步降低层厚对薄互层的透射波场已经没有影响。国内早期只有张中杰和何樵登(1990)给出了 N 个薄层介质组合所引起的视各向异性的等效弹性参数,并绘制了两个各向同性薄层介质组合时地震波速度随波动传播方向而变化的关系曲线,证实了薄层组合可以引起介质的视各向异性。李跃等(1995)、徐果明等(1996)通过物理与数值模拟实验证明了薄互层视各向异性的存在,以及传播矩阵法模拟的可行性。他们针对我国一些油田的储集层具有薄互层结构,研究了薄互层中弹性波的传播特性。在实验室条件下,选用两类薄互层样品,经过实验室测量结果证实,当波长 λ 远大于薄互层中各单一夹层的层厚 h($\lambda/h>10$)时,通过铝板和有机玻璃中的纵波呈现明显的各向异性特征,通过铝板和蜡中的横波具有明显的各向异性特征;并进一步发展了横向各向同性介质中波传播的矩阵方法,利用传播矩阵分别计算了波通过各向同性和等效各向异性介质的反射、透射理论地震图;通过比较两者计算的结果,认为在垂直或接近于垂直情况下各向同性介质中的传播矩阵方法对薄互层仍然适用,同时也证实了薄互层的等效横向各向同性,对斜入射时,两者不完全相符。

第2章　弹性波动力学理论基础

长期以来,地震技术主要通过研究地震波的运动学特征来推断地下的构造形态,从而间接地解决寻找油气藏的问题,这使得地震勘探有很大的局限性。从20世纪70年代开始,由于石油勘探的需要,以及地震勘探数字化后能提供比以前更为先进的一整套方法技术,地震波动力学理论及其实际应用取得较大的进展。由于地震波实际上是在地下岩层中传播的弹性波,而弹性波传播的基本规律是由弹性波动方程来反映的,讨论地震波的动力学问题就需要首先介绍弹性波动方程的建立和求解。因此,后续各节将依次介绍有关的基本概念与理论。

2.1　Hooke 定律

根据简单受力情形下的实验事实,当应力小于破裂极限时,应力与应变是成正比的(胡德绥,1989)。在一般受力情形及线性弹性体基本假设之下,可以把简单受力情况的应力与应变成正比的关系推广为:线性弹性体内一点处的应力张量分量为该点应变张量分量的线性齐次函数,反之亦然,即

$$\sigma_{ij}=\boldsymbol{C}_{ijkl}\varepsilon_{kl} \tag{2.1}$$

式(2.1)是一个九阶线性方程组。式中,$\boldsymbol{C}_{ijkl}$为一个四阶张量,称为弹性系数张量,它有81个分量,由介质弹性性质决定。在应力张量和应变张量都具有对称性的假设下,即$\sigma_{ij}=\sigma_{ji}$,$\varepsilon_{kl}=\varepsilon_{lk}$,因此$i$、$j$的次序可交换,$k$、$l$的次序也可交换,即有$\boldsymbol{C}_{ijkl}=\boldsymbol{C}_{jikl}=\boldsymbol{C}_{ijlk}$,这样81个分量的弹性系数只有36个独立分量,将36个分量的弹性系数按以下方式重新排列为$c_{ij}(i,j=1,\cdots,6)$:

$$\begin{array}{rcccccc} & 11 & 22 & 33 & 32=23 & 31=13 & 12=21 \\ ij \text{ or } kl: & \downarrow & \downarrow & \downarrow & \downarrow & \downarrow & \downarrow \\ & 1 & 2 & 3 & 4 & 5 & 6 \end{array}$$

则应力及应变的关系可以表示为

$$\begin{bmatrix} \sigma_{xx} \\ \sigma_{yy} \\ \sigma_{zz} \\ \sigma_{yz} \\ \sigma_{zx} \\ \sigma_{xy} \end{bmatrix} = \begin{bmatrix} c_{11} & c_{12} & c_{13} & c_{14} & c_{15} & c_{16} \\ c_{21} & c_{22} & c_{23} & c_{24} & c_{25} & c_{26} \\ c_{31} & c_{32} & c_{33} & c_{34} & c_{35} & c_{36} \\ c_{41} & c_{42} & c_{43} & c_{44} & c_{45} & c_{46} \\ c_{51} & c_{52} & c_{53} & c_{54} & c_{55} & c_{56} \\ c_{61} & c_{62} & c_{63} & c_{64} & c_{65} & c_{66} \end{bmatrix} \begin{bmatrix} \varepsilon_{xx} \\ \varepsilon_{yy} \\ \varepsilon_{zz} \\ 2\varepsilon_{yz} \\ 2\varepsilon_{zx} \\ 2\varepsilon_{xy} \end{bmatrix} \tag{2.2a}$$

再由弹性体内应力与应变的关系,有$c_{ij}=c_{ji}$,因此36个分量的弹性系数矩阵是一个对称阵,弹性系数的独立分量个数仅有21个,即可写成

$$\begin{bmatrix} \sigma_{xx} \\ \sigma_{yy} \\ \sigma_{zz} \\ \sigma_{yz} \\ \sigma_{zx} \\ \sigma_{xy} \end{bmatrix} = \begin{bmatrix} c_{11} & c_{12} & c_{13} & c_{14} & c_{15} & c_{16} \\ c_{12} & c_{22} & c_{23} & c_{24} & c_{25} & c_{26} \\ c_{13} & c_{23} & c_{33} & c_{34} & c_{35} & c_{36} \\ c_{14} & c_{24} & c_{34} & c_{44} & c_{45} & c_{46} \\ c_{15} & c_{25} & c_{35} & c_{45} & c_{55} & c_{56} \\ c_{16} & c_{26} & c_{36} & c_{46} & c_{56} & c_{66} \end{bmatrix} \begin{bmatrix} \varepsilon_{xx} \\ \varepsilon_{yy} \\ \varepsilon_{zz} \\ 2\varepsilon_{yz} \\ 2\varepsilon_{zx} \\ 2\varepsilon_{xy} \end{bmatrix} \tag{2.2b}$$

式(2.2b)称为广义 Hooke 定理,或称为线弹性体本构方程。

横向各向同性介质是各向异性研究中涉及最多的一种具有柱对称轴的介质,根据其对称轴在空间定向是垂直还是水平又分为 VTI(transversely isotropy with a vertical axis of symmetry)介质和 HTI(transversely isotropy with a horizontal axis of symmetry)介质。对于 VTI 介质则有

$$\boldsymbol{C} = \begin{bmatrix} c_{11} & c_{12} & c_{13} & 0 & 0 & 0 \\ c_{12} & c_{11} & c_{13} & 0 & 0 & 0 \\ c_{13} & c_{13} & c_{33} & 0 & 0 & 0 \\ 0 & 0 & 0 & c_{44} & 0 & 0 \\ 0 & 0 & 0 & 0 & c_{55} & 0 \\ 0 & 0 & 0 & 0 & 0 & c_{66} \end{bmatrix}$$

$$c_{66} = \frac{1}{2}(c_{11} - c_{12}), c_{55} = c_{44}$$

对于 HTI 介质则有

$$\boldsymbol{C} = \begin{bmatrix} c_{11} & c_{13} & c_{13} & 0 & 0 & 0 \\ c_{13} & c_{33} & c_{23} & 0 & 0 & 0 \\ c_{13} & c_{23} & c_{33} & 0 & 0 & 0 \\ 0 & 0 & 0 & c_{44} & 0 & 0 \\ 0 & 0 & 0 & 0 & c_{55} & 0 \\ 0 & 0 & 0 & 0 & 0 & c_{66} \end{bmatrix}$$

$$c_{44} = \frac{1}{2}(c_{33} - c_{23}), c_{55} = c_{66}$$

对于各向同性介质,在介质内任意一点处沿任何方向弹性性质都一样,也就是说,表示介质弹性性质的弹性系数中每个分量 c_{ij} 的值都不随坐标系选择不同而改变,只需两个独立的系数来描述介质,通常用拉梅系数 λ 和 μ 表示,弹性系数矩阵为

$$\begin{bmatrix} \lambda+2\mu & \lambda & \lambda & 0 & 0 & 0 \\ \lambda & \lambda+2\mu & \lambda & 0 & 0 & 0 \\ \lambda & \lambda & \lambda+2\mu & 0 & 0 & 0 \\ 0 & 0 & 0 & \mu & 0 & 0 \\ 0 & 0 & 0 & 0 & \mu & 0 \\ 0 & 0 & 0 & 0 & 0 & \mu \end{bmatrix} \tag{2.3}$$

这样应力与应变的关系为

$$\sigma_{ij}=\lambda\Delta\delta_{ij}+2\mu\varepsilon_{ij}(i,j=x,y,z) \tag{2.4}$$

展开形式为

$$\left.\begin{aligned} \sigma_{xx}&=\lambda\Delta+2\mu\varepsilon_{xx} \\ \sigma_{yy}&=\lambda\Delta+2\mu\varepsilon_{yy} \\ \sigma_{zz}&=\lambda\Delta+2\mu\varepsilon_{zz} \\ \sigma_{yz}&=2\mu\varepsilon_{yz} \\ \sigma_{zx}&=2\mu\varepsilon_{zx} \\ \sigma_{xy}&=2\mu\varepsilon_{xy} \end{aligned}\right\} \tag{2.5}$$

式(2.5)称为各向同性介质的 Hooke 定律。式中,Δ 为体应变系数,拉梅系数 λ 和 μ 由介质弹性性质决定;对非均匀各向同性介质,λ、μ 为变量,随空间坐标变化;对均匀各向同性介质,λ 和 μ 则为常量。

2.2 几 何 方 程

弹性体在受外力作用时将发生形变。变形前位于区域 V 的弹性体,因位移 $\boldsymbol{u}(x,t)$ 而在变形后占据着区域 V',如图 2.1 所示。设变形前质点 $P(\boldsymbol{x})$ 邻近的无限小邻域内有任意一个质点 $Q(\boldsymbol{x}+\mathrm{d}\boldsymbol{x})$,连接 P、Q 的线元为 $\mathrm{d}\boldsymbol{x}$,P、Q 间的距离就是线元 $\mathrm{d}\boldsymbol{x}$ 的长度 $\mathrm{d}s$;变形后这两个质点分别移动到 $P'(\boldsymbol{x}')$ 及 $Q'(\boldsymbol{x}'+\mathrm{d}\boldsymbol{x}')$,连接 P'、Q' 的线元为 $\mathrm{d}\boldsymbol{x}'$,$P'$、$Q'$ 间的距离就是线元 $\mathrm{d}\boldsymbol{x}'$ 的长度 $\mathrm{d}s'$。

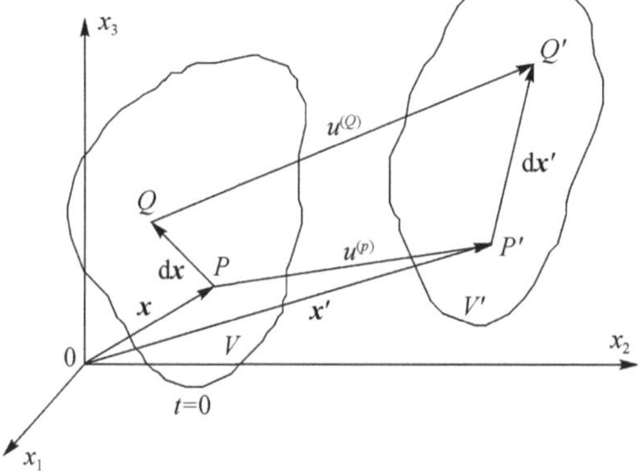

图 2.1 弹性体变形前后示意图(胡德绥,1989)

变形前 P、Q 之间距离的平方为

$$(\mathrm{d}s)^2=\mathrm{d}\boldsymbol{x}\cdot\mathrm{d}\boldsymbol{x}=\mathrm{d}x_i\mathrm{d}x_i=\delta_{ij}\mathrm{d}x_i\mathrm{d}x_j \tag{2.6}$$

变形后 P'、Q'之间距离的平方为

$$(\mathrm{d}s')^2=\mathrm{d}\boldsymbol{x}'\cdot\mathrm{d}\boldsymbol{x}'=\mathrm{d}x_k'\mathrm{d}x_k' \tag{2.7}$$

因有 $\boldsymbol{x}'(x,t)=\boldsymbol{x}+\boldsymbol{u}(x,t)$，代入式(2.7)得

$$\mathrm{d}x_k'=\mathrm{d}x_k+\mathrm{d}u_k(x,t)=\mathrm{d}x_k+\frac{\partial u_k(x,t)}{\partial x_i}\mathrm{d}x_i \tag{2.8}$$

将式(2.8)代入式(2.7)，就有

$$\begin{aligned}(\mathrm{d}s')^2&=\mathrm{d}x_k'\mathrm{d}x_k'=\left(\mathrm{d}x_k+\frac{\partial u_k}{\partial x_i}\mathrm{d}x_i\right)\left(\mathrm{d}x_k+\frac{\partial u_k}{\partial x_j}\mathrm{d}x_j\right)\\&=\left(\delta_{ik}+\frac{\partial u_k}{\partial x_i}\right)\left(\delta_{jk}+\frac{\partial u_k}{\partial x_j}\right)\mathrm{d}x_i\mathrm{d}x_j=\left(\delta_{ij}+\frac{\partial u_i}{\partial x_j}+\frac{\partial u_j}{\partial x_i}+\frac{\partial u_k}{\partial x_i}\frac{\partial u_k}{\partial x_j}\right)\mathrm{d}x_i\mathrm{d}x_j\end{aligned} \tag{2.9}$$

由式(2.9)减去式(2.6)，得到变形前、后上述两质点间距离平方的改变为

$$(\mathrm{d}s')^2-(\mathrm{d}s)^2=\left(\frac{\partial u_i}{\partial x_j}+\frac{\partial u_j}{\partial x_i}+\frac{\partial u_k}{\partial x_i}\frac{\partial u_k}{\partial x_j}\right)\mathrm{d}x_i\mathrm{d}x_j \tag{2.10}$$

令

$$E_{ij}=\frac{1}{2}\left(\frac{\partial u_i}{\partial x_j}+\frac{\partial u_j}{\partial x_i}+\frac{\partial u_k}{\partial x_i}\frac{\partial u_k}{\partial x_j}\right) \tag{2.11}$$

则式(2.10)可写为

$$(\mathrm{d}s')^2-(\mathrm{d}s)^2=2E_{ij}\mathrm{d}x_i\mathrm{d}x_j \tag{2.12}$$

在式(2.12)中，$(\mathrm{d}s')^2-(\mathrm{d}s)^2$ 为标量，$\mathrm{d}x_i$ 为任意向量，因此根据商法则知 E_{ij}为二阶张量，由式(2.11)可知 E_{ij}还是二阶对称张量，即 $E_{ij}=E_{ji}$；一般称 E_{ij}为 Green 应变张量。

在小变形的假设情况下，位移梯度分量的大小都远小于 1，即 $|\partial u_i/\partial x_j|\ll 1$，从而可以忽略位移梯度分量的平方项和乘积项。在式(2.11)中忽略二阶小量之后，就得到小变形情形下的应变张量，记为

$$\varepsilon_{ij}=\frac{1}{2}\left(\frac{\partial u_i}{\partial x_j}+\frac{\partial u_j}{\partial x_i}\right) \tag{2.13a}$$

式中，位移梯度$\dfrac{\partial u_i}{\partial x_j}$为二阶仿射正交张量，式(2.13a)的右端就是两个二阶张量的和，所以 ε_{ij} 也是二阶张量，而且是对称的。ε_{ij}的六个独立分量为

$$\begin{aligned}&\varepsilon_{11}=\frac{\partial u_1}{\partial x_1},\varepsilon_{12}=\varepsilon_{21}=\frac{1}{2}\left(\frac{\partial u_1}{\partial x_2}+\frac{\partial u_2}{\partial x_1}\right)\\&\varepsilon_{22}=\frac{\partial u_2}{\partial x_2},\varepsilon_{23}=\varepsilon_{32}=\frac{1}{2}\left(\frac{\partial u_2}{\partial x_3}+\frac{\partial u_3}{\partial x_2}\right)\\&\varepsilon_{33}=\frac{\partial u_3}{\partial x_3},\varepsilon_{31}=\varepsilon_{13}=\frac{1}{2}\left(\frac{\partial u_3}{\partial x_1}+\frac{\partial u_1}{\partial x_3}\right)\end{aligned} \tag{2.13b}$$

式(2.13)表达了小变形假设下应变张量与位移之间的关系。这种关系是位移梯度分量的线性化关系，其中不再出现如式(2.11)中的非线性项。以下凡说到应变张量都是指式(2.13)所表达的小变形情形下的应变张量。

使用记号 $i=\frac{\partial}{\partial x_i}$,则可把式(2.13)写为

$$\varepsilon_{ij}=\frac{1}{2}(u_{i,j}+u_{j,i}) \tag{2.13c}$$

式(2.13)也称作弹性体的几何方程。

若令

$$\Delta=\varepsilon_{xx}+\varepsilon_{yy}+\varepsilon_{zz}=\frac{\partial u_1}{\partial x}+\frac{\partial u_2}{\partial y}+\frac{\partial u_3}{\partial z}=\mathrm{div}\cdot \boldsymbol{u}=\nabla\cdot \boldsymbol{u} \tag{2.14}$$

式中,Δ 为体应变系数;∇为哈密顿算子。本书中位移 $\boldsymbol{u}$ 分量写作(u_1,u_2,u_3)或(u,v,w)。

除了沿坐标轴产生应变外,受力物体还会沿三个坐标轴发生旋转,其旋转量为

$$\begin{cases}\theta_x=\dfrac{\partial u_3/\partial y-\partial u_2/\partial z}{2}\\ \theta_y=\dfrac{\partial u_1/\partial z-\partial u_3/\partial x}{2}\\ \theta_z=\dfrac{\partial u_2/\partial x-\partial u_1/\partial y}{2}\end{cases} \tag{2.15}$$

式(2.15)中沿逆时针方向为正。

2.3　运动微分方程

对处于自然状态的弹性体内选取任意小体元来讨论。该弹性体元占据着空间区域 V,其表面为 S,其中任意点的位置用向径 $\boldsymbol{x}$ 来表明。当受外力作用而做小变形运动时,设该体元的密度为常量 ρ,单位质量所受的体力为 $\boldsymbol{f}$,体力场为 $\boldsymbol{f}(\boldsymbol{x},t)$;而在其表面 S 上,任意点处外法向单位向量为 $\boldsymbol{n}$ 的面元 dS 所受到的应力向量为 $\boldsymbol{t}(\boldsymbol{n},\boldsymbol{x},t)$,该体元内任意点的速度为 $v(\boldsymbol{x},t)$,如图 2.2 所示。

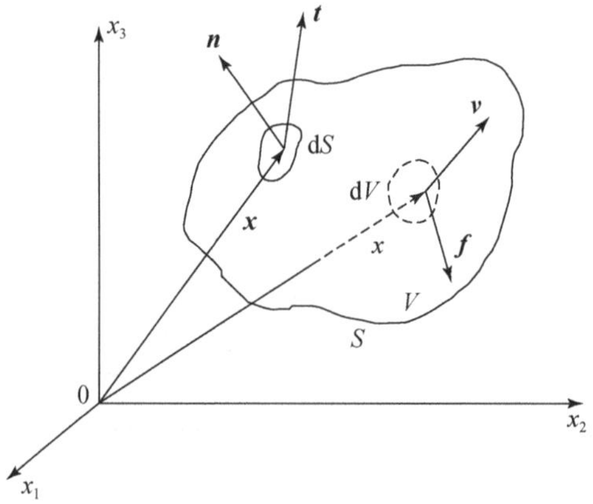

图 2.2　弹性体运动平衡示意图(胡德绥,1989)

该体元在时刻 t 的动量 $\boldsymbol{P}(t)$ 为 $P_i = \int_V \rho v_i \mathrm{d}V$，所受的面力及体力的总和为 $F_i = \int_S t_i \mathrm{d}S + \int_V \rho f_i \mathrm{d}V$。动量定理要求 $\frac{\mathrm{d}P_i}{\mathrm{d}t} = F_i$，即

$$\int_S t_i \mathrm{d}S + \int_V \rho f_i \mathrm{d}V = \frac{\mathrm{d}}{\mathrm{d}t}\int_V \rho v_i \mathrm{d}V \tag{2.16}$$

对于式(2.16)左端第一个积分，应用 Cauchy 应力公式 $t_i = \sigma_{ji} n_j$（σ_{ji} 为该点处的应力张量）及散度定理 $\int_V u_{i,i} \mathrm{d}V = \int_S n_i u_i \mathrm{d}S$，有

$$\int_S t_i \mathrm{d}S = \int_S \sigma_{ji} n_j \mathrm{d}S = \int_V \frac{\partial \sigma_{ji}}{\partial x_j} \mathrm{d}V \tag{2.17}$$

同时，式(2.16)右端可写为

$$\frac{\mathrm{d}}{\mathrm{d}t}\int_V \rho v_i \mathrm{d}V = \int_V \rho \frac{\mathrm{d}v_i}{\mathrm{d}t} \mathrm{d}V = \int_V \rho \frac{\partial^2 u_i}{\partial t^2} \mathrm{d}V \tag{2.18}$$

把式(2.17)及式(2.18)代入(2.16)，得

$$\int_V \left(\frac{\partial \sigma_{ji}}{\partial x_j} + \rho f_i \right) \mathrm{d}V = \int_V \rho \frac{\partial^2 u_i}{\partial t^2} \mathrm{d}V$$

即

$$\int_V \left(\frac{\partial \sigma_{ji}}{\partial x_j} + \rho f_i - \rho \frac{\partial^2 u_i}{\partial t^2} \right) \mathrm{d}V = 0$$

假设此式中被积函数是连续的，由于 V 是在弹性体内任意选取的，则被积函数必等于零。即

$$\sigma_{ji,j} + \rho f_i = \rho \ddot{u}_i \tag{2.19a}$$

式中，$\ddot{u}$ 表示对时间的二阶偏导。

写成展开形式为

$$\left.\begin{aligned}
&\frac{\partial \sigma_{11}}{\partial x_1} + \frac{\partial \sigma_{21}}{\partial x_2} + \frac{\partial \sigma_{31}}{\partial x_3} + \rho f_1 = \rho \frac{\partial^2 u_1}{\partial t^2} \\
&\frac{\partial \sigma_{12}}{\partial x_1} + \frac{\partial \sigma_{22}}{\partial x_2} + \frac{\partial \sigma_{32}}{\partial x_3} + \rho f_2 = \rho \frac{\partial^2 u_2}{\partial t^2} \\
&\frac{\partial \sigma_{13}}{\partial x_1} + \frac{\partial \sigma_{23}}{\partial x_2} + \frac{\partial \sigma_{33}}{\partial x_3} + \rho f_3 = \rho \frac{\partial^2 u_3}{\partial t^2}
\end{aligned}\right\} \tag{2.19b}$$

这就是弹性体的运动微分方程式。它是应力张量在弹性体内部随点位置而变化时所应满足的关系式。

若弹性体处于静力平衡状态，式(2.19)中加速度就为零，则

$$\sigma_{ji,j} + \rho f_i = 0 \tag{2.20}$$

式(2.20)为弹性体的平衡微分方程式。

2.4　各向同性介质中纵、横波方程

讨论介质处于非平衡状态下，体元的三个背面的应力如图 2.3 所示，且三个正面的应力

分别为：$\sigma_{xx}+\partial\sigma_{xx}/\partial x\mathrm{d}x$，$\sigma_{yx}+\partial\sigma_{yx}/\partial x\mathrm{d}x$，$\sigma_{zx}+\partial\sigma_{zx}/\partial x\mathrm{d}x$。由于三个背面的应力分别为 σ_{xx}，σ_{yx}，σ_{zx}，所以它的净应力(未抵消的应力)为：$\partial\sigma_{xx}/\partial x\mathrm{d}x$，$\partial\sigma_{zx}/\partial x\mathrm{d}x$，$\partial\sigma_{zx}/\partial x\mathrm{d}x$。

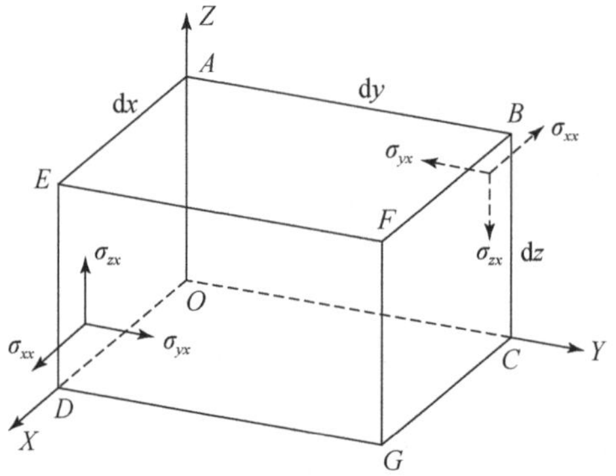

图 2.3　平行于 x 轴的平面上的应力分量(谢里夫和吉尔达特,1999)

该应力作用于面积为 $\mathrm{d}y\mathrm{d}z$ 的面元上,影响的体元的体积为 $\mathrm{d}x\mathrm{d}y\mathrm{d}z$,其他面上的表达式也相似,因此可以求出 x 方向受力的总表达式：

$$\frac{\partial\sigma_{xx}}{\partial x}+\frac{\partial\sigma_{yx}}{\partial x}+\frac{\partial\sigma_{zx}}{\partial x}$$

根据牛顿第二定律,净剩余力等于质量和加速度之积。就会得到沿 x 轴方向的运动方程：

$$\rho\frac{\partial^2 u}{\partial t^2}=\text{单位体积上的净剩余力}=\frac{\partial\sigma_{xx}}{\partial x}+\frac{\partial\sigma_{yx}}{\partial y}+\frac{\partial\sigma_{zx}}{\partial z}$$

其中 ρ 为密度(假定在体元中是一个常数),单位为千克每立方米。

利用 Hooke 定律将上式转化为

$$\rho\frac{\partial^2 u}{\partial t^2}=\frac{\partial(\lambda\Delta+2\mu\varepsilon_{xx})}{\partial x}+\frac{\partial(\mu\varepsilon_{yx})}{\partial y}+\frac{\partial(\mu\varepsilon_{zx})}{\partial z}$$

将法向应变、剪切应变公式代入得

$$\begin{aligned}\rho\frac{\partial^2 u}{\partial t^2}&=\lambda\frac{\partial\Delta}{\partial x}+2\mu\frac{\partial(\partial u/\partial x)}{\partial x}+\mu\frac{\partial(\partial u/\partial y+\partial v/\partial x)}{\partial y}+\mu\frac{\partial(\partial w/\partial x+\partial u/\partial z)}{\partial z}\\&=\lambda\frac{\partial\Delta}{\partial x}+\mu\left(\frac{\partial^2 u}{\partial x^2}+\frac{\partial^2 u}{\partial y^2}+\frac{\partial^2 u}{\partial z^2}\right)+\mu\frac{\partial}{\partial x}\left(\frac{\partial u}{\partial x}+\frac{\partial v}{\partial y}+\frac{\partial w}{\partial z}\right)\\&=(\lambda+\mu)\frac{\partial\Delta}{\partial x}+\mu\nabla^2 u\end{aligned}\tag{2.21}$$

式中,$\nabla^2 u$ 为作用 u 的拉普拉斯算子,它等于$\frac{\partial^2 u}{\partial x^2}+\frac{\partial^2 u}{\partial y^2}+\frac{\partial^2 u}{\partial z^2}$。

类似可以推导出关于 v 和 w 的方程：

$$\rho\frac{\partial^2 v}{\partial t^2}=(\lambda+\mu)\frac{\partial\Delta}{\partial y}+\mu\nabla^2 v\tag{2.22}$$

$$\rho\frac{\partial^2 w}{\partial t^2}=(\lambda+\mu)\frac{\partial\Delta}{\partial z}+\mu\nabla^2 w\tag{2.23}$$

为了得到波动方程,对上述三个方程分别求 x,y,z 的导数,并把导出的结果加在一起,可得

$$\rho\frac{\partial^2}{\partial t^2}\left(\frac{\partial u}{\partial x}+\frac{\partial v}{\partial y}+\frac{\partial w}{\partial z}\right)=(\lambda+\mu)\left(\frac{\partial^2\Delta}{\partial x^2}+\frac{\partial^2\Delta}{\partial y^2}+\frac{\partial^2\Delta}{\partial z^2}\right)+\mu\nabla^2\left(\frac{\partial u}{\partial x}+\frac{\partial v}{\partial y}+\frac{\partial w}{\partial z}\right)$$

即 $\rho\frac{\partial^2\Delta}{\partial t^2}=(\lambda+\mu)\nabla^2\Delta+\mu\nabla^2\Delta=(\lambda+2\mu)\nabla^2\Delta$,或记作 $\frac{1}{v_P^2}\frac{\partial^2\Delta}{\partial t^2}=\nabla^2\Delta$,其中 $v_P^2=\frac{\lambda+2\mu}{\rho}$,$v_P$ 即为纵波速度,单位为米每秒。

对式(2.22)作对 z 的导数,式(2.23)作对 y 的导数,然后相减得

$$\rho\frac{\partial^2}{\partial t^2}\left(\frac{\partial v}{\partial z}-\frac{\partial w}{\partial y}\right)=\mu\nabla^2\left(\frac{\partial v}{\partial z}-\frac{\partial w}{\partial y}\right)$$

旋转量公式代入得:$\rho\frac{\partial^2}{\partial t^2}(-2\theta_x)=\mu\nabla^2(-2\theta_x)$,$\rho\frac{\partial^2\theta_x}{\partial t^2}=\mu\nabla^2\theta_x$,或记作 $\frac{1}{v_S^2}\frac{\partial^2\theta_x}{\partial t^2}=\nabla^2\theta_x$,其中 $v_S^2=\frac{\mu}{\rho}$,v_S 即为横波速度,单位为米每秒。

在均匀各向同性介质中,有两种波动,一种是涨缩性的变化 Δ,另一种是一个或多个分量旋转性的变化 θ。第一种波常称为膨胀波、纵波、非剪切波、压缩波或 P 波。第二种波称为剪切波、横波、旋转波或 S 波。在天然地震记录上,通常 P 波是最先到达的波,S 波是第二个到达的波。

P 波速度为

$$v_P=\sqrt{\frac{\lambda+2\mu}{\rho}} \tag{2.24}$$

S 波速度为

$$v_S=\sqrt{\frac{\mu}{\rho}} \tag{2.25}$$

已知泊松比 $\sigma=\frac{\lambda}{2(\lambda+\mu)}$,则有

$$\frac{v_P}{v_S}=\sqrt{\frac{2(1-\sigma)}{1-2\sigma}} \tag{2.26}$$

即知道纵波速度和泊松比就可推出介质的横波速度。

2.5　Snell 定律

各向同性介质中,可由惠更斯原理证明

$$\frac{\sin\alpha}{v_{P1}}=\frac{\sin\beta_1}{v_{S1}}=\frac{\sin\alpha_1}{v_{P1}}=\frac{\sin\alpha_2}{v_{P2}}=\frac{\sin\beta_2}{v_{S2}}=p \tag{2.27}$$

p 为图 2.4 中每一条射线慢度平行于界面的分量,即为 Snell 定律。由该定律可知:波在转换、反射和透射的过程中,慢度在平行于界面方向的分量不会发生变化。

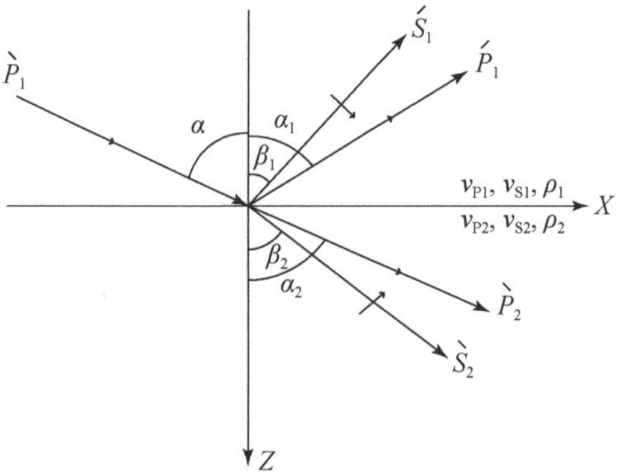

图 2.4　当入射波是 P 波时,在固-固阻抗差界面处产生的各种波

P、S 分别表示纵波、横波;它们顶部的“╲”“╱”分别表征下行波、上行波;角标“1”“2”分别表示第 1、2 层介质。

2.6　边界条件

如图 2.5 所示,设有两个相邻点 R 和 S,分别位于两种介质中,在一般情况下,它们的法向应力是不相等的。该法向应力差异导致的净剩余量会使它们之间的介质振动加速。如果移动 R 点和 S 点的位置,使它们越来越接近,在连续介质力学理论框架下法向应力差会越来越小;在极限状态下,可以使这两个点在界面重合,此时,它们的法向应力必定相等。如果不是这样的话,就会对边界上无限薄的介质上,作用一个有限的应力,当两个点无限接近时,介质的加速度趋于无穷,这种情况在波的传播过程中是不会存在,所以法向应力必定连续。基于同样的原理,切向应力也必定连续。归纳可得:在边界上,应力的法向分量和切向分量必定连续。

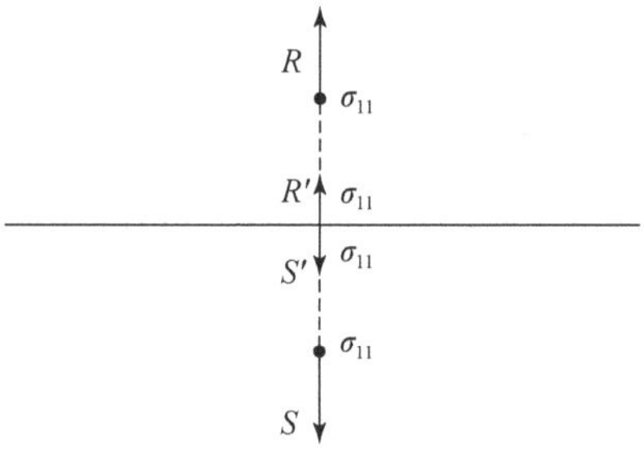

图 2.5　法向应力在界面上的连续性(谢里夫和吉尔达特,1999)

在边界上,法向位移和切向位移也必定连续。如果法向位移不连续,介质或被相互分离,形成一个真空区,或者占据同一物理空间,这些都不可能发生。如果切向位移不连续,界面两边的介质以不同的方式运动,一种介质会在另一种介质上滑动,这些在波的传播过程中,都不可能发生,因此,位移必定连续。

2.7　位移与位移位函数

通过傅里叶分析,任何复杂的波几乎能表示为简谐波的叠加。由于简谐波非常简单,可以把它当作时间上的平面波，则沿着任意方向(l,m,n)传播的地震波位移函数可写成如下形式：

$$\psi=Ae^{j\omega\{t-(lx+my+nz)/V\}}=Ae^{j\{\omega t-\kappa(lx+my+nz)\}} \tag{2.28}$$

式中，ψ 为位移函数；A 为位移振幅；V 为速度；t 为时间；ω 为圆频率，$\omega=\dfrac{2\pi}{T}$，其中 T 为周期；κ 为圆波数，$\kappa=\dfrac{2\pi}{\lambda}$，其中 λ 为波长；$j=\sqrt{-1}$。

为了避免位移方向的讨论，利用亥姆霍兹定理，将位移矢量分解为简单的无旋场和无散场之和，即

$$\vec{u}=\vec{u}_{\mathrm{P}}+\vec{u}_{\mathrm{S}}=\mathrm{grad}\varphi+\mathrm{rot}\vec{\psi} \tag{2.29}$$

式中，φ 和 ψ 为位移位，其中 φ 为标量位，ψ 为矢量位。

同理，对体力项 $\vec{F}$ 也可以进行类似的分解，令

$$\vec{F}=\mathrm{grad}F_{\varphi}+\mathrm{rot}\ \overrightarrow{F_{\psi}} \tag{2.30}$$

式中，F_{φ} 和$\overrightarrow{F_{\psi}}$分别为体力 $\vec{F}$ 的标量位和矢量位，对应着纵波震源和横波震源。

将式(2.29)、式(2.30)代入弹性介质运动微分方程式得

$$(\lambda+\mu)\mathrm{grad}\Delta+\mu\ \nabla^2\vec{u}+\rho\vec{F}=\rho\ \frac{\partial^2\vec{u}}{\partial t^2}$$

在不讨论震源作用的情况下，位移位 φ 和 ψ 方程具有统一的表达形式：

$$\nabla^2\psi-\frac{1}{V^2}\frac{\partial^2\psi}{\partial t^2}=0$$

上式的通解为：$\psi=f[Vt-(lx+my+nz)]+g[Vt+(lx+my+nz)]$。地震勘探中常采用指数特解作为地震波的位移位函数，即

$$\psi=Ae^{j\omega\{t-(lx+my+nz)/V\}}=Ae^{j\{\omega t-\kappa(lx+my+nz)\}} \tag{2.31}$$

式中，ψ 为位移位函数；A 为位移位振幅。

比较式(2.28)、式(2.31)发现，地震波的位移函数与位移位函数具有相同的表达形式，但代表的意义不同。位移函数为矢量函数，需要考虑方向性，利用矢量分解可以得到坐标轴方向的位移分量；而位移位函数为标量，具有可加性，利用式(2.29)可求位移分量。位移位与位移形式相同，容易混淆，因此在讨论地震波时应标明采用的是何种波函数。

波在传播过程中质点的振动的位移 $\vec{u}$ 可分解为其标量位的梯度与其矢量位的旋度之和的形式：

$$\vec{u}=\mathrm{grad}\varphi+\mathrm{rot}\vec{\psi} \tag{2.32}$$

同时 $\vec{u}=u\vec{i}+v\vec{j}+w\vec{k}$，设：$\vec{\psi}=\psi_x\vec{i}+\psi_y\vec{j}+\psi_z\vec{k}$，将式(2.32)按梯度和旋度公式展开，得到 $\vec{u}$ 的 3 个分量为

$$\left.\begin{aligned}u&=\frac{\partial\varphi}{\partial x}+\frac{\partial\psi_z}{\partial y}-\frac{\partial\psi_y}{\partial z}\\v&=\frac{\partial\varphi}{\partial y}+\frac{\partial\psi_x}{\partial z}-\frac{\partial\psi_z}{\partial x}\\w&=\frac{\partial\varphi}{\partial z}+\frac{\partial\psi_y}{\partial x}-\frac{\partial\psi_x}{\partial y}\end{aligned}\right\} \tag{2.33}$$

由于研究空间传播的平面波时,一般情况下选择直角坐标系,可使得波前面与一个坐标轴(如 y 轴)平行,这样波前面在 y 轴方向无限延伸,波函数与坐标 y 无关,于是有:$\frac{\partial}{\partial y}=0$。此时,式(2.33)中对 y 导数项变为0,为方便起见,记 $\psi_y=\psi$,则式(2.33)变为

$$\left.\begin{aligned} u&=\frac{\partial\varphi}{\partial x}-\frac{\partial\psi}{\partial z}\\ v&=\frac{\partial\psi_x}{\partial z}-\frac{\partial\psi_z}{\partial x}\\ w&=\frac{\partial\varphi}{\partial z}+\frac{\partial\psi}{\partial x}\end{aligned}\right\}$$

即在二维问题中,xoz 平面内界面处的位移连续只需考虑分量 u 和 w,即

$$\left.\begin{aligned} u&=\frac{\partial\varphi}{\partial x}-\frac{\partial\psi}{\partial z}\\ w&=\frac{\partial\varphi}{\partial z}+\frac{\partial\psi}{\partial x}\end{aligned}\right\}\tag{2.34}$$

2.8　本章小结

本章简单概述了弹性波动力学基本理论,根据"当应力小于破裂极限时,应力与应变成正比"的实验结果,建立线弹性体的广义 Hooke 定律,并给出 VTI、HTI、各向同性等特殊情况下的简化形式;通过分析弹性体小变形前后应变分量的变化建立弹性体的几何方程;利用动量定理建立了弹性体运动微分方程;利用牛顿第二定律建立波动方程,并给出 P 波和 S 波的波动方程表达形式;给出 Snell 定律及边界条件的基本理论;并从波函数形式出发对比分析了位移位函数与位移函数的异同点。这些内容将在本书的后续章节中使用。

第 3 章　薄互层弹性波传播的反射率法

通常把地球介质视为由若干个分界面组成的多层介质，地震波在遇到阻抗分界面时会产生反射和透射。本章在介绍各向同性介质弹性波动理论的基础上，从平面波理论出发（认为波前面是平面，以恒定的入射角投射到分界面上），讨论了平面波入射到单个界面、薄层及薄互层时，由简单到复杂模型上所产生的反射和透射。

3.1　单阻抗差界面的 Zoeppritz 方程及其各种近似式

AVO（amplitude versus offset）或 AVA（amplitude versus angle）是利用反射系数随入射角变化的特征，通过在叠前道集上分析振幅随偏移距变化的规律估算岩石的弹性参数，研究岩性、检测油气的重要技术。Zoeppritz 方程及各种近似公式是单界面 AVO 分析的基础。完整的 Zoeppritz 方程全面地考虑了平面纵波和横波入射到单界面时，界面两侧产生的纵、横波反射和透射能量之间的关系。当地震勘探使用主要产生纵波的震源，接收的是反射纵波时，Zoeppritz 方程可以被大大简化，即只考虑平面纵波入射产生的反射振幅随入射角的变化情况。很多学者做了大量的工作，从不同方面对 Zoeppritz 方程进行简化，提出不同的纵波反射振幅的近似表达式，这一方面节省了计算工作量，另一方面更有利于 AVO 技术在生产实践中的直接应用。

3.1.1　精确 Zoeppritz 方程

在实际问题分析中，纵波入射会存在转换横波，SV 波入射也会出现转换纵波，若将纵波入射与横波入射同时考虑，可以分析各反射系数的关系。Aki 和 Richards（1980）假设从第一种介质入射的纵横波与从第二种介质入射的纵横波同时存在，如图 3.1 所示。

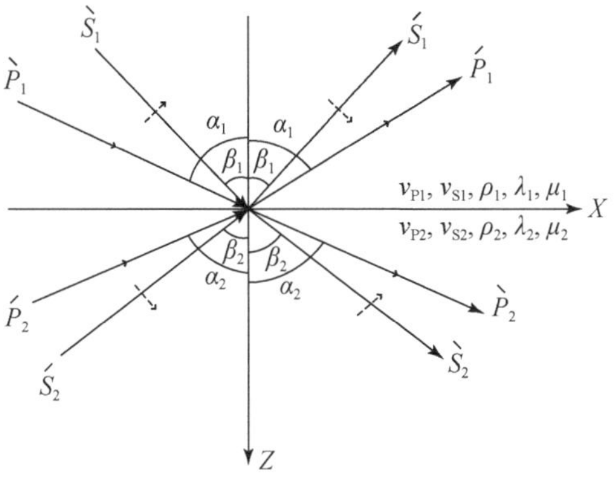

图 3.1　可能的 P、SV 波入射示意图

图3.1中:$\grave{P}_1,\grave{S}_1,\acute{P}_2,\acute{S}_2$分别为入射波的位移振幅,$\acute{P}_1,\acute{S}_1,\grave{P}_2,\grave{S}_2$为散射波的位移振幅;虚线箭头标注波振动的正方向,分别表示上行和下行。

图3.1中波的位移分别为

$$\psi_{\grave{P}_1}=\grave{P}_1 e^{j\omega[(x\sin\alpha_1+z\cos\alpha_1)/v_{P1}-t]},\psi_{\grave{S}_1}=\grave{S}_1 e^{j\omega[(x\sin\beta_1+z\cos\beta_1)/v_{S1}-t]}$$

$$\psi_{\acute{P}_1}=\acute{P}_1 e^{j\omega[(x\sin\alpha_1-z\cos\alpha_1)/v_{P1}-t]},\psi_{\acute{S}_1}=\acute{S}_1 e^{j\omega[(x\sin\beta_1-z\cos\beta_1)/v_{S1}-t]}$$

$$\psi_{\acute{P}_2}=\acute{P}_2 e^{j\omega[(x\sin\alpha_2-z\cos\alpha_2)/v_{P2}-t]},\psi_{\acute{S}_2}=\acute{S}_2 e^{j\omega[(x\sin\beta_2-z\cos\beta_2)/v_{S2}-t]}$$

$$\psi_{\grave{P}_2}=\grave{P}_2 e^{j\omega[(x\sin\alpha_2+z\cos\alpha_2)/v_{P2}-t]},\psi_{\grave{S}_2}=\grave{S}_2 e^{j\omega[(x\sin\beta_2+z\cos\beta_2)/v_{S2}-t]}$$

在$z=0$处,根据位移连续及应力连续的边界条件:$u_1=u_2$、$w_1=w_2$、$\sigma_{xz}|_1=\sigma_{xz}|_2$、$\sigma_{zz}|_1=\sigma_{zz}|_2$,且假设Snell定理在研究的问题中都成立,由$u_1=u_2,w_1=w_2$得

$$\grave{P}_1\sin\alpha_1+\grave{S}_1\cos\beta_1+\acute{P}_1\sin\alpha_1+\acute{S}_1\cos\beta_1=\acute{P}_2\sin\alpha_2+\acute{S}_2\cos\beta_2+\grave{P}_2\sin\alpha_2+\grave{S}_2\cos\beta_2$$

$$\grave{P}_1\cos\alpha_1-\grave{S}_1\sin\beta_1-\acute{P}_1\cos\alpha_1+\acute{S}_1\sin\beta_1=-\acute{P}_2\cos\alpha_2+\acute{S}_2\sin\beta_2+\grave{P}_2\cos\alpha_2-\grave{S}_2\sin\beta_2$$

整理可得

$$\begin{cases}\sin\alpha_1(\grave{P}_1+\acute{P}_1)+\cos\beta_1(\grave{S}_1+\acute{S}_1)=\sin\alpha_2(\grave{P}_2+\acute{P}_2)+\cos\beta_2(\grave{S}_2+\acute{S}_2)\\ \cos\alpha_1(\grave{P}_1-\acute{P}_1)-\sin\beta_1(\grave{S}_1-\acute{S}_1)=\cos\alpha_2(\grave{P}_2-\acute{P}_2)-\sin\beta_2(\grave{S}_2-\acute{S}_2)\end{cases} \tag{3.1}$$

由$\sigma_{xz}|_1=\sigma_{xz}|_2$得

$$\begin{aligned}&\mu_1\left(\grave{P}_1\frac{\sin\alpha_1\cos\alpha_1}{v_{P1}}+\grave{S}_1\frac{\cos^2\beta_1}{v_{S1}}-\acute{P}_1\frac{\cos\alpha_1\sin\alpha_1}{v_{P1}}-\acute{S}_1\frac{\cos^2\beta_1}{v_{S1}}+\grave{P}_1\frac{\sin\alpha_1\cos\alpha_1}{v_{P1}}-\grave{S}_1\frac{\sin^2\beta_1}{v_{S1}}-\right.\\&\left.\acute{P}_1\frac{\cos\alpha_1\sin\alpha_1}{v_{P1}}+\acute{S}_1\frac{\sin^2\beta_1}{v_{S1}}\right)\\&=2\rho_2 v_{S2}^2 p\cos\alpha_2(\grave{P}_2-\acute{P}_2)+2\rho_2 v_{S2}(1-2v_{S2}^2p^2)(\grave{S}_2-\acute{S}_2)\end{aligned} \tag{3.2}$$

由$\sigma_{zz}|_1=\sigma_{zz}|_2$得

$$\begin{aligned}&\lambda_1\left(\grave{P}_1\frac{\sin^2\alpha_1}{v_{P1}}+\grave{S}_1\frac{\cos\beta_1\sin\beta_1}{v_{S1}}+\acute{P}_1\frac{\sin^2\alpha_1}{v_{P1}}+\acute{S}_1\frac{\cos\beta_1\sin\beta_1}{v_{S1}}\right)+\\&(\lambda_1+2\mu_1)\left(\grave{P}_1\frac{\cos^2\alpha_1}{v_{P1}}-\grave{S}_1\frac{\sin\beta_1\cos\beta_1}{v_{S1}}+\acute{P}_1\frac{\cos^2\alpha_1}{v_{P1}}-\acute{S}_1\frac{\sin\beta_1\cos\beta_1}{v_{S1}}\right)\\&=\rho_2 v_{P2}(1-2v_{S2}^2p^2)(\grave{P}_2+\acute{P}_2)-2\rho_2 v_{S2}^2 p\sin\beta_2(\grave{S}_2+\acute{S}_2)\end{aligned} \tag{3.3}$$

综合式(3.1)~式(3.3)可得到振幅的相对关系式如下:

$$
\begin{cases}
\sin\alpha_1(\grave{P}_1+\acute{P}_1)+\cos\beta_1(\grave{S}_1+\acute{S}_1)=\sin\alpha_2(\grave{P}_2+\acute{P}_2)+\cos\beta_2(\grave{S}_2+\acute{S}_2)\\
\cos\alpha_1(\grave{P}_1-\acute{P}_1)-\sin\beta_1(\grave{S}_1-\acute{S}_1)=\cos\alpha_2(\grave{P}_2-\acute{P}_2)-\sin\beta_2(\grave{S}_2-\acute{S}_2)\\
2\rho_1 v_{S1}^2 p\cos\alpha_1(\grave{P}_1-\acute{P}_1)+\rho_1 v_{S1}(1-2v_{S1}^2p^2)(\grave{S}_1-\acute{S}_1)=2\rho_2 v_{S2}^2 p\cos\alpha_2(\grave{P}_2-\acute{P}_2)+2\rho_2 v_{S2}(1-2v_{S2}^2p^2)(\grave{S}_2-\acute{S}_2)\\
\rho_1 v_{P1}(1-2v_{S1}^2p^2)(\grave{P}_1+\acute{P}_1)-2\rho_1 v_{S1}^2 p\cos\beta_1(\grave{S}_1+\acute{S}_1)=\rho_2 v_{P2}(1-2v_{S2}^2p^2)(\grave{P}_2+\acute{P}_2)-2\rho_2 v_{S2}^2 p\cos\beta_2(\grave{S}_1+\acute{S}_1)
\end{cases}
\tag{3.4}
$$

式(3.4)可写成如下的矩阵方程：

$$
\boldsymbol{M}\begin{pmatrix}\acute{P}_1\\ \acute{S}_1\\ \grave{P}_2\\ \grave{S}_2\end{pmatrix}=N\begin{pmatrix}\grave{P}_1\\ \grave{S}_1\\ \acute{P}_2\\ \acute{S}_2\end{pmatrix}
$$

其中：

$$
\boldsymbol{M}=\begin{pmatrix}
-v_{P1}p & -\cos\beta_1 & v_{P2}p & \cos\beta_2\\
\cos\alpha_1 & -v_{S1}p & \cos\alpha_2 & -v_{S2}p\\
2\rho_1 v_{S1}^2 p\cos\alpha_1 & \rho_1 v_{S1}(1-2v_{S1}^2p^2) & 2\rho_2 v_{S2}^2 p\cos\alpha_2 & \rho_2 v_{S2}(1-2v_{S2}^2p^2)\\
-\rho_1 v_{P1}(1-2v_{S1}^2p^2) & 2\rho_1 v_{S1}^2 p\cos\beta_1 & \rho_2 v_{P2}(1-2v_{S2}^2p^2) & -2\rho_2 v_{S2}^2 p\cos\beta_2
\end{pmatrix}
$$

$$
\boldsymbol{N}=\begin{pmatrix}
v_{P1}p & \cos\beta_1 & -v_{P2}p & -\cos\beta_2\\
\cos\alpha_1 & -v_{S1}p & \cos\alpha_2 & -v_{S2}p\\
2\rho_1 v_{S1}^2 p\cos\alpha_1 & \rho_1 v_{S1}(1-2v_{S1}^2p^2) & 2\rho_2 v_{S2}^2 p\cos\alpha_2 & \rho_2 v_{S2}(1-2v_{S2}^2p^2)\\
\rho_1 v_{P1}(1-2v_{S1}^2p^2) & -2\rho_1 v_{S1}^2 p\cos\beta_1 & -\rho_2 v_{P2}(1-2v_{S2}^2p^2) & 2\rho_2 v_{S2}^2 p\cos\beta_2
\end{pmatrix}
$$

取$\grave{P}_1=1$，$\grave{S}_1=\acute{P}_2=\acute{S}_2=0$，可得$\grave{P}_1$入射时的反/透射系数，同理也可求出$\grave{S}_1$、$\acute{P}_2$、$\acute{S}_2$入射情况下的反/透射系数，则有

$$
\begin{pmatrix}
\grave{P}\acute{P} & \grave{S}\acute{P} & \acute{P}\acute{P} & \acute{S}\acute{P}\\
\grave{P}\acute{S} & \grave{S}\acute{S} & \acute{P}\acute{S} & \acute{S}\acute{S}\\
\grave{P}\grave{P} & \grave{S}\grave{P} & \acute{P}\grave{P} & \acute{S}\grave{P}\\
\grave{P}\grave{S} & \grave{S}\grave{S} & \acute{P}\grave{S} & \acute{S}\grave{S}
\end{pmatrix}=\boldsymbol{M}^{-1}\boldsymbol{N}
\tag{3.5}
$$

由式(3.5)即可分别求出四种入射情况(P 波下行、S 波下行、P 波上行、S 波上行)的反/透射系数。

对于常规地震勘探，主要考虑纵波震源问题，故给出 P 波入射的 Zoeppritz 方程，即式(3.5)中取$\grave{P}_1=1$，$\grave{S}_1=\acute{P}_2=\acute{S}_2=0$，得

$$\begin{bmatrix} -v_{P1}p & -\cos\beta_1 & v_{P2}p & \cos\beta_2 \\ \cos\alpha_1 & -v_{S1}p & \cos\alpha_2 & -v_{S2}p \\ 2\rho_1 v_{S1}^2 p\cos\alpha_1 & \rho_1 v_{S1}(1-2v_{S1}^2p^2) & 2\rho_2 v_{S2}^2 p\cos\alpha_2 & \rho_2 v_{S2}(1-2v_{S2}^2p^2) \\ -\rho_1 v_{P1}(1-2v_{S1}^2p^2) & 2\rho_1 v_{S1}^2 p\cos\beta_1 & \rho_2 v_{P2}(1-2v_{S2}^2p^2) & -2\rho_2 v_{S2}^2 p\cos\beta_2 \end{bmatrix} \begin{bmatrix} \overset{\backslash\,/}{PP} \\ \overset{\backslash\,/}{PS} \\ \overset{\backslash\,\backslash}{PP} \\ \overset{\backslash\,\backslash}{PS} \end{bmatrix} = \begin{bmatrix} v_{P1}p \\ \cos\alpha_1 \\ 2\rho_1 v_{S1}^2 p\cos\alpha_1 \\ \rho_1 v_{P1}(1-2v_{S1}^2p^2) \end{bmatrix}$$

即

$$\begin{bmatrix} \sin\alpha_1 & \cos\beta_1 & -\sin\alpha_2 & -\cos\beta_2 \\ \cos\alpha_1 & -\sin\beta_1 & \cos\alpha_2 & -\sin\beta_2 \\ \cos2\beta_1 & -\dfrac{v_{S1}}{v_{P1}}\sin2\beta_1 & -\dfrac{\rho_2}{\rho_1}\dfrac{v_{P2}}{v_{P1}}\cos2\beta_2 & \dfrac{\rho_2}{\rho_1}\dfrac{v_{S2}}{v_{P1}}\sin2\beta_2 \\ \sin2\alpha_1 & \dfrac{v_{P1}}{v_{S1}}\cos2\beta_1 & \dfrac{\rho_2}{\rho_1}\dfrac{v_{S2}^2}{v_{P2}}\dfrac{v_{P1}}{v_{S1}^2}\sin2\alpha_2 & \dfrac{\rho_2}{\rho_1}\dfrac{v_{P1}v_{S2}}{v_{S1}^2}\cos2\beta_2 \end{bmatrix} \begin{bmatrix} \overset{\backslash\,/}{PP} \\ \overset{\backslash\,/}{PS} \\ \overset{\backslash\,\backslash}{PP} \\ \overset{\backslash\,\backslash}{PS} \end{bmatrix} = \begin{bmatrix} -\sin\alpha_1 \\ \cos\alpha_1 \\ -\cos2\beta_1 \\ \sin2\alpha_1 \end{bmatrix} \tag{3.6}$$

记

$$\begin{aligned} & a=\rho_2(1-2v_{S2}^2p^2)-\rho_1(1-2v_{S1}^2p^2),\ b=\rho_2(1-2v_{S2}^2p^2)+2\rho_1 v_{S1}^2p^2 \\ & c=\rho_1(1-2v_{S1}^2p^2)+2\rho_2 v_{S2}^2p^2,\ d=2(\rho_2 v_{S2}^2-\rho_1 v_{S1}^2) \\ & E=b\frac{\cos\alpha_1}{v_{P1}}+c\frac{\cos\alpha_2}{v_{P2}},\ F=b\frac{\cos\beta_1}{v_{S1}}+c\frac{\cos\beta_2}{v_{S2}} \\ & G=a-d\frac{\cos\alpha_1}{v_{P1}}\frac{\cos\beta_2}{v_{S2}},\ H=a-d\frac{\cos\alpha_2}{v_{P2}}\frac{\cos\beta_1}{v_{S1}} \\ & D'=EF+GHp^2=(\det\boldsymbol{M})/(-v_{P1}v_{P2}v_{S1}v_{S2}) \end{aligned} \tag{3.7}$$

可求出

$$\overset{\backslash\,/}{PP}=\left[\left(b\frac{\cos i_1}{\alpha_1}-c\frac{\cos i_2}{\alpha_2}\right)F-\left(a+d\frac{\cos i_1}{\alpha_1}\frac{\cos j_2}{\beta_2}\right)Hp^2\right]/D'$$

$$\overset{\backslash\,/}{PS}=-2\frac{\cos i_1}{\alpha_1}\left(ab+cd\frac{\cos i_2}{\alpha_2}\frac{\cos j_2}{\beta_2}\right)p\alpha_1/(\beta_1 D')$$

$$\overset{\backslash\,\backslash}{PP}=2\rho_1\frac{\cos i_1}{\alpha_1}F\alpha_1/(\alpha_2 D')$$

$$\overset{\backslash\,\backslash}{PS}=2\rho_1\frac{\cos i_1}{\alpha_1}Hp\alpha_1/(\beta_2 D')$$

$$\overset{\backslash\,/}{SP}=-2\frac{\cos j_1}{\beta_1}\left(ab+cd\frac{\cos i_2}{\alpha_2}\frac{\cos j_2}{\beta_2}\right)p\beta_1/(\alpha_1 D')$$

$$\overset{\backslash\,/}{SS}=-\left[\left(b\frac{\cos j_1}{\beta_1}-c\frac{\cos j_2}{\beta_2}\right)E-\left(a+d\frac{\cos i_2}{\alpha_2}\frac{\cos j_1}{\beta_1}\right)Gp^2\right]/D'$$

$$\overset{\backslash\,\backslash}{SP}=-2\rho_1\frac{\cos j_1}{\beta_1}Gp\beta_1/(\alpha_2 D')$$

$$\overset{\backslash\,\backslash}{SS}=2\rho_1\frac{\cos j_1}{\beta_1}E\beta_1/(\beta_2 D')$$

$$
\begin{aligned}
&\acute{P}\acute{P}=2\rho_2\frac{\cos\alpha_2}{v_{\mathrm{P2}}}Fv_{\mathrm{P2}}/(v_{\mathrm{P1}}D')\\
&\acute{P}\acute{S}=-2\rho_2\frac{\cos\alpha_2}{v_{\mathrm{P2}}}Gpv_{\mathrm{P2}}/(v_{\mathrm{S1}}D')\\
&\acute{P}\grave{P}=-\left[\left(b\frac{\cos\alpha_1}{v_{\mathrm{P1}}}-c\frac{\cos\alpha_2}{v_{\mathrm{P2}}}\right)F+\left(a+d\frac{\cos\alpha_2}{v_{\mathrm{P2}}}\frac{\cos\beta_1}{v_{\mathrm{S1}}}\right)Gp^2\right]/D'\\
&\acute{P}\grave{S}=2\frac{\cos\alpha_2}{v_{\mathrm{P2}}}\left(ac+bd\frac{\cos\alpha_1}{v_{\mathrm{P1}}}\frac{\cos\beta_1}{v_{\mathrm{S1}}}\right)pv_{\mathrm{P2}}/(v_{\mathrm{S2}}D')\\
&\acute{S}\acute{P}=2\rho_2\frac{\cos\beta_2}{v_{\mathrm{S2}}}Hpv_{\mathrm{S2}}/(v_{\mathrm{P1}}D')\\
&\acute{S}\acute{S}=2\rho_2\frac{\cos\beta_2}{v_{\mathrm{S2}}}Ev_{\mathrm{S2}}/(v_{\mathrm{S1}}D')\\
&\acute{S}\grave{P}=2\frac{\cos\beta_2}{v_{\mathrm{S2}}}\left(ac+bd\frac{\cos\alpha_1}{v_{\mathrm{P1}}}\frac{\cos\beta_1}{v_{\mathrm{S1}}}\right)pv_{\mathrm{S2}}/(v_{\mathrm{P2}}D')\\
&\acute{S}\grave{S}=\left[\left(b\frac{\cos\beta_1}{v_{\mathrm{S1}}}-c\frac{\cos\beta_2}{v_{\mathrm{S2}}}\right)E+\left(a+d\frac{\cos\alpha_1}{v_{\mathrm{P1}}}\frac{\cos\beta_2}{v_{\mathrm{S2}}}\right)Hp^2\right]/D'
\end{aligned}
\tag{3.8}
$$

3.1.2　Knott 方程

Zoeppritz 方程是利用位移振幅表示的反/透射系数方程，而建立在位移位振幅基础上的 Knott 方程有如下形式：

$$
\begin{bmatrix}
\sin\alpha_1 & \frac{v_{\mathrm{P1}}}{v_{\mathrm{S1}}}\cos\beta_1 & -\frac{v_{\mathrm{P1}}}{v_{\mathrm{P2}}}\sin\alpha_2 & \frac{v_{\mathrm{P1}}}{v_{\mathrm{S2}}}\cos\beta_2\\
\cos\alpha_1 & -\frac{v_{\mathrm{P1}}}{v_{\mathrm{S1}}}\sin\beta_1 & \frac{v_{\mathrm{P1}}}{v_{\mathrm{P2}}}\cos\alpha_2 & \frac{v_{\mathrm{P1}}}{v_{\mathrm{S2}}}\sin\beta_2\\
\cos2\beta_1 & -\sin2\beta_1 & -\frac{\rho_2}{\rho_1}\cos2\beta_2 & -\frac{\rho_2}{\rho_1}\sin2\beta_2\\
\sin2\alpha_1 & \frac{v_{\mathrm{P1}}^2}{v_{\mathrm{S1}}^2}\cos2\beta_1 & \frac{\rho_2}{\rho_1}\frac{v_{\mathrm{S2}}^2}{v_{\mathrm{P2}}^2}\frac{v_{\mathrm{P1}}^2}{v_{\mathrm{S1}}^2}\sin2\alpha_2 & -\frac{\rho_2}{\rho_1}\frac{v_{\mathrm{P1}}^2}{v_{\mathrm{S1}}^2}\cos2\beta_2
\end{bmatrix}
\cdot
\begin{bmatrix}R'_{\mathrm{PP}}\\ R'_{\mathrm{PS}}\\ T'_{\mathrm{PP}}\\ T'_{\mathrm{PS}}\end{bmatrix}
=
\begin{bmatrix}-\sin\alpha_1\\ \cos\alpha_1\\ -\cos2\beta_1\\ \sin2\alpha_1\end{bmatrix}
\tag{3.9}
$$

若记 Zoeppritz 方程求解的单界面反/透射系数分别为 $R_{\mathrm{PP}}, R_{\mathrm{PS}}, T_{\mathrm{PP}}, T_{\mathrm{PS}}$，Knott 方程求解的反/透射系数分别为 $R'_{\mathrm{PP}}, R'_{\mathrm{PS}}, T'_{\mathrm{PP}}, T'_{\mathrm{PS}}$，对比 Zoeppritz 方程及 Knott 方程可以发现：$R_{\mathrm{PP}}=\frac{v_{\mathrm{P1}}}{v_{\mathrm{P1}}}R'_{\mathrm{PP}}=R'_{\mathrm{PP}}, R_{\mathrm{PS}}=\frac{v_{\mathrm{P1}}}{v_{\mathrm{S1}}}R'_{\mathrm{PS}}, T_{\mathrm{PP}}=\frac{v_{\mathrm{P1}}}{v_{\mathrm{P2}}}T'_{\mathrm{PP}}, T_{\mathrm{PS}}=-\frac{v_{\mathrm{P1}}}{v_{\mathrm{S2}}}T'_{\mathrm{PS}}$，即位移反/透射系数与位移位表示的反/透射系数相差速度比关系（数值比值为相应速度比），尤其透射 PS 系数相差负速度比关系（数值比值为相应速度比取负）。负号主要是由振动正方向的确定和位移位公式求取位移方向的差异造成的。

3.1.3　Aki-Richards 近似

Aki 和 Richards(1980)给出了一个用界面上、下纵横波速度和密度相对差值表示的反/

透射系数公式,即设

$$
\begin{aligned}
&\Delta v_{\mathrm{P}}=v_{\mathrm{P2}}-v_{\mathrm{P1}},v_{\mathrm{P}}=\frac{v_{\mathrm{P2}}+v_{\mathrm{P1}}}{2},\Delta v_{\mathrm{S}}=v_{\mathrm{S2}}-v_{\mathrm{S1}},v_{\mathrm{S}}=\frac{v_{\mathrm{S2}}+v_{\mathrm{S1}}}{2}\\
&\Delta\alpha=\alpha_2-\alpha_1,\alpha=\frac{\alpha_2+\alpha_1}{2},\Delta\beta=\beta_2-\beta_1,\beta=\frac{\beta_2+\beta_1}{2}\\
&\Delta\rho=\rho_2-\rho_1,\rho=\frac{\rho_2+\rho_1}{2}
\end{aligned}
\tag{3.10}
$$

他们认为:在大多数地球物理介质中,相邻两层介质的弹性参数变化较小,因此 $\Delta\rho/\rho$, $\Delta v_{\mathrm{P}}/v_{\mathrm{P}}$, $\Delta v_{\mathrm{S}}/v_{\mathrm{S}}$ 和其他值比均为小值(即为弱阻抗差界面,所谓的弱阻抗差假设),所以可略去它们的高次项,将式(3.10)代入式(3.7)的展开式并进行相关近似,将结果代入式(3.8),即可得到各反/透射系数的近似式如下:

$$
\begin{aligned}
&\grave{P}\acute{P}=\frac{1}{2}(1-4v_{\mathrm{S}}^2p^2)\frac{\Delta\rho}{\rho}+\frac{1}{2\cos^2\alpha}\frac{\Delta v_{\mathrm{P}}}{v_{\mathrm{P}}}-4v_{\mathrm{S}}^2p^2\frac{\Delta v_{\mathrm{S}}}{v_{\mathrm{S}}}\\
&\grave{P}\acute{S}=\frac{-pv_{\mathrm{P}}}{2\cos\beta}\left[\left(1-2v_{\mathrm{S}}^2p^2+2v_{\mathrm{S}}^2\frac{\cos\alpha}{v_{\mathrm{P}}}\frac{\cos\beta}{v_{\mathrm{S}}}\right)\frac{\Delta\rho}{\rho}-\left(4v_{\mathrm{S}}^2p^2-4v_{\mathrm{S}}^2\frac{\cos\alpha}{v_{\mathrm{P}}}\frac{\cos\beta}{v_{\mathrm{S}}}\right)\frac{\Delta v_{\mathrm{S}}}{v_{\mathrm{S}}}\right]\\
&\grave{P}\grave{P}=1-\frac{1}{2}\frac{\Delta\rho}{\rho}+\left(\frac{1}{2\cos^2\alpha}-1\right)\frac{\Delta v_{\mathrm{P}}}{v_{\mathrm{P}}}\\
&\grave{P}\grave{S}=\frac{pv_{\mathrm{P}}}{2\cos\beta}\left[\left(1-2v_{\mathrm{S}}^2p^2-2v_{\mathrm{S}}^2\frac{\cos\alpha}{v_{\mathrm{P}}}\frac{\cos\beta}{v_{\mathrm{S}}}\right)\frac{\Delta\rho}{\rho}-\left(4v_{\mathrm{S}}^2p^2+4v_{\mathrm{S}}^2\frac{\cos\alpha}{v_{\mathrm{P}}}\frac{\cos\beta}{v_{\mathrm{S}}}\right)\frac{\Delta v_{\mathrm{S}}}{v_{\mathrm{S}}}\right]\\
&\grave{S}\acute{P}=\frac{\cos\beta}{v_{\mathrm{P}}}\frac{v_{\mathrm{S}}}{\cos\alpha}\grave{P}\acute{S}\\
&\grave{S}\acute{S}=-\frac{1}{2}(1-4v_{\mathrm{S}}^2p^2)\frac{\Delta\rho}{\rho}-\left(\frac{1}{2\cos^2\beta}-4v_{\mathrm{S}}^2p^2\right)\frac{\Delta v_{\mathrm{S}}}{v_{\mathrm{S}}}\\
&\grave{S}\grave{P}=\frac{-\cos\beta}{v_{\mathrm{P}}}\frac{v_{\mathrm{S}}}{\cos\alpha}\grave{P}\grave{S}\\
&\grave{S}\grave{S}=1-\frac{1}{2}\frac{\Delta\rho}{\rho}+\left(\frac{1}{2\cos^2\beta}-1\right)\frac{\Delta v_{\mathrm{S}}}{v_{\mathrm{S}}}\\
&\acute{P}\acute{P}=\grave{P}\grave{P}\\
&\acute{P}\acute{S}=-\grave{P}\grave{S}\\
&\acute{P}\grave{P}=-\grave{P}\acute{P}\\
&\acute{P}\grave{S}=-\grave{P}\acute{S}\\
&\acute{S}\acute{P}=\frac{\cos\beta}{v_{\mathrm{P}}}\frac{v_{\mathrm{S}}}{\cos\alpha}\grave{P}\grave{S}=-\grave{S}\grave{P}\\
&\acute{S}\acute{S}=\grave{S}\grave{S}\\
&\acute{S}\grave{P}=-\frac{\cos\beta}{v_{\mathrm{P}}}\frac{v_{\mathrm{S}}}{\cos\alpha}\grave{P}\acute{S}=-\grave{S}\acute{P}\\
&\acute{S}\grave{S}=-\grave{S}\acute{S}
\end{aligned}
\tag{3.11}
$$

由于$\sec^2\alpha=1+\tan^2\alpha$，式(3.11)中 $R_{PP}(\alpha)$ 经整理后变成：

$$R_{PP}(\alpha)\approx\frac{1}{2}\left(\frac{\Delta\rho}{\rho}+\frac{\Delta v_P}{v_P}\right)+\left(\frac{1}{2}\frac{\Delta v_P}{v_P}-4\frac{v_S^2}{v_P^2}\frac{\Delta v_S}{v_S}-2\frac{v_S^2}{v_P^2}\frac{\Delta\rho}{\rho}\right)\sin^2\alpha+\frac{1}{2}\frac{\Delta v_P}{v_P}(\tan^2\alpha-\sin^2\alpha)\quad(3.12)$$

此式第一项不包括横波，即 $\alpha=0°$。令

$$P=R_{PP}(0°)=\frac{1}{2}\left(\frac{\Delta\rho}{\rho}+\frac{\Delta v_P}{v_P}\right)\approx v_P^2\frac{\rho_2 v_{P2}-\rho_1 v_{P1}}{\rho_2 v_{P2}+\rho_1 v_{P1}}$$

这就是垂直入射时的纵波反射系数。

当入射角稍大($0°<\alpha\leqslant30°$)时，应加上第二项，因为此时第三项的 $\tan\alpha-\sin\alpha\leqslant0.083$ 而 $\Delta v_P/v_P$ 又较小，所以可略去。只有当入射角较大($\alpha>30°$)时，此时 $\tan\alpha-\sin\alpha$ 增加较快，不能忽视，必须加上第三项。因此，当入射角小于 30°时，则有

$$R_{PP}(\alpha)\approx\frac{1}{2}\left(\frac{\Delta\rho}{\rho}+\frac{\Delta v_P}{v_P}\right)+\left(\frac{1}{2}\frac{\Delta v_P}{v_P}-\frac{\Delta v_S}{v_S}-\frac{1}{2}\frac{\Delta\rho}{\rho}\right)\sin^2\alpha\qquad(3.13)$$

令 $G=\left(\frac{1}{2}\frac{\Delta v_P}{v_P}-\frac{\Delta v_S}{v_S}-\frac{1}{2}\frac{\Delta\rho}{\rho}\right)$，则式(3.13)可写为

$$R_{PP}(\alpha)\approx P+G\sin^2\alpha$$

上式是关于$\sin^2\alpha$ 为自变量的线性方程，其中 P 是由零炮检距构成的地震道，即 P 波叠加的地震道，它代表对反射界面两侧波阻抗变化的响应；斜率 G 构成的地震道称为梯度叠加道，它代表对反射界面两侧横波速度、纵波速度和密度变化的响应，也是振幅随入射角(或炮检距)的变化率。

Aki-Richards 公式强调的是岩性参数变化量 $\Delta\rho/\rho$、$\Delta v_P/v_P$、$\Delta v_S/v_S$，常用于半定量的岩性分析。式中使用比值参数，达到了减少参数的目的。在已知界面两侧的纵横波速度及介质密度的前提下，即可代入近似方程求解纵波入射时的反/透射系数，实现了对 Zoeppritz 方程的简化处理。但是用了 v_S 作参数而未用 σ 作参数，不能突出油气特征；且研究的是反/透射系数随变量 $\alpha(\alpha=(\alpha_1+\alpha_2)/2)$ 的变化而不是入射角的变化，在已知入射角的情况下，还需要根据 Snell 定律求取 α_2，进而求得 α，才能获取反/透射系数与 α 的关系。

3.1.4　Shuey 近似

Shuey(1985)给出了用不同角度项表示的反射系数近似公式，用显式方程表达了纵波反射系数与介质弹性参数及入射角之间的关系，是目前应用最为广泛的一种近似方法。他认为：在 R_{PP}随着入射角 α 变化的过程中，泊松比 σ 是与之关系最密切的一个弹性参数。在 Aki-Richards 假设的基础上，进一步将原始公式中的 $\alpha=\frac{\alpha_1+\alpha_2}{2}$简化为 $\alpha\approx\alpha_1$，且用泊松比 σ 替代 v_S，即

$$v_S^2=v_P^2\frac{1-2\sigma}{2(1-\sigma)}$$

式中，$\sigma=(\sigma_1+\sigma_2)/2$，$\sigma_1$ 和 σ_2 分别为入射介质和透射介质的泊松比。

当地层用纵波速度 v_P，密度 ρ 及泊松比 σ 描述时，Zoeppritz 方程可重新改写成小角度项、适中角度项和广角度项三部分之和，即 Shuey 公式：

$$R_{PP}(\alpha_1)/R_0\approx 1+A\sin^2\alpha_1+B(\tan^2\alpha_1-\sin^2\alpha_1)$$

其中：

$$R_0=\frac{1}{2}\left(\frac{\Delta v_P}{v_P}+\frac{\Delta\rho}{\rho}\right);A=A_0+\frac{1}{(1-\sigma)^2}\frac{\Delta\sigma}{R_0};A_0=B-2(1+B)\frac{1-2\sigma}{1-\sigma}$$

$$B=\frac{\Delta v_P/v_P}{\Delta v_P/v_P+\Delta\rho/\rho};\Delta\sigma=\sigma_2-\sigma_1$$

表达式也可写作如下形式：

$$R_{PP}(\alpha_1)\approx R_0+\left[A_0R_0+\frac{\Delta\sigma}{(1-\sigma)^2}\right]\sin^2\alpha_1+\frac{1}{2}\frac{\Delta v_P}{v_P}(\tan^2\alpha_1-\sin^2\alpha_1) \tag{3.14a}$$

Shuey 近似式的特点就是它的三项都有明确的物理意义：

第一，垂直入射时，$\alpha_1=\alpha_2=\alpha=0°$，$R(0°)=R_0$，即 R_0 是垂直入射时的反射振幅，它是纵波速度 v_P 和密度 ρ 变化率的平均值，同波阻抗差成正比。

第二，在适中入射角的情况($0°<\alpha_1\leqslant 30°$)下，有近似 $\tan\alpha_1\approx\sin\alpha_1$，函数$\tan^2\alpha_1-\sin^2\alpha_1$ 趋于零，即第三项对反射系数无影响，于是有

$$R_{PP}(\alpha_1)\approx R_0+\left[A_0R_0+\frac{\Delta\sigma}{(1-\sigma)^2}\right]\sin^2\alpha_1 \tag{3.14b}$$

此时反射振幅与 A 有关，前两项起作用。当 α_1 逐渐增大但不太大时，第二项逐渐起主要作用。这时的反射系数与介质的泊松比有密切关系。因此，利用式(3.14b)更能突出油气特征。在其他条件不变的情况下，下伏介质的泊松比越大(或上覆介质的泊松比越小)，反射系数就越大；当上下介质的泊松比差值不变时，泊松比越大，反射系数就越大；如果上下介质的速度差变小，上述现象更为明显。因此，这个范围正是研究振幅随炮检距变化的主要区域。

当入射角小于30°时，令 $P=R_0$、$G=\left[A_0R_0+\frac{\Delta\sigma}{(1-\sigma)^2}\right]$，则入射角与反射系数的关系为

$$R_{PP}(\alpha_1)\approx P+G\sin^2\alpha_1$$

式中，$R_{PP}(\alpha_1)$为反射系数；P 为垂直入射时的纵波反射系数；G 为拟合直线中的斜率；α_1 为入射角。由上式可以看出，不同入射角的反射系数与$\sin^2\alpha_1$ 成线性关系。由直线截距构成的 P 剖面表示法线入射的零炮检距剖面，由梯度或斜率构成的 G 剖面的物理意义不直观，其大小与泊松比关系密切。通常情况下，含气层的泊松比明显低于围岩，含气层纵波反射振幅随入射角的增加明显增大。

第三，对于大角度入射情况(入射角 α_1 大于30°)，第三项则对反射系数起主导作用，即：$R_{PP}(\alpha_1)\approx\frac{1}{2}\frac{\Delta v_P}{v_P}(\tan^2\alpha_1-\sin^2\alpha_1)$，此时反射系数仅与速度变化率有关。

总的来说，Shuey 方程的第一项纯粹表示为法向入射时的反射系数，而不包含入射角的影响，其各道的值都没有变化。因此，将第一项得到的反射记录与显示含油气特征的第二项的反射记录进行对比，能够更好地判别含油气地层。

对比 Aki-Richards 公式，Shuey 近似方程将 $\alpha=(\alpha_1+\alpha_2)/2$ 简化为 $\alpha\approx\alpha_1$，直接用入射角作为自变量，反映反射系数与入射角的关系，有助于生产中的直接应用；Shuey 还引入泊松比来替代横波速度，一方面能够很好地反映油气特征，另一方面用此近似式只需知道介质纵波速度，这就避免求取横波速度中误差。Shuey 公式将反射纵波系数写成不同角度参数项的组合，更有利于 AVO 问题的讨论，故常被研究与工程技术人员使用。Shuey 近似的不足之处就是只给出反射纵波系数，对于反射横波和透射系数等未作出相应的近似，这就给多波 AVO 联合反演造成一定的困难。

3.1.5 Smith 和 Gidlow 的纵波近似

Smith 和 Gidlow(1987)利用 CMP 道集的加权迭加进行 AVO 反演。根据 Gardner 等(1974)提出的水饱和岩石(不考虑蒸发)中的密度和速度的关系式

$$\rho=kv_{\mathrm{P}}^{1/4} \tag{3.15}$$

来研究含水硅酸盐岩石的纵波反射情况，上式中 k 为常数，则有

$$\frac{\Delta\rho}{\rho}\approx \mathrm{d}(\ln\rho)=\mathrm{d}(\ln kv_{\mathrm{P}}^{1/4})=\frac{1}{4}\mathrm{d}(\ln kv_{\mathrm{P}})\approx\frac{1}{4}\frac{\Delta v_{\mathrm{P}}}{v_{\mathrm{P}}}$$

即

$$\frac{\Delta\rho}{\rho}\approx\frac{1}{4}\frac{\Delta v_{\mathrm{P}}}{v_{\mathrm{P}}} \tag{3.16}$$

将式(3.16)代入式(3.12)中，整理可得

$$R_{\mathrm{PP}}(\alpha)\simeq\frac{5}{8}\frac{\Delta v_{\mathrm{P}}}{v_{\mathrm{P}}}-\frac{v_{\mathrm{S}}^2}{v_{\mathrm{P}}^2}\left(4\frac{\Delta v_{\mathrm{S}}}{v_{\mathrm{S}}}+\frac{1}{2}\frac{\Delta v_{\mathrm{P}}}{v_{\mathrm{P}}}\right)\sin^2\alpha+\frac{1}{2}\frac{\Delta v_{\mathrm{P}}}{v_{\mathrm{P}}}\tan^2\alpha \tag{3.17}$$

式(3.17)也可写为如下格式：

$$R_{\mathrm{PP}}(\alpha)=A_i\frac{\Delta v_{\mathrm{P}}}{v_{\mathrm{P}}}+B_i\frac{\Delta v_{\mathrm{S}}}{v_{\mathrm{S}}} \tag{3.18}$$

式中，$A_i=\frac{5}{8}-\frac{1}{2}\frac{v_{\mathrm{S}}^2}{v_{\mathrm{P}}^2}\sin^2\alpha_i+\frac{1}{2}\tan^2\alpha_i$；$B_i=-4\frac{v_{\mathrm{S}}^2}{v_{\mathrm{P}}^2}\sin^2\alpha_i$；$i$ 为在特定的时间采样中用于 CMP 道集动校正的道数，$i=1,2\cdots,n$。此近似用最小二乘法对曲线进行拟合，记每个采样点的振幅为 a_i，则不断修正 $\Delta v_{\mathrm{P}}/v_{\mathrm{P}}$ 和 $\Delta v_{\mathrm{S}}/v_{\mathrm{S}}$ 使得 $\sum_{i=1}^{n}\left(A_i\frac{\Delta v_{\mathrm{P}}}{v_{\mathrm{P}}}+B_i\frac{\Delta v_{\mathrm{S}}}{v_{\mathrm{S}}}-a_i\right)^2$ 取最小，将修正后的 $\Delta v_{\mathrm{P}}/v_{\mathrm{P}}$ 和 $\Delta v_{\mathrm{S}}/v_{\mathrm{S}}$ 代入式(3.18)，可提高近似方程的精度。

在此基础上，Smith 和 Gidlow(1987)还根据 Castagna 等(1985)提出的针对水饱和碎屑岩、硅酸盐岩的经验公式即 $v_{\mathrm{P}}\approx1360+1.16v_{\mathrm{S}}$(速度的单位为米/秒)，定义了流体因子 $\Delta F=\frac{\Delta v_{\mathrm{P}}}{v_{\mathrm{P}}}-1.16\frac{v_{\mathrm{S}}}{v_{\mathrm{P}}}\frac{\Delta v_{\mathrm{S}}}{v_{\mathrm{S}}}$，$\Delta F$ 在所有的含水岩石中取值都接近于 0，而在含气砂岩的顶部为负值、底部为正值，由此可以用来探测天然气的存在性。

三参量 AVO 反演问题常存在病态性，由一个微小的误差可能造成大的错误估计，尤其

是密度参数受此影响较大。Smith 和 Gidlow(1987)利用 Gardner 法则表示密度参数与速度的关系,并在最小二乘曲线拟合中修正密度参数,与以往工作中密度定为一个常数相比,可以很好地抑制反演问题中的病态问题。

3.1.6　Stewart 近似方程

针对 $\Delta v_P/v_P$ 和 $\Delta v_S/v_S$ 的求取,Stewart(1992)提出用 R_{PP} 和 R_{PS} 联合求解的方法。R_{PP} 可表示为如下形式:

$$R_{PP}(\alpha)=a\frac{\Delta v_P}{v_P}+b\frac{\Delta v_S}{v_S} \tag{3.19}$$

式中,$a=\frac{5}{8}-\frac{1}{2}\frac{v_S^2}{v_P^2}\sin^2\alpha+\frac{1}{2}\tan^2\alpha$;$b=-4\frac{v_S^2}{v_P^2}\sin^2\alpha$。

R_{PS} 可表示为如下形式:

$$R_{PS}(\alpha)=c\frac{\Delta v_P}{v_P}+d\frac{\Delta v_S}{v_S} \tag{3.20}$$

式中,$c=-\frac{\sin\alpha}{8\cos\beta}\left(1-\frac{2v_S^2}{v_P^2}\sin^2\alpha+\frac{2v_S}{v_P}\cos\alpha\cos\beta\right)$;$d=\frac{\sin\alpha}{2\cos\beta}\left(\frac{4v_S^2}{v_P^2}\sin^2\alpha-\frac{4v_S}{v_P}\cos\alpha\cos\beta\right)$。

联立式(3.19)和式(3.20)可得

$$\begin{aligned}\frac{\Delta v_P}{v_P}&=\frac{dR_{PP}-bR_{PS}}{ad-bc}\\ \frac{\Delta v_S}{v_S}&=\frac{aR_{PS}-cR_{PP}}{ad-bc}\end{aligned} \tag{3.21}$$

利用最小二乘法修正 $\Delta v_P/v_P$ 和 $\Delta v_S/v_S$,即令

$$\ell=\sum_{i=1}^{\#\text{offsets}}\left(R_{PP}-a\frac{\Delta v_P}{v_P}+b\frac{\Delta v_S}{v_S}\right)^2+\left(R_{PS}-c\frac{\Delta v_P}{v_P}+d\frac{\Delta v_S}{v_S}\right)^2$$

取最小,将修正后的 $\Delta v_P/v_P$ 和 $\Delta v_S/v_S$ 代入式(3.19)、式(3.20)可降低由纵波速度及介质密度近似处理造成的误差。

Stewart 近似方程给出的反射纵波和反射横波的类似表达式,有利于以后的对比处理。相对于 Smith 和 Gidlow 近似中仅用一个方程[式(3.17)]及最小二乘曲线拟合来估算 $\Delta v_P/v_P$ 和 $\Delta v_S/v_S$ 等比值参数,Stewart 近似利用了两个独立的函数[式(3.19)、式(3.20)],可以更好地估算相关速度比值参数,在 AVO 反演中更能接近实际情况。

3.1.7　Fatti 近似方程

Fatti 等(1994)给出了以相对波阻抗表示的近似方程,可以方便地应用于入射角小于临界角的情形,分两种情况进行讨论。

第一种情况:如果纵波速度和介质密度满足 Gardner 的关系式,则可得到式(3.17)。

第二种情况:如果纵波速度和介质密度不满足 Gardner 关系式,记 $Z=\rho v_P$、$W=\rho v_S$。则

有：$\frac{1}{2}\frac{\Delta Z}{Z}=\frac{1}{2}(\Delta v_P/v_P+\Delta\rho/\rho)$、$\frac{1}{2}\frac{\Delta W}{W}=\frac{1}{2}(\Delta v_S/v_S+\Delta\rho/\rho)$，代入式(3.12)并整理可得

$$R_{PP}(\alpha)\approx\frac{1}{2}\frac{\Delta Z}{Z}(1+\tan^2\alpha)-4\frac{v_S^2}{v_P^2}\frac{\Delta W}{W}\sin^2\alpha-\left(\frac{1}{2}\frac{\Delta\rho}{\rho}\tan^2\alpha-2\frac{v_S^2}{v_P^2}\frac{\Delta\rho}{\rho}\sin^2\alpha\right) \tag{3.22}$$

此式用相对波阻抗表示了 Zoeppritz 的近似形式。在入射角小于 35°，泊松比在 0.1 与 0.33 之间时，式(3.22)中的第三项可以忽略，则方程进一步简化为如下形式：

$$R_{PP}(\alpha)\approx\frac{1}{2}\frac{\Delta Z}{Z}(1+\tan^2\alpha)-4\frac{v_S^2}{v_P^2}\frac{\Delta W}{W}\sin^2\alpha \tag{3.23}$$

式(3.23)表示了小角度入射的近似，能够解决小偏移距问题，但对如大角度入射的情况不适用。针对上述问题，Ursenbach 和 Stewart(2001)提出：保留式(3.22)中的第三项，并将 $\Delta\rho/\rho$ 改写成 $\Delta Z/Z$ 的形式，即$\frac{\Delta\rho}{\rho}=\frac{1}{5}\left(4\frac{\Delta\rho}{\rho}+\frac{\Delta\rho}{\rho}\right)\approx\frac{1}{5}\left(\frac{\Delta v_P}{v_P}+\frac{\Delta\rho}{\rho}\right)=\frac{2}{5}\frac{\Delta Z}{Z}$，在此变换下，式(3.22)仍可以写成类似于式(3.20)的形式，但相比较而言，Ursenbach 和 Stewart 的近似式还能够适用于大角度入射的情况，即实现大小偏移距都适用的近似。

在 Fatti 第二个假设条件下，还可以将反射横波系数 R_{PS} 表示成相对波阻抗的形式，即

$$R_{PS}(\alpha)\approx\frac{-\sin\alpha}{10\cos\beta}\frac{\Delta Z}{Z}+\frac{-\sin\alpha}{\cos\beta}\left(v_S^2\frac{\cos\alpha}{v_P}\frac{\cos\beta}{v_S}-\frac{v_S^2}{v_P^2}\sin^2\alpha\right)\frac{\Delta W}{W} \tag{3.24}$$

此式未进行相关项的舍弃，故满足任意角入射情况。

3.1.8　郑晓东、杨绍国的级数近似方程

在式(3.6)中，当 P 波以 $\alpha=\alpha_1$ 入射时，反射角 α_1、β_1 及透射角 α_2、β_2 之间满足 Snell 定理，有

$$\frac{\sin\alpha}{v_{P1}}=\frac{\sin\alpha_1}{v_{P1}}=\frac{\sin\beta_1}{v_{S1}}=\frac{\sin\alpha_2}{v_{P2}}=\frac{\sin\beta_2}{v_{S2}} \tag{3.25}$$

若令 $\sin\alpha$ 为 $-\sin\alpha$ 时，$\sin\alpha_1$、$\sin\alpha_2$、$\sin\beta_1$、$\sin\beta_2$ 相应取值分别为 $-\sin\alpha_1$、$-\sin\alpha_2$、$-\sin\beta_1$、$-\sin\beta_2$。同样，根据三角函数的性质有 $\sin2\alpha_1$、$\sin2\alpha_2$、$\sin2\beta_1$、$\sin2\beta_2$ 反符号，而 $\cos\alpha_1$、$\cos\alpha_2$、$\cos\beta_1$、$\cos\beta_2$ 及 $\cos2\alpha_1$、$\cos2\alpha_2$、$\cos2\beta_1$、$\cos2\beta_2$ 符号不变，将以上关系代回式(3.6)，整理得

$$\begin{bmatrix}\sin\alpha_1 & \cos\beta_1 & -\sin\alpha_2 & -\cos\beta_2\\ \cos\alpha_1 & -\sin\beta_1 & \cos\alpha_2 & -\sin\beta_2\\ \cos2\beta_1 & -\frac{v_{S1}}{v_{P1}}\sin2\beta_1 & -\frac{\rho_2}{\rho_1}\frac{v_{P2}}{v_{P1}}\cos2\beta_2 & \frac{\rho_2}{\rho_1}\frac{v_{S2}}{v_{P1}}\sin2\beta_2\\ \sin2\alpha_1 & \frac{v_{P1}}{v_{S1}}\cos2\beta_1 & \frac{\rho_2}{\rho_1}\frac{v_{S2}^2}{v_{P2}}\frac{v_{P1}}{v_{S1}^2}\sin2\alpha_2 & \frac{\rho_2}{\rho_1}\frac{v_{P1}v_{S2}}{v_{S1}^2}\cos2\beta_2\end{bmatrix}\begin{bmatrix}R_{PP}\\ -R_{PS}\\ T_{PP}\\ -T_{PS}\end{bmatrix}=\begin{bmatrix}-\sin\alpha_1\\ \cos\alpha_1\\ -\cos2\beta_1\\ \sin2\alpha_1\end{bmatrix} \tag{3.26}$$

对比式(3.6)与式(3.26)可知

$$
\left.\begin{aligned}
R_{\mathrm{PP}}(\sin\alpha)&=R_{\mathrm{PP}}(-\sin\alpha)\\
R_{\mathrm{PS}}(\sin\alpha)&=-R_{\mathrm{PS}}(-\sin\alpha)\\
T_{\mathrm{PP}}(\sin\alpha)&=T_{\mathrm{PP}}(-\sin\alpha)\\
T_{\mathrm{PS}}(\sin\alpha)&=-T_{\mathrm{PP}}(-\sin\alpha)
\end{aligned}\right\}\tag{3.27}
$$

同样,当 SV 波及 SH 波入射时有

$$
\left.\begin{aligned}
R_{\mathrm{SP}}(\sin\alpha)&=-R_{\mathrm{SP}}(-\sin\alpha)\\
R_{\mathrm{SS}}(\sin\alpha)&=R_{\mathrm{SS}}(-\sin\alpha)\\
T_{\mathrm{SP}}(\sin\alpha)&=-T_{\mathrm{SP}}(-\sin\alpha)\\
T_{\mathrm{SS}}(\sin\alpha)&=T_{\mathrm{SS}}(-\sin\alpha)\\
R_{\mathrm{SH}}(\sin\alpha)&=R_{\mathrm{SH}}(-\sin\alpha)\\
T_{\mathrm{SH}}(\sin\alpha)&=T_{\mathrm{SH}}(-\sin\alpha)
\end{aligned}\right\}\tag{3.28}
$$

由此可见,同类型波的反射波和透射系数是 $\sin\alpha$ 的偶函数,而转换波的反射和透射系数是 $\sin\alpha$ 的奇函数(郑晓东,1991)。在此基础上,郑晓东(1991)给出了以幂级数形式表示的 Zoeppritz 方程近似公式,阐明了转换波和非转换波动力学特征的差异。当入射角在 30°内时,具体公式如下:

$$
\begin{aligned}
R_{\mathrm{PP}}(\alpha)&=A_0^R+A_2^R\sin^2\alpha+A_4^R\sin^4\alpha\\
R_{\mathrm{PS}}(\alpha)&=A_1^R\sin\alpha+A_3^R\sin^3\alpha\\
T_{\mathrm{PP}}(\alpha)&=A_0^T+A_2^T\sin^2\alpha+A_4^T\sin^4\alpha\\
-T_{\mathrm{PS}}(\alpha)&=A_1^T\sin\alpha+A_3^T\sin^3\alpha
\end{aligned}\tag{3.29}
$$

其中:

$$A_0^R=C_{\mathrm{P0}},A_2^R=C_\alpha-4\gamma^2C_\rho-8\gamma^2C_\beta,A_4^R=A_{2n}^R=C_\alpha(n\geqslant2)$$

$$A_1^R=-C_\rho-2\gamma C_\rho-4\gamma C_\beta,A_3^R=\frac{3}{2}\gamma^2C_\rho+\gamma C_\rho+4\gamma^2C_\beta+2\gamma C_\beta$$

$$A_0^T=1-C_{\mathrm{P0}},A_2^T=A_{2n}^TC_\alpha(n\geqslant1)$$

$$A_1^T=C_\rho-2\gamma C_\rho-4\gamma C_\beta,A_3^T=-\frac{3}{2}\gamma^2C_\rho+\gamma C_\rho-4\gamma^2C_\beta+2\gamma C_\beta$$

$$\gamma=\frac{v_{\mathrm{S}}}{v_{\mathrm{P}}},C_\rho=\frac{1}{2}\frac{\Delta\rho}{\rho},C_\alpha=\frac{1}{2}\frac{\Delta v_{\mathrm{P}}}{v_{\mathrm{P}}},C_\beta=\frac{1}{2}\frac{\Delta v_{\mathrm{S}}}{v_{\mathrm{S}}}$$

$$C_{\mathrm{P0}}=C_\rho+C_\alpha\approx\frac{1}{2}\Delta(\ln\rho v_{\mathrm{P}}),C_{\mathrm{S0}}=C_\rho+C_\beta\approx\frac{1}{2}\Delta(\ln\rho v_{\mathrm{S}}),C_\sigma=\frac{1}{2}\frac{\Delta\sigma}{(1-\sigma)^2}=4\gamma^2(C_\alpha-C_\beta)$$

此近似式具有形式简单、物理意义明确和岩性关系清晰等优点,易于识别和分离纵波和横波;幂级数项的系数仅为介质密度、纵波速度和横波速度的函数,幂级数的底则是入射角的函数。所以利用曲线拟合方法很容易实现地震岩性参数的反演,并可提取零偏移距剖面,但此近似方程推导比较麻烦,幂级数的展开、规律的确定过程也比较复杂。杨绍国和周熙襄(1994)针对郑晓东近似方程只适应弹性参数相对变化量小的局限性,提出了 Zoeppritz 方程的级数近似表达式,可适应弹性参数变化较大的情况。

值得注意的是,以上研究都是基于 Aki-Richards 的 Zoeppritz 方程开展的,地震波的振动方向遵循从左往右传播。杨绍国等提出的级数近似表达式,限定地震波的振动方向遵循右手定则,则求取的反/透射系数与 Aki-Richards 的 Zoeppritz 方程求得的系数有可能存在异号情况,以下按照杨绍国等的研究思路论述,应用时需注意与 Aki-Richards 的 Zoeppritz 方程的异同点。

当弹性波传播到阻抗分界面时,弹性波要发生波型转换和能量重新分配,这类问题也是波动方程的边界问题。因此可以根据阻抗分界面上的边界条件求解弹性波方程,得到分界面能量分配关系。在介质速度各向同性的假设情况下,当 P 波、SV 波及 SH 波分别入射到弹性界面时,各种波振幅所满足的 Zoeppritz 方程如下。

当 P 波以 α_1 角入射时:

$$\begin{bmatrix} \sin\alpha_1 & \cos\beta_1 & -\sin\alpha_2 & \cos\beta_2 \\ -\cos\alpha_1 & \sin\beta_1 & -\cos\alpha_2 & -\sin\beta_2 \\ \cos2\beta_1 & -\frac{v_{S1}}{v_{P1}}\sin2\beta_1 & -\frac{\rho_2}{\rho_1}\frac{v_{P2}}{v_{P1}}\cos2\beta_2 & -\frac{\rho_2}{\rho_1}\frac{v_{S2}}{v_{P1}}\sin2\beta_2 \\ \sin2\alpha_1 & \frac{v_{P1}}{v_{S1}}\cos2\beta_1 & \frac{\rho_2}{\rho_1}\frac{v_{S2}^2}{v_{P2}}\frac{v_{P1}}{v_{S1}^2}\sin2\alpha_2 & -\frac{\rho_2}{\rho_1}\frac{v_{P1}v_{S2}}{v_{S1}^2}\cos2\beta_2 \end{bmatrix} \begin{bmatrix} R_{PP} \\ R_{PS} \\ T_{PP} \\ T_{PS} \end{bmatrix} = \begin{bmatrix} -\sin\alpha_1 \\ -\cos\alpha_1 \\ -\cos2\beta_1 \\ \sin2\alpha_1 \end{bmatrix} \tag{3.30}$$

注意该式与式(3.6)的异同点。

当 SV 波以 β_1 角入射时:

$$\begin{bmatrix} -\sin\alpha_1 & \cos\beta_1 & \sin\alpha_2 & \cos\beta_2 \\ -\cos\alpha_1 & -\sin\beta_1 & -\cos\alpha_2 & \sin\beta_2 \\ \frac{v_{P1}}{v_{S1}}\cos2\beta_1 & \sin2\beta_1 & -\frac{\rho_2}{\rho_1}\frac{v_{P2}}{v_{S1}}\cos2\beta_2 & \frac{\rho_2}{\rho_1}\frac{v_{S2}}{v_{S1}}\sin2\beta_2 \\ \frac{v_{S1}}{v_{P1}}\sin2\alpha_1 & -\cos2\beta_1 & \frac{\rho_2}{\rho_1}\frac{v_{S2}^2}{v_{S1}v_{P1}}\sin2\alpha_2 & \frac{\rho_2}{\rho_1}\frac{v_{S2}}{v_{S1}}\cos2\beta_2 \end{bmatrix} \begin{bmatrix} R_{SP} \\ R_{SS} \\ T_{SP} \\ T_{SS} \end{bmatrix} = \begin{bmatrix} \cos\beta_1 \\ \sin\beta_1 \\ \sin2\beta_1 \\ \cos2\beta_1 \end{bmatrix} \tag{3.31}$$

当 SH 波以 α 角入射时:

$$\begin{bmatrix} -1 & 1 \\ v_{S1}\cos\alpha & \frac{\rho_2}{\rho_1}v_{S2}\cos\beta \end{bmatrix} \begin{bmatrix} R_{SH} \\ T_{SH} \end{bmatrix} = \begin{bmatrix} 1 \\ v_{S1}\cos\alpha \end{bmatrix} \tag{3.32}$$

式中,R_{PP}为 P 波反射系数;R_{PS}、R_{SP}为转换横波及转换纵波反射系数;R_{SS}、R_{SH}为两种横波反射系数;T_{PP}、T_{SS}、T_{SH}为非转换波透射系数;T_{PS}、T_{SP}为转换波透射系数;v_{P1}、v_{S1}、ρ_1 为上层介质纵、横波速度及密度;v_{P2}、v_{S2}、ρ_2 为下层介质纵、横波速度及密度;α_1、β_1、α 分别为纵、横波入射角或反射角;α_2、β_2、β 分别为纵、横波透射角。

以上三个式子为描述各向同性介质阻抗差界面处波型能量转换反射关系的精准公式,只要已知入射角及地层弹性参数,通过求解上述方程则可得反射波、透射波以及转换波的反射系数。

利用反射系数和透射系数与 $\sin\alpha$ 的奇偶性可把反射系数和透射系数表示成 $\sin\alpha$ 的幂级数形式。

当 P 波以 α 角入射时:

$$\left.\begin{aligned} R_{\mathrm{PP}} &= \sum_{n=0}^{M} A_{2n}^{R} \sin^{2n}\alpha \\ R_{\mathrm{PS}} &= \sum_{n=0}^{M} A_{2n+1}^{R} \sin^{2n+1}\alpha \\ T_{\mathrm{PP}} &= \sum_{n=0}^{M} A_{2n}^{T} \sin^{2n}\alpha \\ T_{\mathrm{PS}} &= \sum_{n=0}^{M} A_{2n+1}^{T} \sin^{2n+1}\alpha \end{aligned}\right\} \tag{3.33}$$

当 SV 波以 α 角入射时:

$$\left.\begin{aligned} R_{\mathrm{SS}} &= \sum_{n=0}^{M} B_{2n}^{R} \sin^{2n}\alpha \\ R_{\mathrm{SP}} &= \sum_{n=0}^{M} B_{2n+1}^{R} \sin^{2n+1}\alpha \\ T_{\mathrm{SS}} &= \sum_{n=0}^{M} B_{2n}^{T} \sin^{2n}\alpha \\ T_{\mathrm{SP}} &= \sum_{n=0}^{M} B_{2n+1}^{T} \sin^{2n+1}\alpha \end{aligned}\right\} \tag{3.34}$$

当 SH 波以 α 角入射时:

$$\left.\begin{aligned} R_{\mathrm{SH}} &= \sum_{n=0}^{M} C_{2n}^{R} \sin^{2n}\alpha \\ T_{\mathrm{SH}} &= \sum_{n=0}^{M} C_{2n}^{T} \sin^{2n}\alpha \end{aligned}\right\} \tag{3.35}$$

由以上级数表达式可见,非转换波满足 $\sin\alpha$ 的偶次幂的级数表达式,而转换波满足 $\sin\alpha$ 的奇次幂的级数表达式,式中 M 为决定拟合精度的正整数;A^R、A^T、B^R、B^T 分别为 P 波及 SV 波入射时与岩性参数有关的系数表达式;C^R、C^T 为 SH 波入射时的系数表达式。

以上幂级数展开的条件及系数由以下公式确定:

$$\left.\begin{array}{l} \left|\dfrac{v_{\mathrm{P2}}}{v_{\mathrm{P1}}}\sin\alpha\right|<1,\ \left|\dfrac{v_{\mathrm{S2}}}{v_{\mathrm{P1}}}\sin\alpha\right|<1 \quad \text{P 波入射} \\ \left|\dfrac{v_{\mathrm{S2}}}{v_{\mathrm{S1}}}\sin\alpha\right|<1,\ \left|\dfrac{v_{\mathrm{P1}}}{v_{\mathrm{S1}}}\sin\alpha\right|<1,\ \left|\dfrac{v_{\mathrm{P2}}}{v_{\mathrm{S1}}}\sin\alpha\right|<1 \quad \text{SV 波入射} \\ \left|\dfrac{v_{\mathrm{S2}}}{v_{\mathrm{S1}}}\sin\alpha\right|<1 \quad \text{SH 波入射} \end{array}\right\} \tag{3.36}$$

系数 A^R、A^T、B^R、B^T 的计算公式

$$\left.\begin{aligned}
&A_{2n}^{R}=B_{2n}^{R}=\frac{Z_{\mathrm{P}}}{1+Z_{\mathrm{P}}}F_{2n}-\frac{G_{2n}}{1+Z_{\mathrm{P}}}\\
&A_{2n}^{T}=B_{2n}^{T}=\frac{1}{1+Z_{\mathrm{P}}}F_{2n}+\frac{G_{2n}}{1+Z_{\mathrm{P}}}\\
&A_{2n+1}^{R}=B_{2n+1}^{R}=-\frac{Z_{\mathrm{S}}}{1+Z_{\mathrm{S}}}F_{2n+1}+\frac{a}{1+Z_{\mathrm{S}}}G_{2n+1}\\
&A_{2n+1}^{T}=B_{2n+1}^{T}=-\frac{1}{1+Z_{\mathrm{S}}}F_{2n+1}-\frac{a}{1+Z_{\mathrm{S}}}G_{2n+1}
\end{aligned}\right\}\tag{3.37}$$

$$n=0,1,2,\cdots$$

式中

$$\left.\begin{aligned}
&F_0=1\\
&G_0=1\\
&F_1=1+A_0^R-\omega A_0^T\\
&G_1=2-2A_0^R-2\rho\left(\frac{v_{\mathrm{S2}}}{v_{\mathrm{S1}}}\right)^2A_0^T\\
&F_2=-\frac{1}{2}+\beta A_1^R+\frac{1}{2}A_0^R-\gamma A_1^T+\frac{1}{2}\omega^2A_0^T\\
&G_2=-2\beta_1(1+A_1^R+A_0^R)-2\rho\beta_2^2A_1^T+2Z_{\mathrm{P}}\beta_2^2A_0^T\\
&\vdots\\
&F_{2n}=-C_n^!+\beta A_{2n-1}^R+\sum_{k=1}^{n}C_k^!\,A_{2(n-k)}^R-\gamma A_{2n-1}^T+\sum_{k=1}^{n}C_k^!\,\omega^{2k}A_{2(n-k)}^T(n=2,3,\cdots)\\
&G_{2n}=-2\beta_1(A_{2n-1}^R+A_{2(n-1)}^R)+2\beta_1\sum_{k=1}^{n-1}C_k^!\,\beta^{2k}A_{2(n-k)-1}^R-2\rho\beta_2^2\left(A_{2n-1}^T-\sum_{k=1}^{n-1}C_k^!\,\beta_3^{2k}A_{2(n-k)-1}^T\right)\\
&\qquad+2Z_{\mathrm{P}}\beta_2^2A_{2(n-1)}^T(n=2,3,\cdots)\\
&F_{2n+1}=A_{2n}^R-\sum_{k=1}^{n}C_k^!\,\beta^{2k}A_{2(n-k)+1}^R-\omega A_{2n}^T-\sum_{k=1}^{n}C_k^!\,\beta_3^{2k}A_{2(n-k)+1}^T(n=1,2,3,\cdots)\\
&G_{2n+1}=2(-C_n^!-A_{2n}^R+\beta A_{2n-1}^R)+2\sum_{k=1}^{n}C_k^!\,A_{2(n-k)}^R-2\rho\beta_3\left(\frac{v_{\mathrm{S2}}}{v_{\mathrm{S1}}}\right)^2A_{2n-1}^T\\
&\qquad-2\rho\left(\frac{v_{\mathrm{S2}}}{v_{\mathrm{S1}}}\right)^2\left(A_{2n}^T-\sum_{k=1}^{n}C_k^!\,\omega^{2k}A_{2(n-k)}^T\right)(n=1,2,3,\cdots)
\end{aligned}\right\}\tag{3.38}$$

式中

$$
\left.\begin{aligned}
&Z_{\mathrm{P}}=\begin{cases}\rho_2 v_{\mathrm{P2}}/\rho_1 v_{\mathrm{P1}} & \text{P 波入射}\\ \rho_2 v_{\mathrm{S2}}/\rho_1 v_{\mathrm{S1}} & \text{SV 波入射}\end{cases}\\
&Z_{\mathrm{S}}=\begin{cases}\rho_2 v_{\mathrm{S2}}/\rho_1 v_{\mathrm{S1}} & \text{P 波入射}\\ \rho_2 v_{\mathrm{P2}}/\rho_1 v_{\mathrm{P1}} & \text{SV 波入射}\end{cases}\\
&\beta=\begin{cases}v_{\mathrm{S1}}/v_{\mathrm{P2}} & \text{P 波入射}\\ v_{\mathrm{P1}}/v_{\mathrm{S1}} & \text{SV 波入射}\end{cases}\\
&\beta_1=\begin{cases}(v_{\mathrm{S1}}/v_{\mathrm{P1}})^2 & \text{P 波入射}\\ 1 & \text{SV 波入射}\end{cases}\\
&\beta_2=\begin{cases}v_{\mathrm{S2}}/v_{\mathrm{P1}} & \text{P 波入射}\\ v_{\mathrm{S2}}/v_{\mathrm{S1}} & \text{SV 波入射}\end{cases}\\
&\beta_3=\begin{cases}v_{\mathrm{S2}}/v_{\mathrm{P1}} & \text{P 波入射}\\ v_{\mathrm{P2}}/v_{\mathrm{P1}} & \text{SV 波入射}\end{cases}\\
&\gamma=\begin{cases}v_{\mathrm{S2}}/v_{\mathrm{P1}} & \text{P 波入射}\\ v_{\mathrm{P2}}/v_{\mathrm{S1}} & \text{SV 波入射}\end{cases}\\
&\omega=\begin{cases}v_{\mathrm{P2}}/v_{\mathrm{P1}} & \text{P 波入射}\\ v_{\mathrm{S2}}/v_{\mathrm{S1}} & \text{SV 波入射}\end{cases}\\
&a=v_{\mathrm{S1}}/v_{\mathrm{P1}}\\
&\rho=\rho_2/\rho_1\\
&C_n^{!}=\frac{C_{2n}^n}{2^{2n}(2n-1)}\\
&C_m^n=\frac{m!}{n!\ (m-n)!}
\end{aligned}\right\}\tag{3.39}
$$

式中,v_{P1}、v_{S1}、ρ_1 为上层介质纵波、横波速度及密度;v_{P2}、v_{S2}、ρ_2 为下层介质纵波、横波速度及密度,C_m^n 为组合符号。

C^R、C^T 的计算公式(李录明和罗省贤,1997):

$$
\left.\begin{aligned}
&C_0^R=\frac{Z_1-Z_2}{Z_1+Z_2}\\
&C_0^T=\frac{2Z_1}{Z_1+Z_2}\\
&C_{2n}^R=C_{2n}^T=\frac{1}{Z_1+Z_2}\left[Z_1\sum_{k=1}^{n}C_k^{!}\,C_{2(n-k)}^R+Z_2\sum_{k=1}^{n}C_k^{!}\,Z^{2k}C_{2(n-k)}^T-Z_1C_n^{!}\right]\\
&n=1,2,3,\cdots,M
\end{aligned}\right\}\tag{3.40}
$$

其中

$$
\left.\begin{aligned}
&Z=v_{\mathrm{S2}}/v_{\mathrm{S1}}\\
&Z_1=v_{\mathrm{S1}}\rho_1\\
&Z_2=v_{\mathrm{S2}}\rho_2
\end{aligned}\right\}\tag{3.41}
$$

以上所有系数的计算条件在临界角内有效。

总的来说,Aki 和 Richards 认为在大多数地震问题中,相临两层介质的弹性参数变化较小,因此 $\Delta v_{\mathrm{P}}/v_{\mathrm{P}}$、$\Delta v_{\mathrm{S}}/v_{\mathrm{S}}$、$\Delta\rho/\rho$ 和其他值比均为小值,可略去它们的高次项,并用纵波反射角、透射角的平均值作为自变量,给出了用界面上下纵横速度和密度相对差值表示的反/透射系数公式。Aki-Richards 近似公式较为全面地给出了多种波入射的反/透射系数近似方程,是多种近似公式的基础。Shuey 在 Aki-Richards 方程的基础上用纵波速度及泊松比来替代横波速度,并将反射角和透射角的平均近似为入射角,给出了纵波反射系数近似。Smith 和 Gidlow 将 Gardner 密度、速度关系代入 Aki-Richards 纵波反射系数方程,利用 CMP 道集的叠加加权给出含水硅酸盐岩的纵波反射近似。Stewart 将 Aki-Richards 的纵横波反射系数表示为 $\Delta v_{\mathrm{P}}/v_{\mathrm{P}}$ 和 $\Delta v_{\mathrm{S}}/v_{\mathrm{S}}$ 的表达式,利用两个独立函数及最小二乘曲线拟合估算比值参数,较 Smith-Gidlow 近似方程更能接近实际情况。Fatti 在 Aki-Richards 方程的基础上提出了以相对波阻抗表示的近似方程,可以准确地应用于入射角小于临界角的情形。郑晓东在 Aki-Richards 方程的基础上给出了只适用弹性参数相对变化量小的 Zoeppritz 幂级数近似方程,而杨绍国等针对其弹性参数相对变化量小的局限性,提出了可适用弹性参数变化较大的 Zoeppritz 级数近似方程。

3.2　均匀各向同性水平层状介质弹性波的反/透射系数

地震勘探所研究的地球介质按照物性变化分层一般具有层状结构。下面讨论 P-SV 波系统在层状介质中的传播情况。

模型如图 3.2 所示,考虑二维水平层状介质,共 n 层介质,$n-1$ 个界面。设各层的参数均为已知,第 i 层的纵横波速度、密度和厚度分别为 $v_{\mathrm{P}i}$、$v_{\mathrm{S}i}$、ρ_i 和 h_i,在其中传播的纵波波射线与法线的夹角为 α_i,横波波射线与法线夹角为 β_i。

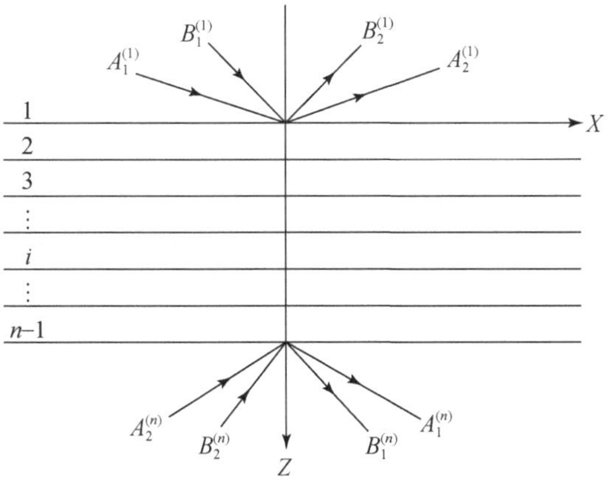

图 3.2　层状介质模型示意图

2.7 节中我们讨论了位移函数与位移位函数的异同点,以下将根据波函数的形式分为位移位及位移两种情况分别讨论。

3.2.1 基于位移位的反/透射系数

建立如图 3.3 所示的坐标系统,则可设第 i 层中各波的位移位函数为

$$\varphi^{(i)}=A_1^{(i)}e^{j[\omega t-(\varepsilon_{Pi}x+d_iz)]}+A_2^{(i)}e^{j[\omega t-(\varepsilon_{Pi}x-d_iz)]}=[A_1^{(i)}e^{-jd_iz}+A_2^{(i)}e^{jd_iz}]e^{j(\omega t-\varepsilon_{Pi}x)} \tag{3.42}$$

$$\psi^{(i)}=B_1^{(i)}e^{j[\omega t-(\varepsilon_{Si}x+s_iz)]}+B_2^{(i)}e^{j[\omega t-(\varepsilon_{Si}x-s_iz)]}=[B_1^{(i)}e^{-js_iz}+B_2^{(i)}e^{js_iz}]e^{j(\omega t-\varepsilon_{Si}x)} \tag{3.43}$$

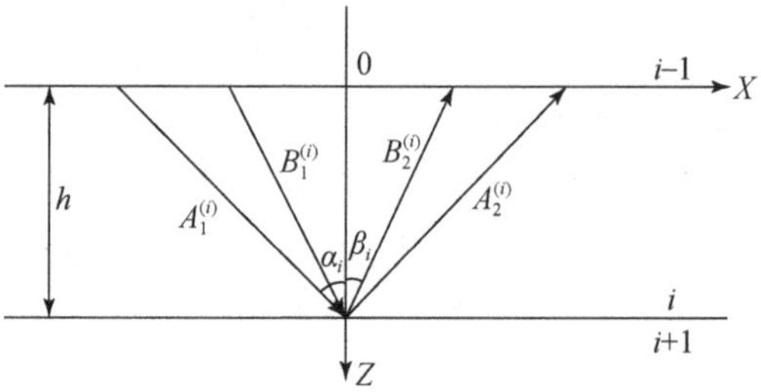

图 3.3 基于位移位波函数的任意层(第 i 层)传播情况

式中,振幅下标 1 表示下行波,下标 2 表示上行波。$A_1^{(i)}$ 为第 i 层中位移位情况下的下行纵波振幅;$A_2^{(i)}$ 为第 i 层中位移位情况下的上行纵波振幅;$B_1^{(i)}$ 为第 i 层中位移位情况下的下行横波振幅;$B_2^{(i)}$ 为第 i 层中位移位情况下的上行横波振幅。各波数满足:

$$\begin{aligned}&k_{Pi}^2=\varepsilon_{Pi}^2+d_i^2,k_{Pi}=\frac{\omega}{v_{Pi}}\\&k_{Si}^2=\varepsilon_{Si}^2+s_i^2,k_{Si}=\frac{\omega}{v_{Si}}\\&\varepsilon_{Pi}=k_{Pi}\sin\alpha_i,d_i=k_{Pi}\cos\alpha_i\\&\varepsilon_{Si}=k_{Si}\sin\beta_i,s_i=k_{Si}\cos\beta_i\end{aligned} \tag{3.44}$$

其中:

$$\varepsilon_{Pi}=k_{Pi}\sin\alpha_i=\frac{\omega}{v_{Pi}}\sin\alpha_i$$

$$\varepsilon_{Si}=k_{Si}\sin\beta_i=\frac{\omega}{v_{Si}}\sin\beta_i$$

根据 Snell 定理:$\frac{\sin\alpha_i}{v_{Pi}}=\frac{\sin\beta_i}{v_{Si}}$,则各层中的 $\varepsilon_{Pi}=\varepsilon_{Si}$,在本章统一用 ε 代替。

设第 i 层的厚度为 h(为简单起见暂略去标记 i),现计算当 $z=h$ 时(即第 i 层底面)的位移和应力值,并记为$[u^{(i)},w^{(i)},\sigma_{zz}^{(i)},\sigma_{zx}^{(i)}]^{\mathrm{T}}$(以下递推过程中均以各层的底面为该层的隐含位置)。令 $P=dh$、$Q=sh$,将式(3.42)~式(3.43)代入位移公式[式(2.34)]及应力公式[式(2.19)],整理可得

$$\begin{bmatrix}u^{(i)}\\w^{(i)}\\\sigma_{zz}^{(i)}\\\sigma_{zx}^{(i)}\end{bmatrix}=(B_{ij})\cdot\begin{bmatrix}A_1^{(i)}+A_2^{(i)}\\A_1^{(i)}-A_2^{(i)}\\B_1^{(i)}-B_2^{(i)}\\B_1^{(i)}+B_2^{(i)}\end{bmatrix}\cdot e^{j(\omega t-\varepsilon x)} \tag{3.45}$$

其中：

$$
(B_{ij})=\begin{bmatrix} -j\varepsilon\cos P & -\varepsilon\sin P & js\cos Q & s\sin Q \\ -d\sin P & -jd\cos P & -\varepsilon\sin Q & -j\varepsilon\cos Q \\ -(\lambda k_{\mathrm{P}}^2+2\mu d^2)\cos P & j(\lambda k_{\mathrm{P}}^2+2\mu d^2)\sin P & -2\mu\varepsilon s\cos Q & 2j\mu\varepsilon s\sin Q \\ 2j\mu\varepsilon d\sin P & -2\mu\varepsilon d\cos P & -j\mu(s^2-\varepsilon^2)\sin Q & \mu(s^2-\varepsilon^2)\cos Q \end{bmatrix}
$$

$$
=\begin{bmatrix} -j\dfrac{\omega}{v_{\mathrm{P}}}\sin\alpha\cos P & -\dfrac{\omega}{v_{\mathrm{P}}}\sin\alpha\sin P & j\dfrac{\omega}{v_{\mathrm{S}}}\cos\beta\cos Q & \dfrac{\omega}{v_{\mathrm{S}}}\cos\beta\sin Q \\ -\dfrac{\omega}{v_{\mathrm{P}}}\cos\alpha\sin P & -j\dfrac{\omega}{v_{\mathrm{P}}}\cos\alpha\cos P & -\dfrac{\omega}{v_{\mathrm{S}}}\sin\beta\sin Q & -j\dfrac{\omega}{v_{\mathrm{S}}}\sin\beta\cos Q \\ -\rho\omega^2\cos2\beta\cos P & j\rho\omega^2\cos2\beta\sin P & -\rho\omega^2\sin2\beta\cos Q & j\rho\omega^2\sin2\beta\sin Q \\ j\rho\omega^2\dfrac{v_{\mathrm{S}}^2}{v_{\mathrm{P}}^2}\sin2\alpha\sin P & -\rho\omega^2\dfrac{v_{\mathrm{S}}^2}{v_{\mathrm{P}}^2}\sin2\alpha\cos P & -j\rho\omega^2\cos2\beta\sin Q & \rho\omega^2\cos2\beta\cos Q \end{bmatrix} \tag{3.46}
$$

注：式中使用的参数都是第 i 层的参数值。

显然，式(3.46)对第 i 层中介于 0 到 h 间的任何深度都成立。特殊的，当 $z=0$ 时，$P=0$、$Q=0$，代入 $h=0$ 可以得到此时第 i 层顶面（即第 $i-1$ 层底面）的位移和应力值，即 $[u^{(i-1)},w^{(i-1)},\sigma_{zz}^{(i-1)},\sigma_{zx}^{(i-1)}]^{\mathrm{T}}$，计算得到此时的 $\boldsymbol{B}$ 矩阵为

$$
(B_{ij})_{P=0,Q=0}=\begin{bmatrix} -j\dfrac{\omega}{v_{\mathrm{P}}}\sin\alpha & 0 & j\dfrac{\omega}{v_{\mathrm{S}}}\cos\beta & 0 \\ 0 & -j\dfrac{\omega}{v_{\mathrm{P}}}\cos\alpha & 0 & -j\dfrac{\omega}{v_{\mathrm{S}}}\sin\beta \\ -\rho\omega^2\cos2\beta & 0 & -\rho\omega^2\sin2\beta & 0 \\ 0 & -\rho\omega^2\dfrac{v_{\mathrm{S}}^2}{v_{\mathrm{P}}^2}\sin2\alpha & 0 & \rho\omega^2\cos2\beta \end{bmatrix} \tag{3.47}
$$

代入式(3.45)得到第 i 层顶面（即第 $i-1$ 层底面）有

$$
\begin{bmatrix} u^{(i-1)} \\ w^{(i-1)} \\ \sigma_{zz}^{(i-1)} \\ \sigma_{zx}^{(i-1)} \end{bmatrix}=(B_{ij})_{P=0,Q=0}\cdot\begin{bmatrix} A_1^{(i)}+A_2^{(i)} \\ A_1^{(i)}-A_2^{(i)} \\ B_1^{(i)}-B_2^{(i)} \\ B_1^{(i)}+B_2^{(i)} \end{bmatrix}\cdot e^{j(\omega t-\varepsilon x)} \tag{3.48}
$$

对式(3.48)求解，得

$$
\begin{bmatrix} A_1^{(i)}+A_2^{(i)} \\ A_1^{(i)}-A_2^{(i)} \\ B_1^{(i)}-B_2^{(i)} \\ B_1^{(i)}+B_2^{(i)} \end{bmatrix}\cdot e^{j(\omega t-\varepsilon x)}=(b_{ij})\begin{bmatrix} u^{(i-1)} \\ w^{(i-1)} \\ \sigma_{zz}^{(i-1)} \\ \sigma_{zx}^{(i-1)} \end{bmatrix} \tag{3.49}
$$

其中：

$$(b_{ij})=[(B_{ij})_{P=0,Q=0}]^{-1}=\begin{bmatrix} \frac{2j\varepsilon}{k_S^2} & 0 & -\frac{1}{\mu k_S^2} & 0 \\ 0 & \frac{j(s^2-\varepsilon^2)}{dk_S^2} & 0 & -\frac{\varepsilon}{d\mu k_S^2} \\ -\frac{j(\lambda k_P^2+2\mu d^2)}{s\mu k_S^2} & 0 & -\frac{\varepsilon}{s\mu k_S^2} & 0 \\ 0 & \frac{2j\varepsilon}{k_S^2} & 0 & \frac{1}{\mu k_S^2} \end{bmatrix}$$

$$=\begin{bmatrix} \frac{2jv_S^2}{\omega v_P}\sin\alpha & 0 & -\frac{1}{\rho\omega^2} & 0 \\ 0 & \frac{jv_P\cos 2\beta}{\omega\cos\alpha} & 0 & -\frac{\sin\alpha}{\rho\omega^2\cos\alpha} \\ -\frac{jv_S\cos 2\beta}{\omega\cos\beta} & 0 & -\frac{\sin\beta}{\rho\omega^2\cos\beta} & 0 \\ 0 & \frac{2jv_S^2}{\omega v_P}\sin\alpha & 0 & \frac{1}{\rho\omega^2} \end{bmatrix} \tag{3.50}$$

将式(3.49)代入式(3.45)，有

$$\begin{bmatrix} u^{(i)} \\ w^{(i)} \\ \sigma_{zz}^{(i)} \\ \sigma_{zx}^{(i)} \end{bmatrix}=(B_{ij})\cdot(b_{ij})\cdot\begin{bmatrix} u^{(i-1)} \\ w^{(i-1)} \\ \sigma_{zz}^{(i-1)} \\ \sigma_{zx}^{(i-1)} \end{bmatrix} \tag{3.51}$$

令$(a_{ij})=(B_{ij})\cdot(b_{ij})$，经化简有

$$\begin{aligned}
&a_{11}=a_{44}=2\sin^2\beta\cos\mathrm{P}+\cos 2\beta\cos Q \\
&a_{12}=a_{34}=-j(\tan\alpha\cos 2\beta\sin P-\sin 2\beta\sin Q) \\
&a_{13}=a_{24}=\frac{j\sin\alpha}{\rho\omega v_P}(\cos P-\cos Q) \\
&a_{14}=\frac{1}{\rho\omega v_S}(\tan\alpha\sin\beta\sin P+\cos\beta\sin Q) \\
&a_{21}=a_{43}=-j\left(\frac{v_S\cos\alpha}{v_P\cos\beta}\sin 2\beta\sin P-\tan\beta\cos 2\beta\sin Q\right) \\
&a_{22}=a_{33}=\cos 2\beta\cos P+2\sin^2\beta\cos Q \\
&a_{23}=\frac{1}{\rho\omega v_P}(\cos\alpha\sin P+\tan\beta\sin\alpha\sin Q) \\
&a_{31}=a_{42}=2j\rho\omega v_S\sin\beta\cos 2\beta(\cos Q-\cos P) \\
&a_{32}=-\rho\omega\left(\frac{v_P\cos^2 2\beta}{\cos\alpha}\sin P+4v_S\cos\beta\sin^2\beta\sin Q\right) \\
&a_{41}=-\rho\omega v_S\left(\frac{4v_S\sin^2\beta\cos\alpha}{v_P}\sin P+\frac{\cos^2 2\beta}{\cos\beta}\sin Q\right)
\end{aligned} \tag{3.52}$$

由于公式中使用的都是第 i 层的参数值，故矩阵(a_{ij})可以称为第 i 层的层矩阵，记为$(a_{ij}^{(i)})$，于是有

$$\begin{bmatrix} u^{(i)} \\ w^{(i)} \\ \sigma_{zz}^{(i)} \\ \sigma_{zx}^{(i)} \end{bmatrix} = (a_{ij}^{(i)}) \cdot \begin{bmatrix} u^{(i-1)} \\ w^{(i-1)} \\ \sigma_{zz}^{(i-1)} \\ \sigma_{zx}^{(i-1)} \end{bmatrix} \tag{3.53}$$

式(3.53)建立了第 $i-1$ 层底面与第 i 层底面的位移和应力的关系，递推得到各层底面的位移和应力之间的关系为

$$\begin{bmatrix} u^{(n-1)} \\ w^{(n-1)} \\ \sigma_{zz}^{(n-1)} \\ \sigma_{zx}^{(n-1)} \end{bmatrix} = (a_{ij}^{(n-1)}) \cdot (a_{ij}^{(n-2)}) \cdot \cdots \cdot (a_{ij}^{(2)}) \begin{bmatrix} u^{(1)} \\ w^{(1)} \\ \sigma_{zz}^{(1)} \\ \sigma_{zx}^{(1)} \end{bmatrix} \tag{3.54}$$

由于第 $n-1$ 层底面和第 n 层顶面的位移和应力分别相等，于是得到在第 n 层介质顶面透射界面附近的位移和应力为

$$\begin{bmatrix} u^{(n)} \\ w^{(n)} \\ \sigma_{zz}^{(n)} \\ \sigma_{zx}^{(n)} \end{bmatrix} = (a_{ij}^{(n-1)}) \cdot (a_{ij}^{(n-2)}) \cdot \cdots \cdot (a_{ij}^{(2)}) \begin{bmatrix} u^{(1)} \\ w^{(1)} \\ \sigma_{zz}^{(1)} \\ \sigma_{zx}^{(1)} \end{bmatrix}_{z=0} \tag{3.55}$$

即建立了第 n 层顶面和第 1 层底面的位移和应力关系。

3.2.1.1　平面 P 波入射薄层情况

对于薄层情况，当平面简谐 P 波从第 1 层介质入射时，其反/透射情况见图 3.4。

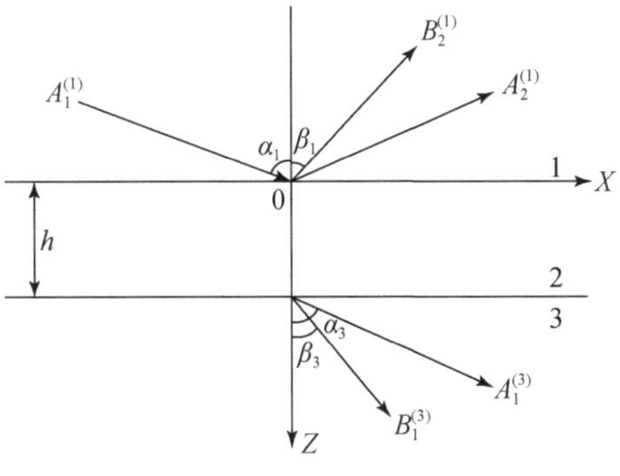

图 3.4　位移位情况下 P 波入射薄层时的反射和透射

第 1 层介质中的纵横波的位移位函数分别为

$$\begin{cases} \varphi^{(1)} = [A_1^{(1)} e^{-jd_1 z} + A_2^{(1)} e^{jd_1 z}] e^{j(\omega t - \varepsilon x)} \\ \psi^{(1)} = B_2^{(1)} e^{j[\omega t - (\varepsilon x - s_1 z)]} \end{cases} \tag{3.56}$$

第 3 层介质中的纵横波的位移位函数分别为

$$\begin{cases}\varphi_1^{(3)}=A_1^{(3)}e^{-jd_3(z-h)}e^{j(\omega t-\varepsilon x)}\\ \psi_1^{(3)}=B_1^{(3)}e^{-js_3(z-h)}e^{j(\omega t-\varepsilon x)}\end{cases}\tag{3.57}$$

第 1 层介质底界面上的位移分量和应力分量为

$$\begin{cases}u^{(1)}=\left(\dfrac{\partial\varphi^{(1)}}{\partial x}-\dfrac{\partial\psi^{(1)}}{\partial z}\right)_{z=0}=[-j\varepsilon(A_1^{(1)}+A_2^{(1)})-js_1B_2^{(1)}]e^{j(\omega t-\varepsilon x)}\\ w^{(1)}=\left(\dfrac{\partial\varphi^{(1)}}{\partial z}+\dfrac{\partial\psi^{(1)}}{\partial x}\right)_{z=0}=[-jd_1(A_1^{(1)}-A_2^{(1)})-j\varepsilon B_2^{(1)}]e^{j(\omega t-\varepsilon x)}\\ \sigma_{zz}^{(1)}=\left[(\lambda_1+2\mu_1)\dfrac{\partial w^{(1)}}{\partial z}+\lambda_1\dfrac{\partial u^{(1)}}{\partial x}\right]_{z=0}=[-(\lambda_1k_{P1}^2+2\mu_1d_1^2)(A_1^{(1)}+A_2^{(1)})+2\mu_1\varepsilon s_1B_2^{(1)}]e^{j(\omega t-\varepsilon x)}\\ \sigma_{zx}^{(1)}=\mu_1\left(\dfrac{\partial w^{(1)}}{\partial x}+\dfrac{\partial u^{(1)}}{\partial z}\right)_{z=0}=\mu_1[-2\varepsilon d_1(A_1^{(1)}-A_2^{(1)})+(s_1^2-\varepsilon^2)B_2^{(1)}]e^{j(\omega t-\varepsilon x)}\end{cases}\tag{3.58}$$

第 3 层介质顶界面上的位移分量和应力分量为

$$\begin{cases}u^{(3)}=\left(\dfrac{\partial\varphi^{(3)}}{\partial x}-\dfrac{\partial\psi^{(3)}}{\partial z}\right)_{z=h}=[-j\varepsilon A_1^{(3)}+js_3B_1^{(3)}]e^{j(\omega t-\varepsilon x)}\\ w^{(3)}=\left(\dfrac{\partial\varphi^{(3)}}{\partial z}+\dfrac{\partial\psi^{(3)}}{\partial x}\right)_{z=h}=[-jd_3A_1^{(3)}-j\varepsilon B_1^{(3)}]e^{j(\omega t-\varepsilon x)}\\ \sigma_{zz}^{(3)}=\left[(\lambda_3+2\mu_3)\dfrac{\partial w^{(3)}}{\partial z}+\lambda_3\dfrac{\partial u^{(3)}}{\partial x}\right]_{z=h}=[-(\lambda_3k_{P3}^2+2\mu_3d_3^2)A_1^{(3)}-2\mu_3\varepsilon s_3B_1^{(3)}]e^{j(\omega t-\varepsilon x)}\\ \sigma_{zx}^{(3)}=\mu_3\left(\dfrac{\partial w^{(3)}}{\partial x}+\dfrac{\partial u^{(3)}}{\partial z}\right)_{z=h}=\mu_3[-2\varepsilon d_3A_1^{(3)}+(s_3^2-\varepsilon^2)B_1^{(3)}]e^{j(\omega t-\varepsilon x)}\end{cases}\tag{3.59}$$

将式(3.58)~式(3.59)代入式(3.55),建立第 3 层顶界面与第 1 层底界面的位移和应力关系,并记位移位反透射系数为 $R_{PP}=\dfrac{A_2^{(1)}}{A_1^{(1)}}, R_{PS}=\dfrac{B_2^{(1)}}{A_1^{(1)}}, T_{PP}=\dfrac{A_1^{(3)}}{A_1^{(1)}}, T_{PS}=\dfrac{B_1^{(3)}}{A_1^{(1)}}$,则有

$$\begin{bmatrix}-j\dfrac{\omega}{v_{P3}}\sin\alpha_3T_{PP}+j\dfrac{\omega}{v_{S3}}\cos\beta_3T_{PS}\\ -j\dfrac{\omega}{v_{P3}}\cos\alpha_3T_{PP}-j\dfrac{\omega}{v_{S3}}\sin\beta_3T_{PS}\\ -\rho_3\omega^2\cos2\beta_3T_{PP}-\rho_3\omega^2\sin2\beta_3T_{PS}\\ -\rho_3\omega^2\dfrac{v_{S3}^2}{v_{P3}^2}\sin2\alpha_3T_{PP}+\rho_3\omega^2\cos2\beta_3T_{PS}\end{bmatrix}=(a_{ij}^{(2)})\begin{bmatrix}-j\dfrac{\omega}{v_{P1}}\sin\alpha_1(1+R_{PP})-j\dfrac{\omega}{v_{S1}}\cos\beta_1R_{PS}\\ -j\dfrac{\omega}{v_{P1}}\cos\alpha_1(1-R_{PP})-j\dfrac{\omega}{v_{S1}}\sin\beta_1R_{PS}\\ -\rho_1\omega^2\cos2\beta_1(1+R_{PP})+\rho_1\omega^2\sin2\beta_1R_{PS}\\ -\rho_1\omega^2\dfrac{v_{S1}^2}{v_{P1}^2}\sin2\alpha_1(1-R_{PP})+\rho_1\omega^2\cos2\beta_1R_{PS}\end{bmatrix}\tag{3.60}$$

式(3.60)化简整理得

$$\begin{bmatrix} h_{11} & h_{12} & h_{13} & h_{14} \\ h_{21} & h_{22} & h_{23} & h_{24} \\ h_{31} & h_{32} & h_{33} & h_{34} \\ h_{41} & h_{42} & h_{43} & h_{44} \end{bmatrix} \cdot \begin{bmatrix} R_{PP} \\ R_{PS} \\ T_{PP} \\ T_{PS} \end{bmatrix} = \begin{bmatrix} g_1 \\ g_2 \\ g_3 \\ g_4 \end{bmatrix} \tag{3.61}$$

其中:

$$\begin{bmatrix} h_{11} \\ h_{21} \\ h_{31} \\ h_{41} \end{bmatrix} = \begin{bmatrix} a_{11} & a_{12} & a_{13} & a_{14} \\ a_{21} & a_{22} & a_{23} & a_{24} \\ a_{31} & a_{32} & a_{33} & a_{34} \\ a_{41} & a_{42} & a_{43} & a_{44} \end{bmatrix} \begin{bmatrix} j\dfrac{\omega}{v_{P1}}\sin\alpha_1 \\ -j\dfrac{\omega}{v_{P1}}\cos\alpha_1 \\ \rho_1\omega^2\cos2\beta_1 \\ -\rho_1\omega^2\dfrac{v_{S1}^2}{v_{P1}^2}\sin2\alpha_1 \end{bmatrix}$$

$$\begin{bmatrix} h_{12} \\ h_{22} \\ h_{32} \\ h_{42} \end{bmatrix} = \begin{bmatrix} a_{11} & a_{12} & a_{13} & a_{14} \\ a_{21} & a_{22} & a_{23} & a_{24} \\ a_{31} & a_{32} & a_{33} & a_{34} \\ a_{41} & a_{42} & a_{43} & a_{44} \end{bmatrix} \begin{bmatrix} j\dfrac{\omega}{v_{S1}}\cos\beta_1 \\ j\dfrac{\omega}{v_{S1}}\sin\beta_1 \\ -\rho_1\omega^2\sin2\beta_1 \\ -\rho_1\omega^2\cos2\beta_1 \end{bmatrix}$$

$$\begin{bmatrix} h_{13} \\ h_{23} \\ h_{33} \\ h_{43} \end{bmatrix} = \begin{bmatrix} -j\dfrac{\omega}{v_{P3}}\sin\alpha_3 \\ -j\dfrac{\omega}{v_{P3}}\cos\alpha_3 \\ -\rho_3\omega^2\cos2\beta_3 \\ -\rho_3\omega^2\dfrac{v_{S3}^2}{v_{P3}^2}\sin2\alpha_3 \end{bmatrix}, \begin{bmatrix} h_{14} \\ h_{24} \\ h_{34} \\ h_{44} \end{bmatrix} = \begin{bmatrix} j\dfrac{\omega}{v_{S3}}\cos\beta_3 \\ -j\dfrac{\omega}{v_{S3}}\sin\beta_3 \\ -\rho_3\omega^2\sin2\beta_3 \\ \rho_3\omega^2\cos2\beta_3 \end{bmatrix}$$

$$\begin{bmatrix} g_1 \\ g_2 \\ g_3 \\ g_4 \end{bmatrix} = \begin{bmatrix} a_{11} & a_{12} & a_{13} & a_{14} \\ a_{21} & a_{22} & a_{23} & a_{24} \\ a_{31} & a_{32} & a_{33} & a_{34} \\ a_{41} & a_{42} & a_{43} & a_{44} \end{bmatrix} \begin{bmatrix} -j\dfrac{\omega}{v_{P1}}\sin\alpha_1 \\ -j\dfrac{\omega}{v_{P1}}\cos\alpha_1 \\ -\rho_1\omega^2\cos2\beta_1 \\ -\rho_1\omega^2\dfrac{v_{S1}^2}{v_{P1}^2}\sin2\alpha_1 \end{bmatrix}$$

式(3.61)中,令

$$\Delta_1 = \begin{vmatrix} g_1 & h_{12} & h_{13} & h_{14} \\ g_2 & h_{22} & h_{23} & h_{24} \\ g_3 & h_{32} & h_{33} & h_{34} \\ g_4 & h_{42} & h_{43} & h_{44} \end{vmatrix}, \Delta_2 = \begin{vmatrix} h_{11} & g_1 & h_{13} & h_{14} \\ h_{21} & g_2 & h_{23} & h_{24} \\ h_{31} & g_3 & h_{33} & h_{34} \\ h_{41} & g_4 & h_{43} & h_{44} \end{vmatrix}$$

$$\Delta_3=\begin{vmatrix} h_{11} & h_{12} & g_1 & h_{14} \\ h_{21} & h_{22} & g_2 & h_{24} \\ h_{31} & h_{32} & g_3 & h_{34} \\ h_{41} & h_{42} & g_4 & h_{44} \end{vmatrix},\Delta_4=\begin{vmatrix} h_{11} & h_{12} & h_{13} & g_1 \\ h_{21} & h_{22} & h_{23} & g_2 \\ h_{31} & h_{32} & h_{33} & g_3 \\ h_{41} & h_{42} & h_{43} & g_4 \end{vmatrix}$$

根据克拉默(Cramer)法则,式(3.61)的解为:$R_{PP}=\dfrac{\Delta_1}{|H|},R_{PS}=\dfrac{\Delta_2}{|H|},T_{PP}=\dfrac{\Delta_3}{|H|},\mathrm{T}_{PS}=\dfrac{\Delta_4}{|H|}$,则可获得薄层的位移位反/透射系数。

对于单界面情况,在薄层基础上进一步特殊化,设定第2层厚度 $h=0$,则有 $P=dh=0$,$Q=sh=0$。将其代入薄层位移位反透射系数矩阵方程[式(3.61)]整理可得

$$\begin{bmatrix} \sin\alpha_1 & \dfrac{v_{P1}}{v_{S1}}\cos\beta_1 & -\dfrac{v_{P1}}{v_{P3}}\sin\alpha_3 & \dfrac{v_{P1}}{v_{S3}}\cos\beta_3 \\ \cos\alpha_1 & -\dfrac{v_{P1}}{v_{S1}}\sin\beta_1 & \dfrac{v_{P1}}{v_{P3}}\cos\alpha_3 & \dfrac{v_{P1}}{v_{S3}}\sin\beta_3 \\ \cos2\beta_1 & -\sin2\beta_1 & -\dfrac{\rho_3}{\rho_1}\cos2\beta_3 & -\dfrac{\rho_3}{\rho_1}\sin2\beta_3 \\ \sin2\alpha_1 & \dfrac{v_{P1}^2}{v_{S1}^2}\cos2\beta_1 & \dfrac{\rho_3}{\rho_1}\dfrac{v_{S3}^2 v_{P1}^2}{v_{P3}^2 v_{S1}^2}\sin2\alpha_3 & -\dfrac{\rho_3}{\rho_1}\dfrac{v_{P1}^2}{v_{S1}^2}\cos2\beta_3 \end{bmatrix}\cdot\begin{bmatrix} R_{PP} \\ R_{PS} \\ T_{PP} \\ T_{PS} \end{bmatrix}=\begin{bmatrix} -\sin\alpha_1 \\ \cos\alpha_1 \\ -\cos2\beta_1 \\ \sin2\alpha_1 \end{bmatrix} \tag{3.62}$$

即为 Knott 方程。

3.2.1.2 平面 SV 波入射薄层情况

对于薄层情况,当平面简谐 SV 波从第1层介质入射时,其反/透射情况如图3.5所示。

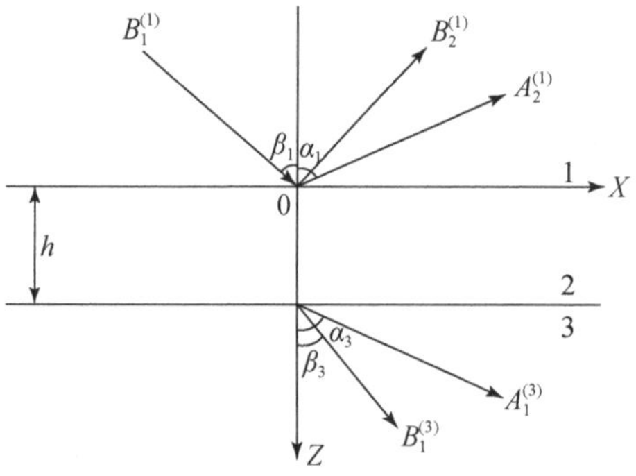

图3.5 位移位情况下 SV 波入射薄层时的反射和透射

第1层介质中纵横波的位函数分别为

$$\begin{cases} \varphi^{(1)}=A_2^{(1)}e^{jd_1z}e^{j(\omega t-\varepsilon x)} \\ \psi^{(1)}=[B_1^{(1)}e^{-js_1z}+B_2^{(1)}e^{js_1z}]e^{j(\omega t-\varepsilon x)} \end{cases} \tag{3.63}$$

第3层介质中纵横波的位函数分别为

$$\begin{cases}\varphi^{(3)}=A_1^{(3)}e^{-jd_3(z-h)}e^{j(\omega t-\varepsilon x)}\\ \psi^{(3)}=B_1^{(3)}e^{-js_3(z-h)}e^{j(\omega t-\varepsilon x)}\end{cases}\tag{3.64}$$

第 1 层介质底界面上的位移分量和应力分量为

$$\begin{cases}u^{(1)}=\left(\dfrac{\partial\varphi^{(1)}}{\partial x}-\dfrac{\partial\psi^{(1)}}{\partial z}\right)_{z=0}=\left[-j\varepsilon A_2^{(1)}+js_1\left(B_1^{(1)}-B_2^{(1)}\right)\right]e^{j(\omega t-\varepsilon x)}\\ w^{(1)}=\left(\dfrac{\partial\varphi^{(1)}}{\partial z}+\dfrac{\partial\psi^{(1)}}{\partial x}\right)_{z=0}=\left[jd_1A_2^{(1)}-j\varepsilon\left(B_1^{(1)}+B_2^{(1)}\right)\right]e^{j(\omega t-\varepsilon x)}\\ \sigma_{zz}^{(1)}=\left[(\lambda_1+2\mu_1)\dfrac{\partial w^{(1)}}{\partial z}+\lambda_1\dfrac{\partial u^{(1)}}{\partial x}\right]_{z=0}=\left[-(\lambda_1k_{P1}^2+2\mu_1d_1^2)A_2^{(1)}-2\mu_1\varepsilon s_1B_1^{(1)}+2\mu_1\varepsilon s_1B_2^{(1)}\right]e^{j(\omega t-\varepsilon x)}\\ \sigma_{zx}^{(1)}=\mu_1\left(\dfrac{\partial w^{(1)}}{\partial x}+\dfrac{\partial u^{(1)}}{\partial z}\right)_{z=0}=\left[2\mu_1\varepsilon d_1A_2^{(1)}-\mu_1(\varepsilon^2-s_1^2)\left(B_1^{(1)}+B_2^{(1)}\right)\right]e^{j(\omega t-\varepsilon x)}\end{cases}\tag{3.65}$$

第 3 层介质顶界面上的位移分量和应力分量为

$$\begin{cases}u^{(3)}=\left(\dfrac{\partial\varphi^{(3)}}{\partial x}-\dfrac{\partial\psi^{(3)}}{\partial z}\right)_{z=h}=\left[-j\varepsilon A_1^{(3)}+js_3B_1^{(3)}\right]e^{j(\omega t-\varepsilon x)}\\ w^{(3)}=\left(\dfrac{\partial\varphi^{(1)}}{\partial z}+\dfrac{\partial\psi^{(1)}}{\partial x}\right)_{z=h}=\left[-jd_3A_1^{(3)}-j\varepsilon B_1^{(3)}\right]e^{j(\omega t-\varepsilon x)}\\ \sigma_{zz}^{(3)}=\left[(\lambda_3+2\mu_3)\dfrac{\partial w^{(3)}}{\partial z}+\lambda_3\dfrac{\partial u^{(3)}}{\partial x}\right]_{z=h}=\left[-(\lambda_3k_{P3}^2+2\mu_3d_3^2)A_1^{(3)}-2\mu_3\varepsilon s_3B_1^{(3)}\right]e^{j(\omega t-\varepsilon x)}\\ \sigma_{zx}^{(3)}=\mu_3\left(\dfrac{\partial w^{(3)}}{\partial x}+\dfrac{\partial u^{(3)}}{\partial z}\right)_{z=h}=\mu_3\left[-2\varepsilon d_3A_1^{(3)}+(s_3^2-\varepsilon^2)B_1^{(3)}\right]e^{j(\omega t-\varepsilon x)}\end{cases}\tag{3.66}$$

第 2 层底界面(即第 3 层顶界面)的位移和应力可以利用式(3.55)与第 1 层底界面的位移和应力建立关系式如下：

$$\begin{bmatrix}u^{(3)}\\ w^{(3)}\\ \sigma_{zz}^{(3)}\\ \sigma_{zx}^{(3)}\end{bmatrix}_{\text{顶}}=\begin{bmatrix}u^{(2)}\\ w^{(2)}\\ \sigma_{zz}^{(2)}\\ \sigma_{zx}^{(2)}\end{bmatrix}_{\text{底}}=(a_{ij})\begin{bmatrix}u^{(1)}\\ w^{(1)}\\ \sigma_{zz}^{(1)}\\ \sigma_{zx}^{(1)}\end{bmatrix}_{\text{底}}\tag{3.67}$$

式中，$(a_{ij})=(B_{ij}^{(2)})\cdot b_{ij}^{(1)}$，$b_{ij}^{(1)}=\left[(B_{ij}^{(2)})_{P=0,Q=0}\right]^{-1}$。

将式(3.64)～式(3.65)代入(3.67)得

$$\begin{bmatrix}-j\varepsilon A_1^{(3)}+js_3B_1^{(3)}\\ -jd_3A_1^{(3)}-j\varepsilon B_1^{(3)}\\ -(\lambda_3k_{P3}^2+2\mu_3d_3^2)A_1^{(3)}-2\mu_3\varepsilon s_3B_1^{(3)}\\ \mu_3\left[-2\varepsilon d_3A_1^{(3)}+(s_3^2-\varepsilon^2)B_1^{(3)}\right]\end{bmatrix}=(a_{ij})\begin{bmatrix}-j\varepsilon A_2^{(1)}+js_1\left(B_1^{(1)}-B_2^{(1)}\right)\\ jd_1A_2^{(1)}-j\varepsilon\left(B_1^{(1)}+B_2^{(1)}\right)\\ -(\lambda_1k_{P1}^2+2\mu_1d_1^2)A_2^{(1)}-2\mu_1\varepsilon s_1\left(B_1^{(1)}-B_2^{(1)}\right)\\ 2\mu_1\varepsilon d_1A_2^{(1)}-\mu_1(\varepsilon^2-s_1^2)\left(B_1^{(1)}+B_2^{(1)}\right)\end{bmatrix}\tag{3.68}$$

令反/透射系数为：$R_{SP}=\dfrac{A_2^{(1)}}{B_1^{(1)}}, R_{SS}=\dfrac{B_2^{(1)}}{B_1^{(1)}}, T_{SP}=\dfrac{A_1^{(3)}}{B_1^{(1)}}, T_{SS}=\dfrac{B_1^{(3)}}{B_1^{(1)}}$，式(3.68)化简整理得

$$\begin{bmatrix} -j\varepsilon T_{SP}+js_3T_{SS} \\ -jd_3T_{SP}-j\varepsilon T_{SS} \\ -(\lambda_3k_{P3}^2+2\mu_3d_3^2)T_{SP}-2\mu_3\varepsilon s_3T_{SS} \\ \mu_3[-2\varepsilon d_3T_{SP}+(s_3^2-\varepsilon^2)T_{SS}] \end{bmatrix}=(a_{ij})\begin{bmatrix} -j\varepsilon R_{SP}+js_1(1-R_{SS}) \\ jd_1R_{SP}-j\varepsilon(1+R_{SS}) \\ -(\lambda_1k_{P1}^2+2\mu_1d_1^2)R_{SP}-2\mu_1\varepsilon s_1(1-R_{SS}) \\ 2\mu_1\varepsilon d_1R_{SP}-\mu_1(\varepsilon^2-s_1^2)(1+R_{SS}) \end{bmatrix} \tag{3.69}$$

进一步整理得

$$\begin{bmatrix} h_{11} & h_{12} & h_{13} & h_{14} \\ h_{21} & h_{22} & h_{23} & h_{24} \\ h_{31} & h_{32} & h_{33} & h_{34} \\ h_{41} & h_{42} & h_{43} & h_{44} \end{bmatrix}\cdot\begin{bmatrix} R_{SP} \\ R_{SS} \\ T_{SP} \\ T_{SS} \end{bmatrix}=\begin{bmatrix} g_1 \\ g_2 \\ g_3 \\ g_4 \end{bmatrix} \tag{3.70}$$

其中：

$$\begin{bmatrix} h_{11} \\ h_{21} \\ h_{31} \\ h_{41} \end{bmatrix}=\begin{bmatrix} a_{11} & a_{12} & a_{13} & a_{14} \\ a_{21} & a_{22} & a_{23} & a_{24} \\ a_{31} & a_{32} & a_{33} & a_{34} \\ a_{41} & a_{42} & a_{43} & a_{44} \end{bmatrix}\begin{bmatrix} jk_{P1}\sin\alpha_1 \\ -jk_{P1}\cos\alpha_1 \\ \rho_1\omega^2(1-\dfrac{2v_{S1}^2}{v_{P1}^2}\sin^2\alpha_1) \\ -\rho_1\omega^2\dfrac{v_{S1}^2}{v_{P1}^2}\sin2\alpha_1 \end{bmatrix}$$

$$\begin{bmatrix} h_{12} \\ h_{22} \\ h_{32} \\ h_{42} \end{bmatrix}=\begin{bmatrix} a_{11} & a_{12} & a_{13} & a_{14} \\ a_{21} & a_{22} & a_{23} & a_{24} \\ a_{31} & a_{32} & a_{33} & a_{34} \\ a_{41} & a_{42} & a_{43} & a_{44} \end{bmatrix}\begin{bmatrix} jk_{P1}\dfrac{v_{P1}}{v_{S1}}\cos\beta_1 \\ jk_{P1}\dfrac{v_{P1}}{v_{S1}}\sin\beta_1 \\ -\rho_1\omega^2\sin2\beta_1 \\ -\rho_1\omega^2\cos2\beta_1 \end{bmatrix}$$

$$\begin{bmatrix} h_{13} \\ h_{23} \\ h_{33} \\ h_{43} \end{bmatrix}=\begin{bmatrix} -jk_{P1}\dfrac{v_{P1}}{v_{P3}}\sin\alpha_3 \\ -jk_{P1}\dfrac{v_{P1}}{v_{P3}}\cos\alpha_3 \\ -\rho_3\omega^2\left(1-\dfrac{2v_{S3}^2}{v_{P3}^2}\sin^2\alpha_3\right) \\ -\rho_3\omega^2\dfrac{v_{S3}^2}{v_{P3}^2}\sin2\alpha_3 \end{bmatrix},\quad \begin{bmatrix} h_{14} \\ h_{24} \\ h_{34} \\ h_{44} \end{bmatrix}=\begin{bmatrix} jk_{P1}\dfrac{v_{P1}}{v_{S3}}\cos\beta_3 \\ -jk_{P1}\dfrac{v_{P1}}{v_{S3}}\sin\beta_3 \\ -\rho_3\omega^2\sin2\beta_3 \\ \rho_3\omega^2\cos2\beta_3 \end{bmatrix}$$

$$\begin{bmatrix} g_1 \\ g_2 \\ g_3 \\ g_4 \end{bmatrix} = \begin{bmatrix} a_{11} & a_{12} & a_{13} & a_{14} \\ a_{21} & a_{22} & a_{23} & a_{24} \\ a_{31} & a_{32} & a_{33} & a_{34} \\ a_{41} & a_{42} & a_{43} & a_{44} \end{bmatrix} \begin{bmatrix} jk_{S1}\cos\beta_1 \\ -jk_{S1}\sin\beta_1 \\ -\rho_1\omega^2\sin2\beta_1 \\ \rho_1\omega^2\cos2\beta_1 \end{bmatrix}$$

式(3.70)中，令

$$\Delta_1 = \begin{vmatrix} g_1 & h_{12} & h_{13} & h_{14} \\ g_2 & h_{22} & h_{23} & h_{24} \\ g_3 & h_{32} & h_{33} & h_{34} \\ g_4 & h_{42} & h_{43} & h_{44} \end{vmatrix}, \Delta_2 = \begin{vmatrix} h_{11} & g_1 & h_{13} & h_{14} \\ h_{21} & g_2 & h_{23} & h_{24} \\ h_{31} & g_3 & h_{33} & h_{34} \\ h_{41} & g_4 & h_{43} & h_{44} \end{vmatrix}$$

$$\Delta_3 = \begin{vmatrix} h_{11} & h_{12} & g_1 & h_{14} \\ h_{21} & h_{22} & g_2 & h_{24} \\ h_{31} & h_{32} & g_3 & h_{34} \\ h_{41} & h_{42} & g_4 & h_{44} \end{vmatrix}, \Delta_4 = \begin{vmatrix} h_{11} & h_{12} & h_{13} & g_1 \\ h_{21} & h_{22} & h_{23} & g_2 \\ h_{31} & h_{32} & h_{33} & g_3 \\ h_{41} & h_{42} & h_{43} & g_4 \end{vmatrix}$$

根据克拉默法则，式(3.70)的解为：$R_{SP} = \dfrac{\Delta_1}{|H|}$、$R_{SS} = \dfrac{\Delta_2}{|H|}$、$T_{SP} = \dfrac{\Delta_3}{|H|}$、$T_{SS} = \dfrac{\Delta_4}{|H|}$，则可获得薄层横波入射情况下的反/透射系数。

对于单界面情况，在薄层基础上进一步特殊化，设定第 2 层厚度 $h=0$，则有 $P=dh=0$，$Q=sh=0$。将其代入薄层位移位反/透射系数矩阵方程[式(3.70)]整理可得

$$\begin{bmatrix} jk_{P1}\sin\alpha_1 & jk_{P1}\dfrac{v_{P1}}{v_{S1}}\cos\beta_1 & -jk_{P1}\dfrac{v_{P1}}{v_{P3}}\sin\alpha_3 & jk_{P1}\dfrac{v_{P1}}{v_{S3}}\cos\beta_3 \\ -jk_{P1}\cos\alpha_1 & jk_{P1}\dfrac{v_{P1}}{v_{S1}}\sin\beta_1 & -jk_{P1}\dfrac{v_{P1}}{v_{P3}}\cos\alpha_3 & -jk_{P1}\dfrac{v_{P1}}{v_{S3}}\sin\beta_3 \\ \rho_1\omega^2\left(1-\dfrac{2v_{S1}^2}{v_{P1}^2}\sin^2\alpha_1\right) & -\rho_1\omega^2\sin2\beta_1 & -\rho_3\omega^2\left(1-\dfrac{2v_{S3}^2}{v_{P3}^2}\sin^2\alpha_3\right) & -\rho_3\omega^2\sin2\beta_3 \\ -\rho_1\omega^2\dfrac{v_{S1}^2}{v_{P1}^2}\sin2\alpha_1 & -\rho_1\omega^2\cos2\beta_1 & -\rho_3\omega^2\dfrac{v_{S3}^2}{v_{P3}^2}\sin2\alpha_3 & \rho_3\omega^2\cos2\beta_3 \end{bmatrix} \cdot \begin{bmatrix} R_{SP} \\ R_{SS} \\ T_{SP} \\ T_{SS} \end{bmatrix} = \begin{bmatrix} jk_{P1}\dfrac{v_{P1}}{v_{S1}}\cos\beta_1 \\ -jk_{P1}\dfrac{v_{P1}}{v_{S1}}\sin\beta_1 \\ -\rho_1\omega^2\sin2\beta_1 \\ \rho_1\omega^2\cos2\beta_1 \end{bmatrix}$$

即

$$\begin{bmatrix} \dfrac{v_{S1}}{v_{P1}}\sin\alpha_1 & \dfrac{v_{S1}}{v_{S1}}\cos\beta_1 & -\dfrac{v_{S1}}{v_{P3}}\sin\alpha_3 & \dfrac{v_{S1}}{v_{S3}}\cos\beta_3 \\ -\dfrac{v_{S1}}{v_{P1}}\cos\alpha_1 & \dfrac{v_{S1}}{v_{S1}}\sin\beta_1 & -\dfrac{v_{S1}}{v_{P3}}\cos\alpha_3 & -\dfrac{v_{S1}}{v_{S3}}\sin\beta_3 \\ \dfrac{v_{S1}}{v_{P1}}\rho_1 v_{P1}\cos2\beta_1 & -\rho_1 v_{S1}\sin2\beta_1 & -\dfrac{v_{S1}}{v_{P3}}\rho_3 v_{P3}\cos2\beta_3 & -\dfrac{v_{S1}}{v_{S3}}\rho_3 v_{S3}\sin2\beta_3 \\ -\dfrac{v_{S1}}{v_{P1}}\rho_1\dfrac{v_{S1}^2}{v_{P1}}\sin2\alpha_1 & -\rho_1 v_{S1}\cos2\beta_1 & -\dfrac{v_{S1}}{v_{P3}}\rho_3\dfrac{v_{S3}^2}{v_{P3}}\sin2\alpha_3 & \rho_3\dfrac{v_{S1}}{v_{S3}}v_{S3}\cos2\beta_3 \end{bmatrix} \cdot \begin{bmatrix} R_{SP} \\ R_{SS} \\ T_{SP} \\ T_{SS} \end{bmatrix} = \begin{bmatrix} \cos\beta_1 \\ -\sin\beta_1 \\ -\rho_1 v_{S1}\sin2\beta_1 \\ \rho_1 v_{S1}\cos2\beta_1 \end{bmatrix}$$

(3.71)

3.2.2　基于位移的反/透射系数

如图 3.6 所示为位移情况下的第 i 层的情况,则设第 i 层中各波的位移函数为

$$\begin{aligned}\varphi_1^{(i)}&=A_1^{(i)}e^{j[\omega t-(\varepsilon_{Pi}x+d_iz)]},\psi_1^{(i)}=B_1^{(i)}e^{j[\omega t-(\varepsilon_{Si}x+s_iz)]}\\ \varphi_2^{(i)}&=A_2^{(i)}e^{j[\omega t-(\varepsilon_{Pi}x-d_iz)]},\psi_2^{(i)}=B_2^{(i)}e^{j[\omega t-(\varepsilon_{Si}x-s_iz)]}\end{aligned}\tag{3.72}$$

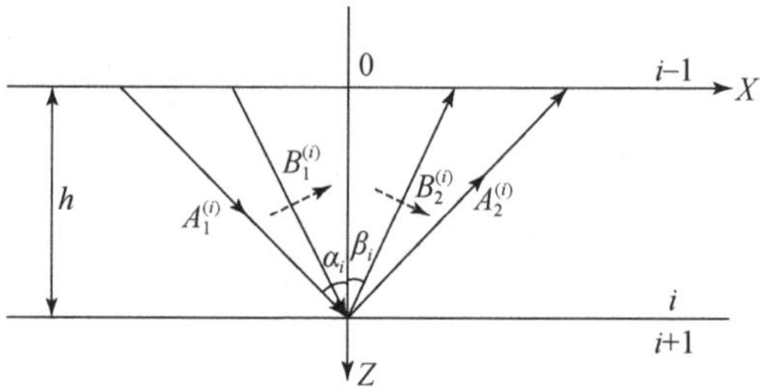

图 3.6　基于位移波函数的任意层(第 i 层)传播情况

实箭头指示波的传播方向;虚箭头指示波的振动正方向

式中,振幅下标 1 表示下行波,下标 2 表示上行波。$A_1^{(i)}$ 为第 i 层中位移情况下的下行纵波振幅;$A_2^{(i)}$ 为第 i 层中位移情况下的上行纵波振幅;$B_1^{(i)}$ 为第 i 层中位移情况下的下行横波振幅;$B_2^{(i)}$ 为第 i 层中位移情况下的上行横波振幅。各波数满足:

$$k_{Pi}^2=\varepsilon_{Pi}^2+d_i^2,k_{Pi}=\frac{\omega}{v_{Pi}}$$

$$k_{Si}^2=\varepsilon_{Si}^2+s_i^2,k_{Si}=\frac{\omega}{v_{Si}}$$

$$\varepsilon_{Pi}=k_{Pi}\sin\alpha_i,d_i=k_{Pi}\cos\alpha_i$$

$$\varepsilon_{Si}=k_{Si}\sin\beta_i,s_i=k_{Si}\cos\beta_i$$

其中:

$$\varepsilon_{Pi}=k_{Pi}\sin\alpha_i=\frac{\omega}{v_{Pi}}\sin\alpha_i$$

$$\varepsilon_{Si}=k_{Si}\sin\beta_i=\frac{\omega}{v_{Si}}\sin\beta_i$$

根据 Snell 定理:$\frac{\sin\alpha_i}{v_{Pi}}=\frac{\sin\beta_i}{v_{Si}}$,则各层中的 $\varepsilon_{Pi}=\varepsilon_{Si}$,在本章统一用 ε 代替。

设第 i 层的厚度为 h(为简单起见暂略去标记 i),现计算当 $z=h$ 时(即第 i 层底面)的位移和应力值,并记为$[u^{(i)},w^{(i)},\sigma_{zz}^{(i)},\sigma_{zx}^{(i)}]^{\mathrm{T}}$(以下递推过程中均以各层的底面为该层的隐含位置)。

令 $P=dh$、$Q=sh$,将式(3.63)代入位移公式[式(2.34)]及应力公式[式(2.19)],整理可得

$$\begin{bmatrix} u^{(i)} \\ w^{(i)} \\ \sigma_{zz}^{(i)} \\ \sigma_{zx}^{(i)} \end{bmatrix} = (B_{ij}) \cdot \begin{bmatrix} A_1^{(i)}+A_2^{(i)} \\ A_1^{(i)}-A_2^{(i)} \\ B_1^{(i)}-B_2^{(i)} \\ B_1^{(i)}+B_2^{(i)} \end{bmatrix} \cdot e^{j(\omega t-\varepsilon x)} \tag{3.73}$$

其中：

$$(B_{ij}) = \begin{bmatrix} \sin\alpha\cos P & -j\sin\alpha\sin P & -j\cos\beta\sin Q & \cos\beta\cos Q \\ -j\cos\alpha\sin P & \cos\alpha\cos P & -\sin\beta\cos Q & j\sin\beta\sin Q \\ -j\rho\omega v_{\mathrm{P}}\cos2\beta\cos P & -\rho\omega v_{\mathrm{P}}\cos2\beta\sin P & \rho\omega v_{\mathrm{S}}\sin2\beta\sin Q & j\rho\omega v_{\mathrm{S}}\sin2\beta\cos Q \\ -\rho\omega\dfrac{v_{\mathrm{S}}^2}{v_{\mathrm{P}}}\sin2\alpha\sin P & -j\rho\omega\dfrac{v_{\mathrm{S}}^2}{v_{\mathrm{P}}}\sin2\alpha\cos P & -j\rho\omega v_{\mathrm{S}}\cos2\beta\cos Q & -\rho\omega v_{\mathrm{S}}\cos2\beta\sin Q \end{bmatrix} \tag{3.74}$$

注：式中使用的参数都是第 i 层的参数值。

显然，式(3.74)对第 i 层中介于 0 到 h 间的任何深度都成立。特殊的，当 $z=0$ 时，$P=0$、$Q=0$，代入 $h=0$ 可以得到此时第 i 层顶面（即第 $i-1$ 层底面）的位移和应力值，即 $[u^{(i-1)}, w^{(i-1)}, \sigma_{zz}^{(i-1)}, \sigma_{zx}^{(i-1)}]^{\mathrm{T}}$，计算得到此时的 $\boldsymbol{B}$ 矩阵为

$$(B_{ij})_{P=0,Q=0} = \begin{bmatrix} \sin\alpha & 0 & 0 & \cos\beta \\ 0 & \cos\alpha & -\sin\beta & 0 \\ -j\rho\omega v_{\mathrm{P}}\cos2\beta & 0 & 0 & j\rho\omega v_{\mathrm{S}}\sin2\beta \\ 0 & -j\rho\omega\dfrac{v_{\mathrm{S}}^2}{v_{\mathrm{P}}}\sin2\alpha & -j\rho\omega v_{\mathrm{S}}\cos2\beta & 0 \end{bmatrix} \tag{3.75}$$

代入式(3.73)得到第 i 层顶面（即第 $i-1$ 层底面）有

$$\begin{bmatrix} u^{(i-1)} \\ w^{(i-1)} \\ \sigma_{zz}^{(i-1)} \\ \sigma_{zx}^{(i-1)} \end{bmatrix} = (B_{ij})_{P=0,Q=0} \cdot \begin{bmatrix} A_1^{(i)}+A_2^{(i)} \\ A_1^{(i)}-A_2^{(i)} \\ B_1^{(i)}-B_2^{(i)} \\ B_1^{(i)}+B_2^{(i)} \end{bmatrix} \cdot e^{j(\omega t-\varepsilon x)} \tag{3.76}$$

对式(3.76)求解，得

$$\begin{bmatrix} A_1^{(i)}+A_2^{(i)} \\ A_1^{(i)}-A_2^{(i)} \\ B_1^{(i)}-B_2^{(i)} \\ B_1^{(i)}+B_2^{(i)} \end{bmatrix} \cdot e^{j(\omega t-\varepsilon x)} = (b_{ij}) \begin{bmatrix} u^{(i-1)} \\ w^{(i-1)} \\ \sigma_{zz}^{(i-1)} \\ \sigma_{zx}^{(i-1)} \end{bmatrix} \tag{3.77}$$

其中：

$$(b_{ij}) = [(B_{ij})_{P=0,Q=0}]^{-1} = \begin{bmatrix} \dfrac{2\sin^2\beta}{\sin\alpha} & 0 & \dfrac{j}{\rho\omega v_{\mathrm{P}}} & 0 \\ 0 & \dfrac{\cos2\beta}{\cos\alpha} & 0 & \dfrac{j\sin\alpha}{\rho\omega v_{\mathrm{P}}\cos\alpha} \\ 0 & -2\sin\beta & 0 & \dfrac{j}{\rho\omega v_{\mathrm{S}}} \\ \dfrac{\cos2\beta}{\cos\beta} & 0 & -\dfrac{j\sin\alpha}{\rho\omega v_{\mathrm{P}}\cos\beta} & 0 \end{bmatrix} \tag{3.78}$$

将式(3.77)代入式(3.74),有

$$\begin{bmatrix} u^{(i)} \\ w^{(i)} \\ \sigma_{zz}^{(i)} \\ \sigma_{zx}^{(i)} \end{bmatrix} = (B_{ij}) \cdot (b_{ij}) \cdot \begin{bmatrix} u^{(i-1)} \\ w^{(i-1)} \\ \sigma_{zz}^{(i-1)} \\ \sigma_{zx}^{(i-1)} \end{bmatrix} \tag{3.79}$$

令$(a_{ij}) = (B_{ij}) \cdot (b_{ij})$,经化简有

$$\begin{aligned}
&a_{11} = a_{44} = 2\sin^2\beta\cos P + \cos 2\beta\cos Q \\
&a_{12} = a_{34} = -j(\tan\alpha\cos 2\beta\sin P - \sin 2\beta\sin Q) \\
&a_{13} = a_{24} = \frac{j\sin\alpha}{\rho\omega v_{\mathrm{P}}}(\cos P - \cos Q) \\
&a_{14} = \frac{1}{\rho\omega v_{\mathrm{S}}}(\tan\alpha\sin\beta\sin P + \cos\beta\sin Q) \\
&a_{21} = a_{43} = -j\left(\frac{v_{\mathrm{S}}\cos\alpha}{v_{\mathrm{P}}\cos\beta}\sin 2\beta\sin P - \tan\beta\cos 2\beta\sin Q\right) \\
&a_{22} = a_{33} = \cos 2\beta\cos P + 2\sin^2\beta\cos Q \\
&a_{23} = \frac{1}{\rho\omega v_{\mathrm{P}}}(\cos\alpha\sin P + \tan\beta\sin\alpha\sin Q) \\
&a_{31} = a_{42} = 2j\rho\omega v_{\mathrm{S}}\sin\beta\cos 2\beta(\cos Q - \cos P) \\
&a_{32} = -\rho\omega\left(\frac{v_{\mathrm{P}}\cos^2 2\beta}{\cos\alpha}\sin P + 4v_{\mathrm{S}}\cos\beta\sin^2\beta\sin Q\right) \\
&a_{41} = -\rho\omega v_{\mathrm{S}}\left(\frac{4v_{\mathrm{S}}\sin^2\beta\cos\alpha}{v_{\mathrm{P}}}\sin P + \frac{\cos^2 2\beta}{\cos\beta}\sin Q\right)
\end{aligned} \tag{3.80}$$

由于公式中使用的都是第 i 层的参数值,故矩阵(a_{ij})可以称为第 i 层的层矩阵,记为$(a_{ij}^{(i)})$,于是有

$$\begin{bmatrix} u^{(i)} \\ w^{(i)} \\ \sigma_{zz}^{(i)} \\ \sigma_{zx}^{(i)} \end{bmatrix} = (a_{ij}^{(i)}) \cdot \begin{bmatrix} u^{(i-1)} \\ w^{(i-1)} \\ \sigma_{zz}^{(i-1)} \\ \sigma_{zx}^{(i-1)} \end{bmatrix} \tag{3.81}$$

式(3.81)建立了第 $i-1$ 层底面与第 i 层底面的位移和应力的关系,递推得到各层底面的位移和应力之间的关系为

$$\begin{bmatrix} u^{(n-1)} \\ w^{(n-1)} \\ \sigma_{zz}^{(n-1)} \\ \sigma_{zx}^{(n-1)} \end{bmatrix} = (a_{ij}^{(n-1)}) \cdot (a_{ij}^{(n-2)}) \cdot \cdots \cdot (a_{ij}^{(2)}) \begin{bmatrix} u^{(1)} \\ w^{(1)} \\ \sigma_{zz}^{(1)} \\ \sigma_{zx}^{(1)} \end{bmatrix} \tag{3.82}$$

由于第 $n-1$ 层底面和第 n 层顶面的位移和应力分别相等,于是得到在第 n 层介质顶面透射界面附近的位移和应力为

$$\begin{bmatrix} u^{(n)} \\ w^{(n)} \\ \sigma_{zz}^{(n)} \\ \sigma_{zx}^{(n)} \end{bmatrix} = (a_{ij}^{(n-1)}) \cdot (a_{ij}^{(n-2)}) \cdot \cdots \cdot (a_{ij}^{(2)}) \begin{bmatrix} u^{(1)} \\ w^{(1)} \\ \sigma_{zz}^{(1)} \\ \sigma_{zx}^{(1)} \end{bmatrix}_{z=0} \tag{3.83}$$

即建立了第 n 层顶面和第 1 层底面的位移和应力关系。

与位移位传播矩阵方程[式(3.55)]对比可知,位移函数与位移位函数对应的层状介质传播矩阵是相同的。

3.2.2.1　平面 P 波入射薄层情况

对于薄层情况,当平面简谐 P 波从第 1 层介质入射时,其反/透射情况见图 3.7。

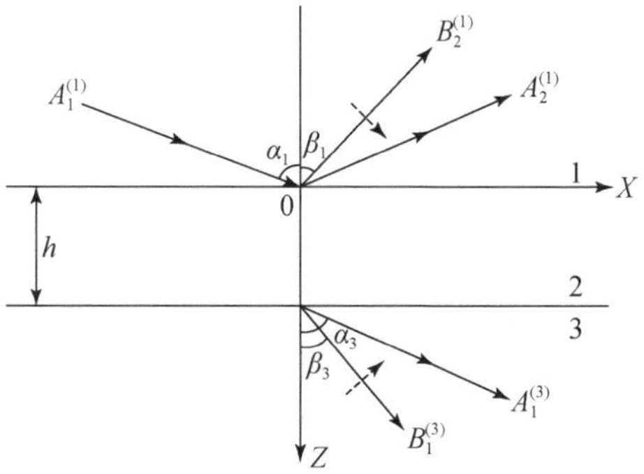

图 3.7　位移情况下 P 波入射薄层时的反射和透射

第 1 层介质中的纵横波的位移函数分别为

$$\begin{cases} \varphi_1^{(1)} = A_1^{(1)} e^{j[\omega t-(\varepsilon x+d_1 z)]} \\ \varphi_2^{(1)} = A_2^{(1)} e^{j[\omega t-(\varepsilon x-d_1 z)]} \\ \psi_2^{(1)} = B_2^{(1)} e^{j[\omega t-(\varepsilon x-s_1 z)]} \end{cases} \tag{3.84}$$

第 3 层介质中的纵横波的位移函数分别为

$$\begin{cases} \varphi_1^{(3)} = A_1^{(3)} e^{-jd_3(z-h)} e^{j(\omega t-\varepsilon x)} \\ \psi_1^{(3)} = B_1^{(3)} e^{-js_3(z-h)} e^{j(\omega t-\varepsilon x)} \end{cases} \tag{3.85}$$

第 1 层介质底界面上的位移分量和应力分量为

$$\begin{cases} u^{(1)} = [\sin\alpha_1 (A_1^{(1)} + A_2^{(1)}) + \cos\beta_1 B_2^{(1)}] e^{j(\omega t-\varepsilon x)} \\ w^{(1)} = [\cos\alpha_1 (A_1^{(1)} - A_2^{(1)}) + \sin\beta_1 B_2^{(1)}] e^{j(\omega t-\varepsilon x)} \\ \sigma_{zz}^{(1)} = [-j\rho_1 \omega v_{P1} \cos 2\beta_1 (A_1^{(1)} + A_2^{(1)}) + j\rho_1 \omega v_{S1} \sin 2\beta_1 B_2^{(1)}] e^{j(\omega t-\varepsilon x)} \\ \sigma_{zx}^{(1)} = [-j\rho_1 \omega \dfrac{v_{S1}^2}{v_{P1}} \sin 2\alpha_1 (A_1^{(1)} - A_2^{(1)}) + j\rho_1 \omega v_{S1} \cos 2\beta_1 B_2^{(1)}] e^{j(\omega t-\varepsilon x)} \end{cases} \tag{3.86}$$

第 3 层介质顶界面上的位移分量和应力分量为

$$\begin{cases} u^{(3)}=[\sin\alpha_3 A_1^{(3)}+\cos\beta_3 B_1^{(3)}]e^{j(\omega t-\varepsilon x)} \\ w^{(3)}=[\cos\alpha_3 A_1^{(3)}-\sin\beta_3 B_1^{(3)}]e^{j(\omega t-\varepsilon x)} \\ \sigma_{zz}^{(3)}=[-j\rho_3\omega v_{P3}\cos 2\beta_3 A_1^{(3)}+j\rho_3\omega v_{S3}\sin 2\beta_3 B_1^{(3)}]e^{j(\omega t-\varepsilon x)} \\ \sigma_{zx}^{(3)}=[-j\rho_3\omega \dfrac{v_{S3}^2}{v_{P3}}\sin 2\alpha_3 A_1^{(3)}-j\rho_3\omega v_{S3}\cos 2\beta_3 B_1^{(3)}]e^{j(\omega t-\varepsilon x)} \end{cases} \tag{3.87}$$

将式(3.86)~式(3.87)代入式(3.83)建立第3层顶界面与第1层底界面的位移和应力关系,并令位移反/透射系数为 $R_{PP}=\dfrac{A_2^{(1)}}{A_1^{(1)}}$,$R_{PS}=\dfrac{B_2^{(1)}}{A_1^{(1)}}$,$T_{PP}=\dfrac{A_1^{(3)}}{A_1^{(1)}}$,$T_{PS}=\dfrac{B_1^{(3)}}{A_1^{(1)}}$,则有

$$\begin{bmatrix} \sin\alpha_3 T_{PP}+\cos\beta_3 T_{PS} \\ \cos\alpha_3 T_{PP}-\sin\beta_3 T_{PS} \\ -j\rho_3\omega v_{P3}\cos 2\beta_3 T_{PP}+j\rho_3\omega v_{S3}\sin 2\beta_3 T_{PS} \\ -j\rho_3\omega \dfrac{v_{S3}^2}{v_{P3}}\sin 2\alpha_3 T_{PP}-j\rho_3\omega v_{S3}\cos 2\beta_3 T_{PS} \end{bmatrix}=(a_{ij}^{(2)})\begin{bmatrix} \sin\alpha_1(1+R_{PP})+\cos\beta_1 R_{PS} \\ \cos\alpha_1(1-R_{PP})+\sin\beta_1 R_{PS} \\ -j\rho_1\omega v_{P1}\cos 2\beta_1(1+R_{PP})+j\rho_1\omega v_{S1}\sin 2\beta_1 R_{PS} \\ -j\rho_1\omega \dfrac{v_{S1}^2}{v_{P1}}\sin 2\alpha_1(1-R_{PP})+j\rho_1\omega v_{S1}\cos 2\beta_1 R_{PS} \end{bmatrix} \tag{3.88}$$

式(3.88)化简整理得

$$\begin{bmatrix} m_{11} & m_{12} & m_{13} & m_{14} \\ m_{21} & m_{22} & m_{23} & m_{24} \\ m_{31} & m_{32} & m_{33} & m_{34} \\ m_{41} & m_{42} & m_{43} & m_{44} \end{bmatrix}\cdot\begin{bmatrix} R_{PP} \\ R_{PS} \\ T_{PP} \\ T_{PS} \end{bmatrix}=\begin{bmatrix} n_1 \\ n_2 \\ n_3 \\ n_4 \end{bmatrix} \tag{3.89}$$

其中:

$$\begin{bmatrix} m_{11} \\ m_{21} \\ m_{31} \\ m_{41} \end{bmatrix}=\begin{bmatrix} a_{11} & a_{12} & a_{13} & a_{14} \\ a_{21} & a_{22} & a_{23} & a_{24} \\ a_{31} & a_{32} & a_{33} & a_{34} \\ a_{41} & a_{42} & a_{43} & a_{44} \end{bmatrix}\begin{bmatrix} -\sin\alpha_1 \\ \cos\alpha_1 \\ j\rho_1\omega v_{P1}\cos 2\beta_1 \\ -j\rho_1\omega \dfrac{v_{S1}^2}{v_{P1}}\sin 2\alpha_1 \end{bmatrix}$$

$$\begin{bmatrix} m_{12} \\ m_{22} \\ m_{32} \\ m_{42} \end{bmatrix}=\begin{bmatrix} a_{11} & a_{12} & a_{13} & a_{14} \\ a_{21} & a_{22} & a_{23} & a_{24} \\ a_{31} & a_{32} & a_{33} & a_{34} \\ a_{41} & a_{42} & a_{43} & a_{44} \end{bmatrix}\begin{bmatrix} -\cos\beta_1 \\ -\sin\beta_1 \\ -j\rho_1\omega v_{S1}\sin 2\beta_1 \\ -j\rho_1\omega v_{S1}\cos 2\beta_1 \end{bmatrix}$$

$$\begin{bmatrix} m_{13} \\ m_{23} \\ m_{33} \\ m_{43} \end{bmatrix}=\begin{bmatrix} \sin\alpha_3 \\ \cos\alpha_3 \\ -j\rho_3\omega v_{P3}\cos 2\beta_3 \\ -j\rho_3\omega \dfrac{v_{S3}^2}{v_{P3}}\sin 2\alpha_3 \end{bmatrix},\quad \begin{bmatrix} m_{14} \\ m_{24} \\ m_{34} \\ m_{44} \end{bmatrix}=\begin{bmatrix} \cos\beta_3 \\ -\sin\beta_3 \\ j\rho_3\omega v_{S3}\sin 2\beta_3 \\ -j\rho_3\omega v_{S3}\cos 2\beta_3 \end{bmatrix}$$

$$
\begin{bmatrix} n_1 \\ n_2 \\ n_3 \\ n_4 \end{bmatrix} = \begin{bmatrix} a_{11} & a_{12} & a_{13} & a_{14} \\ a_{21} & a_{22} & a_{23} & a_{24} \\ a_{31} & a_{32} & a_{33} & a_{34} \\ a_{41} & a_{42} & a_{43} & a_{44} \end{bmatrix} \begin{bmatrix} \sin\alpha_1 \\ \cos\alpha_1 \\ -j\rho_1 \omega v_{\text{P1}} \cos 2\beta_1 \\ -j\rho_1 \omega \dfrac{v_{\text{S1}}^2}{v_{\text{P1}}} \sin 2\alpha_1 \end{bmatrix}
$$

式(3.89)中,令

$$
\Delta_1 = \begin{vmatrix} n_1 & m_{12} & m_{13} & m_{14} \\ n_2 & m_{22} & m_{23} & m_{24} \\ n_3 & m_{32} & m_{33} & m_{34} \\ n_4 & m_{42} & m_{43} & m_{44} \end{vmatrix}, \Delta_2 = \begin{vmatrix} m_{11} & n_1 & m_{13} & m_{14} \\ m_{21} & n_2 & m_{23} & m_{24} \\ m_{31} & n_3 & m_{33} & m_{34} \\ m_{41} & n_4 & m_{43} & m_{44} \end{vmatrix}
$$

$$
\Delta_3 = \begin{vmatrix} m_{11} & m_{12} & n_1 & m_{14} \\ m_{21} & m_{22} & n_2 & m_{24} \\ m_{31} & m_{32} & n_3 & m_{34} \\ m_{41} & m_{42} & n_4 & m_{44} \end{vmatrix}, \Delta_4 = \begin{vmatrix} m_{11} & m_{12} & m_{13} & n_1 \\ m_{21} & m_{22} & m_{23} & n_2 \\ m_{31} & m_{32} & m_{33} & n_3 \\ m_{41} & m_{42} & m_{43} & n_4 \end{vmatrix}
$$

根据克拉默法则,式(3.89)的解为:$R_{\text{PP}} = \dfrac{\Delta_1}{|M|}, R_{\text{PS}} = \dfrac{\Delta_2}{|M|}, T_{\text{PP}} = \dfrac{\Delta_3}{|M|}, T_{\text{PS}} = \dfrac{\Delta_4}{|M|}$,则可获得薄层的位移反/透射系数。与薄层位移位情况下 P 波入射的反/透射系数[式(3.61)]对比,则有

$$
\begin{cases} R_{\text{PP}}^{(1)} = \dfrac{v_{\text{P1}}}{v_{\text{P1}}} R_{\text{PP}}^{(2)} \\ R_{\text{PS}}^{(1)} = \dfrac{v_{\text{P1}}}{v_{\text{S1}}} R_{\text{PS}}^{(2)} \\ T_{\text{PP}}^{(1)} = \dfrac{v_{\text{P1}}}{v_{\text{P3}}} T_{\text{PP}}^{(2)} \\ T_{\text{PS}}^{(1)} = -\dfrac{v_{\text{P1}}}{v_{\text{S3}}} T_{\text{PS}}^{(2)} \end{cases} \tag{3.90}
$$

显然,位移反/透射系数(上角标为 1)与位移位反/透射系数(上角标为 2)为速度比关系(数值比值为相应速度比),其中透射 PS 系数相差负速度比关系(数值比值为相应速度比取负);负号主要是由振动正方向的确定和位移位公式求取位移方向的差异造成的。

对于薄层特例进一步特殊化,设定第 2 层厚度 $h=0$,即获得单界面模型。此时,$P=dh=0, Q=sh=0$,将其代入薄层位移反/透射系数矩阵方程整理可得

$$
\begin{bmatrix} \sin\alpha_1 & \cos\beta_1 & -\sin\alpha_3 & -\cos\beta_3 \\ \cos\alpha_1 & -\sin\beta_1 & \cos\alpha_3 & -\sin\beta_3 \\ \cos 2\beta_1 & -\dfrac{v_{\text{S1}}}{v_{\text{P1}}}\sin 2\beta_1 & -\dfrac{\rho_3 v_{\text{P3}}}{\rho_1 v_{\text{P1}}}\cos 2\beta_3 & \dfrac{\rho_3 v_{\text{S3}}}{\rho_1 v_{\text{P1}}}\sin 2\beta_3 \\ \sin 2\alpha_1 & \dfrac{v_{\text{P1}}}{v_{\text{S1}}}\cos 2\beta_1 & \dfrac{\rho_3 v_{\text{S3}}^2 v_{\text{P1}}}{\rho_1 v_{\text{P3}} v_{\text{S1}}^2}\sin 2\alpha_3 & \dfrac{\rho_3 v_{\text{P1}} v_{\text{S3}}}{\rho_1 \ v_{\text{S1}}^2}\cos 2\beta_3 \end{bmatrix} \cdot \begin{bmatrix} R_{\text{PP}} \\ R_{\text{PS}} \\ T_{\text{PP}} \\ T_{\text{PS}} \end{bmatrix} = \begin{bmatrix} -\sin\alpha_1 \\ \cos\alpha_1 \\ -\cos 2\beta_1 \\ \sin 2\alpha_1 \end{bmatrix}
$$

即为 Zoeppritz 方程。

3.2.2.2　平面 SV 波入射薄层情况

对于薄层情况,当平面简谐 SV 波从第 1 层介质入射时,其反/透射情况如图 3.8 所示。

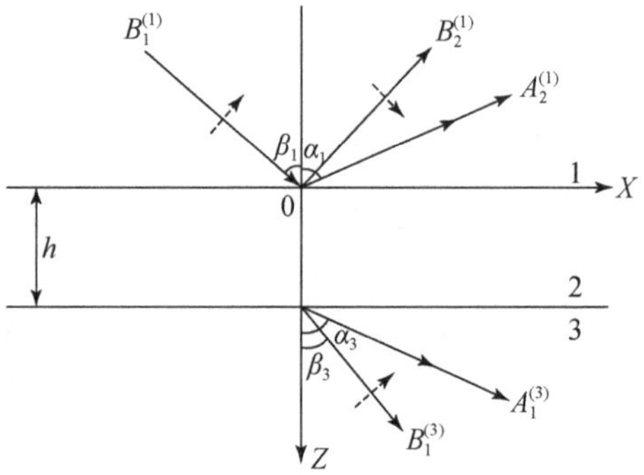

图 3.8　位移情况下 SV 波入射薄层时的反射和透射

第 1 层介质中纵横波的位移函数分别为

$$\begin{cases}\psi_1^{(1)}=B_1^{(1)}e^{j[\omega t-(\varepsilon x+s_1z)]}\\ \varphi_2^{(1)}=A_2^{(1)}e^{j[\omega t-(\varepsilon x-d_1z)]}\\ \psi_2^{(1)}=B_2^{(1)}e^{j[\omega t-(\varepsilon x-s_1z)]}\end{cases}\tag{3.91}$$

第 3 层介质中纵横波的位移函数分别为

$$\begin{cases}\varphi_1^{(3)}=A_1^{(3)}e^{-jd_3(z-h)}e^{j(\omega t-\varepsilon x)}\\ \psi_1^{(3)}=B_1^{(3)}e^{-js_3(z-h)}e^{j(\omega t-\varepsilon x)}\end{cases}\tag{3.92}$$

第 1 层介质底界面上的位移分量和应力分量为

$$\begin{cases}u^{(1)}=[\sin\alpha_1A_2^{(1)}+\cos\beta_1B_1^{(1)}+\cos\beta_1B_2^{(1)}]e^{j(\omega t-\varepsilon x)}\\ w^{(1)}=[-\cos\alpha_1A_2^{(1)}-\sin\beta_1B_1^{(1)}+\sin\beta_1B_2^{(1)}]e^{j(\omega t-\varepsilon x)}\\ \sigma_{zz}^{(1)}=[-j\rho_1\omega v_{\mathrm{P1}}\cos2\beta_1A_2^{(1)}+j\rho_1\omega v_{\mathrm{S1}}\sin2\beta_1(B_1^{(1)}+B_2^{(1)})]e^{j(\omega t-\varepsilon x)}\\ \sigma_{zx}^{(1)}=[j\rho_1\omega\dfrac{v_{\mathrm{S1}}^2}{v_{\mathrm{P1}}}\sin2\alpha_1A_2^{(1)}-j\rho_1\omega v_{\mathrm{S1}}\cos2\beta_1(B_1^{(1)}-B_2^{(1)})]e^{j(\omega t-\varepsilon x)}\end{cases}\tag{3.93}$$

第 3 层介质顶界面上的位移分量和应力分量为

$$\begin{cases}u^{(3)}=[\sin\alpha_3A_1^{(3)}+\cos\beta_3B_1^{(3)}]e^{j(\omega t-\varepsilon x)}\\ w^{(3)}=[\cos\alpha_3A_1^{(3)}-\sin\beta_3B_1^{(3)}]e^{j(\omega t-\varepsilon x)}\\ \sigma_{zz}^{(3)}=[-j\rho_3\omega v_{\mathrm{P3}}\cos2\beta_3A_1^{(3)}+j\rho_3\omega v_{\mathrm{S3}}\sin2\beta_3B_1^{(3)}]e^{j(\omega t-\varepsilon x)}\\ \sigma_{zx}^{(3)}=[-j\rho_3\omega\dfrac{v_{\mathrm{S3}}^2}{v_{\mathrm{P3}}}\sin2\alpha_3A_1^{(3)}-j\rho_3\omega v_{\mathrm{S3}}\cos2\beta_3B_1^{(3)}]e^{j(\omega t-\varepsilon x)}\end{cases}\tag{3.94}$$

将式(3.93)~式(3.94)代入式(3.83),建立第 3 层顶界面与第 1 层底界面的位移和应力关系，并令位移反/透射系数为 $R_{SP}=\dfrac{A_2^{(1)}}{B_1^{(1)}}, R_{SS}=\dfrac{B_2^{(1)}}{B_1^{(1)}}, T_{SP}=\dfrac{A_1^{(3)}}{B_1^{(1)}}, T_{SS}=\dfrac{B_1^{(3)}}{B_1^{(1)}}$，则有

$$\begin{bmatrix} \sin\alpha_3 T_{PP}+\cos\beta_3 T_{PS} \\ \cos\alpha_3 T_{PP}-\sin\beta_3 T_{PS} \\ -j\rho_3\omega v_{P3}\cos 2\beta_3 T_{PP}+j\rho_3\omega v_{S3}\sin 2\beta_3 T_{PS} \\ -j\rho_3\omega\dfrac{v_{S3}^2}{v_{P3}}\sin 2\alpha_3 T_{PP}-j\rho_3\omega v_{S3}\cos 2\beta_3 T_{PS} \end{bmatrix}=a_{ij}\begin{bmatrix} \sin\alpha_1 R_{SP}+\cos\beta_1 R_{SS}+\cos\beta_1 \\ -\cos\alpha_1 R_{SP}+\sin\beta_1 R_{SS}-\sin\beta_1 \\ -j\rho_1\omega v_{P1}\cos 2\beta_1 R_{SP}+j\rho_1\omega v_{S1}\sin 2\beta_1 R_{SS}+j\rho_1\omega v_{S1}\sin 2\beta_1 \\ j\rho_1\omega\dfrac{v_{S1}^2}{v_{P1}}\sin 2\alpha_1 R_{SP}+j\rho_1\omega v_{S1}\cos 2\beta_1 R_{SS}-j\rho_1\omega v_{S1}\cos 2\beta_1 \end{bmatrix} \tag{3.95}$$

进一步整理得

$$\begin{bmatrix} m_{11} & m_{12} & m_{13} & m_{14} \\ m_{21} & m_{22} & m_{23} & m_{24} \\ m_{31} & m_{32} & m_{33} & m_{34} \\ m_{41} & m_{42} & m_{43} & m_{44} \end{bmatrix}\cdot\begin{bmatrix} R_{SP} \\ R_{SS} \\ T_{SP} \\ T_{SS} \end{bmatrix}=\begin{bmatrix} n_1 \\ n_2 \\ n_3 \\ n_4 \end{bmatrix} \tag{3.96}$$

其中：

$$\begin{bmatrix} m_{11} \\ m_{21} \\ m_{31} \\ m_{41} \end{bmatrix}=\begin{bmatrix} a_{11} & a_{12} & a_{13} & a_{14} \\ a_{21} & a_{22} & a_{23} & a_{24} \\ a_{31} & a_{32} & a_{33} & a_{34} \\ a_{41} & a_{42} & a_{43} & a_{44} \end{bmatrix}\begin{bmatrix} -\sin\alpha_1 \\ \cos\alpha_1 \\ j\rho_1\omega v_{P1}\cos 2\beta_1 \\ -j\rho_1\omega\dfrac{v_{S1}^2}{v_{P1}}\sin 2\alpha_1 \end{bmatrix}$$

$$\begin{bmatrix} m_{12} \\ m_{22} \\ m_{32} \\ m_{42} \end{bmatrix}=\begin{bmatrix} a_{11} & a_{12} & a_{13} & a_{14} \\ a_{21} & a_{22} & a_{23} & a_{24} \\ a_{31} & a_{32} & a_{33} & a_{34} \\ a_{41} & a_{42} & a_{43} & a_{44} \end{bmatrix}\begin{bmatrix} -\cos\beta_1 \\ -\sin\beta_1 \\ -j\rho_1\omega v_{S1}\sin 2\beta_1 \\ -j\rho_1\omega v_{S1}\cos 2\beta_1 \end{bmatrix}$$

$$\begin{bmatrix} m_{13} \\ m_{23} \\ m_{33} \\ m_{43} \end{bmatrix}=\begin{bmatrix} \sin\alpha_3 \\ \cos\alpha_3 \\ -j\rho_3\omega v_{P3}\cos 2\beta_3 \\ -j\rho_3\omega\dfrac{v_{S3}^2}{v_{P3}}\sin 2\alpha_3 \end{bmatrix},\quad \begin{bmatrix} m_{14} \\ m_{24} \\ m_{34} \\ m_{44} \end{bmatrix}=\begin{bmatrix} \cos\beta_3 \\ -\sin\beta_3 \\ j\rho_3\omega v_{S3}\sin 2\beta_3 \\ -j\rho_3\omega v_{S3}\cos 2\beta_3 \end{bmatrix}$$

$$\begin{bmatrix} n_1 \\ n_2 \\ n_3 \\ n_4 \end{bmatrix}=\begin{bmatrix} a_{11} & a_{12} & a_{13} & a_{14} \\ a_{21} & a_{22} & a_{23} & a_{24} \\ a_{31} & a_{32} & a_{33} & a_{34} \\ a_{41} & a_{42} & a_{43} & a_{44} \end{bmatrix}\begin{bmatrix} \cos\beta_1 \\ -\sin\beta_1 \\ j\rho_1\omega v_{S1}\sin 2\beta_1 \\ -j\rho_1\omega v_{S1}\cos 2\beta_1 \end{bmatrix}$$

式(3.96)中，令

$$\Delta_1=\begin{vmatrix} n_1 & m_{12} & m_{13} & m_{14}\\ n_2 & m_{22} & m_{23} & m_{24}\\ n_3 & m_{32} & m_{33} & m_{34}\\ n_4 & m_{42} & m_{43} & m_{44}\end{vmatrix},\Delta_2=\begin{vmatrix} m_{11} & n_1 & m_{13} & m_{14}\\ m_{21} & n_2 & m_{23} & m_{24}\\ m_{31} & n_3 & m_{33} & m_{34}\\ m_{41} & n_4 & m_{43} & m_{44}\end{vmatrix}$$

$$\Delta_3=\begin{vmatrix} m_{11} & m_{12} & n_1 & m_{14}\\ m_{21} & m_{22} & n_2 & m_{24}\\ m_{31} & m_{32} & n_3 & m_{34}\\ m_{41} & m_{42} & n_4 & m_{44}\end{vmatrix},\Delta_4=\begin{vmatrix} m_{11} & m_{12} & m_{13} & n_1\\ m_{21} & m_{22} & m_{23} & n_2\\ m_{31} & m_{32} & m_{33} & n_3\\ m_{41} & m_{42} & m_{43} & n_4\end{vmatrix}$$

根据克拉默法则,式(3.96)的解为:$R_{\mathrm{SP}}=\dfrac{\Delta_1}{|M|},R_{\mathrm{SS}}=\dfrac{\Delta_2}{|M|},T_{\mathrm{SP}}=\dfrac{\Delta_3}{|M|},T_{\mathrm{SS}}=\dfrac{\Delta_4}{|M|}$,则可获得薄层的位移反/透射系数。与薄层位移位情况下 SV 波入射的反/透射系数[式(3.70)]对比,则有

$$\begin{cases} R_{\mathrm{SP}}^{(1)}=-\dfrac{v_{\mathrm{S1}}}{v_{\mathrm{P1}}}R_{\mathrm{SP}}^{(2)}\\ R_{\mathrm{SS}}^{(1)}=-\dfrac{v_{\mathrm{S1}}}{v_{\mathrm{S1}}}R_{\mathrm{SS}}^{(2)}\\ T_{\mathrm{SP}}^{(1)}=-\dfrac{v_{\mathrm{S1}}}{v_{\mathrm{P3}}}T_{\mathrm{SP}}^{(2)}\\ T_{\mathrm{SS}}^{(1)}=\dfrac{v_{\mathrm{S1}}}{v_{\mathrm{S3}}}T_{\mathrm{SS}}^{(2)} \end{cases} \tag{3.97}$$

显然,位移反/透射系数(上角标为1)与位移位反/透射系数(上角标为2)相差速度比关系(数值比值为相应速度比);负号主要是由振动正方向的确定和位移位公式求取位移方向的差异造成的。

对于薄层特例进一步特殊化,设定第2层厚度 $h=0$,即获得单界面模型。此时,$P=dh=0,Q=sh=0$,将其代入薄层位移反/透射系数矩阵方程整理可得

$$\begin{bmatrix} -\sin\alpha_1 & -\cos\beta_1 & \sin\alpha_3 & \cos\beta_3\\ \cos\alpha_1 & -\sin\beta_1 & \cos\alpha_3 & -\sin\beta_3\\ j\rho_1\omega v_{\mathrm{P1}}\cos2\beta_1 & -j\rho_1\omega v_{\mathrm{S1}}\sin2\beta_1 & -j\rho_3\omega v_{\mathrm{P3}}\cos2\beta_3 & j\rho_3\omega v_{\mathrm{S3}}\sin2\beta_3\\ -j\rho_1\omega\dfrac{v_{\mathrm{S1}}^2}{v_{\mathrm{P1}}}\sin2\alpha_1 & -j\rho_1\omega v_{\mathrm{S1}}\cos2\beta_1 & -j\rho_3\omega\dfrac{v_{\mathrm{S3}}^2}{v_{\mathrm{P3}}}\sin2\alpha_3 & -j\rho_3\omega v_{\mathrm{S3}}\cos2\beta_3 \end{bmatrix}\cdot\begin{bmatrix}R_{\mathrm{SP}}\\R_{\mathrm{SS}}\\T_{\mathrm{SP}}\\T_{\mathrm{SS}}\end{bmatrix}=\begin{bmatrix}\cos\beta_1\\-\sin\beta_1\\j\rho_1\omega v_{\mathrm{S1}}\sin2\beta_1\\-j\rho_1\omega v_{\mathrm{S1}}\cos2\beta_1\end{bmatrix}$$

即

$$\begin{bmatrix} -\sin\alpha_1 & -\cos\beta_1 & \sin\alpha_3 & \cos\beta_3\\ \cos\alpha_1 & -\sin\beta_1 & \cos\alpha_3 & -\sin\beta_3\\ -\rho_1 v_{\mathrm{P1}}\cos2\beta_1 & \rho_1 v_{\mathrm{S1}}\sin2\beta_1 & \rho_3 v_{\mathrm{P3}}\cos2\beta_3 & -\rho_3 v_{\mathrm{S3}}\sin2\beta_3\\ \rho_1\dfrac{v_{\mathrm{S1}}^2}{v_{\mathrm{P1}}}\sin2\alpha_1 & \rho_1 v_{\mathrm{S1}}\cos2\beta_1 & \rho_3\dfrac{v_{\mathrm{S3}}^2}{v_{\mathrm{P3}}}\sin2\alpha_3 & \rho_3 v_{\mathrm{S3}}\cos2\beta_3 \end{bmatrix}\cdot\begin{bmatrix}R_{\mathrm{SP}}\\R_{\mathrm{SS}}\\T_{\mathrm{SP}}\\T_{\mathrm{SS}}\end{bmatrix}=\begin{bmatrix}\cos\beta_1\\-\sin\beta_1\\-\rho_1 v_{\mathrm{S1}}\sin2\beta_1\\\rho_1 v_{\mathrm{S1}}\cos2\beta_1\end{bmatrix} \tag{3.98}$$

3.2.2.3　薄层位移位与位移反/透射系数数值拟合对比

对于薄层位移及位移位反射系数成速度比关系的结论，我们设定薄煤层模型见表 3.1，从数值模拟的角度上更直观地反映这一规律。

表 3.1　煤层模型参数

岩性	$V_P/(\mathrm{m/s})$	$V_S/(\mathrm{m/s})$	$\rho/(\mathrm{g/cm^3})$
砂质泥岩	2400	1200	2.600
煤	1800	800	1.400
泥岩	2500	1300	2.650

设定煤层厚度为 9m，入射角范围为(0°,70°)，考察频率为 50Hz 情况下的位移及位移位反/透射情况，如图 3.9 所示。

如图 3.9 所示位移与位移位反/透射系数的模对比可知：除 R_{PP}外，其他反射、透射系数都不相等，且位移表述的 R_{PS}、T_{PS}都要比相应位移位的值大。根据图 3.9(i)可知，分别约为位移位情况下的 2 倍(等于 v_{P1}/v_{S1})和 1.846 倍(等于 v_{P1}/v_{S3})；位移 T_{PP}小于位移位 T_{PP}，约为 0.96 倍(等于 v_{P1}/v_{P3})。相位对比可知：位移与位移位反/透射系数 R_{PP}、R_{PS}、T_{PP}都是相等的，对于透射系数 T_{PS}，位移与位移位相差 π，即上面所提到的 T_{PS}相差负速度比关系。

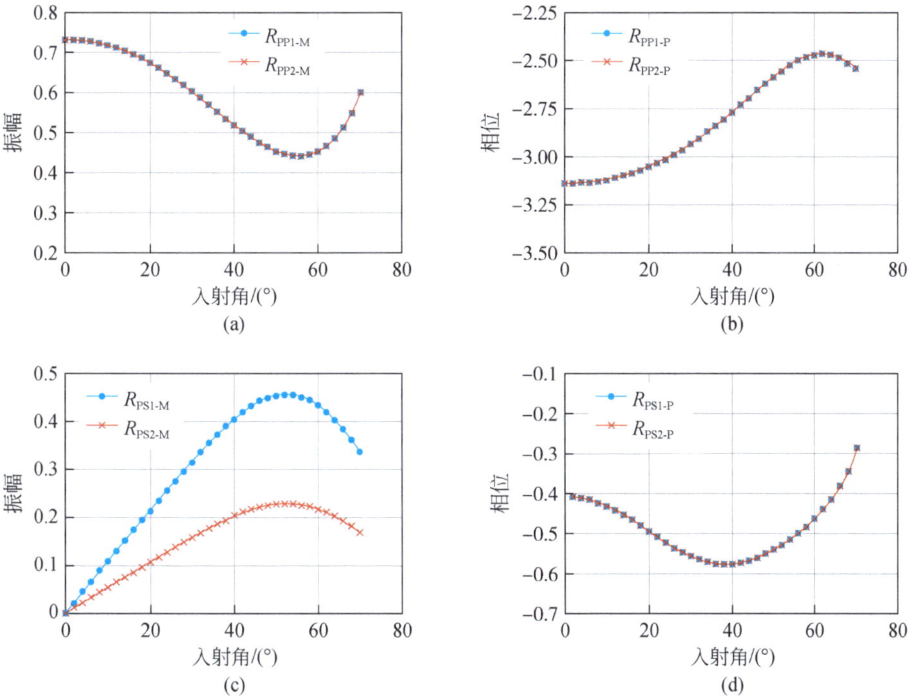

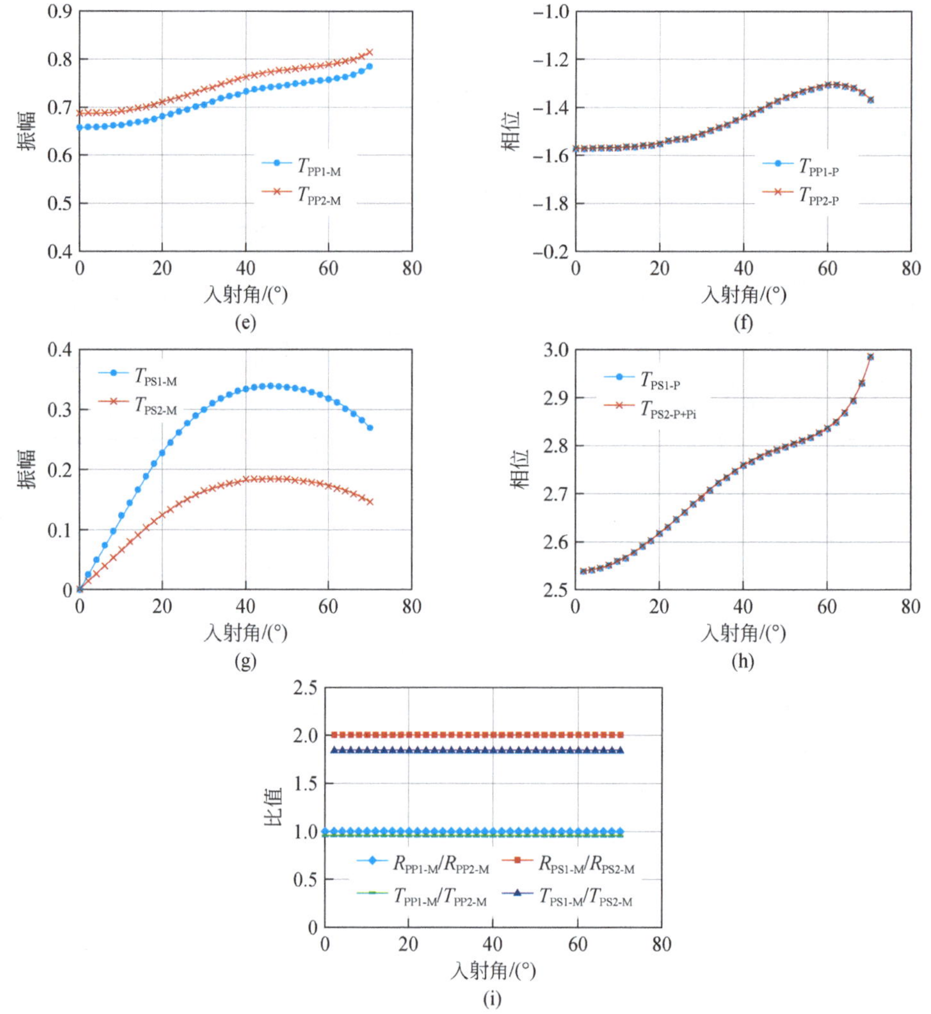

图 3.9　薄煤层位移与位移位反/透射系数的对比

(a) R_{PP}的模(1 为位移情况,2 为位移位情况);(b) R_{PP}的相位;(c) R_{PS}的模;(d) R_{PS}的相位;(e) T_{PP}的模;(f) T_{PP}的相位;(g) T_{PS}的模;(h) T_{PS}的相位;(i)模的比值

3.3　反射率法数值模拟

由于层状介质反射系数为随频率变化的复数,记为 $R(f)$,实部与虚部分别为 R_R 与 R_I,对已知时间域地震子波 $w(t)$进行 FFT 变换,记为 $W(f)$,实部与虚部分别为 F_{1R}与 F_{1I},则时间域地震合成记录为

$$S(t)=\mathrm{FFT}^{-1}[R(f)\cdot W(f)] \tag{3.99}$$

层状介质地震记录合成流程如图 3.10 所示。

为验证反射率法地震模拟的正确性与有效性,模拟薄层模型(模型参数如表 3.2)的地震合成记录,取主频为 50Hz 的雷克子波作为地震子波,并与有限差分方法模拟结果做对比,如图 3.11 所示。

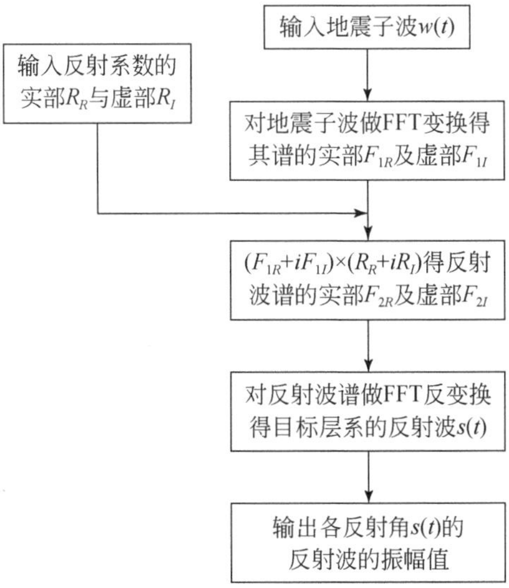

图 3.10　层状介质地震记录合成流程图(殷八斤等,1995)

表 3.2　模型参数

层数	V_P/(m/s)	V_S/(m/s)	ρ/(g/cm^3)	h/m
1	3100	1900	2.000	450
2	2400	1000	1.600	5
3	3800	2200	2.200	545

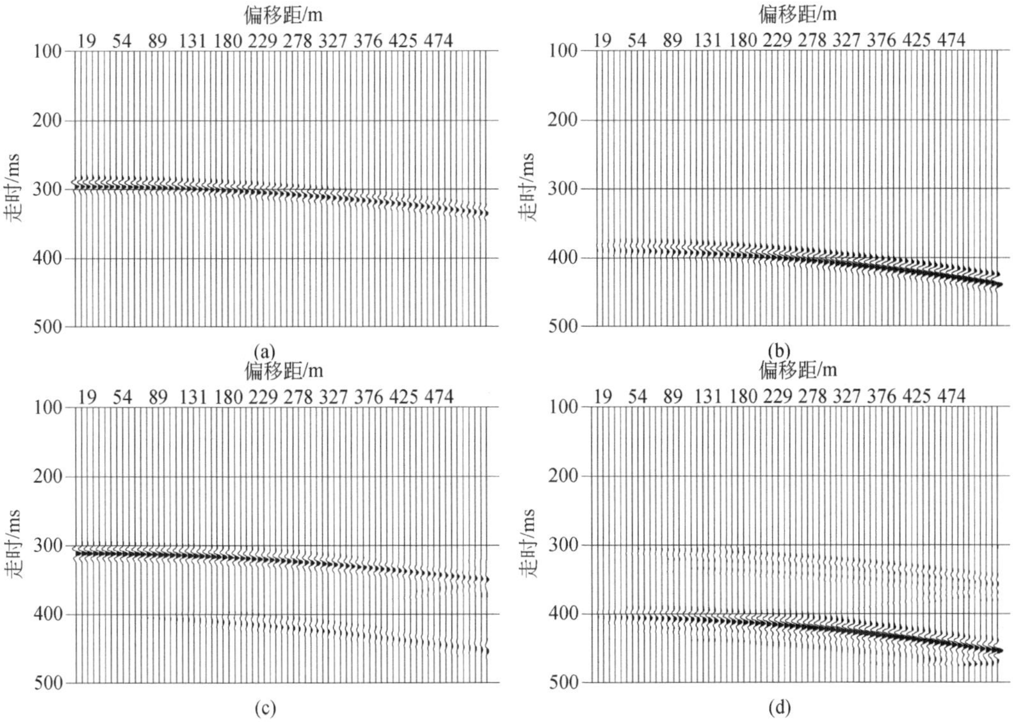

图 3.11　反射率法与有限差分法模拟薄层地震记录对比

(a)反射率法模拟的薄层 PP 波地震记录;(b)反射率法模拟的薄层 PS 波地震记录;(c)有限差分法模拟的薄层 Z 分量地震记录;(d)有限差分法模拟的薄层 X 分量地震记录

由图 3.11 所示,反射率法得到的 PP 波、PS 波位移地震记录与有限差分法模拟的 Z 分量及 X 分量对比分析可得:两种模拟方法得到的地震记录随偏移距增大振幅变化的趋势是一致的,振幅上有一定差异,这是因为反射率法得到的是真正的 PP 波与 PS 波地震反射记录,而有限差分法模拟的是 Z 分量及 X 分量上的 PP 波及 PS 波投影,需要经过波场分离及合成才能得到纯的 PP 波和 PS 波。反射率法得到的地震波场比有限差分法更干净,一方面是由于有限差分法存在波场泄露问题,只能得到 X 或 Z 分量波场,另一方面是有限差分法需要考虑边界条件,尤其针对薄层问题,在边界附近会产生一定程度的边界反射干扰。

值得注意的是,有限差分法模拟中薄层顶界面对应的是雷克子波起跳点,而反射率法模拟中薄层顶界面对应的是雷克子波的峰值位置,所以在时间刻度上,两者有一定差异。

利用位移反射系数拟合埋深 400m 且厚度为 3m 煤层(模型参数见表 3.1)的地震合成记录,并与薄层顶、底单界面地震记录对比,如图 3.12 所示。

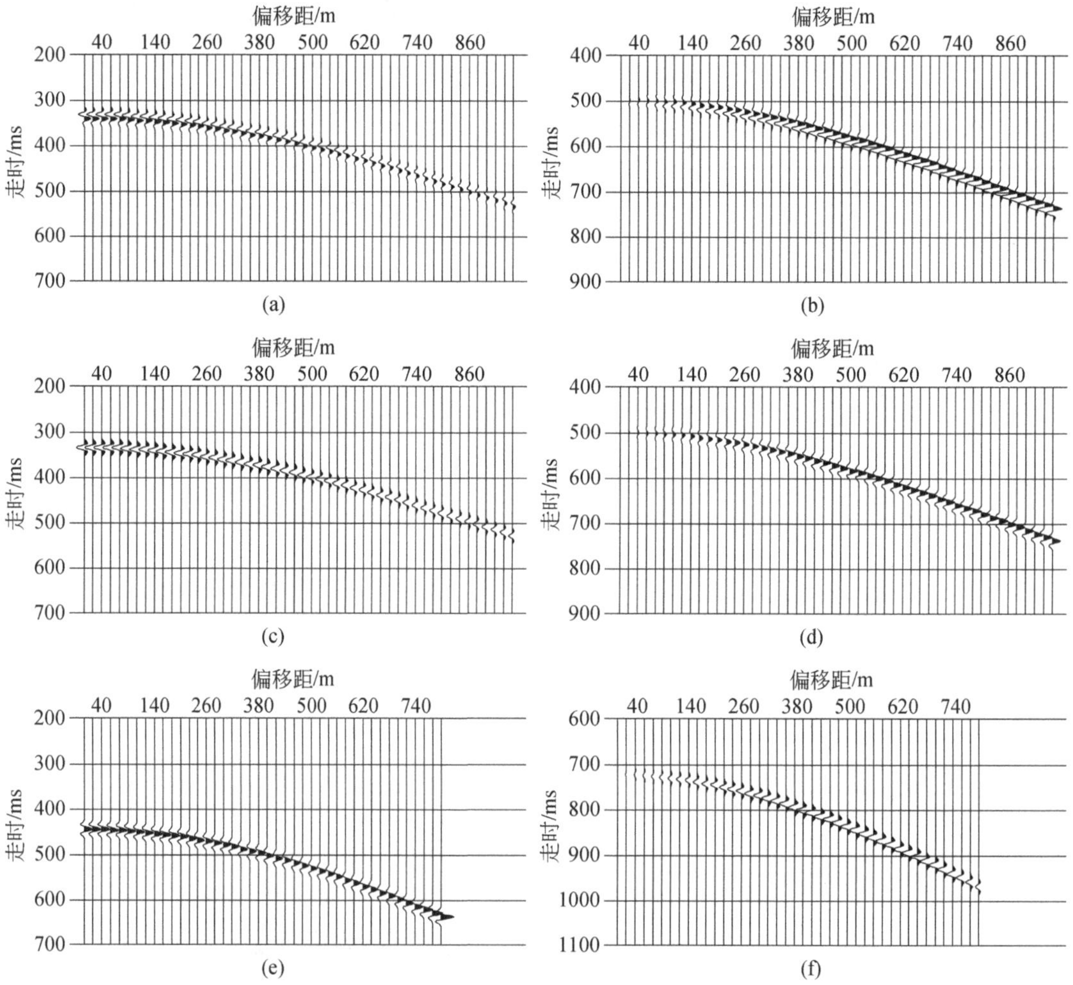

图 3.12　薄煤层的地震合成记录

(a)薄层 PP 波反射地震记录;(b)薄层 PS 波反射地震记录;(c)薄层顶界面 PP 波反射地震记录;(d)薄层顶界面 PS 波反射地震记录;(e)薄层底界面 PP 波反射地震记录;(f)薄层底界面 PS 波反射地震记录

如图 3. 12 所示：薄层反射波场为顶、底反射波及多次波的混叠，煤层的底板反射在 PP 波地震剖面上标定为强的正相位反射是合理的；而在 PS 波地震剖面上煤层顶板反射为强的正反射。对于时间刻度的说明：在处理顶、底界面地震合成记录时，直接考虑为埋深 400m 处存在的单界面，故与薄层时间有出入。

修改煤层厚度，模拟不同厚度（2λ、λ、$\lambda/2$、$\lambda/4$、$\lambda/6$、$\lambda/12$，其中 λ 为煤层纵波对应的波长）情况下的位移地震记录，如图 3. 13 和图 3. 14 所示。在厚度较大的情况下，我们可以清晰地分辨煤层顶、底反射，波形中转换波及层间多次波都可以识别，这是由于煤层顶、底反射到时差异较大。而随着厚度的减小，薄层顶、底反射，包括转换波及多次波，波形逐渐靠近，呈混叠现象，在煤层厚度较小的情况下，无法识别薄层顶、底界面。

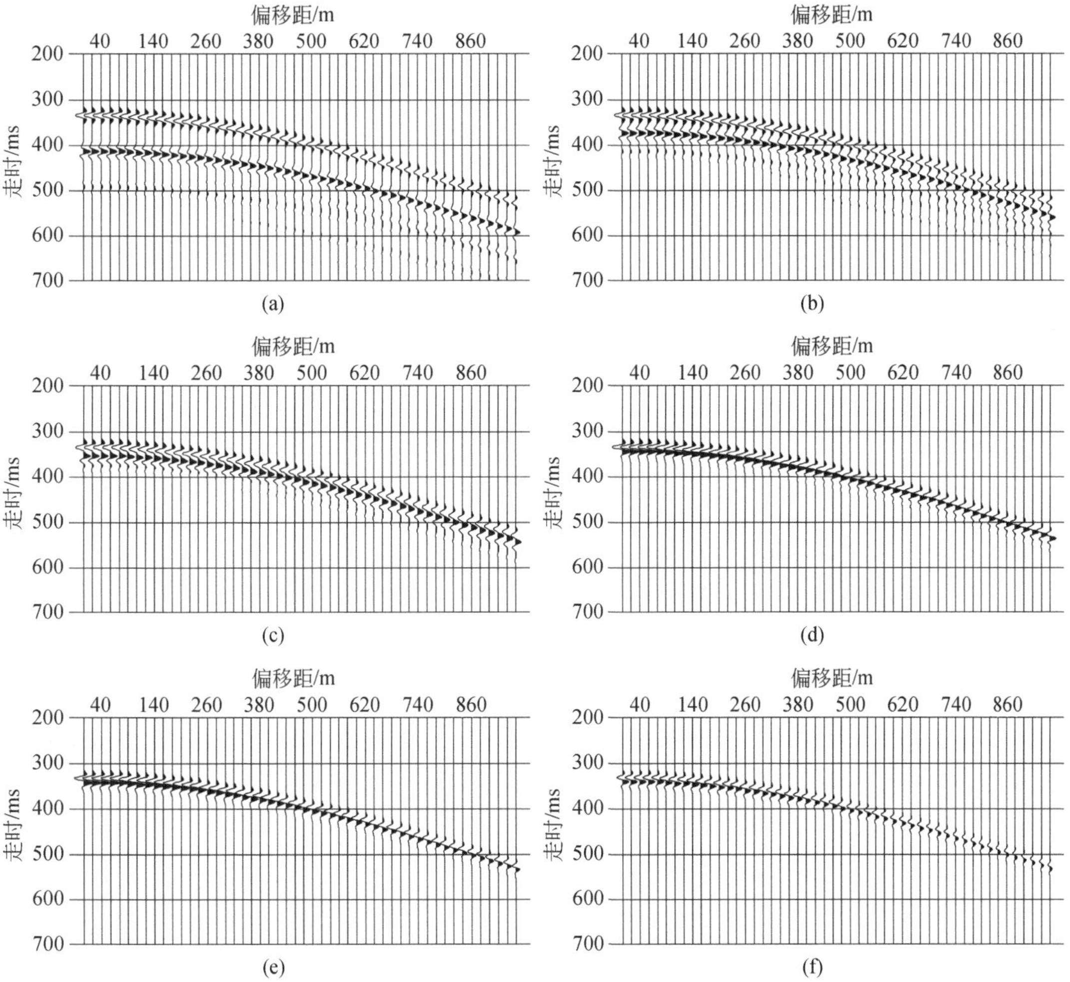

图 3. 13　不同厚度下煤层的 PP 波地震合成记录

(a)煤层厚度为 2λ 情况；(b)煤层厚度为 λ 情况；(c)煤层厚度为 $\lambda/2$ 情况；(d)煤层厚度为 $\lambda/4$ 情况；(e)煤层厚度为 $\lambda/6$ 情况；(f)煤层厚度为 $\lambda/12$ 情况

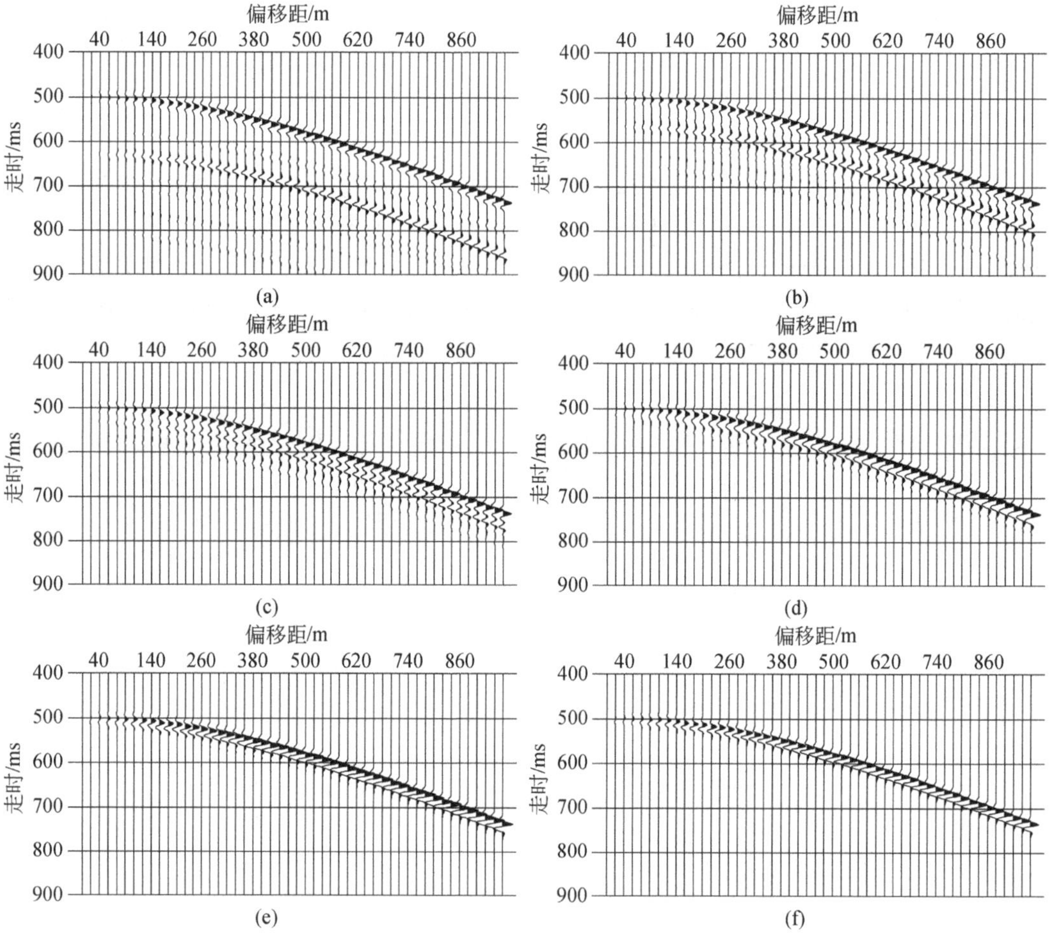

图 3.14　不同厚度下煤层的 PS 波地震合成煤层

(a)厚度为 2λ 情况;(b)煤层厚度为 λ 情况;(c)煤层厚度为 λ/2 情况;(d)煤层厚度为 λ/4 情况;(e)煤层厚度为 λ/6 情况;(f)煤层厚度为 λ/12 情况

在理论研究部分,我们详细地论述了位移与位移位反射系数的不同,故对同一模型分别采用位移反射系数及位移位反射系数进行模拟。由上述不同厚度下煤层地震波场分析可知,煤层较薄时,薄层反射呈波形混叠现象。为了更清晰地对比两种不同波函数下地震波场的不同,我们对厚度为 2λ 的煤层进行模拟,如图 3.15 所示。从地震图对比可以看出:位移

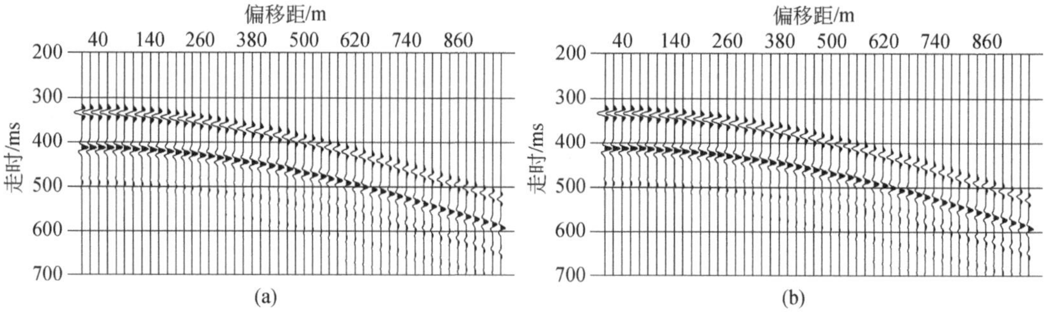

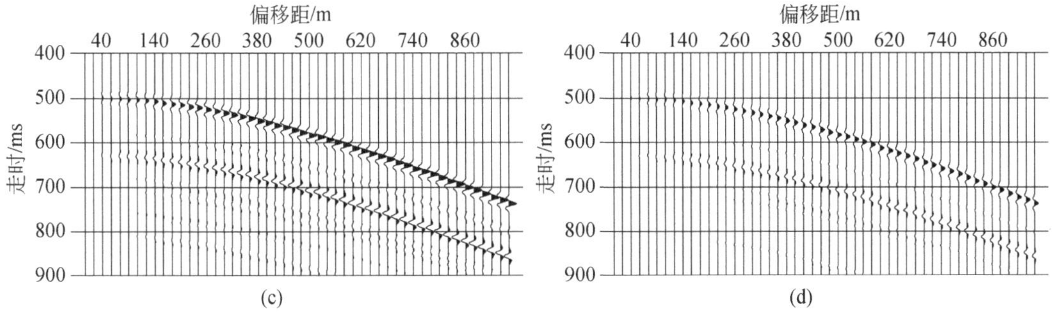

图 3.15　煤层位移与位移位的地震合成记录对比

(a)2λ 情况下位移 PP 波地震记录;(b)2λ 情况下位移位 PP 波地震记录;
(c)2λ 情况下位移 PS 波地震记录;(d)2λ 情况下位移位 PS 波地震记录

与位移位 PP 波地震记录完全相同,而 PS 波前者振幅强于后者,这与理论分析中位移 PP 波反射系数与位移位 PP 波反射系数相等,而位移 PS 波反射系数是位移位 PS 波反射系数的 1.6316 倍的结论是一致的。

3.4　本章小结

本章主要研究了以下三部分内容。

(1)详细介绍了阻抗差界面的 Zoeppritz 方程及其各种近似式。利用边界条件,即阻抗差界面上位移连续、应力连续,并以应变为桥梁,建立了应力与位移之间的关系式(其中,应变与位移之间利用几何方程,应变与应力之间利用 Hooke 定律建立关系式)。在给出精确 Zoeppritz 方程的基础上,首先给出位移位情况下的 Knott 方程,与位移情况下 Zoeppritz 方程对比显示反/透射系数相差速度比关系;随后给出几种 Zoeppritz 近似式,包含各自的假设条件及适用范围。该部分介绍可以作为薄层特例存在(即薄层厚度为 0 情况),同时近似式的提出方法也为后续薄层近似式的推导提供思路。

(2)在现有位移位 P 波入射薄层反/透射矩阵方程的基础上,首先给出了 SV 波入射的位移位反/透射矩阵方程;并参考位移位公式的推导,给出位移情况下的薄互层传播矩阵方程,P 波及 SV 波入射薄层时的反/透射矩阵方程。当薄层厚度为 0 的情况下,P 波入射薄层的位移位及位移反/透射系数矩阵方程分别退化为 Knott 方程及 Zoeppritz 方程,验证了公式的正确性。对比不同波函数下的薄互层反/透射方程,可以发现,位移位传播矩阵与位移传播矩阵形式相同,而薄层位移位反/透射系数与薄层位移反/透射系数相差速度比关系。该部分推导并总结了不同波函数下薄互层的反/透射理论公式,可以提供系统全面的薄互层反/透射理论。

(3)概述了反/透射率法数值模拟方法,由于层状介质反/透射系数为复数且与入射波频率有关,地震合成记录由时间域的褶积转换成频率域的乘积后再逆 FFT 变换到时间域。与有限差分模拟对比验证了模拟方法的正确性,不同厚度薄层的地震合成记录直观地说明了薄层记录包含了转换波及多次波。

第4章　薄(互)层反射的各种近似

由第3章利用传播矩阵法推导的水平层状介质反/透射系数公式可知,对于地震反演而言,薄互层反射系数公式过于复杂,待反演的参数为每层需反演参数个数的 N 倍关系(N 为层数),在地震反演中难以应用。为此,围绕薄互层反射公式的简化,我们在总结前人成果的基础上展开了长期的攻关研究,获得了一些有意义的成果。

4.1　Schoenberg 近似式

Schoenberg 和 Protazio(1992)给出了层状各向异性介质的反/透射系数方程,并讨论了层厚较小时,即薄层情况下的近似表达式;并由二维各向同性情况过渡到各向异性情况,进一步扩展到三维空间,较为全面地讨论了三维空间内层状各向异性介质中地震波的反射与透射。

4.1.1　二维各向同性介质单界面的反射与透射

考虑 X_1-O-X_3 平面内,两层各向同性弹性介质分界面为 $X_3=0$,且 X_3 向下为正,上层入射,如图4.1所示。上层介质纵波、横波速度及密度分别为 α,β,ρ;下层介质纵波、横波速度及密度分别为 α',β',ρ';s_1 为水平慢度。

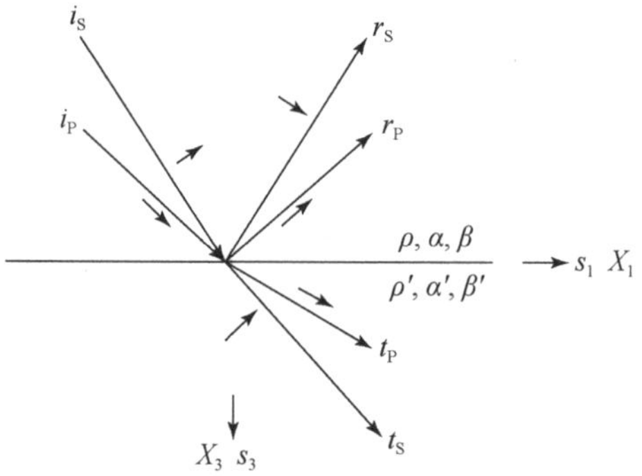

图4.1　单界面处上层平面波入射时的可能波场情况(Schoenberg and Protazio,1992)
短箭头方向代表波振动的正方向(波从左往右传播)

上层介质中的速度场具有以下形式:

$$\begin{bmatrix} v_1 \\ v_3 \end{bmatrix} = i_P \begin{bmatrix} \alpha s_1 \\ \alpha s_{3_P} \end{bmatrix} \exp i\omega s_{3_P} x_3 + r_P \begin{bmatrix} \alpha s_1 \\ -\alpha s_{3_P} \end{bmatrix} \exp -i\omega s_{3_P} x_3 + i_S \begin{bmatrix} \beta s_{3_S} \\ -\beta s_1 \end{bmatrix} \exp i\omega s_{3_S} x_3 + r_S \begin{bmatrix} \beta s_{3_S} \\ \beta s_1 \end{bmatrix} \exp -i\omega s_{3_S} x_3 \tag{4.1}$$

式中,$S_{3_P}=\sqrt{(\alpha^{-2}-s_1^2)}$;$S_{3_S}=\sqrt{(\beta^{-2}-s_1^2)}$;$i_P$、$i_S$ 分别为入射纵波、横波的振幅,考虑纵波入射情况取 $i_S=0$ 即可,r_P、r_S 分别为反射纵波、横波的振幅。

标记上层介质中正应力 $\sigma_{33}\equiv\sigma_3$,剪切应力 $\sigma_{13}\equiv\sigma_5$,则有

$$\begin{bmatrix}\sigma_3\\ \sigma_5\end{bmatrix}=i_P\begin{bmatrix}-\rho\alpha\Gamma\\ -2\rho\alpha\beta^2 s_1 s_{3_P}\end{bmatrix}\exp i\omega s_{3_P}x_3+r_P\begin{bmatrix}-\rho\alpha\Gamma\\ 2\rho\alpha\beta^2 s_1 s_{3_P}\end{bmatrix}\exp-i\omega s_{3_P}x_3+$$
$$+i_S\begin{bmatrix}2\rho\beta^3 s_1 s_{3_S}\\ -\rho\beta\Gamma\end{bmatrix}\exp i\omega s_{3_S}x_3+r_S\begin{bmatrix}2\rho\beta^3 s_1 s_{3_S}\\ \rho\beta\Gamma\end{bmatrix}\exp-i\omega s_{3_S}x_3 \tag{4.2}$$

$\Gamma=1-2\beta^2 s_1^2$

式(4.1)、式(4.2)合并可写成以下矩阵形式:

$$\begin{aligned}\boldsymbol{b}_X(x_3)&\equiv\begin{bmatrix}v_1\\ \sigma_3\end{bmatrix}_{x_3}=\boldsymbol{X}[\boldsymbol{\Lambda}(\boldsymbol{x}_3)\boldsymbol{i}+\boldsymbol{\Lambda}^{-1}(\boldsymbol{x}_3)\boldsymbol{r}]\\ \boldsymbol{b}_Y(x_3)&\equiv\begin{bmatrix}\sigma_5\\ v_3\end{bmatrix}_{x_3}=\boldsymbol{Y}[\boldsymbol{\Lambda}(\boldsymbol{x}_3)\boldsymbol{i}-\boldsymbol{\Lambda}^{-1}(\boldsymbol{x}_3)\boldsymbol{r}]\end{aligned} \tag{4.3}$$

其中

$$\boldsymbol{i}=\begin{bmatrix}i_P\\ i_S\end{bmatrix},\boldsymbol{r}=\begin{bmatrix}r_P\\ r_S\end{bmatrix},\boldsymbol{\Lambda}(\boldsymbol{x}_3)=\begin{bmatrix}\exp i\omega s_{3_P}x_3 & 0\\ 0 & \exp i\omega s_{3_S}x_3\end{bmatrix}$$
$$\boldsymbol{X}=\begin{bmatrix}\alpha s_1 & \beta s_{3_S}\\ -\rho\alpha\Gamma & 2\rho\beta^3 s_1 s_{3_S}\end{bmatrix},\boldsymbol{Y}=\begin{bmatrix}-2\rho\alpha\beta^2 s_1 s_{3_P} & -\rho\beta\Gamma\\ \alpha s_{3_P} & -\beta s_1\end{bmatrix} \tag{4.4}$$

矩阵 $\boldsymbol{X}$、$\boldsymbol{Y}$ 为各向同性弹性介质的阻抗矩阵,由 ρ,α,β,s_1 确定,且行列式分别为

$$|\boldsymbol{X}|=\rho\alpha\beta s_{3_S},\ |\boldsymbol{Y}|=\rho\alpha\beta s_{3_P} \tag{4.5}$$

考虑下层介质情况,将式(4.3)、式(4.4)中的 i 替换成 t 并将 r 取0, 则有

$$\begin{aligned}\boldsymbol{b}_{X'}(x_3)&\equiv\begin{bmatrix}v_1\\ \sigma_3\end{bmatrix}_{x_3}=\boldsymbol{X}'\boldsymbol{\Lambda}'(\boldsymbol{x}_3)\boldsymbol{t}\\ \boldsymbol{b}_{Y'}(x_3)&\equiv\begin{bmatrix}\sigma_5\\ v_3\end{bmatrix}_{x_3}=\boldsymbol{Y}'\boldsymbol{\Lambda}'(\boldsymbol{x}_3)\boldsymbol{t}\end{aligned} \tag{4.6}$$

其中:

$$\boldsymbol{t}=\begin{bmatrix}t_P\\ t_S\end{bmatrix}$$

式中,t_P、t_S 分别为透射纵波、横波的振幅。$\boldsymbol{X}'$、$\boldsymbol{Y}'$矩阵表达式如式(4.4),只需将参数改为下层透射介质弹性参数即可。

在界面 $X_3=0$ 处,速度和应力是连续的,且 $\boldsymbol{\Lambda}=\boldsymbol{\Lambda}'=\boldsymbol{I}$,则

$$\begin{aligned}\boldsymbol{X}(\boldsymbol{i}+\boldsymbol{r})&=\boldsymbol{X}'\boldsymbol{t}\\ \boldsymbol{Y}(\boldsymbol{i}-\boldsymbol{r})&=\boldsymbol{Y}'\boldsymbol{t}\end{aligned} \tag{4.7}$$

(1)若矩阵 $\boldsymbol{X}$、$\boldsymbol{Y}$ 非奇异,式(4.7)可写成

$$
\begin{aligned}
(\boldsymbol{i}+\boldsymbol{r}) &= \boldsymbol{X}^{-1}\boldsymbol{X}'\boldsymbol{t} \\
(\boldsymbol{i}-\boldsymbol{r}) &= \boldsymbol{Y}^{-1}\boldsymbol{Y}'\boldsymbol{t}
\end{aligned}
\tag{4.8}
$$

整理可得

$$
\begin{aligned}
2\boldsymbol{i} &= (\boldsymbol{X}^{-1}\boldsymbol{X}'+\boldsymbol{Y}^{-1}\boldsymbol{Y}')\boldsymbol{t} \\
2\boldsymbol{r} &= (\boldsymbol{X}^{-1}\boldsymbol{X}'-\boldsymbol{Y}^{-1}\boldsymbol{Y}')\boldsymbol{t}
\end{aligned}
\tag{4.9}
$$

(2)若$(\boldsymbol{X}^{-1}\boldsymbol{X}'+\boldsymbol{Y}^{-1}\boldsymbol{Y}')$非奇异则有

$$
\begin{aligned}
\boldsymbol{t} &\equiv \boldsymbol{T}\boldsymbol{i} = 2\,(\boldsymbol{X}^{-1}\boldsymbol{X}'+\boldsymbol{Y}^{-1}\boldsymbol{Y}')^{-1}\boldsymbol{i} \\
\boldsymbol{r} &\equiv \boldsymbol{R}\boldsymbol{i} = (\boldsymbol{X}^{-1}\boldsymbol{X}'-\boldsymbol{Y}^{-1}\boldsymbol{Y}')(\boldsymbol{X}^{-1}\boldsymbol{X}'+\boldsymbol{Y}^{-1}\boldsymbol{Y}')^{-1}\boldsymbol{i}
\end{aligned}
\tag{4.10}
$$

式中,$\boldsymbol{R}$、$\boldsymbol{T}$ 分别为反/透射矩阵。

(3)对于 $\boldsymbol{Y}$ 为奇异矩阵的情况,改写式(4.10):

$$
\begin{aligned}
\boldsymbol{T} &= 2\boldsymbol{Y}'^{-1}\boldsymbol{Y}\,(\boldsymbol{X}^{-1}\boldsymbol{X}'\boldsymbol{Y}'^{-1}\boldsymbol{Y}+\boldsymbol{I})^{-1} \\
\boldsymbol{R} &= (\boldsymbol{X}^{-1}\boldsymbol{X}'\boldsymbol{Y}'^{-1}\boldsymbol{Y}+\boldsymbol{I})^{-1}(\boldsymbol{X}^{-1}\boldsymbol{X}'\boldsymbol{Y}'^{-1}\boldsymbol{Y}-\boldsymbol{I})
\end{aligned}
\tag{4.11}
$$

(4)同理对于 $\boldsymbol{X}$ 为奇异矩阵的情况下,可得

$$
\begin{aligned}
\boldsymbol{T} &= 2\boldsymbol{X}'^{-1}\boldsymbol{X}\,(\boldsymbol{I}+\boldsymbol{Y}^{-1}\boldsymbol{Y}'\boldsymbol{X}'^{-1}\boldsymbol{X})^{-1} \\
\boldsymbol{R} &= (\boldsymbol{I}+\boldsymbol{Y}^{-1}\boldsymbol{Y}'\boldsymbol{X}'^{-1}\boldsymbol{X})^{-1}(\boldsymbol{I}-\boldsymbol{Y}^{-1}\boldsymbol{Y}'\boldsymbol{X}'^{-1}\boldsymbol{X})
\end{aligned}
\tag{4.12}
$$

(5)对于式(4.7),若 $\boldsymbol{X}'$、$\boldsymbol{Y}'$非奇异,则式(4.7)可写成

$$
\begin{aligned}
\boldsymbol{X}'^{-1}\boldsymbol{X}(\boldsymbol{i}+\boldsymbol{r}) &= \boldsymbol{t} \\
\boldsymbol{Y}'^{-1}\boldsymbol{Y}(\boldsymbol{i}-\boldsymbol{r}) &= \boldsymbol{t}
\end{aligned}
\tag{4.13}
$$

整理得

$$
\begin{aligned}
\boldsymbol{R} &= (\boldsymbol{Y}'^{-1}\boldsymbol{Y}+\boldsymbol{X}'^{-1}\boldsymbol{X})^{-1}(\boldsymbol{Y}'^{-1}\boldsymbol{Y}-\boldsymbol{X}'^{-1}\boldsymbol{X}) \\
\boldsymbol{T} &= 2\boldsymbol{X}'^{-1}\boldsymbol{X}\,(\boldsymbol{Y}'^{-1}\boldsymbol{Y}+\boldsymbol{X}'^{-1}\boldsymbol{X})^{-1}\boldsymbol{Y}'^{-1}\boldsymbol{Y} = 2\boldsymbol{Y}'^{-1}\boldsymbol{Y}\,(\boldsymbol{Y}'^{-1}\boldsymbol{Y}+\boldsymbol{X}'^{-1}\boldsymbol{X})^{-1}\boldsymbol{X}'^{-1}\boldsymbol{X}
\end{aligned}
\tag{4.14}
$$

$\boldsymbol{R}$、$\boldsymbol{T}$ 分不同情况可以按照式(4.10)~式(4.12)或式(4.14)求取,具体矩阵参量如下:

$$
\boldsymbol{R} = \begin{bmatrix} R_{\mathrm{PP}} & R_{\mathrm{PS}} \\ R_{\mathrm{SP}} & R_{\mathrm{SS}} \end{bmatrix},\boldsymbol{T} = \begin{bmatrix} T_{\mathrm{PP}} & T_{\mathrm{PS}} \\ T_{\mathrm{SP}} & T_{\mathrm{SS}} \end{bmatrix}
\tag{4.15}
$$

式中,下标第一个字母代表入射波的类型,第二个字母代表反射或透射波的类型。

4.1.2　二维正交各向异性介质单界面的反射与透射

正交各向异性介质可描述发育两组互相垂直裂隙的地质体或水平薄互层中发育一组垂直裂隙的地质体,其弹性系数矩阵有如下形式:

$$
\boldsymbol{c} = \begin{bmatrix}
c_{11} & c_{12} & c_{13} & 0 & 0 & 0 \\
c_{12} & c_{22} & c_{23} & 0 & 0 & 0 \\
c_{13} & c_{23} & c_{33} & 0 & 0 & 0 \\
0 & 0 & 0 & c_{44} & 0 & 0 \\
0 & 0 & 0 & 0 & c_{55} & 0 \\
0 & 0 & 0 & 0 & 0 & c_{66}
\end{bmatrix}
\tag{4.16}
$$

将应力-速度关系式代入运动微分方程,可得到平面应变速度 $v_1(x_1,x_3)$,$v_3(x_1,x_3)$满足以下方程:

$$\begin{aligned} c_{11}v_{1,11}+c_{55}v_{1,33}+(c_{55}+c_{13})v_{3,13}&=\rho\ddot{v}_1 \\ (c_{55}+c_{13})v_{1,13}+c_{55}v_{3,11}+c_{33}v_{3,33}&=\rho\ddot{v}_3 \end{aligned} \tag{4.17}$$

设单位平面谐波的速度表达式为

$$\begin{bmatrix} v_1 \\ v_3 \end{bmatrix}=\begin{bmatrix} e_1 \\ e_3 \end{bmatrix}\exp i\omega(s_1x_1+s_3x_3-t) \tag{4.18}$$

代入式(4.17),可获得平面应变 Christoffel 方程,用以计算慢度矢量和对应的特征向量 e_1,e_3

$$\begin{bmatrix} c_{11}s_1^2+c_{55}s_3^2-\rho & (c_{55}+c_{13})s_1s_3 \\ (c_{55}+c_{13})s_1s_3 & c_{55}s_1^2+c_{33}s_3^2-\rho \end{bmatrix}\begin{bmatrix} e_1 \\ e_3 \end{bmatrix}=\begin{bmatrix} 0 \\ 0 \end{bmatrix} \tag{4.19}$$

给定水平慢度 s_1,则可建立关于 s_3 的双二次方程如下:

$$c_{33}c_{55}(s_3^2)^2+[\{c_{55}(c_{11}+c_{33})+E^2\}s_1^2-\rho(c_{33}+c_{55})]s_3^2+(c_{11}s_1^2-\rho)(c_{55}s_1^2-\rho)=0 \tag{4.20}$$

式中,$E^2=(c_{11}-c_{55})(c_{33}-c_{55})-(c_{13}+c_{55})^2$。

双二次方程具有两个解,取实数值 s_3^2,并有 $s_{3_P}^2<s_{3_S}^2$,对应的四个根记作 $+s_{3_P}$,$-s_{3_P}$,$+s_{3_S}$ 和 $-s_{3_S}$,其中+表示下行波,-表示上行波。

上层介质中的速度和应力分量分别为

$$\begin{bmatrix} v_1 \\ v_3 \end{bmatrix}=i_P\begin{bmatrix} e_{P_1} \\ e_{P_3} \end{bmatrix}\exp i\omega s_{3_P}x_3+r_P\begin{bmatrix} e_{P_1} \\ -e_{P_3} \end{bmatrix}\exp -i\omega s_{3_P}x_3+i_S\begin{bmatrix} e_{S_1} \\ e_{S_3} \end{bmatrix}\exp i\omega s_{3_S}x_3+r_S\begin{bmatrix} e_{S_1} \\ -e_{S_3} \end{bmatrix}\exp -i\omega s_{3_S}x_3 \tag{4.21}$$

$$\begin{aligned}\begin{bmatrix} \sigma_3 \\ \sigma_5 \end{bmatrix}=&\,i_P\begin{bmatrix} -(c_{13}s_1e_{P_1}+c_{33}s_{3_P}e_{P_3}) \\ -c_{55}(s_1e_{P_3}+s_{3_P}e_{P_1}) \end{bmatrix}\exp i\omega s_{3_P}x_3+r_P\begin{bmatrix} -(c_{13}s_1e_{P_1}+c_{33}s_{3_P}e_{P_3}) \\ c_{55}(s_1e_{P_3}+s_{3_P}e_{P_1}) \end{bmatrix}\exp -i\omega s_{3_P}x_3+ \\ &+i_S\begin{bmatrix} -(c_{13}s_1e_{S_1}+c_{33}s_{3_S}e_{S_3}) \\ -c_{55}(s_1e_{S_3}+s_{3_S}e_{S_1}) \end{bmatrix}\exp i\omega s_{3_S}x_3+r_S\begin{bmatrix} -(c_{13}s_1e_{S_1}+c_{33}s_{3_S}e_{S_3}) \\ c_{55}(s_1e_{S_3}+s_{3_S}e_{S_1}) \end{bmatrix}\exp -i\omega s_{3_S}x_3\end{aligned} \tag{4.22}$$

式中,e_{P_1}、e_{S_1} 取正值。在下层介质中 $x_3>0$,仅存在透射波,将 i_P、i_S 分别替换成 t_P 与 t_S,并记垂直慢度及特征向量分别为 s'_{3_P},s'_{3_S},e'_P,e'_S,其中 e'_{P_1}、e'_{S_1} 取正值。界面处满足边界条件:速度连续与应力连续,可写成如式(4.3)中的表达式, 并有

$$\begin{aligned} \boldsymbol{X}&=\begin{bmatrix} e_{P_1} & e_{S_1} \\ -(c_{13}s_1e_{P_1}+c_{33}s_{3_P}e_{P_3}) & -(c_{13}s_1e_{S_1}+c_{33}s_{3_S}e_{S_3}) \end{bmatrix} \\ \boldsymbol{Y}&=\begin{bmatrix} -c_{55}(s_1e_{P_3}+s_{3_P}e_{P_1}) & -c_{55}(s_1e_{S_3}+s_{3_S}e_{S_1}) \\ e_{P_3} & e_{S_3} \end{bmatrix} \end{aligned} \tag{4.23}$$

$\boldsymbol{X}'$,$\boldsymbol{Y}'$分别与 $\boldsymbol{X}$,$\boldsymbol{Y}$ 具有相同形式,只需将参数换为下层介质参数即可。阻抗矩阵 $\boldsymbol{X}$ 与 $\boldsymbol{Y}$ 仅取决于密度 ρ、四个弹性系数 c_{11}、c_{33}、c_{55}、c_{13} 和水平慢度 s_1,行列式分别为

$$|\boldsymbol{X}| = c_{33}\begin{vmatrix} e_{P_1} & e_{S_1} \\ -s_{3_P}e_{P_3} & -s_{3_S}e_{S_3} \end{vmatrix},\ |\boldsymbol{Y}| = c_{55}\begin{vmatrix} -s_{3_P}e_{P_1} & -s_{3_S}e_{S_1} \\ e_{P_3} & e_{S_3} \end{vmatrix} \tag{4.24}$$

4.1.3 三维单斜各向异性介质单界面的反射与透射

单斜各向异性介质(HTI+HTI 型)可描述两组非正交垂直裂隙的地质体,其弹性系数矩阵有如下形式:

$$\boldsymbol{c} = \begin{bmatrix} c_{11} & c_{12} & c_{13} & 0 & 0 & c_{16} \\ c_{12} & c_{22} & c_{23} & 0 & 0 & c_{26} \\ c_{13} & c_{23} & c_{33} & 0 & 0 & c_{36} \\ 0 & 0 & 0 & c_{44} & c_{45} & 0 \\ 0 & 0 & 0 & c_{45} & c_{55} & 0 \\ c_{16} & c_{26} & c_{36} & 0 & 0 & c_{66} \end{bmatrix} \tag{4.25}$$

设单位平面谐波的速度表达式为

$$\begin{bmatrix} v_1 \\ v_2 \\ v_3 \end{bmatrix} = \begin{bmatrix} e_1 \\ e_2 \\ e_3 \end{bmatrix} \exp i\omega(s_1x_1+s_2x_2+s_3x_3-t) \tag{4.26}$$

代入式(4.15),可获得三维 Christoffel 方程,用以计算慢度矢量和对应的特征向量:

$$[\boldsymbol{\Gamma}(s)-\rho\boldsymbol{I}]\boldsymbol{e}=\boldsymbol{0} \tag{4.27}$$

其中 $\boldsymbol{\Gamma}(s)$ 为

$$\begin{bmatrix} c_{11}s_1^2+c_{66}s_2^2+c_{55}s_3^2+2c_{16}s_1s_2 & c_{16}s_1^2+c_{26}s_2^2+c_{45}s_3^2+A_{12}s_1s_2 & A_{13}s_1s_3+A_{45}s_2s_3 \\ c_{16}s_1^2+c_{26}s_2^2+c_{45}s_3^2+A_{12}s_1s_2 & c_{66}s_1^2+c_{22}s_2^2+c_{44}s_3^2+2c_{26}s_1s_2 & A_{45}s_1s_3+A_{23}s_2s_3 \\ A_{13}s_1s_3+A_{45}s_2s_3 & A_{45}s_1s_3+A_{23}s_2s_3 & c_{55}s_1^2+c_{44}s_2^2+c_{33}s_3^2+2c_{45}s_1s_2 \end{bmatrix}$$

且 $A_{23}\equiv c_{44}+c_{23}$,$A_{13}\equiv c_{55}+c_{13}$,$A_{12}\equiv c_{66}+c_{12}$,$A_{45}\equiv c_{36}+c_{45}$。

给定 s_1,s_2,可建立关于 s_3 的双三次方程,该方程具有六个根,分别为 $\pm\sqrt{s_{3_P}^2}$,$\pm\sqrt{s_{3_S}^2}$,$\pm\sqrt{s_{3_T}^2}$,相对应的单位特征向量为 $\boldsymbol{e}_{\mathbf{P}}^{\pm}$,$\boldsymbol{e}_{\mathbf{S}}^{\pm}$,$\boldsymbol{e}_{\mathbf{T}}^{\pm}$。对于实数 $s_{3_P}^2$,$s_{3_S}^2$,$s_{3_T}^2$ 有

$$s_{3_P}^2<s_{3_S}^2<s_{3_T}^2 \tag{4.28}$$

对于弱各向异性介质,P 代表拟 P 波,S 代表快横波,T 代表慢横波。

上层介质速度分量为

$$\begin{aligned} \begin{bmatrix} v_1 \\ v_2 \\ v_3 \end{bmatrix} = & i_P\begin{bmatrix} e_{P_1} \\ e_{P_2} \\ e_{P_3} \end{bmatrix}\exp i\omega s_{3_P}x_3 + r_P\begin{bmatrix} e_{P_1} \\ e_{P_2} \\ -e_{P_3} \end{bmatrix}\exp -i\omega s_{3_P}x_3 + i_S\begin{bmatrix} e_{S_1} \\ e_{S_2} \\ e_{S_3} \end{bmatrix}\exp i\omega s_{3_S}x_3 + r_S\begin{bmatrix} e_{S_1} \\ e_{S_2} \\ -e_{S_3} \end{bmatrix}\exp -i\omega s_{3_S}x_3 + \\ & + i_T\begin{bmatrix} e_{T_1} \\ e_{T_2} \\ e_{T_3} \end{bmatrix}\exp i\omega s_{3_T}x_3 + r_T\begin{bmatrix} e_{T_1} \\ e_{T_2} \\ -e_{T_3} \end{bmatrix}\exp -i\omega s_{3_T}x_3 \end{aligned} \tag{4.29}$$

在下层介质中速度场仅存在下行波,只需将参数 t_P,t_S,t_T 分别替代 i_P,i_S,i_T,相应的垂直慢度和特征向量分别记为 $s'_{3_P},s'_{3_S},s'_{3_T},e'_P,e'_S,e'_T$。界面处满足边界条件:速度连续与应力连续,可写成如式(4.3)中的表达式, 并有

$$\boldsymbol{b}_X\equiv\begin{bmatrix}v_1\\v_2\\\sigma_3\end{bmatrix},\boldsymbol{b}_Y\equiv\begin{bmatrix}\sigma_5\\\sigma_4\\v_3\end{bmatrix}\tag{4.30}$$

其中:

$$\boldsymbol{i}=\begin{bmatrix}i_P\\i_S\\i_T\end{bmatrix},\boldsymbol{r}=\begin{bmatrix}r_P\\r_S\\r_T\end{bmatrix},\boldsymbol{t}=\begin{bmatrix}t_P\\t_S\\t_T\end{bmatrix}$$

$$\boldsymbol{X}=\begin{bmatrix}e_{P_1} & e_{S_1} & e_{T_1}\\ e_{P_2} & e_{S_2} & e_{T_2}\\ -(c_{13}e_{P_1}+c_{36}e_{P_2})s_1- & -(c_{13}e_{S_1}+c_{36}e_{S_2})s_1- & -(c_{13}e_{T_1}+c_{36}e_{T_2})s_1-\\ -(c_{23}e_{P_2}+c_{36}e_{P_1})s_2-c_{33}e_{P_3}s_{3_P} & -(c_{23}e_{S_2}+c_{36}e_{S_1})s_2-c_{33}e_{S_3}s_{3_S} & -(c_{23}e_{T_2}+c_{36}e_{T_1})s_2-c_{33}e_{T_3}s_{3_T}\end{bmatrix}$$

$$\boldsymbol{Y}=\begin{bmatrix}-(c_{55}s_1+c_{45}s_2)e_{P_3}-(c_{55}e_{P_1}+c_{45}e_{P_2})s_{3_P} & -(c_{55}s_1+c_{45}s_2)e_{S_3}-(c_{55}e_{S_1}+c_{45}e_{S_2})s_{3_S} & -(c_{55}s_1+c_{45}s_2)e_{T_3}-(c_{55}e_{T_1}+c_{45}e_{T_2})s_{3_T}\\ -(c_{45}s_1+c_{44}s_2)e_{P_3}-(c_{45}e_{P_1}+c_{44}e_{P_2})s_{3_P} & -(c_{45}s_1+c_{44}s_2)e_{S_3}-(c_{45}e_{S_1}+c_{44}e_{S_2})s_{3_S} & -(c_{45}s_1+c_{44}s_2)e_{T_3}-(c_{45}e_{T_1}+c_{44}e_{T_2})s_{3_T}\\ e_{P_3} & e_{S_3} & e_{T_3}\end{bmatrix}\tag{4.31}$$

$\boldsymbol{X}',\boldsymbol{Y}'$分别与 $\boldsymbol{X},\boldsymbol{Y}$ 具有相同形式,只需将参数换为下层介质参数即可。阻抗矩阵 $\boldsymbol{X}$ 与 $\boldsymbol{Y}$ 仅取决于密度 ρ,13 个非零弹性系数和水平慢度 s_1,s_2,行列式分别为

$$\begin{aligned}|\boldsymbol{X}|&=c_{33}\begin{vmatrix}e_{P_1} & e_{S_1} & e_{T_1}\\ e_{P_2} & e_{S_2} & e_{T_2}\\ -s_{3_P}e_{P_3} & -s_{3_S}e_{S_3} & -s_{3_T}e_{T_3}\end{vmatrix}\\ |\boldsymbol{Y}|&=(c_{55}c_{44}-c_{45}^2)\begin{vmatrix}s_{3_P}e_{P_1} & s_{3_S}e_{S_1} & s_{3_T}e_{T_1}\\ s_{3_P}e_{P_2} & s_{3_S}e_{S_2} & s_{3_T}e_{T_2}\\ e_{P_3} & e_{S_3} & e_{T_3}\end{vmatrix}\end{aligned}\tag{4.32}$$

4.1.4　阻抗矩阵的层传播及薄层近似

各向异性层介质的传播矩阵可以利用阻抗矩阵获得。考虑三维各向异性层状介质位于区域 $x_{3_t}<x_3<x_{3_b}$ 内。水平慢度为 s_1,s_2,层阻抗矩阵为 $\boldsymbol{X}$ 和 $\boldsymbol{Y}$。

记 $\boldsymbol{d}$ 为下行波($+x_3$ 方向传播)的振幅向量,$\boldsymbol{u}$ 为上行波($-x_3$ 方向传播)的振幅向量,如图 4.2 所示。

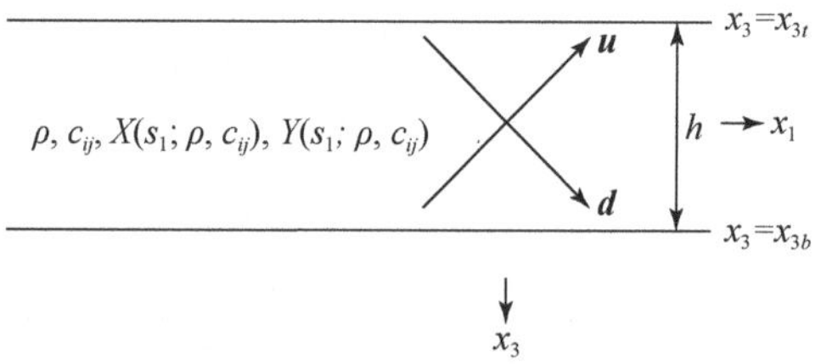

图 4.2 层内上行、下行波的示意图(Schoenberg and Protazio,1992)

对于单斜各向异性介质(HTI+HTI 型),速度和应力分量可以写成以下关于 $\boldsymbol{d}$ 和 $\boldsymbol{u}$ 的矩阵表达式:

$$\boldsymbol{b}_X(\boldsymbol{x}_3)=\begin{bmatrix}v_1\\v_2\\\sigma_3\end{bmatrix}_{x_3}=\boldsymbol{X}[\boldsymbol{\Lambda}(\boldsymbol{x}_3)\boldsymbol{d}+\boldsymbol{\Lambda}^{-1}(\boldsymbol{x}_3)\boldsymbol{u}]$$
$$\boldsymbol{b}_Y(\boldsymbol{x}_3)=\begin{bmatrix}\sigma_5\\\sigma_4\\v_3\end{bmatrix}_{x_3}=\boldsymbol{Y}[\boldsymbol{\Lambda}(\boldsymbol{x}_3)\boldsymbol{d}-\boldsymbol{\Lambda}^{-1}(\boldsymbol{x}_3)\boldsymbol{u}]\tag{4.33}$$

其中

$$\Lambda(x_3)=\begin{bmatrix}\exp i\omega s_{3_\mathrm{P}}x_3 & 0 & 0\\0 & \exp i\omega s_{3_\mathrm{S}}x_3 & 0\\0 & 0 & \exp i\omega s_{3_\mathrm{T}}x_3\end{bmatrix}$$

$s_{3_\mathrm{P}}, s_{3_\mathrm{S}}, s_{3_\mathrm{T}}$分别为三个下行波的垂直慢度。由于上行-下行在 x_3 方向上互为相反数,上行波的垂直慢度相应作取负运算即可。式(4.33)中两个方程可合并写作

$$\begin{bmatrix}\boldsymbol{b}_X\\\boldsymbol{b}_Y\end{bmatrix}_{x_3}=\begin{bmatrix}\boldsymbol{X\Lambda} & \boldsymbol{X\Lambda}^{-1}\\\boldsymbol{Y\Lambda} & -\boldsymbol{Y\Lambda}^{-1}\end{bmatrix}\begin{bmatrix}\boldsymbol{d}\\\boldsymbol{u}\end{bmatrix}=\begin{bmatrix}\boldsymbol{X} & \boldsymbol{X}\\\boldsymbol{Y} & -\boldsymbol{Y}\end{bmatrix}\begin{bmatrix}\boldsymbol{\Lambda} & \boldsymbol{0}\\\boldsymbol{0} & \boldsymbol{\Lambda}^{-1}\end{bmatrix}_{x_3}\begin{bmatrix}\boldsymbol{d}\\\boldsymbol{u}\end{bmatrix}\equiv\boldsymbol{U}(\boldsymbol{x}_3)\begin{bmatrix}\boldsymbol{d}\\\boldsymbol{u}\end{bmatrix}\tag{4.34}$$

$\boldsymbol{d}, \boldsymbol{u}$ 可由 $x_3=x_{3_t}$(层顶界面)处的$\boldsymbol{b}_X, \boldsymbol{b}_Y$表示:

$$\begin{bmatrix}\boldsymbol{d}\\\boldsymbol{u}\end{bmatrix}=\boldsymbol{U}^{-1}(\boldsymbol{x}_{3_t})\begin{bmatrix}\boldsymbol{b}_X\\\boldsymbol{b}_Y\end{bmatrix}_{x_{3_t}}\tag{4.35}$$

将式(4.35)代入式(4.34)并取 $x_3=x_{3_b}$(层底界面)的数值:

$$\begin{aligned}\begin{bmatrix}\boldsymbol{b}_X\\\boldsymbol{b}_Y\end{bmatrix}_{x_{3_b}}&=\boldsymbol{U}(\boldsymbol{x}_{3_b})\boldsymbol{U}^{-1}(\boldsymbol{x}_{3_t})\begin{bmatrix}\boldsymbol{b}_X\\\boldsymbol{b}_Y\end{bmatrix}_{x_{3_t}}\\&=\frac{1}{2}\begin{bmatrix}\boldsymbol{X} & \boldsymbol{X}\\\boldsymbol{Y} & -\boldsymbol{Y}\end{bmatrix}\begin{bmatrix}\boldsymbol{\Lambda}(\boldsymbol{x}_{3_b}-\boldsymbol{x}_{3_t}) & \boldsymbol{0}\\\boldsymbol{0} & \boldsymbol{\Lambda}^{-1}(\boldsymbol{x}_{3_b}-\boldsymbol{x}_{3_t})\end{bmatrix}\begin{bmatrix}\boldsymbol{X}^{-1} & \boldsymbol{Y}^{-1}\\\boldsymbol{X}^{-1} & -\boldsymbol{Y}^{-1}\end{bmatrix}\begin{bmatrix}\boldsymbol{b}_X\\\boldsymbol{b}_Y\end{bmatrix}_{x_{3_t}}\\&\equiv Q(\boldsymbol{x}_{3_b}-\boldsymbol{x}_{3_t})\begin{bmatrix}\boldsymbol{b}_X\\\boldsymbol{b}_Y\end{bmatrix}_{x_{3_t}}\end{aligned}\tag{4.36}$$

记层厚 $x_{3_b}-x_{3_t}=h$，且有

$$\left[\boldsymbol{\Lambda}(h)+\boldsymbol{\Lambda}^{-1}(h)\right]/2=\begin{bmatrix}\cos\omega s_{3_{\mathrm{P}}}h & 0 & 0\\ 0 & \cos\omega s_{3_{\mathrm{S}}}h & 0\\ 0 & 0 & \cos\omega s_{3_{\mathrm{T}}}h\end{bmatrix}\equiv\boldsymbol{C}(h)$$

$$\left[\boldsymbol{\Lambda}(h)-\boldsymbol{\Lambda}^{-1}(h)\right]/2=i\begin{bmatrix}\sin\omega s_{3_{\mathrm{P}}}h & 0 & 0\\ 0 & \sin\omega s_{3_{\mathrm{S}}}h & 0\\ 0 & 0 & \sin\omega s_{3_{\mathrm{T}}}h\end{bmatrix}\equiv iS(h) \tag{4.37}$$

则传播矩阵可写成如下形式：

$$\boldsymbol{Q}(h)=\begin{bmatrix}\boldsymbol{XC}(h)\boldsymbol{X}^{-1} & i\boldsymbol{XS}(h)\boldsymbol{Y}^{-1}\\ i\boldsymbol{YS}(h)\boldsymbol{X}^{-1} & \boldsymbol{YC}(h)\boldsymbol{Y}^{-1}\end{bmatrix} \tag{4.38}$$

当层很薄时，也就是说 $\omega hs_3\ll1$，则有

$$\boldsymbol{Q}(h)\approx\begin{bmatrix}\boldsymbol{I} & i\omega h\boldsymbol{XsY}^{-1}\\ i\omega h\boldsymbol{YsX}^{-1} & \boldsymbol{I}\end{bmatrix}, \tag{4.39}$$

其中

$$\boldsymbol{s}\equiv\begin{bmatrix}s_{3_{\mathrm{P}}} & 0 & 0\\ 0 & s_{3_{\mathrm{S}}} & 0\\ 0 & 0 & s_{3_{\mathrm{T}}}\end{bmatrix}$$

则 $\boldsymbol{b}_X$，$\boldsymbol{b}_Y$ 具有以下关系式：

$$\partial/\partial x_3\begin{bmatrix}\boldsymbol{b}_X\\ \boldsymbol{b}_Y\end{bmatrix}=i\omega\begin{bmatrix}\boldsymbol{0} & \boldsymbol{XsY}^{-1}\\ \boldsymbol{YsX}^{-1} & \boldsymbol{0}\end{bmatrix}\begin{bmatrix}\boldsymbol{b}_X\\ \boldsymbol{b}_Y\end{bmatrix} \tag{4.40}$$

对于二维情况(正交各向异性)：

$$\boldsymbol{XsY}^{-1}=\begin{bmatrix}-1/c_{55} & -s_1\\ -s_1 & -\rho\end{bmatrix},\boldsymbol{YsX}^{-1}=\begin{bmatrix}-\rho+(c_{11}-c_{13}^2/c_{33})s_1^2 & -s_1c_{13}/c_{33}\\ -s_1c_{13}/c_{33} & -1/c_{33}\end{bmatrix} \tag{4.41}$$

对于三维情况[单斜各向异性(HTI+HTI 型)]：

$$\boldsymbol{XsY}^{-1}=\begin{bmatrix}-c_{44}/(c_{44}c_{55}-c_{45}^2) & c_{45}/(c_{44}c_{55}-c_{45}^2) & -s_1\\ c_{45}/(c_{44}c_{55}-c_{45}^2) & -c_{55}/(c_{44}c_{55}-c_{45}^2) & -s_2\\ -s_1 & -s_2 & -\rho\end{bmatrix}$$

$$\boldsymbol{YsX}^{-1}=\begin{bmatrix}-\rho+d_{11}s_1^2+2d_{16}s_1s_2+d_{66}s_2^2 & d_{16}s_1^2+(d_{66}+d_{12})s_1s_2+d_{26}s_2^2 & -(s_1c_{13}+s_2c_{36})/c_{33}\\ d_{16}s_1^2+(d_{66}+d_{12})s_1s_2+d_{26}s_2^2 & -\rho+d_{66}s_1^2+2d_{26}s_1s_2+d_{22}s_2^2 & -(s_1c_{36}+s_2c_{23})/c_{33}\\ -(s_1c_{13}+s_2c_{36})/c_{33} & -(s_1c_{36}+s_2c_{23})/c_{33} & -1/c_{33}\end{bmatrix} \tag{4.42}$$

式中，$d_{ij}=c_{ij}^2-c_{i3}c_{3j}/c_{33}$，$i,j=1,2,\cdots,6$。对于任意上行-下行垂直分量互为相反数的介质，$\boldsymbol{XsY}^{-1}$ 与 $\boldsymbol{YsX}^{-1}$ 都是对称矩阵。

若为薄互层情况,共 n 层,每层厚度为 h_i,且顶界面从 1 到 n 标记层号,则薄互层总厚度为 $H=\sum_{i=1}^{n} h_i$,即获得 n 个薄层传播矩阵:

$$\boldsymbol{Q}(H) \approx \begin{bmatrix} \boldsymbol{I} & \mathrm{i}\omega H\langle \boldsymbol{X}s\boldsymbol{Y}^{-1}\rangle \\ \mathrm{i}\omega H\langle \boldsymbol{Y}s\boldsymbol{X}^{-1}\rangle & \boldsymbol{I} \end{bmatrix} \tag{4.43}$$

式中,< · >为厚度的加权平均。

对于薄层近似分析时,Schoenberg 和 Protazio(1992)提出:层很薄时,$\omega hs_3 \ll 1$,则有 $\sin\omega hs_3 \approx \omega hs_3$,$\cos\omega hs_3 \approx 1$,该步近似的精度决定了薄互层各向异性传播矩阵的适用性。

设定薄层厚度 h 为波长的 $1/N(N \geqslant 8)$,速度为 V,考虑二维情况,$\omega hs_3 = 2\pi \cdot \frac{1}{N}\cos\alpha$,记:正弦近似误差 $=\frac{\omega hs_3 - \sin\omega hs_3}{\sin\omega hs_3} * 100\%$,余弦近似误差 $=\frac{1-\cos\omega hs_3}{\cos\omega hs_3} * 100\%$,则近似误差与薄层厚度(以 N 表示)的关系如图 4.3 所示。

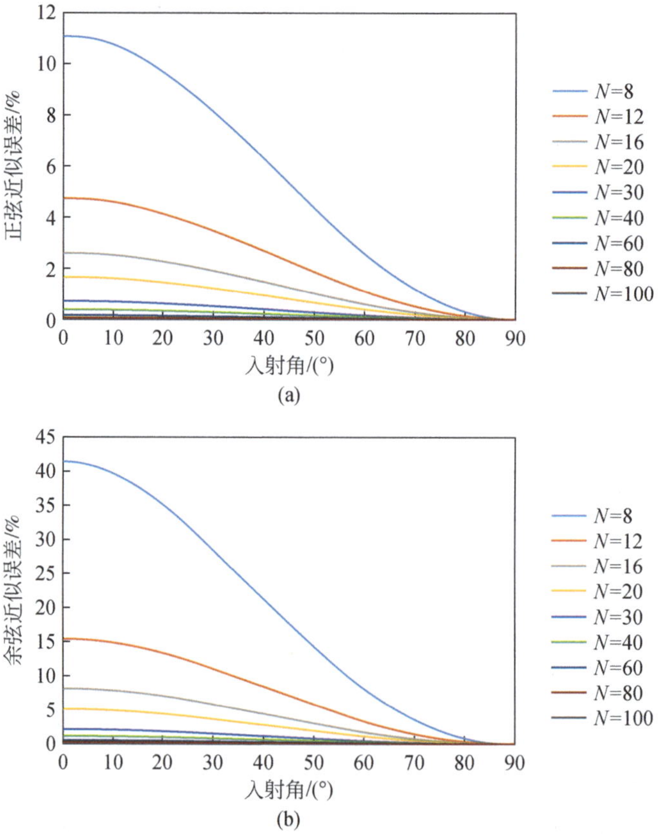

图 4.3　$\sin\omega hs_3 \approx \omega hs_3$,$\cos\omega hs_3 \approx 1$ 在不同厚度下的近似误差分析

(a) $\sin\omega hs_3 \approx \omega hs_3$ 近似误差;(b) $\cos\omega hs_3 \approx 1$ 近似误差

从图 4.3 可见,当 $N \geqslant 16$ 时近似误差小于 10%,在模拟分析中应注意该近似造成的误差,设定薄层厚度 $\leqslant \lambda/16$。

4.2　各向异性近似

沉积地层中周期性的薄互层,只要单层的厚度远小于地震波长,当地震波通过时会表现出长波长各向异性(Bruggeman, 1935; Riznichenoko, 1949; Postma, 1955; Backus, 1962; Helbig, 1984; 张中杰和何樵登,1990;李跃等,1995;徐果明等,1996)。张中杰和何樵登(1990)提出了由 N 个薄层介质组合引起的视各向异性,利用五个弹性变量及平均密度来表征薄互层的综合弹性效应,对简化模型参数、突出薄互层中的目标层有着重大的意义。

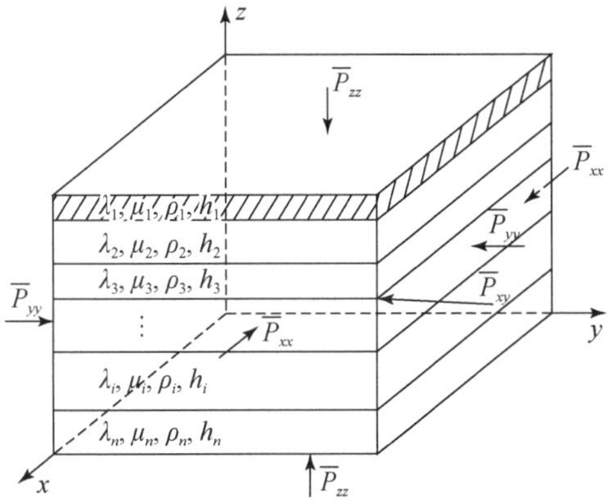

图 4.4　组合模型应力作用示意图(张中杰和何樵登,1990)

如图 4.4 所示,设有 N 个薄层,各层对应的厚度分别是 $h_1, h_2, \cdots, h_N$,并且各薄层介质均为各向同性的弹性介质。各层介质对应的弹性参数及密度分别为 $\lambda_1, \mu_1, \rho_1; \lambda_2, \mu_2, \rho_2; \cdots; \lambda_N, \mu_N, \rho_N$,通过如下几种应力组合模型推导出由薄层所引起的视横向各向同性介质的弹性参数。

在层顶及层底加上一组正应力 $\bar{\sigma}_{zz}$,在两侧加上应力使得介质沿着 x、y 方向的位移恰为零。此时有

$$\left.\begin{aligned}\sigma_{zz_1} &= (\lambda_1+2\mu_1)\varepsilon_{zz_1}\\ \sigma_{zz_2} &= (\lambda_2+2\mu_2)\varepsilon_{zz_2}\\ &\cdots\\ \sigma_{zz_i} &= (\lambda_i+2\mu_i)\varepsilon_{zz_i}\\ &\cdots\\ \sigma_{zz_N} &= (\lambda_N+2\mu_N)\varepsilon_{zz_N}\end{aligned}\right\} \tag{4.44}$$

当薄层的厚度极薄时,由边界连续条件:$\sigma_{zz_1} = \sigma_{zz_2} = \cdots = \sigma_{zz_N} = \bar{\sigma}_{zz}$ 可知,第 1 层介质在应力 $\bar{\sigma}_{zz}$ 的作用下产生的厚度变化为 $h_1\varepsilon_{zz_1}$,第 2 层介质的厚度变化为 $h_2\varepsilon_{zz_2}$,以此类推,第 N 层介质的厚度变化为 $h_N\varepsilon_{zz_N}$,于是 N 个薄层介质的总平均应变为

$$\bar{\varepsilon}_{zz} = \frac{(h_1\varepsilon_{zz_1} + h_2\varepsilon_{zz_2} + \cdots + h_N\varepsilon_{zz_N})}{(h_1 + h_2 + \cdots + h_N)} \tag{4.45}$$

定义 $\eta_i = \dfrac{h_i}{\sum\limits_{i=1}^{N} h_i}$，则有

$$\bar{\varepsilon}_{zz}=\frac{(h_1\varepsilon_{zz_1}+h_2\varepsilon_{zz_2}+\cdots+h_N\varepsilon_{zz_N})}{(h_1+h_2+\cdots+h_N)}=\frac{\left[h_1\dfrac{\sigma_{zz_1}}{(\lambda_1+2\mu_1)}+h_2\dfrac{\sigma_{zz_2}}{(\lambda_2+2\mu_2)}+\cdots+h_N\dfrac{\sigma_{zzN}}{(\lambda_N+2\mu_N)}\right]}{(h_1+h_2+\cdots+h_N)}$$

$$=\frac{\left[\dfrac{h_1}{(\lambda_1+2\mu_1)}+\dfrac{h_2}{(\lambda_2+2\mu_2)}+\cdots+\dfrac{h_N}{(\lambda_N+2\mu_N)}\right]}{(h_1+h_2+\cdots+h_N)}\bar{\sigma}_{zz}=\sum_{j=1}^{N}\frac{\eta_j}{(\lambda_j+2\mu_j)}\bar{\sigma}_{zz}$$

可得到如下关系：

$$\bar{\sigma}_{zz}=\frac{\bar{\varepsilon}_{zz}}{\sum\limits_{j=1}^{N}\left[\dfrac{\eta_j}{(\lambda_j+2\mu_j)}\right]} \tag{4.46}$$

根据横向各向同性介质的本构关系及 ε_{xx} 和 ε_{yy} 为零，有 $\bar{\sigma}_{zz}=\bar{c}_{33}\bar{\varepsilon}_{zz}$，因此，这里对薄层叠成的固体导出的弹性常数对应于等效的横向各向同性介质的弹性常数 c_{33}，用平均性质表示，即

$$\bar{c}_{33}=\frac{1}{\sum\limits_{j=1}^{N}\left[\dfrac{\eta_j}{(\lambda_j+2\mu_j)}\right]} \tag{4.47}$$

在模型上施加平均正应力 $\bar{\sigma}_{xx}$，$\bar{\sigma}_{yy}$，$\bar{\sigma}_{zz}$，并使 $\bar{\varepsilon}_{yy}$，$\bar{\varepsilon}_{zz}$ 均为零，这就要求在各层介质中加应力 σ_{xx_1}，σ_{xx_2}，…，σ_{xx_N}。根据薄层介质边界位移连续的条件，得 $\bar{\varepsilon}_{yy}=\varepsilon_{yy_1}=\varepsilon_{yy_2}=\cdots=\varepsilon_{yy_N}$，考虑到 $\bar{\varepsilon}_{yy}=0$ 为零，故可只讨论二维平面 X、Z 的情况。尽管 $\bar{\varepsilon}_{zz}=0$，但 $\bar{\varepsilon}_{zz}=\eta_1\varepsilon_{zz_1}+\eta_2\varepsilon_{zz_2}+\cdots+\eta_N\varepsilon_{zz_N}$，说明个别层中的应变 ε_{zz_i} 可不为零，故有

$$\begin{aligned}
&\sigma_{xx_1}=(\lambda_1+2\mu_1)\varepsilon_{xx_1}+\lambda_1\varepsilon_{zz_1}\\
&\sigma_{zz_1}=\lambda_1\varepsilon_{xx_1}+(\lambda_1+2\mu_1)\varepsilon_{zz_1}\\
&\sigma_{xx_2}=(\lambda_2+2\mu_2)\varepsilon_{xx_2}+\lambda_2\varepsilon_{zz_2}\\
&\sigma_{zz_2}=\lambda_2\varepsilon_{xx_2}+(\lambda_2+2\mu_2)\varepsilon_{zz_2}\\
&\cdots\\
&\sigma_{xx_N}=(\lambda_N+2\mu_N)\varepsilon_{xx_N}+\lambda_N\varepsilon_{zz_N}\\
&\sigma_{zz_N}=\lambda_N\varepsilon_{xx_N}+(\lambda_N+2\mu_N)\varepsilon_{zz_N}
\end{aligned} \tag{4.48}$$

又因

$$\begin{aligned}
&\bar{\varepsilon}_{xx}=\varepsilon_{xx_1}=\varepsilon_{xx_2}=\cdots=\varepsilon_{xx_N}\\
&\bar{\sigma}_{zz}=\sigma_{zz_1}=\sigma_{zz_2}=\cdots=\sigma_{zz_N}\\
&\bar{\sigma}_{xx}=\eta_1\sigma_{xx_1}+\eta_2\sigma_{xx_2}+\cdots+\eta_N\sigma_{xx_N}
\end{aligned} \tag{4.49}$$

而且这时由于 $\bar{\varepsilon}_{yy}=\bar{\varepsilon}_{zz}=0$，由横向各向同性介质的本构关系可得 $\bar{\sigma}_{xx}=\bar{c}_{11}\bar{\varepsilon}_{xx}$，利用上述关系，经过一系列推导可得弹性系数：

$$\bar{c}_{11} = \sum_{i=1}^{N}\left[(\lambda_i + 2\mu_i)\eta_i + \lambda_i\eta_i \frac{\lambda_N - \lambda_i}{\lambda_i + 2\mu_i} + \lambda_i\eta_i \frac{\lambda_N + 2\mu_N}{\lambda_i + 2\mu_i} \cdot \frac{\sum_{j=1}^{N}\left(\frac{\lambda_j - \lambda_N}{\lambda_j + 2\mu_j} \cdot \eta_j\right)}{\sum_{j=1}^{N}\left(\frac{\lambda_N + 2\mu_N}{\lambda_j + 2\mu_j} \cdot \eta_j\right)}\right] \tag{4.50}$$

注意:该参数在原文(张中杰和何樵登,1996)中有误。

只加剪切应力 σ_{xy} 于边界的外露边,则振动平行于 XY 平面,有

$$\begin{aligned} &\sigma_{xy_1} = 2\mu_1\varepsilon_{xy_1} \\ &\sigma_{xy_2} = 2\mu_2\varepsilon_{xy_2} \\ &\cdots \\ &\sigma_{xy_N} = 2\mu_N\varepsilon_{xy_N} \end{aligned} \tag{4.51}$$

又因为 $\varepsilon_{xy_1} = \varepsilon_{xy_2} = \cdots = \varepsilon_{xy_N} = \bar{\varepsilon}_{xy}$,所以

$$\bar{\sigma}_{xy} = \sum_{i=1}^{N}(2\eta_i\mu_i)\,\bar{\varepsilon}_{xy} \tag{4.52}$$

由本构关系 $\bar{\sigma}_{xy} = 2\,\bar{c}_{66}\bar{\varepsilon}_{xy}$ 得

$$\bar{c}_{66} = \sum_{i=1}^{N}(\eta_i\mu_i) \tag{4.53}$$

现只加剪切应力 σ_{yz},这个应力作用于垂直 Y 和 Z 轴的面上,则有

$$\begin{aligned} &\sigma_{yz_1} = 2\mu_1\varepsilon_{yz_1} \\ &\sigma_{yz_2} = 2\mu_2\varepsilon_{yz_2} \\ &\cdots \\ &\sigma_{yz_N} = 2\mu_N\varepsilon_{yz_N} \end{aligned} \tag{4.54}$$

根据与 Z 轴垂直的边界上切向力的连续性,有

$$\begin{aligned} &\sigma_{yz_1} = \sigma_{yz_2} = \cdots = \sigma_{yz_N} = \bar{\sigma}_{yz},\ \bar{\varepsilon}_{yz} = \sum_{i=1}^{N}\eta_i\varepsilon_{yz_i} \\ &\bar{\varepsilon}_{yz} = \sum_{i=1}^{N}\eta_i\varepsilon_{yz_i} = \sum_{i=1}^{N}\eta_i\frac{\sigma_{yz_i}}{2\mu_i} = \sum_{i=1}^{N}\frac{\eta_i}{2\mu_i}\bar{\sigma}_{yz}, \\ &\bar{\sigma}_{yz} = \frac{1}{\sum_{i=1}^{N}\frac{\eta_i}{2\mu_i}}\bar{\varepsilon}_{yz} \end{aligned} \tag{4.55}$$

由横向各向同性介质的本构关系 $\bar{\sigma}_{yz} = 2\,\bar{c}_{44}\bar{\varepsilon}_{yz}$ 得

$$\bar{c}_{44} = \frac{1}{\sum_{i=1}^{N}\frac{\eta_i}{\mu_i}} \tag{4.56}$$

加正应力 σ_{xx},σ_{yy},使得 $\bar{\varepsilon}_{yy}$ 为零,这时有

$$\begin{aligned} &\lambda_1\varepsilon_{xx_1} + (\lambda_1 + 2\mu_1)\varepsilon_{zz_1} = 0 \\ &\lambda_2\varepsilon_{xx_2} + (\lambda_2 + 2\mu_2)\varepsilon_{zz_2} = 0 \\ &\cdots \\ &\lambda_N\varepsilon_{xx_N} + (\lambda_N + 2\mu_N)\varepsilon_{zz_N} = 0 \end{aligned} \tag{4.57}$$

考虑到 $\bar{\varepsilon}_{xx} = \varepsilon_{xx_1} = \varepsilon_{xx_2} = \cdots = \varepsilon_{xx_N}$,$\bar{\varepsilon}_{zz} = \eta_1\varepsilon_{zz_1} + \eta_2\varepsilon_{zz_2} + \cdots + \eta_N\varepsilon_{zz_N}$,可得

$$\bar{\varepsilon}_{zz}=\eta_1\,\varepsilon_{zz_1}+\eta_2\,\varepsilon_{zz_2}+\cdots+\eta_N\,\varepsilon_{zz_N}=-\frac{\eta_1\lambda_1}{\lambda_1+2\mu_1}\varepsilon_{xx_1}-\frac{\eta_2\lambda_2}{\lambda_2+2\mu_2}\varepsilon_{xx_2}-\cdots-\frac{\eta_N\lambda_N}{\lambda_N+2\mu_N}\varepsilon_{xx_N}$$

$$\bar{\varepsilon}_{zz}=-\left[\frac{\eta_1\lambda_1}{\lambda_1+2\mu_1}+\frac{\eta_2\lambda_2}{\lambda_2+2\mu_2}+\cdots+\frac{\eta_N\lambda_N}{\lambda_N+2\mu_N}\right]\bar{\varepsilon}_{xx}$$

$$\sigma_{zz}=\bar{c}_{13}\bar{\varepsilon}_{xx}+\bar{c}_{33}\bar{\varepsilon}_{zz}=0$$

$$\bar{\varepsilon}_{zz}=-\frac{\bar{c}_{13}}{\bar{c}_{33}}\bar{\varepsilon}_{xx}$$

$$\frac{\bar{c}_{13}}{\bar{c}_{33}}=\left[\frac{\eta_1\lambda_1}{\lambda_1+2\mu_1}+\frac{\eta_2\lambda_2}{\lambda_2+2\mu_2}+\cdots+\frac{\eta_N\lambda_N}{\lambda_N+2\mu_N}\right]=\sum_{i=1}^{N}\frac{\eta_i\lambda_i}{\lambda_i+2\mu_i}$$

$$\bar{c}_{13}=\bar{c}_{33}\sum_{i=1}^{N}\frac{\eta_i\lambda_i}{\lambda_i+2\mu_i}=\frac{\sum_{i=1}^{N}\frac{\eta_i\lambda_i}{\lambda_i+2\mu_i}}{\sum_{i=1}^{N}\left[\frac{\eta_i}{(\lambda_i+2\mu_i)}\right]}$$

$$\bar{c}_{13}=\frac{\sum_{i=1}^{N}\frac{\eta_i\lambda_i}{\lambda_i+2\mu_i}}{\sum_{i=1}^{N}\left[\frac{\eta_i}{(\lambda_i+2\mu_i)}\right]}\tag{4.58}$$

单薄层叠置形成的介质物性参数剩下密度一项,它是各组成部分的密度加权平均:

$$\bar{\rho}=\sum_{i=1}^{N}(\eta_i\rho_i)\tag{4.59}$$

因此 N 个薄层所引起的视各向异性可由以下参数表征:

$$\begin{cases}\bar{c}_{33}=\dfrac{1}{\sum_{i=1}^{N}\left[\frac{\eta_i}{(\lambda_i+2\mu_i)}\right]}\\[2ex]\bar{c}_{11}=\sum_{i=1}^{N}\left[(\lambda_i+2\mu_i)\eta_i+\lambda_i\eta_i\dfrac{\lambda_N-\lambda_i}{\lambda_i+2\mu_i}+\lambda_i\eta_i\dfrac{\lambda_N+2\mu_N}{\lambda_i+2\mu_i}\cdot\dfrac{\sum_{j=1}^{N}\left(\frac{\lambda_j-\lambda_N}{\lambda_j+2\mu_j}\cdot\eta_j\right)}{\sum_{j=1}^{N}\left(\frac{\lambda_N+2\mu_N}{\lambda_j+2\mu_j}\cdot\eta_j\right)}\right]\\[2ex]\bar{c}_{66}=\sum_{i=1}^{N}(\eta_i\mu_i)\\[2ex]\bar{c}_{44}=\dfrac{1}{\sum_{i=1}^{N}\frac{\eta_i}{\mu_i}}\\[2ex]\bar{c}_{13}=\dfrac{\sum_{i=1}^{N}\frac{\eta_i\lambda_i}{\lambda_i+2\mu_i}}{\sum_{i=1}^{N}\left[\frac{\eta_i}{(\lambda_i+2\mu_i)}\right]}\\[2ex]\bar{\rho}=\sum_{i=1}^{N}(\eta_i\rho_i)\end{cases}\tag{4.60}$$

对于 $N=2$ 时,即由两个薄层叠置形成的韵律型的薄互层所引起的视各向异性介质的弹性参数为

$$
\begin{cases}
\bar{c}_{33}=\dfrac{1}{\dfrac{\eta_1}{\lambda_1+2\mu_1}+\dfrac{\eta_2}{\lambda_2+2\mu_2}} \\
\bar{c}_{11}=\dfrac{1+4\eta_1\eta_2\dfrac{(\mu_1-\mu_2)(\lambda_1+\mu_1-\lambda_2-\mu_2)}{(\lambda_1+2\mu_1)(\lambda_2+2\mu_2)}}{\dfrac{\eta_1}{\lambda_1+2\mu_1}+\dfrac{\eta_2}{\lambda_2+2\mu_2}} \\
\bar{c}_{66}=\eta_1\mu_1+\eta_2\mu_2 \\
\bar{c}_{44}=\dfrac{1}{\dfrac{\eta_1}{\mu_1}+\dfrac{\eta_2}{\mu_2}} \\
\bar{c}_{13}=\dfrac{\dfrac{\eta_1\lambda_1}{\lambda_1+2\mu_1}+\dfrac{\eta_2\lambda_2}{\lambda_2+2\mu_2}}{\dfrac{\eta_1}{\lambda_1+2\mu_1}+\dfrac{\eta_2}{\lambda_2+2\mu_2}} \\
\bar{\rho}=\eta_1\rho_1+\eta_2\rho_2
\end{cases}
\tag{4.61}
$$

这些结果与 J. E. White 教授在 *Underground Sound* 一书中得到的结论是一致的。

4.3　薄互层反/透射系数与射线参数 *p* 的关系

P 波入射,薄层位移反/透射系数矩阵方程可写成如下形式:

$$
\begin{bmatrix} m_{11} & m_{12} & m_{13} & m_{14} \\ m_{21} & m_{22} & m_{23} & m_{24} \\ m_{31} & m_{32} & m_{33} & m_{34} \\ m_{41} & m_{42} & m_{43} & m_{44} \end{bmatrix} \cdot \begin{bmatrix} R_{PP} \\ R_{PS} \\ T_{PP} \\ T_{PS} \end{bmatrix} = \begin{bmatrix} n_1 \\ n_2 \\ n_3 \\ n_4 \end{bmatrix} \tag{4.62}
$$

式中,R_{PP}、R_{PS}、T_{PP}、T_{PS}分别为薄层的反/透射系数,其他变量表达式见式(3.89)。

记入射角为 θ,且三层介质中纵波的波射线与法线的夹角分别记作 θ_1、θ_2、θ_3,横波的波射线与法线夹角分别记作 δ_1、δ_2、δ_3。根据 Snell 定律,有

$$
\frac{\sin\theta}{v_{P1}}=\frac{\sin\theta_1}{v_{P1}}=\frac{\sin\theta_2}{v_{P2}}=\frac{\sin\theta_3}{v_{P3}}=\frac{\sin\delta_1}{v_{S1}}=\frac{\sin\delta_2}{v_{S2}}=\frac{\sin\delta_3}{v_{S3}} \tag{4.63}
$$

因此,当 $\sin\theta$ 取值 $-\sin\theta$ 时,$\sin\theta_1$、$\sin\theta_2$、$\sin\theta_3$、$\sin\delta_1$、$\sin\delta_2$、$\sin\delta_3$ 相应取值分别为 $-\sin\theta_1$、$-\sin\theta_2$、$-\sin\theta_3$、$-\sin\delta_1$、$-\sin\delta_2$、$-\sin\delta_3$;$\sin2\theta_1$、$\sin2\theta_2$、$\sin2\theta_3$、$\sin2\delta_1$、$\sin2\delta_2$、$\sin2\delta_3$ 相应取值分别为 $-\sin2\theta_1$、$-\sin2\theta_2$、$-\sin2\theta_3$、$-\sin2\delta_1$、$-\sin2\delta_2$、$-\sin2\delta_3$;$\tan\theta_1$、$\tan\theta_2$、$\tan\theta_3$、$\tan\delta_1$、$\tan\delta_2$、$\tan\delta_3$ 相应取值分别为 $-\tan\theta_1$、$-\tan\theta_2$、$-\tan\theta_3$、$-\tan\delta_1$、$-\tan\delta_2$、$-\tan\delta_3$;$\cos\theta_1$、$\cos\theta_2$、$\cos\theta_3$、$\cos\delta_1$、$\cos\delta_2$、$\cos\delta_3$、$\cos2\theta_1$、$\cos2\theta_2$、$\cos2\theta_3$、$\cos2\delta_1$、$\cos2\delta_2$、$\cos2\delta_3$ 取值不变。设此时 PP 波和 PS 波的反射和透射系数分别为 R'_{PP}、R'_{PS}、T'_{PP}、T'_{PS},把它们代入方程(4.62)并整理可得

$$\begin{bmatrix} m_{11} & m_{12} & m_{13} & m_{14} \\ m_{21} & m_{22} & m_{23} & m_{24} \\ m_{31} & m_{32} & m_{33} & m_{34} \\ m_{41} & m_{42} & m_{43} & m_{44} \end{bmatrix} \cdot \begin{bmatrix} R'_{\mathrm{PP}} \\ -R'_{\mathrm{PS}} \\ T'_{\mathrm{PP}} \\ -T'_{\mathrm{PS}} \end{bmatrix} = \begin{bmatrix} n_1 \\ n_2 \\ n_3 \\ n_4 \end{bmatrix} \tag{4.64}$$

比较式(4.62)和式(4.63),可以看出

$$R'_{\mathrm{PP}} = R_{\mathrm{PP}},\ R'_{\mathrm{PS}} = -R_{\mathrm{PS}},\ T'_{\mathrm{PP}} = T_{\mathrm{PP}},\ T'_{\mathrm{PS}} = -T_{\mathrm{PS}} \tag{4.65}$$

由此可知,薄层非转换波的反射和透射系数是 $\sin\theta$(或射线参数 p)的偶函数,而转换波的反射和透射系数是 $\sin\theta$(或射线参数 p)的奇函数。

利用反射和透射系数的奇偶性可以将它们表示成 $\sin\theta$ 的幂级数形式:

$$\begin{cases} R_{\mathrm{PP}} = \sum\limits_{n=0}^{\infty} A_{2n}^{R} \sin^{2n}\theta \\ R_{\mathrm{PS}} = \sum\limits_{n=0}^{\infty} A_{2n+1}^{R} \sin^{2n+1}\theta \\ T_{\mathrm{PP}} = \sum\limits_{n=0}^{\infty} A_{2n}^{T} \sin^{2n}\theta \\ T_{\mathrm{PS}} = \sum\limits_{n=0}^{\infty} A_{2n+1}^{T} \sin^{2n+1}\theta \end{cases} \tag{4.66}$$

入射角较小时,$\sin^n\theta$ 随着 n 的增大迅速衰减,则近似求解出参数 A_{2n}^{R}、A_{2n+1}^{R}、A_{2n}^{T}、A_{2n+1}^{T},并根据精度需求对式(4.66)进行高阶舍弃便可获得相应的薄层近似公式。

以上讨论得到了薄层转换波和非转换波与射线参数 p 的奇偶关系,反/透射系数以 $\sin\theta$ 的幂级数形式定性给出。下面我们讨论 $n \leqslant 1$ 情况下两种薄层模型的反射系数拟合情况。

模型见表4.1,分别为强阻抗差(模型1)和弱阻抗差(模型2)模型。设定入射纵波单频为50Hz,计算小角度范围内(入射角 $\theta \leqslant 30°$)不同厚度($\lambda/4$、$\lambda/8$、$\lambda/10$、$\lambda/20$、$\lambda/30$、$\lambda/40$、$\lambda/60$、$\lambda/80$、$\lambda/100$、0m,其中 λ 为纵波波长)下薄层PP波、PS波的反射系数,对PP波反射系数(由于是复数,取实部简化考虑)进行 $\sin^2\theta$ 线性拟合,PS波反射系数进行 $\sin\theta$ 线性拟合,并与薄层顶、底界面反射拟合进行对比。

表4.1 模型参数

模型	v_{P1}	v_{S1}	ρ_1	v_{P2}	v_{S2}	ρ_2	v_{P3}	v_{S3}	ρ_3
模型1	3050	1525	2.70	1800	800	1.40	3500	2300	2.75
模型2	3050	1525	2.70	2780	1665	2.08	3500	2300	2.75

注:速度及密度的单位分别为m/s、g/cm^3

从图4.5可以看出,随着薄层厚度的减小,模型1的 R_{PP} 随 $\sin^2\theta$ 的增加而变化的趋势发生改变:厚度大于等于 $\lambda/30$,R_{PP} 随 $\sin^2\theta$ 的增加而增大,与顶界面反射系数随 $\sin^2\theta$ 的变化规律一致,说明在此厚度范围内,顶界面对反射系数的影响较大;厚度小于等于 $\lambda/40$,R_{PP} 随着 $\sin^2\theta$ 的增加而减小,与底界面反射系数随 $\sin^2\theta$ 的变化规律一致。对反射系数 R_{PP} 进行 $\sin^2\theta$

线性拟合,可以发现在入射角 $\theta \leqslant 30°$ 范围内,薄层反射系数 R_{PP} 与 $\sin^2\theta$ 呈很高的线性关系,特别是在厚度大于 $\lambda/30$ 及小于 $\lambda/40$ 范围内;厚度 $\lambda/30$ 及 $\lambda/40$ 为 R_{PP} 随 $\sin^2\theta$ 的增加而变化趋势发生改变的界限点,反射系数随 $\sin^2\theta$ 的线性程度较其他厚度低,但对 $\sin^2\theta$ 线性拟合的相关系数 R^2 也大于等于 0.960。图 4.6 给出了两个模型所有厚度及顶、底界面反射系数线性拟合(R_{PP} 关于 $\sin^2\theta$ 的线性拟合,R_{PS} 关于 $\sin\theta$ 的截距为 0 的线性拟合)的 R^2。由图 4.6 可以看出,模型 2 厚度为 $\lambda/10$ 的 R_{PP} 拟合的 R^2 最小,但也高达 0.912。说明在小角度范围(入射角 $\theta \leqslant 30°$)内,不论是强阻抗差的模型 1 还是弱阻抗差的模型 2,反射系数在 $n \leqslant 1$ 情况下的拟合程度很高($R^2 \geqslant 0.912$)。

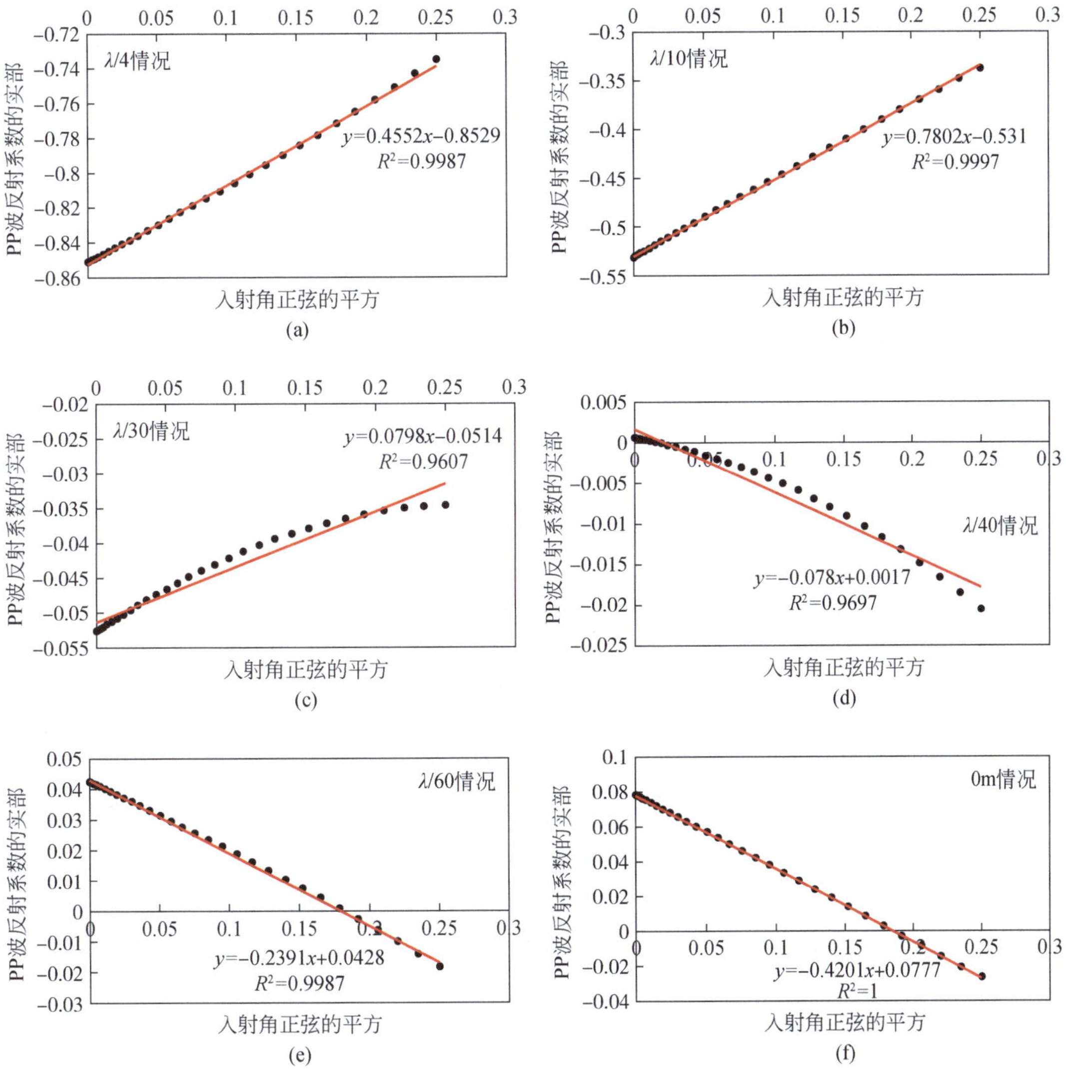

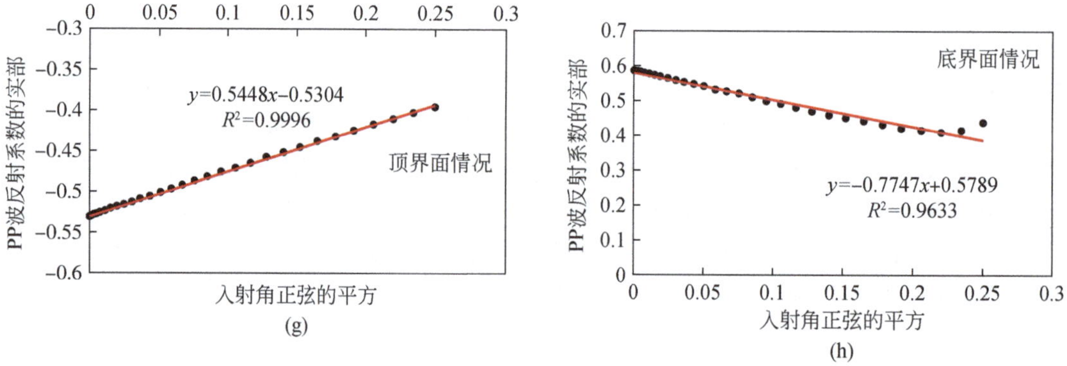

图 4.5　不同厚度下模型 1 的 R_{pp} 线性拟合

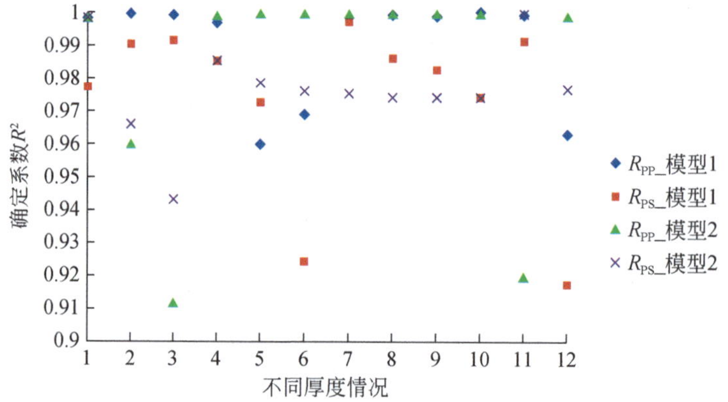

图 4.6　不同厚度下反射系数的线性拟合相关系数 R^2

横坐标依次代表 λ/4,λ/8,λ/10,λ/20,λ/30,λ/40,λ/60,λ/80,λ/100,0m,顶界面,底界面 12 种情况

记拟合曲线斜率为 G,截距为 P,计算不同厚度下薄层与 0m、顶界面、底界面的反射系数的相对变化 $\Delta G/G$ 及 $\Delta P/P$。从计算结果来看,对于模型 1 而言,R_{PP}对于薄层厚度较大(λ/4、λ/8、λ/10、λ/20、λ/30)的情况,反射系数更接近于顶界面情况而非厚度为 0m 情况,说明薄层与上层围岩介质参数对薄层反射系数的影响较大;厚度较小(λ/40、λ/60、λ/80、λ/100)时,反射系数更接近于薄层厚度 0m 情况而非顶或底界面情况,即薄层上、下围岩的介质参数对薄层反射系数的影响较大。由于 λ 为纵波波长,$\lambda/10<\lambda_S/4<\lambda/8$($\lambda_S$为横波波长),$R_{PS}$考虑厚度小于等于 λ/10 的情况:薄层厚度较大(λ/10、λ/20、λ/30、λ/40)时,R_{PS}更接近于顶界面情况,与 R_{PP}厚度范围稍有差异;薄层厚度较小(λ/60、λ/80、λ/100)时,反射系数更接近于薄层厚度 0m 情况而非顶或底界面情况。对于模型 2 计算结论与模型 1 相似。

通过上述分析可得到如下结论:①薄层非转换波的反射和透射系数是 $\sin\theta$(或射线参数 p)的偶函数,而转换波的反射和透射系数是 $\sin\theta$(或射线参数 p)的奇函数。②单薄层情况下两种薄层模型的反射系数拟合结果说明,对薄层 PP 波反射系数进行$\sin^2\theta$ 线性拟合、PS 波反射系数进行 $\sin\theta$ 线性拟合,都可以获得较高的拟合精度。则在下一步薄层

AVO 属性分析中，可以利用此特点绘制薄层 AVO 的 P、G 交会图，以期获得薄层属性。③薄层厚度较大时，薄层与上层围岩介质参数对薄层反射系数的影响较大；厚度较小直至为零时，薄层上、下围岩的介质参数对薄层反射系数的影响较大。

在模型讨论中，设定了强阻抗差和弱阻抗差模型，所得结论仅限于这两类情况，需要更多的薄层模型拟合以得到普适性的结论。

4.4 极薄层近似

4.4.1 公式的提出

考虑 P 波入射单薄层位移反/透射情况，系数矩阵方程及参数见式(3.89)，即满足以下矩阵方程：

$$\begin{bmatrix} m_{11} & m_{12} & m_{13} & m_{14} \\ m_{21} & m_{22} & m_{23} & m_{24} \\ m_{31} & m_{32} & m_{33} & m_{34} \\ m_{41} & m_{42} & m_{43} & m_{44} \end{bmatrix} \cdot \begin{bmatrix} R_{PP} \\ R_{PS} \\ T_{PP} \\ T_{PS} \end{bmatrix} = \begin{bmatrix} n_1 \\ n_2 \\ n_3 \\ n_4 \end{bmatrix} \tag{4.67}$$

当薄层厚度很薄时，式中参数 $P=\dfrac{\omega}{v_{P2}}h\cos\alpha_2 \ll 1$、$Q=\dfrac{\omega}{v_{S2}}h\cos\beta_2 \ll 1$，可设 $\sin P \approx P$、$\cos P \approx 1$、$\sin Q \approx Q$、$\cos Q \approx 1$，则传播矩阵 a_{ij}有如下形式：

$$a_{ij}=\begin{bmatrix} 1 & j\omega h\dfrac{\sin\alpha_2}{v_{P2}} & 0 & \dfrac{h}{\rho_2 v_{S2}^2} \\ -j\omega h\left(\dfrac{2v_{S2}^2}{v_{P2}^2}-1\right)\dfrac{\sin\beta_2}{v_{S2}} & 1 & \dfrac{h}{\rho_2 v_{P2}^2} & 0 \\ 0 & -\rho_2\omega^2 h & 1 & j\omega h\dfrac{\sin\alpha_2}{v_{P2}} \\ -\rho_2\omega^2 h\left[1+4\left(\dfrac{v_{S2}^2}{v_{P2}^2}-1\right)\sin^2\beta_2\right] & 0 & -j\omega h\left(\dfrac{2v_{S2}^2}{v_{P2}^2}-1\right)\dfrac{\sin\beta_2}{v_{S2}} & 1 \end{bmatrix} \tag{4.68}$$

系数矩阵方程[式(3.89)]可以简化为以下形式：

$$\begin{bmatrix} m_{11} & m_{12} & m_{13} & m_{14} \\ m_{21} & m_{22} & m_{23} & m_{24} \\ m_{31} & m_{32} & m_{33} & m_{34} \\ m_{41} & m_{42} & m_{43} & m_{44} \end{bmatrix} \cdot \begin{bmatrix} R_{PP} \\ R_{PS} \\ T_{PP} \\ T_{PS} \end{bmatrix} = \begin{bmatrix} n_1 \\ n_2 \\ n_3 \\ n_4 \end{bmatrix} \tag{4.69}$$

其中：

$$\begin{bmatrix} m_{11} \\ m_{21} \\ m_{31} \\ m_{41} \end{bmatrix} = \begin{bmatrix} -\sin\alpha_1 + j\omega h \dfrac{\sin\alpha_2}{v_{P2}}\cos\alpha_1 - j\dfrac{\rho_1}{\rho_2}\dfrac{\omega h}{v_{S2}}\dfrac{v_{S1}^2}{v_{P1}v_{S2}}\sin 2\alpha_1 \\ j\omega h\left(\dfrac{2v_{S2}^2}{v_{P2}^2}-1\right)\dfrac{\sin\beta_2}{v_{S2}}\sin\alpha_1 + \cos\alpha_1 + j\dfrac{\rho_1}{\rho_2}\dfrac{\omega h}{v_{P2}}\dfrac{v_{P1}}{v_{P2}}\cos 2\beta_1 \\ -\rho_2\omega^2 h\cos\alpha_1 + j\rho_1\omega v_{P1}\cos 2\beta_1 + \rho_1\omega^2 h\dfrac{v_{S1}^2}{v_{P1}v_{P2}}\sin\alpha_2\sin 2\alpha_1 \\ \rho_2\omega^2 h\left[1+4\left(\dfrac{v_{S2}^2}{v_{P2}^2}-1\right)\sin^2\beta_2\right]\sin\alpha_1 + \rho_1\omega^2 h\left(\dfrac{2v_{S2}^2}{v_{P2}^2}-1\right)\dfrac{v_{P1}}{v_{S2}}\sin\beta_2\cos 2\beta_1 - j\rho_1\omega\dfrac{v_{S1}^2}{v_{P1}}\sin 2\alpha_1 \end{bmatrix}$$

$$\begin{bmatrix} m_{12} \\ m_{22} \\ m_{32} \\ m_{42} \end{bmatrix} = \begin{bmatrix} -\cos\beta_1 - j\omega h \dfrac{\sin\alpha_2}{v_{P2}}\sin\beta_1 - j\dfrac{\rho_1}{\rho_2}\dfrac{\omega h}{v_{S2}}\dfrac{v_{S1}}{v_{S2}}\cos 2\beta_1 \\ j\omega h\left(\dfrac{2v_{S2}^2}{v_{P2}^2}-1\right)\dfrac{\sin\beta_2}{v_{S2}}\cos\beta_1 - \sin\beta_1 - j\dfrac{\rho_1}{\rho_2}\dfrac{\omega h}{v_{P2}}\dfrac{v_{S1}}{v_{P2}}\sin 2\beta_1 \\ \rho_2\omega^2 h\sin\beta_1 - j\rho_1\omega v_{S1}\sin 2\beta_1 + \rho_1\omega^2 h\dfrac{v_{S1}}{v_{P2}}\sin\alpha_2\cos 2\beta_1 \\ \rho_2\omega^2 h\left[1+4\left(\dfrac{v_{S2}^2}{v_{P2}^2}-1\right)\sin^2\beta_2\right]\cos\beta_1 - \rho_1\omega^2 h\left(\dfrac{2v_{S2}^2}{v_{P2}^2}-1\right)\dfrac{v_{S1}}{v_{S2}}\sin\beta_2\sin 2\beta_1 - j\rho_1\omega v_{S1}\cos 2\beta_1 \end{bmatrix}$$

$$\begin{bmatrix} m_{13} \\ m_{23} \\ m_{33} \\ m_{43} \end{bmatrix} = \begin{bmatrix} \sin\alpha_3 \\ \cos\alpha_3 \\ -j\rho_3\omega v_{P3}\cos 2\beta_3 \\ -j\rho_3\omega\dfrac{v_{S3}^2}{v_{P3}}\sin 2\alpha_3 \end{bmatrix},\quad \begin{bmatrix} m_{14} \\ m_{24} \\ m_{34} \\ m_{44} \end{bmatrix} = \begin{bmatrix} \cos\beta_3 \\ -\sin\beta_3 \\ j\rho_3\omega v_{S3}\sin 2\beta_3 \\ -j\rho_3\omega v_{S3}\cos 2\beta_3 \end{bmatrix}$$

$$\begin{bmatrix} n_1 \\ n_2 \\ n_3 \\ n_4 \end{bmatrix} = \begin{bmatrix} \sin\alpha_1 + j\omega h \dfrac{\sin\alpha_2}{v_{P2}}\cos\alpha_1 - j\dfrac{\rho_1}{\rho_2}\dfrac{\omega h}{v_{S2}}\dfrac{v_{S1}^2}{v_{P1}v_{S2}}\sin 2\alpha_1 \\ -j\omega h\left(\dfrac{2v_{S2}^2}{v_{P2}^2}-1\right)\dfrac{\sin\beta_2}{v_{S2}}\sin\alpha_1 + \cos\alpha_1 - j\dfrac{\rho_1}{\rho_2}\dfrac{\omega h}{v_{P2}}\dfrac{v_{P1}}{v_{P2}}\cos 2\beta_1 \\ -\rho_2\omega^2 h\cos\alpha_1 - j\rho_1\omega v_{P1}\cos 2\beta_1 + \rho_1\omega^2 h\dfrac{v_{S1}^2}{v_{P1}v_{P2}}\sin\alpha_2\sin 2\alpha_1 \\ -\rho_2\omega^2 h\left[1+4\left(\dfrac{v_{S2}^2}{v_{P2}^2}-1\right)\sin^2\beta_2\right]\sin\alpha_1 - \rho_1\omega^2 h\left(\dfrac{2v_{S2}^2}{v_{P2}^2}-1\right)\dfrac{v_{P1}}{v_{S2}}\sin\beta_2\cos 2\beta_1 - j\rho_1\omega\dfrac{v_{S1}^2}{v_{P1}}\sin 2\alpha_1 \end{bmatrix}$$

式(4.69)也可写成如下形式：

$$\begin{bmatrix} m_{11} & m_{12} & m_{13} & m_{14} \\ m_{21} & m_{22} & m_{23} & m_{24} \\ m_{31} & m_{32} & m_{33} & m_{34} \\ m_{41} & m_{42} & m_{43} & m_{44} \end{bmatrix} \cdot \begin{bmatrix} R_{PP} \\ R_{PS} \\ T_{PP} \\ T_{PS} \end{bmatrix} = \begin{bmatrix} n_1 \\ n_2 \\ n_3 \\ n_4 \end{bmatrix} \tag{4.70}$$

其中：

$$\begin{bmatrix} m_{11} \\ m_{21} \\ m_{31} \\ m_{41} \end{bmatrix} = \begin{bmatrix} -\sin\alpha_1 + j\dfrac{\omega h}{v_{P2}}\sin\alpha_2\cos\alpha_1 - j\dfrac{\rho_1}{\rho_2}\dfrac{\omega h}{v_{S2}}\dfrac{v_{S1}^2}{v_{P1}v_{S2}}\sin 2\alpha_1 \\ \cos\alpha_1 + j\dfrac{\omega h}{v_{S2}}\left(2\dfrac{v_{S2}^2}{v_{P2}^2}-1\right)\sin\beta_2\sin\alpha_1 + j\dfrac{\rho_1}{\rho_2}\dfrac{\omega h}{v_{P2}}\dfrac{v_{P1}}{v_{P2}}\cos 2\beta_1 \\ \cos 2\beta_1 + j\dfrac{\rho_2}{\rho_1}\dfrac{\omega h}{v_{P2}}\dfrac{v_{P2}}{v_{P1}}\cos\alpha_1 - j\dfrac{\omega h}{v_{P2}}\dfrac{v_{S1}^2}{v_{P1}^2}\sin\alpha_2\sin 2\alpha_1 \\ \sin 2\alpha_1 + j\dfrac{\rho_2}{\rho_1}\dfrac{\omega h}{v_{S2}}\dfrac{v_{S2}v_{P1}}{v_{S1}^2}\left[1+4\left(\dfrac{v_{S2}^2}{v_{P2}^2}-1\right)\sin^2\beta_2\right]\sin\alpha_1 + j\dfrac{\omega h}{v_{S2}}\dfrac{v_{P1}^2}{v_{S1}^2}\left(2\dfrac{v_{S2}^2}{v_{P2}^2}-1\right)\sin\beta_2\cos 2\beta_1 \end{bmatrix}$$

$$\begin{bmatrix} m_{12} \\ m_{22} \\ m_{32} \\ m_{42} \end{bmatrix} = \begin{bmatrix} -\cos\beta_1 - j\dfrac{\omega h}{v_{P2}}\sin\alpha_2\sin\beta_1 - j\dfrac{\rho_1}{\rho_2}\dfrac{\omega h v_{S1}}{v_{S2}v_{S2}}\cos 2\beta_1 \\ -\sin\beta_1 + j\dfrac{\omega h}{v_{S2}}\left(2\dfrac{v_{S2}^2}{v_{P2}^2}-1\right)\sin\beta_2\cos\beta_1 - j\dfrac{\rho_1}{\rho_2}\dfrac{\omega h}{v_{P2}}\dfrac{v_{S1}}{v_{P2}}\sin 2\beta_1 \\ -\dfrac{v_{S1}}{v_{P1}}\sin 2\beta_1 - j\dfrac{\rho_2}{\rho_1}\dfrac{\omega h}{v_{P2}}\dfrac{v_{P2}}{v_{P1}}\sin\beta_1 - j\dfrac{\omega h}{v_{P2}}\dfrac{v_{S1}}{v_{P1}}\sin\alpha_2\cos 2\beta_1 \\ \dfrac{v_{P1}}{v_{S1}}\cos 2\beta_1 + j\dfrac{\rho_2}{\rho_1}\dfrac{\omega h}{v_{S2}}\dfrac{v_{S2}v_{P1}}{v_{S1}^2}\left[1+4\left(\dfrac{v_{S2}^2}{v_{P2}^2}-1\right)\sin^2\beta_2\right]\cos\beta_1 - j\dfrac{\omega h}{v_{S2}}\dfrac{v_{P1}}{v_{S1}}\left(2\dfrac{v_{S2}^2}{v_{P2}^2}-1\right)\sin\beta_2\sin 2\beta_1 \end{bmatrix}$$

$$\begin{bmatrix} m_{13} \\ m_{23} \\ m_{33} \\ m_{43} \end{bmatrix} = \begin{bmatrix} \sin\alpha_3 \\ \cos\alpha_3 \\ -\dfrac{\rho_3}{\rho_1}\dfrac{v_{P3}}{v_{P1}}\cos 2\beta_3 \\ \dfrac{\rho_3}{\rho_1}\dfrac{v_{S3}^2}{v_{S1}^2}\dfrac{v_{P1}}{v_{P3}}\sin 2\alpha_3 \end{bmatrix},\quad \begin{bmatrix} m_{14} \\ m_{24} \\ m_{34} \\ m_{44} \end{bmatrix} = \begin{bmatrix} \cos\beta_3 \\ -\sin\beta_3 \\ \dfrac{\rho_3}{\rho_1}\dfrac{v_{S3}}{v_{P1}}\sin 2\beta_3 \\ \dfrac{\rho_3}{\rho_1}\dfrac{v_{S3}v_{P1}}{v_{S1}^2}\cos 2\beta_3 \end{bmatrix}$$

$$\begin{bmatrix} n_1 \\ n_2 \\ n_3 \\ n_4 \end{bmatrix} = \begin{bmatrix} \sin\alpha_1 + j\dfrac{\omega h}{v_{P2}}\sin\alpha_2\cos\alpha_1 - j\dfrac{\rho_1}{\rho_2}\dfrac{\omega h}{v_{S2}}\dfrac{v_{S1}^2}{v_{P1}v_{S2}}\sin 2\alpha_1 \\ \cos\alpha_1 - j\dfrac{\omega h}{v_{S2}}\left(2\dfrac{v_{S2}^2}{v_{P2}^2}-1\right)\sin\beta_2\sin\alpha_1 - j\dfrac{\rho_1}{\rho_2}\dfrac{\omega h v_{P1}}{v_{P2}v_{P2}}\cos 2\beta_1 \\ -\cos 2\beta_1 + j\dfrac{\rho_2}{\rho_1}\dfrac{\omega h}{v_{P2}}\dfrac{v_{P2}}{v_{P1}}\cos\alpha_1 - j\dfrac{\omega h}{v_{P2}}\dfrac{v_{S1}^2}{v_{P1}^2}\sin\alpha_2\sin 2\alpha_1 \\ \sin 2\alpha_1 - j\dfrac{\rho_2}{\rho_1}\dfrac{\omega h}{v_{S2}}\dfrac{v_{S2}v_{P1}}{v_{S1}^2}\left[1+4\left(\dfrac{v_{S2}^2}{v_{P2}^2}-1\right)\sin^2\beta_2\right]\sin\alpha_1 - j\dfrac{\omega h}{v_{S2}}\dfrac{v_{P1}^2}{v_{S1}^2}\left(2\dfrac{v_{S2}^2}{v_{P2}^2}-1\right)\sin\beta_2\cos 2\beta_1 \end{bmatrix}$$

显然上述化简得到的矩阵方程类似于 Zoeppritz 方程，只是矩阵元素相对复杂些，因此我们把此方程称为单薄层的拟 Zoeppritz 方程。

4.4.2 近似误差分析

为了验证极薄层近似矩阵方程的适用性及有效性,设定四个典型的薄层模型见表4.2,模型1~4分别代表着高阻抗薄层、阻抗递增薄层、低阻抗薄层、阻抗递减薄层。可见模型1和模型3为相反极性反射薄层,模型2和模型4为相同极性反射薄层(Kallweit and Wood,1982)。若将$2(\rho_i v_i-\rho_{i-1}v_{i-1})/(\rho_i v_i+\rho_{i-1}v_{i-1})$($i=2,3$)定义成薄层顶、底界面两侧的阻抗差异,则模型1和模型3的纵波阻抗差异分别为(0.6667,-0.8372)、(-0.4211,0.7389),模型2和模型4的纵波阻抗差异分别为(0.3172,0.3689)、(-0.3689,-0.3672)。根据Aki和Richards(1980)关于弱阻抗差的定义,即阻抗差二次及高次项远小于1可以忽略不计,模型1~4都为强阻抗差模型。以下采取两步来简化模拟及分析过程:一是将薄层厚度以PP波波长的比值表示;二是只考虑薄层顶、底界面确定的最小临界角范围内的反射和透射。

表4.2　薄层模型参数

模型	v_{P1}	v_{S1}	ρ_1	v_{P2}	v_{S2}	ρ_2	v_{P3}	v_{S3}	ρ_3
模型1	3050	1525	2.7	6100	3050	2.7	2500	1525	2.7
模型2	3050	1600	2.7	4200	2500	2.7	6100	3100	2.7
模型3	2200	1200	2.3	1500	800	2.2	3050	1400	2.35
模型4	6100	3100	2.7	4200	2500	2.7	3050	1600	2.7

注:速度的单位为m/s,密度的单位为g/cm^3

遵循Widess(1973)提出的关于薄层的定义:层厚小于$\lambda/8$的单层为薄层,其中λ为纵波在薄层中的主频对应的波长。由于单频讨论,因此取薄层厚度由$\lambda/8$变化到$\lambda/100$,其中λ为单频下的纵波波长。通过计算,可以获得各模型的基本特征信息:模型1为极性相反(+,-),临界角为30°的薄层;模型2为极性相同(+,+),临界角为30°的薄层;模型3为极性相反(-,+),临界角为46.16°的薄层;模型4为极性相同(-,-)的薄层。采用薄层精确公式[式(3.70)]及所提出的近似矩阵公式[式(4.69)]对不同模型分别计算第一临界角之内的反射系数,绘制反射系数的近似误差[100%×(近似值-真实值)/真实值]曲线如图4.7~图4.10所示。

如图4.7(a)所示,R_{PP}的振幅近似误差在所考虑的薄层厚度下均小于等于-9.314%。随着薄层厚度的降低及入射角的增大,近似误差迅速降低到小于5%,甚至接近于零。由于模型1薄层中纵波速度为横波速度的2倍,因此在相同频率下纵、横波的波长也满足2倍的关系。也就是说,当薄层厚度为纵波波长的1/8的时可达到横波波长的1/4,因此PS波反射振幅误差较大,如图4.7(b)所示,可达10%以上甚至更高。考虑到实际地震勘探中PS波的频率要比PP波低,相比PP波,实际PS波的近似精度应比数值模拟中的精度要高。值得注意的是,即使将频率因素考虑在内,R_{PP}的近似精度仍高于R_{PS}。

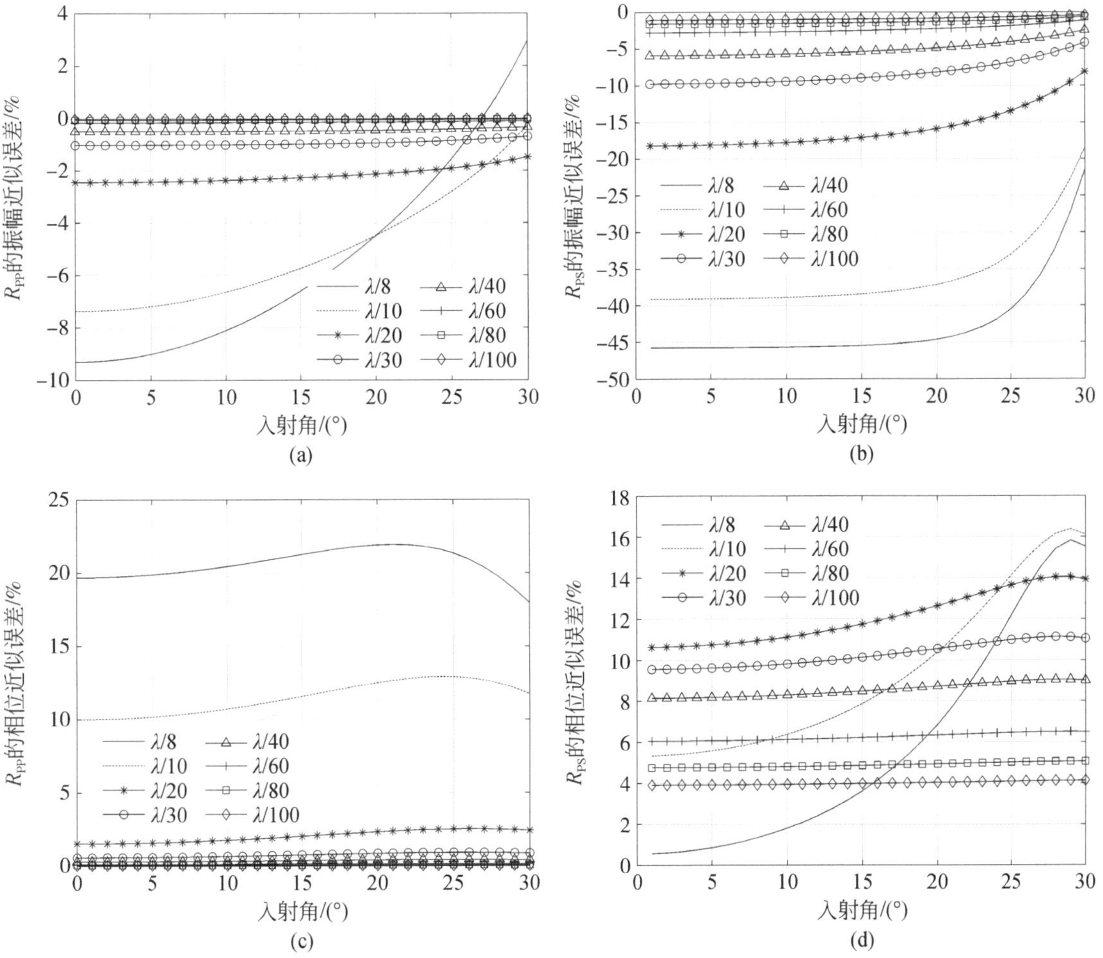

图 4.7　模型 1 的反射系数近似误差

(a) R_{PP}的振幅近似误差；(b) R_{PS}的振幅近似误差；(c) R_{PP}的相位近似误差；(d) R_{PS}的相位近似误差

对于反射系数的相位，由图 4.7(c)和(d)可知，R_{PP}在 $\lambda/8$、$\lambda/10$ 情况下近似误差均大于 10%，其他情况均小于 5%。R_{PS}相位的近似误差由 $\lambda/20$ 的 10% 以上降低到 $\lambda/100$ 的 4% 左右，整体来说，反射系数的振幅比相位信息对薄层较厚时的近似精度高，且薄层厚度分别取作相应波长的相同倍数，R_{PP}振幅的近似程度更高。

对于模型 2 而言，如图 4.8(a)所示，R_{PP}的振幅近似误差在所考虑的薄层厚度下(除 $\lambda/8$ 外)均小于 5%。厚度为 $\lambda/8$ 时，近似误差在垂直入射时略大于 10%，且随着入射角的增加而迅速降低。对于 R_{PS}情况，对于 $\lambda/20$ 及以下情况近似误差均小于 5%。对于反射系数的相位，由图 4.8(c)和(d)可知，薄层厚度在相应波长的 1/8 及以下情况下近似精度均小于 5%。整体而言，除 R_{PP}振幅在 $\lambda/8$ 情况下近似误差在小角度范围大于 10% 外，R_{PP}及 R_{PS}近似精度均小于 5%。

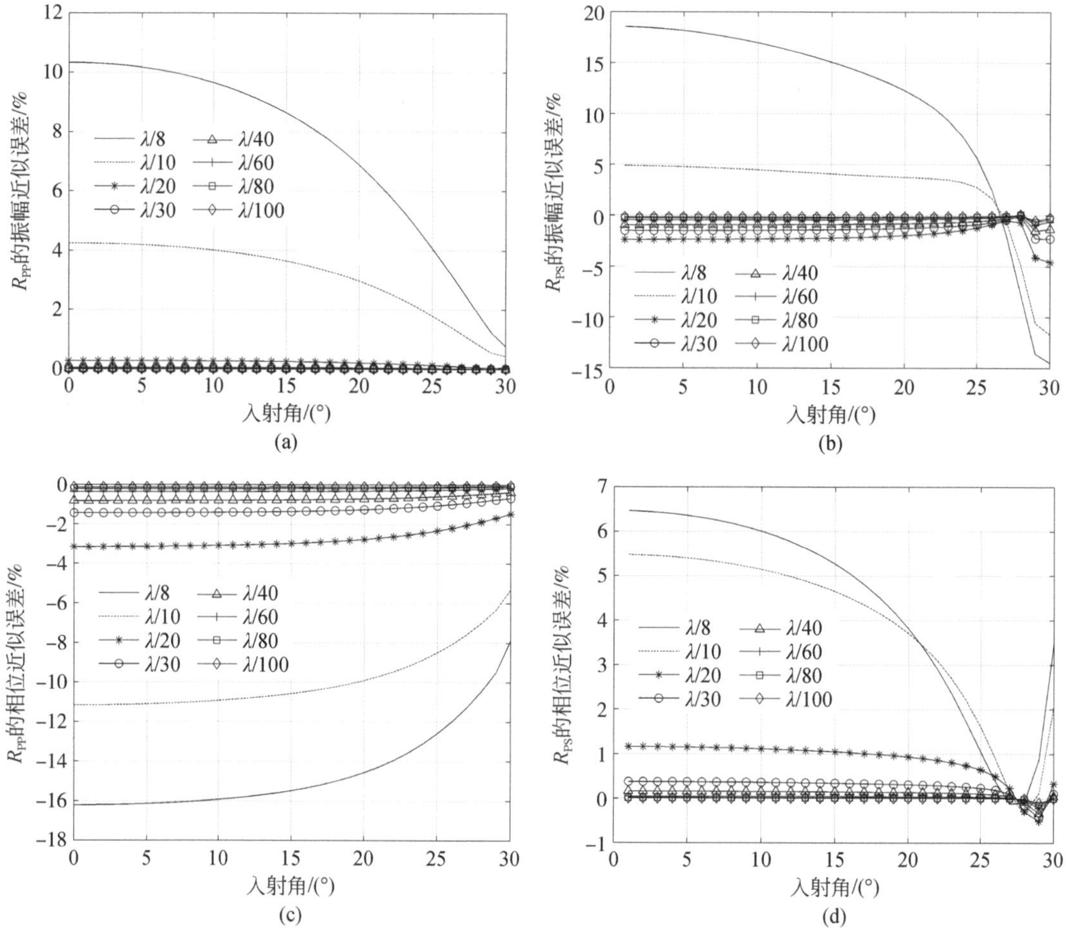

图 4.8　模型 2 的反射系数近似误差

(a) R_{PP}的振幅近似误差;(b) R_{PS}的振幅近似误差;(c) R_{PP}的相位近似误差;(d) R_{PS}的相位近似误差

如图 4.9(a)所示,模型 3 的 R_{PP}振幅近似误差在所考虑的薄层厚度下均小于等于 9.092%,并随着薄层厚度的降低及入射角的增大而降低,尤其对于厚度小于等于 λ/20 的情况下,近似误差小于-1.516%。对于 R_{PS}情况如图 4.9(b)所示,除接近第一临界角时近似误差会明显降低外,不同厚度对入射角反应不敏感,且近似误差随着厚度的降低而降低。λ/20 情况基本保持在-10.7%左右,λ/30 情况基本保持在-6.3%左右,其他情况近似误差均小于 5%。对于反射系数的相位,由图 4.9(c)可知,R_{PP}在 λ/8、λ/10 情况下近似误差整体小于 10%(不考虑接近临界角情况),其他情况均小于 2.245%。不考虑接近临界角情况,R_{PS}相位的近似在厚度为 λ/20 及更小情况下近似误差小于 2%。薄层厚度分别取作相应波长的相同倍数,R_{PP}振幅的近似程度更高,与模型 1 反映规律类似。

对于模型 4 来说,如图 4.10(a)所示,R_{PP}的振幅近似误差在所考虑的薄层厚度下(除 λ/8 外)均小于 5%,与模型 2 规律类似。对于 R_{PS}情况,薄层厚度为 λ/20 及以下情况近似误差均小于 5%。对于反射系数的相位:R_{PP}情况均小于 5%;R_{PS}在 λ/20 情况下均小于 8.436%,在 λ/

30 及以下情况均小于 5%。

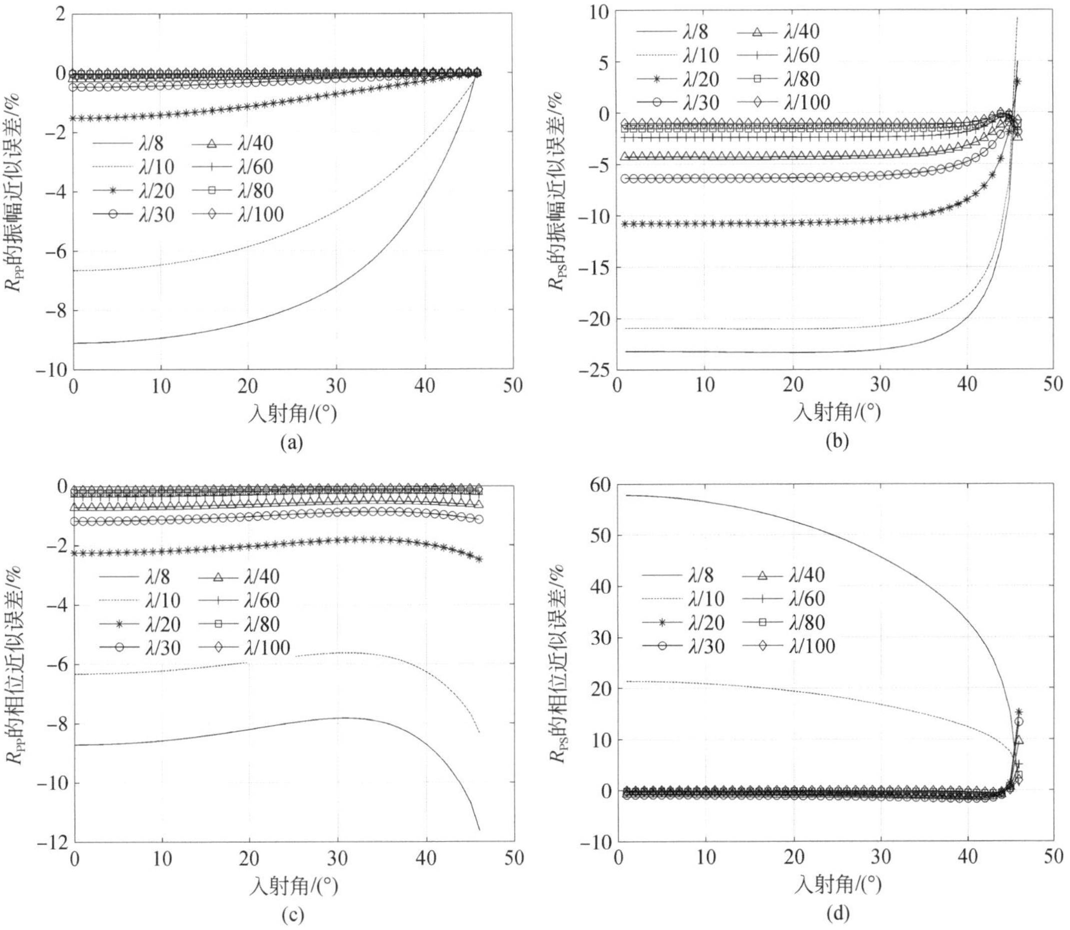

图 4.9　模型 3 的反射系数近似误差

(a) R_{PP}的振幅近似误差；(b) R_{PS}的振幅近似误差；(c) R_{PP}的相位近似误差；(d) R_{PS}的相位近似误差

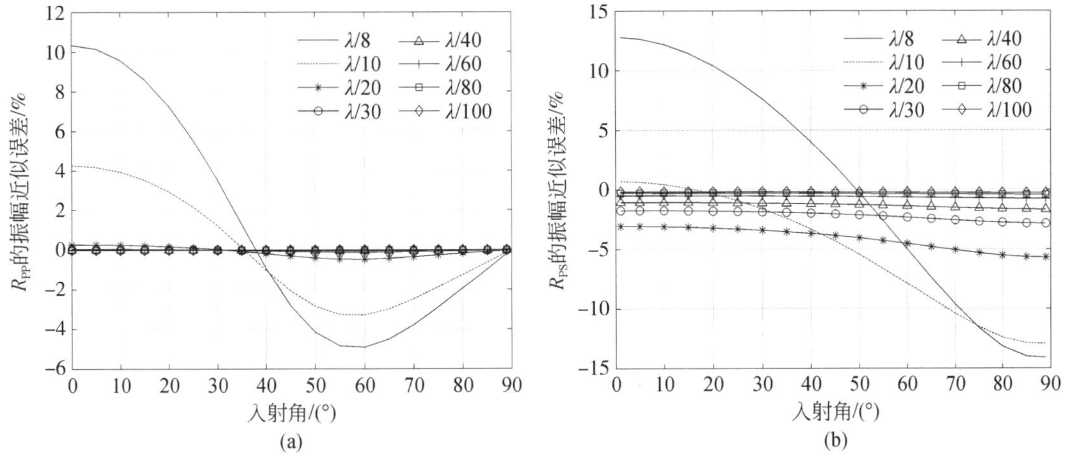

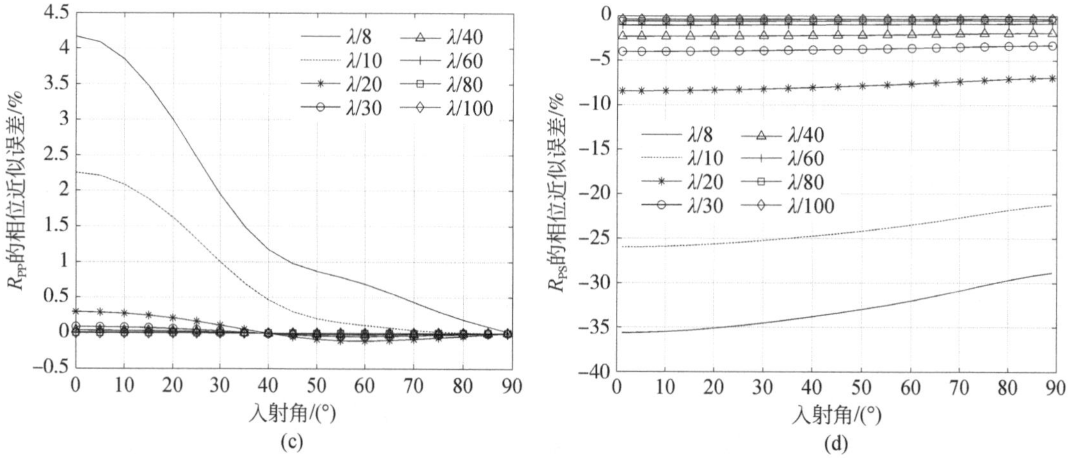

图 4.10　模型 4 的反射系数近似误差

(a) R_{PP}的振幅近似误差;(b) R_{PS}的振幅近似误差;(c) R_{PP}的相位近似误差;(d) R_{PS}的相位近似误差

综合模型 1 ~4 的分析,可以发现:模型 1、3 在相同的厚度-波长比(小于 1/10)下近似精度较模型 2、4 略高;对比 R_{PP}与 R_{PS}近似精度,厚度取相应波长的相同倍数时,模型 1、3 的 R_{PP}近似精度高于 R_{PS}。为了分析阻抗差影响的大小,我们建立一系列极性相反阻抗差异由强变弱的薄层模型,如表 4.3 所示,薄层与围岩顶底界面的纵波阻抗差异分别为(0.6667,-0.8372)、(0.5031,-0.6842)、(0.2937,-0.4849)、(0.1374,-0.3333)。

表 4.3　极性相反阻抗差异逐渐降低的薄层模型参数

模型	v_{P1}	v_{S1}	ρ_1	v_{P2}	v_{S2}	ρ_2	v_{P3}	v_{S3}	ρ_3
模型 1	3050	1525	2.7	6100	3050	2.7	2500	1525	2.7
模型 5	3050	1525	2.7	5100	2550	2.7	2500	1525	2.7
模型 6	3050	1525	2.7	4100	2050	2.7	2500	1525	2.7
模型 7	3050	1525	2.7	3500	1750	2.7	2500	1525	2.7

注:速度的单位为 m/s,密度的单位为 g/cm³

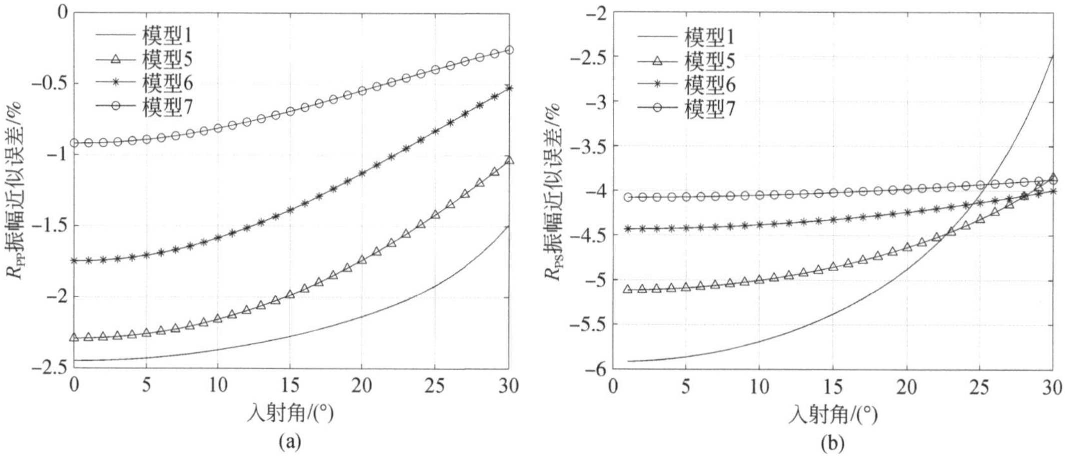

图 4.11　不同阻抗差异下薄层模型反射系数的近似误差

(a) R_{PP}在厚度为 λ_P/20 情况下的近似误差;(b) R_{PS}在厚度为 λ_S/20 情况下的近似误差

不同厚度情况下的模型1、5、6、7近似误差显示：在不考虑接近临界角附近的情况下，R_{PP}与R_{PS}的振幅近似误差都随着阻抗差异的降低而降低；厚度取相应波长的相同倍数时，R_{PP}的近似精度高于R_{PS}。以厚度为各自波长的1/20的情况为例，如图4.11所示，R_{PP}与R_{PS}振幅都有较高的近似精度，且在不考虑接近临界角的情况下近似误差随着阻抗差异的降低而迅速减小；厚度取相应波长的相同倍数时，R_{PP}的近似精度高于R_{PS}。

总结以上分析，可得到如下结论。

(1)极薄层近似公式近似精度高，基本可以满足薄层地震反演的精度要求，并且近似误差随着薄层厚度及阻抗差异的降低而减小。反射系数R_{PP}近似公式在厚度小于$\lambda/8$情况下近似误差小于10%，且随着厚度的降低近似精度有所提高。R_{PS}近似精度稍差，但近似精度也会随着薄层厚度的降低和阻抗差的减小而增大。

(2)考虑厚度分别取相应波长的相同倍数时，对比R_{PP}与R_{PS}振幅近似精度，前者近似精度高于后者。

(3)相位近似精度不如振幅稳定，可作为振幅信息的补充。

同时，有以下几条认识。

(1)极薄层近似公式具有较薄层精确公式更为简明的表达形式，并且是在后者基础上仅对薄层厚度作了假设，故所获得的反/透射系数包含了薄层层间多次波及转换波的信息。

(2)从上述薄层假设的模拟与分析对比可以看出，薄层厚度小于$\lambda/10$的情况下，近似误差对于层厚很敏感，在第一临界角内随入射角的变化并不敏感。近似误差分析显示，近似公式对于阻抗差异较小的模型(模型2与模型4)具有较高的近似精度。而从一系列阻抗差依次降低的薄层近似误差分析结果来看随着阻抗差异降低，R_{PP}与R_{PS}的近似精度都得以提高。因此，有必要围绕弱阻抗差展开，采用Aki和Richards(1980)、Shuey(1985)的近似模式，对近似方程[式(4.70)]进行进一步的化简，以期获得可以直接用于线性反演的简洁公式。

(3)拟Zoeppritz矩阵方程获得的薄层AVA变化取决于以下参数比值：$\frac{\omega h}{V_{P2}}, \frac{V_{S2}}{V_{P2}}\left(\frac{\omega h}{V_{S2}}\right), \frac{V_{P2}}{V_{P1}}, \frac{V_{S2}}{V_{S1}}, \frac{\rho_2}{\rho_1}, \frac{V_{P3}}{V_{P1}}, \frac{V_{S3}}{V_{S1}}, \frac{\rho_3}{\rho_1}, \frac{V_{S1}}{V_{P1}}$，参考李录明和罗省贤(1997)针对单界面的AVA曲线反演方法，可在后续工作中开展关于薄层的AVA反演。

4.5　基于反射叠加的薄层PP反射近似

建立薄层模型如图4.12所示，各层弹性参数、薄层厚度及相关角度如图中所示。

在薄层情况下，顶、底界面的反射波叠加在一起形成复合波，在小角度和弱阻抗差假设下可忽略薄层的层间多次反射和转换波，此时薄层反射系数R_{PP}可记作(Juhlin and Young, 1993)：

$$R_{PP}=R_1+R_2(1-R_1^2)e^{-j\omega\Delta t} \tag{4.71}$$

式中，Δt为薄层的时间延迟，且有$\Delta t=2h_2\cos\theta_2/V_{P2}$；$R_1$、$R_2$分别是顶、底界面PP波反射系数。

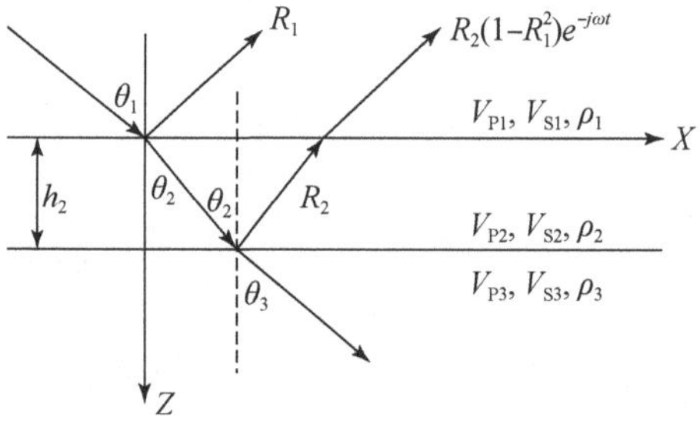

图 4.12　薄层模型

4.5.1　弱阻抗差近似

假设反射界面两侧弹性参数的相对变化很小,即相对阻抗差的二次幂及以上项可忽略(Aki and Richards,1980),则有如下反射系数近似表达式:

$$R(\theta_1)=R_1(\theta_{a1})+R_2(\theta_{a2})\left[1-R_1^2(\theta_{a1})\right]e^{-j\omega\Delta t} \tag{4.72}$$

其中:

$$R_1(\theta_{a1})=\frac{1}{2}\left(1-4\frac{V_{Sa1}^2}{V_{Pa1}^2}\sin^2\theta_{a1}\right)\frac{\Delta\rho_1}{\rho_{a1}}+\frac{\sec^2\theta_{a1}}{2}\frac{\Delta V_{P1}}{V_{Pa1}}-4\frac{V_{Sa1}^2}{V_{Pa1}^2}\sin^2\theta_{a1}\frac{\Delta V_{S1}}{V_{Sa1}}$$

$$R_2(\theta_{a2})=\frac{1}{2}\left(1-4\frac{V_{Sa2}^2}{V_{Pa2}^2}\sin^2\theta_{a2}\right)\frac{\Delta\rho_2}{\rho_{a2}}+\frac{\sec^2\theta_{a2}}{2}\frac{\Delta V_{P2}}{V_{Pa2}}-4\frac{V_{Sa2}^2}{V_{Pa2}^2}\sin^2\theta_{a2}\frac{\Delta V_{S2}}{V_{Sa2}}$$

$$V_{Pa1}=(V_{P2}+V_{P1})/2;\Delta V_{P1}=V_{P2}-V_{P1};V_{Sa1}=(V_{S2}+V_{S1})/2;\Delta V_{S1}=V_{S2}-V_{S1}$$

$$\rho_{a1}=(\rho_2+\rho_1)/2;\Delta\rho_1=\rho_2-\rho_1;\theta_{a1}=(\theta_2+\theta_1)/2$$

$$V_{Pa2}=(V_{P3}+V_{P2})/2;\Delta V_{P2}=V_{P3}-V_{P2};V_{Sa2}=(V_{S3}+V_{S2})/2;\Delta V_{S2}=V_{S3}-V_{S2}$$

$$\rho_{a2}=(\rho_3+\rho_2)/2;\Delta\rho_2=\rho_3-\rho_2;\theta_{a2}=(\theta_3+\theta_2)/2$$

记

$$\frac{V_{Sa1}^2}{V_{Pa1}^2}\sin^2\theta_{a1}=W_1,\frac{V_{Sa2}^2}{V_{Pa2}^2}\sin^2\theta_{a2}=W_2,D_1=W_1-\frac{1}{4},D_2=W_2-\frac{1}{4}$$

并将 $\Delta V_P/V_P$ 四次及以上阶次项舍弃,则有

$$\begin{aligned}R(\theta_1)\approx&-2D_1\frac{\Delta\rho_1}{\rho_{a1}}+\frac{\sec^2\theta_{a1}}{2}\frac{\Delta V_{P1}}{V_{Pa1}}-4W_1\frac{\Delta V_{S1}}{V_{Sa1}}+\left(-2D_2\frac{\Delta\rho_2}{\rho_{a2}}+\frac{\sec^2\theta_{a2}}{2}\frac{\Delta V_{P2}}{V_{Pa2}}-4W_2\frac{\Delta V_{S2}}{V_{Sa2}}\right)e^{-j\omega\Delta t}\\&+\left(4D_1^2\frac{\Delta^2\rho_1}{\rho_{a1}^2}+\frac{1}{4}\sec^4\theta_{a1}\frac{\Delta^2V_{P1}}{V_{Pa1}^2}+16W_1^2\frac{\Delta^2V_{S1}}{V_{Sa1}^2}-2D_1\sec^2\theta_{a1}\frac{\Delta\rho_1}{\rho_{a1}}\frac{\Delta V_{P1}}{V_{Pa1}}+16W_1D_1\frac{\Delta\rho_1}{\rho_{a1}}\frac{\Delta V_{S1}}{V_{Sa1}}-4W_1\sec^2\theta_{a1}\frac{\Delta V_{P1}}{V_{Pa1}}\frac{\Delta V_{S1}}{V_{Sa1}}\right)\\&\cdot\left(2D_2\frac{\Delta\rho_2}{\rho_{a2}}-\frac{\sec^2\theta_{a2}}{2}\frac{\Delta V_{P2}}{V_{Pa2}}+4W_2\frac{\Delta V_{S2}}{V_{Sa2}}\right)e^{-j\omega\Delta t}\end{aligned} \tag{4.73}$$

由于 $R(\theta_1)$ 为复数,则实部、虚部、模值与相位分别如下:

$$\mathrm{Re}[R(\theta_1)] \approx -2D_1\frac{\Delta\rho_1}{\rho_{a1}}+\frac{\sec^2\theta_{a1}}{2}\frac{\Delta V_{P1}}{V_{Pa1}}-4W_1\frac{\Delta V_{S1}}{V_{Sa1}}+\left(-2D_2\frac{\Delta\rho_2}{\rho_{a2}}+\frac{\sec^2\theta_{a2}}{2}\frac{\Delta V_{P2}}{V_{Pa2}}-4W_2\frac{\Delta V_{S2}}{V_{Sa2}}\right)\cos(\omega\Delta t)$$
$$+\left(4D_1^2\frac{\Delta^2\rho_1}{\rho_{a1}^2}+\frac{1}{4}\sec^4\theta_{a1}\frac{\Delta^2 V_{P1}}{V_{Pa1}^2}+16W_1^2\frac{\Delta^2 V_{S1}}{V_{Sa1}^2}-2D_1\sec^2\theta_{a1}\frac{\Delta\rho_1}{\rho_{a1}}\frac{\Delta V_{P1}}{V_{Pa1}}+16W_1D_1\frac{\Delta\rho_1}{\rho_{a1}}\frac{\Delta V_{S1}}{V_{Sa1}}-4W_1\sec^2\theta_{a1}\frac{\Delta V_{P1}}{V_{Pa1}}\frac{\Delta V_{S1}}{V_{Sa1}}\right)$$
$$\cdot\left(2D_2\frac{\Delta\rho_2}{\rho_{a2}}-\frac{\sec^2\theta_{a2}}{2}\frac{\Delta V_{P2}}{V_{Pa2}}+4W_2\frac{\Delta V_{S2}}{V_{Sa2}}\right)\cos(\omega\Delta t) \tag{4.74a}$$

$$\mathrm{Im}[R(\theta_1)] \approx -\left(-2D_2\frac{\Delta\rho_2}{\rho_{a2}}+\frac{\sec^2\theta_{a2}}{2}\frac{\Delta V_{P2}}{V_{Pa2}}-4W_2\frac{\Delta V_{S2}}{V_{Sa2}}\right)\sin(\omega\Delta t)$$
$$-\left(4D_1^2\frac{\Delta^2\rho_1}{\rho_{a1}^2}+\frac{1}{4}\sec^4\theta_{a1}\frac{\Delta^2 V_{P1}}{V_{Pa1}^2}+16W_1^2\frac{\Delta^2 V_{S1}}{V_{Sa1}^2}-2D_1\sec^2\theta_{a1}\frac{\Delta\rho_1}{\rho_{a1}}\frac{\Delta V_{P1}}{V_{Pa1}}+16W_1D_1\frac{\Delta\rho_1}{\rho_{a1}}\frac{\Delta V_{S1}}{V_{Sa1}}-4W_1\sec^2\theta_{a1}\frac{\Delta V_{P1}}{V_{Pa1}}\frac{\Delta V_{S1}}{V_{Sa1}}\right)$$
$$\cdot\left(2D_2\frac{\Delta\rho_2}{\rho_{a2}}-\frac{\sec^2\theta_{a2}}{2}\frac{\Delta V_{P2}}{V_{Pa2}}+4W_2\frac{\Delta V_{S2}}{V_{Sa2}}\right)\sin(\omega\Delta t) \tag{4.74b}$$

$$|R(\theta_1)| = \sqrt{\mathrm{Re}^2[R(\theta_1)]+\mathrm{Im}^2[R(\theta_1)]} \tag{4.74c}$$

$$\mathrm{Arg}(R(\theta_1)) = \mathrm{Arctg}\frac{\mathrm{Im}[R(\theta_1)]}{\mathrm{Re}[R(\theta_1)]} \tag{4.74d}$$

4.5.2　四次幂级数近似

在地震勘探所使用的炮检距范围内，入射角 θ_1 较小时，$\sin^n\theta_1$ 随着 n 的增大迅速衰减。因此可以将式(4.73)保留至$\sin^4\theta_1$ 项次，则薄层 PP 波反射系数可以化简为

$$R(\theta_1) = A+B\sin^2\theta_1+C\sin^4\theta_1 \tag{4.75}$$

由于讨论薄层为弱阻抗差且入射角度较小，可将$(\theta_2+\theta_1)/2$、$(\theta_3+\theta_2)/2$ 都近似改写为 θ_1，则式(4.75)中关于 $\sin\theta_1$ 多项式的系数分别为

$$A = M_1+M_2e^{-j\omega\Delta t}-M_1^2M_2e^{-j\omega\Delta t}$$
$$B = N_1+\left(-2M_1M_2N_1+N_2+2\frac{\Delta V_{P1}}{V_{Pa1}}N_2-M_1^2N_2+2\frac{\Delta^2 V_{P1}}{V_{Pa1}^2}N_2\right)e^{-j\omega\Delta t}$$
$$C = \frac{1}{2}\frac{\Delta V_{P1}}{V_{Pa1}}+\left(\frac{1}{2}\frac{\Delta V_{P2}}{V_{Pa2}}+2\frac{\Delta V_{P1}}{V_{Pa1}}\frac{\Delta V_{P2}}{V_{Pa2}}-M_2N_1^2-\frac{\Delta V_{P1}}{V_{Pa1}}M_1M_2-2M_1N_1N_2-\frac{1}{2}\frac{\Delta V_{P2}}{V_{Pa2}}M_1^2+4\frac{\Delta^2 V_{P1}}{V_{Pa1}^2}\frac{\Delta V_{P2}}{V_{Pa2}}\right)e^{-j\omega\Delta t} \tag{4.76}$$

其中：

$$M_1 = \frac{1}{2}\left(\frac{\Delta\rho_1}{\rho_{a1}}+\frac{\Delta V_{P1}}{V_{Pa1}}\right), M_2 = \frac{1}{2}\left(\frac{\Delta\rho_2}{\rho_{a2}}+\frac{\Delta V_{P2}}{V_{Pa2}}\right)$$
$$N_1 = -2\frac{V_{Sa1}^2}{V_{Pa1}^2}\left(\frac{\Delta\rho_1}{\rho_{a1}}+2\frac{\Delta V_{S1}}{V_{Sa1}}\right)+\frac{1}{2}\frac{\Delta V_{P1}}{V_{Pa1}}, N_2 = -2\frac{V_{Sa2}^2}{V_{Pa2}^2}\left(\frac{\Delta\rho_2}{\rho_{a2}}+2\frac{\Delta V_{S2}}{V_{Sa2}}\right)+\frac{1}{2}\frac{\Delta V_{P2}}{V_{Pa2}}$$

由于 A,B,C 都为复数,对应实部、虚部分别如下(其中下角标 r 表征实部,i 表征虚部):

$$A_r=M_1+(M_2-M_1^2M_2)\cos(\omega\Delta t),A_i=-(M_2-M_1^2M_2)\sin(\omega\Delta t)$$

$$B_r=N_1+\left(-2M_1M_2N_1+N_2+2\frac{\Delta V_{P1}}{V_{Pa1}}N_2-M_1^2N_2+2\frac{\Delta^2 V_{P1}}{V_{Pa1}^2}N_2\right)\cos(\omega\Delta t)$$

$$B_i=-\left(-2M_1M_2N_1+N_2+2\frac{\Delta V_{P1}}{V_{Pa1}}N_2-M_1^2N_2+2\frac{\Delta^2 V_{P1}}{V_{Pa1}^2}N_2\right)\sin(\omega\Delta t)$$

$$C_r=\frac{1}{2}\frac{\Delta V_{P1}}{V_{Pa1}}+\left(\frac{1}{2}\frac{\Delta V_{P2}}{V_{Pa2}}+2\frac{\Delta V_{P1}}{V_{Pa1}}\frac{\Delta V_{P2}}{V_{Pa2}}-M_2N_1^2-\frac{\Delta V_{P1}}{V_{Pa1}}M_1M_2-2M_1N_1N_2-\frac{1}{2}\frac{\Delta V_{P2}}{V_{Pa2}}M_1^2+4\frac{\Delta^2 V_{P1}}{V_{Pa1}^2}\frac{\Delta V_{P2}}{V_{Pa2}}\right)\cos(\omega\Delta t)$$

$$C_i=-\left(\frac{1}{2}\frac{\Delta V_{P2}}{V_{Pa2}}+2\frac{\Delta V_{P1}}{V_{Pa1}}\frac{\Delta V_{P2}}{V_{Pa2}}-M_2N_1^2-\frac{\Delta V_{P1}}{V_{Pa1}}M_1M_2-2M_1N_1N_2-\frac{1}{2}\frac{\Delta V_{P2}}{V_{Pa2}}M_1^2+4\frac{\Delta^2 V_{P1}}{V_{Pa1}^2}\frac{\Delta V_{P2}}{V_{Pa2}}\right)\sin(\omega\Delta t)$$

(4.77)

相应薄层反射系数的实部、虚部、模值及相位分别如下:

$$\mathrm{Re}[R(\theta_1)]=A_r+B_r\sin^2\theta_1+C_r\sin^4\theta_1 \tag{4.78a}$$

$$\mathrm{Im}[R(\theta_1)]=A_i+B_i\sin^2\theta_1+C_i\sin^4\theta_1 \tag{4.78b}$$

$$|R(\theta_1)|=\sqrt{\mathrm{Re}^2[R(\theta_1)]+\mathrm{Im}^2[R(\theta_1)]} \tag{4.78c}$$

$$\mathrm{Arg}(R(\theta_1))=\mathrm{Arctg}\frac{\mathrm{Im}[R(\theta_1)]}{\mathrm{Re}[R(\theta_1)]} \tag{4.78d}$$

4.5.3 二次幂级数近似

在弱阻抗差四次幂级数近似基础上,舍弃$\sin^4\theta_1$ 项,对薄层反射系数进行二次幂级数近似,则薄层反射系数由式(4.75)简化为

$$R(\theta_1)=A+B\sin^2\theta_1 \tag{4.79}$$

相应薄层反射系数的实部、虚部、振幅与相位分别如下:

$$\mathrm{Re}[R(\theta_1)]=A_r+B_r\sin^2\theta_1 \tag{4.80a}$$

$$\mathrm{Im}[R(\theta_1)]=A_i+B_i\sin^2\theta_1 \tag{4.80b}$$

$$|R(\theta_1)|=\sqrt{\mathrm{Re}^2[R(\theta_1)]+\mathrm{Im}^2[R(\theta_1)]} \tag{4.80c}$$

$$\mathrm{Arg}(R(\theta_1))=\mathrm{Arctg}\frac{\mathrm{Im}[R(\theta_1)]}{\mathrm{Re}[R(\theta_1)]} \tag{4.80d}$$

4.5.4 近似误差分析

为了测试上述基于顶、底一次反射叠加的薄层近似 PP 反射系数的适用性及有效性,以下分为两个部分进行讨论:一是对表 4.2 所示的典型薄层模型进行分析;二是固定薄层及其围岩结构,通过修改薄层与围岩之间的阻抗差异来分析近似公式对弱阻抗差假设的依赖性。

4.5.4.1　典型薄层模型分析

如表4.2所示的典型薄层模型,模型1～4的纵波阻抗差异分别为(0.6667,-0.8372)、(0.3172,0.3689)、(-0.4211, 0.7389)、(-0.3689, -0.3672),根据Aki和Richards(1980)关于弱阻抗差的定义,即阻抗差二次及高次项远小于1可以忽略不计,模型1～4都为强阻抗差模型。采用薄层精确公式[式(3-89)]及本书所提出的近似公式对不同模型分别计算45Hz、$\lambda/8$厚情况下PP波入射时的近似反射系数,并加入薄层顶、底单界面的反射系数进行对比,反射系数的振幅与相位如图4.13～图4.16所示。图中采用简化符号,其中real value表示精确反射系数,WID、FPS、TPS分别表示弱阻抗差近似、四次幂级数近似及二次幂级数近似,top、bottom分别表示薄层的顶、底界面反射情况。

对于模型1而言(图4.13),三种近似公式的近似效果都较差,考虑在近似求解过程中存在弱阻抗差的假设,而该模型薄层介质与围岩阻抗差异很大,顶、底界面处阻抗差异分别为(0.6667,-0.8372),近似公式对其不适用。对比近似公式与薄层顶、底界面反射系数对薄层反射系数的近似程度,可以发现:即使近似公式具有较差的精度,但也比直接利用薄层顶或底界面反射系数近似效果要好。

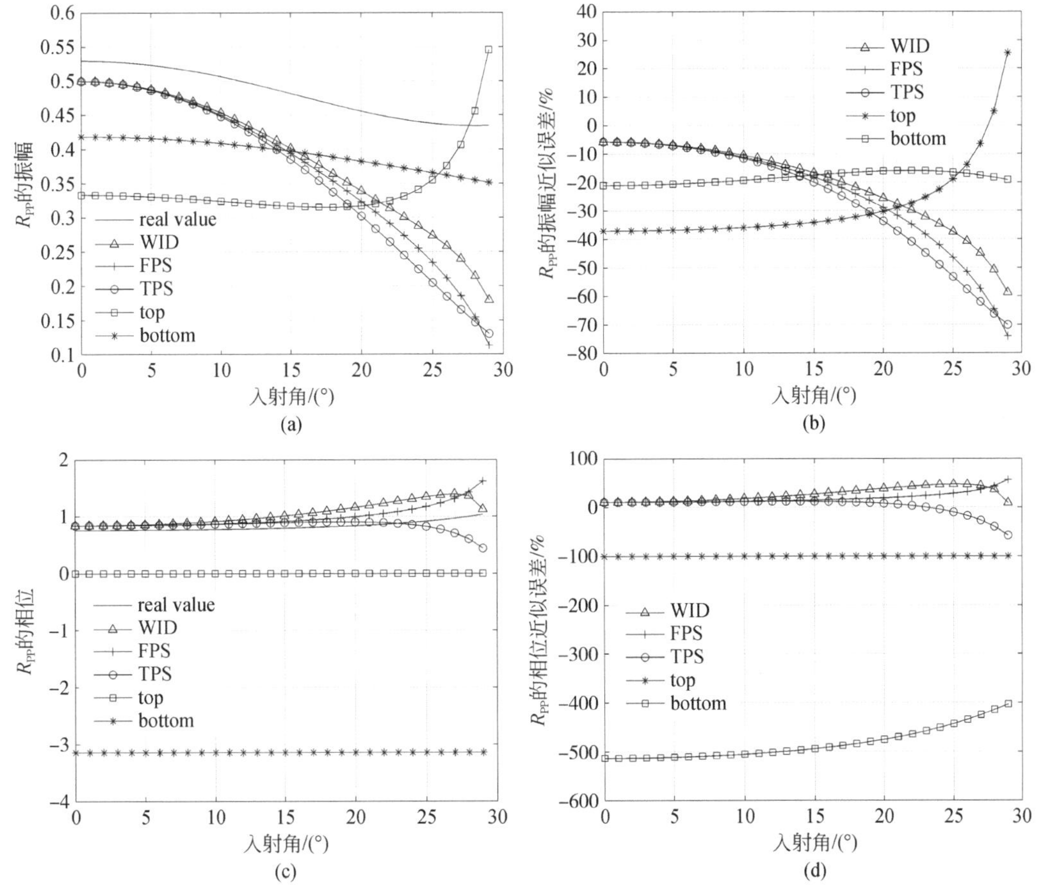

图4.13　模型1的PP波反射系数及近似误差

(a)反射系数的振幅;(b)反射系数振幅的近似误差;(c)反射系数的相位;(d)反射系数相位的近似误差

模型 2 为顶、底界面同为正极性且临界角为 30°的薄层。如图 4.14(a)和(b)所示,弱阻抗差近似可以很好地反映薄层反射系数幅值随入射角的变化形态,近似误差小于等于 12.0230%;四次幂级数近似及二次幂级数近似在小角度范围内近似效果较好,近似误差分别小于等于 10.075%、13.070%,随着入射角的进一步增加近似精度越来越低,无法反映反射系数在入射角接近于临界角时的变化形态,近似不可取;与薄层顶、底单界面对比可知,底界面系数更接近于薄层反射系数,但近似程度都比本书近似公式差,且顶、底界面情况都无反射系数随入射角迅速增加的现象,由此也说明薄层反射是由顶、底反射及多次波的复合,不能简单地看作两个单界面进行处理。由图 4.14(c)和(d)所示,近似公式在小角度范围内近似程度高,三种近似程度相当,随着入射角的增大,近似精度降低,且弱阻抗差近似较四次幂级数及二次幂级数近似更能反映真实相位随角度增加的变化趋势。顶、底界面的相位完全无法表征薄层相位的变化。对比反射系数的振幅和相位可以发现,振幅近似精度较高的角度范围比相位要大,即说明近似公式下,振幅近似比相位近似更可靠。

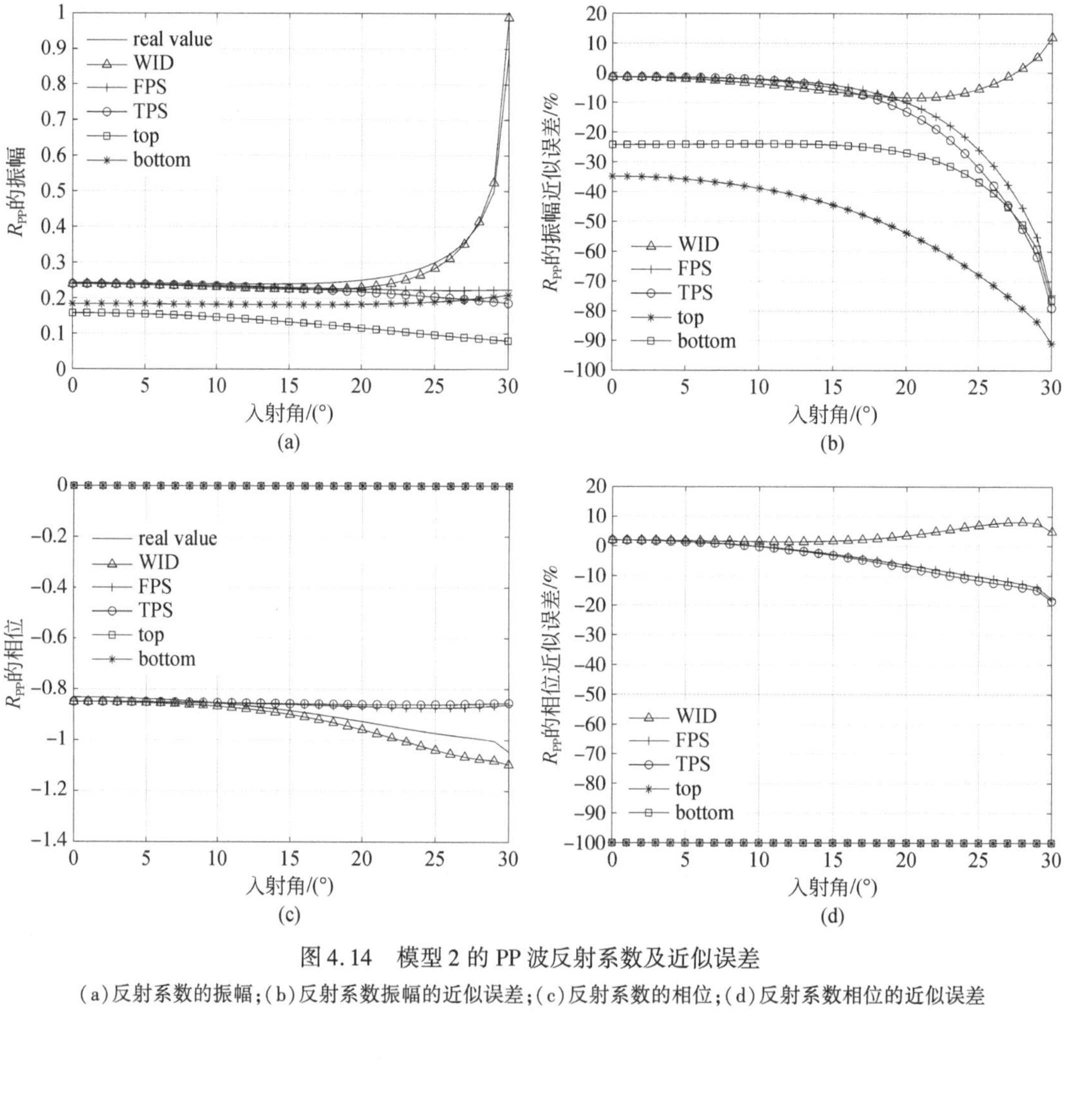

图 4.14　模型 2 的 PP 波反射系数及近似误差

(a)反射系数的振幅;(b)反射系数振幅的近似误差;(c)反射系数的相位;(d)反射系数相位的近似误差

模型3为顶、底界面极性相反的薄层模型,临界角约为46.16°。由图4.15可知,反映规律与模型2类似,弱阻抗差近似在整个拟合角度范围内近似精度高,最大相对误差小于等于7%;四次幂级数近似及二次幂级数近似在小角度范围内近似精度较高(0°~37°范围内误差小于10%),但无法反映薄层反射系数接近临界角的变化趋势;底界面在小角度范围内(0°~20°)小于12.852%,在接近30°时迅速增加,顶界面与薄层反射系数相差很大,误差大于50.344%。近似公式相位误差小于10%,近似精度较高。

模型4为薄层顶、底界面同为负极性的情况。如图4.16所示,弱阻抗差近似在整个拟合范围内近似精度高,幅值最大相对误差约为6.2%;四次幂级数近似在入射角较小时(0°~52°)相对误差小于3.4%,近似精度高于二次幂级数近似,在大角度范围内(52°~90°)随着入射角的增加近似误差增大;二次幂级数近似在小角度范围内(0°~36°)相对误差小于9.6%,入射角大于36°时,整体变化形态不同于实际薄层反射系数;顶、底单界面较近似公式更加偏离薄层反射系数实际情况。对于相位而言,小角度范围内,二次幂级数近似与四次幂级数近似相当,误差都在5%以内,弱阻抗差近似精度较差,但也小于10%;大角度范围内,二次幂级数近似误差随着入射角的增加而增大,可达10%以上,而弱阻抗差近似与二次幂级数近似随着入射角的增加而减小,都在5%以内。

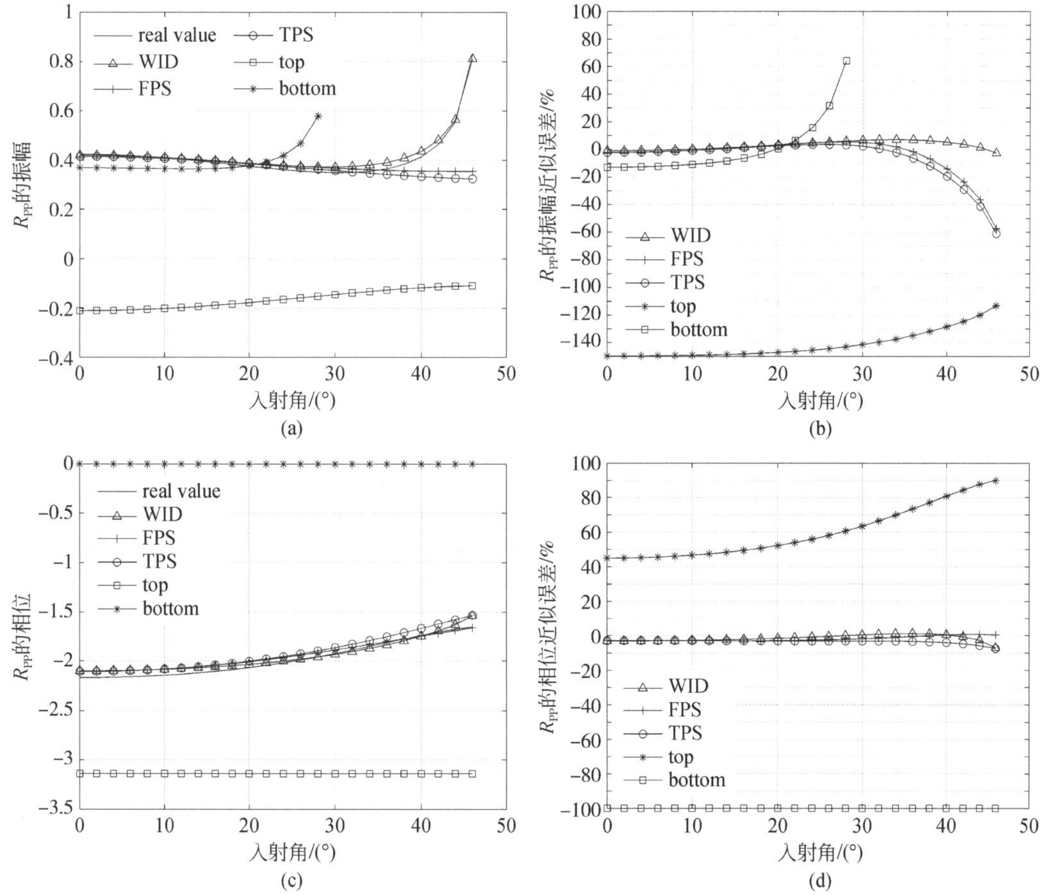

图4.15　模型3的PP波反射系数及近似误差

(a)反射系数的振幅;(b)反射系数振幅的近似误差;(c)反射系数的相位;(d)反射系数相位的近似误差

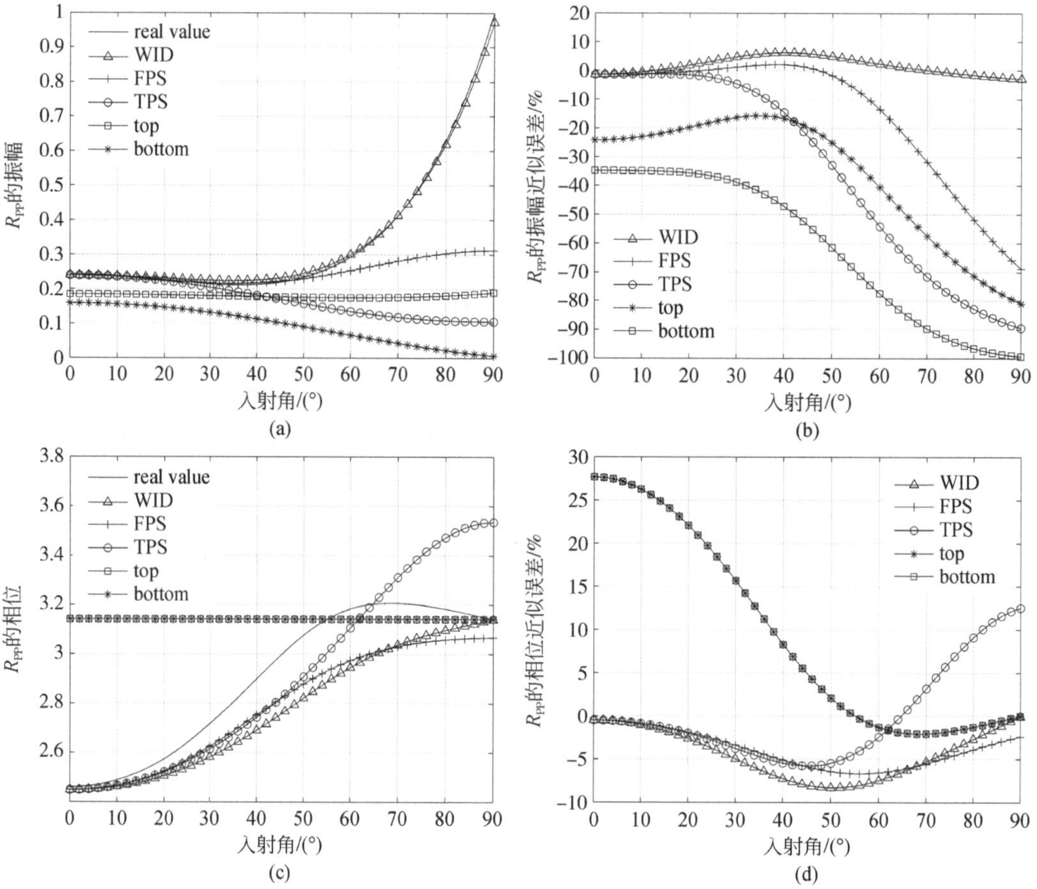

图 4.16　模型 4 的 PP 波反射系数及近似误差

(a)反射系数的振幅;(b)反射系数振幅的近似误差;(c)反射系数的相位;(d)反射系数相位的近似误差

总结以上分析,可得到如下结论。

(1)弱阻抗差近似是建立在弱阻抗差假设前提下的,适用于较弱阻抗差薄层(模型 2、模型 3、模型 4)。

(2)四次幂级数近似及二次幂级数近似在弱阻抗差近似的基础上进行了入射角正弦项高次舍弃,小角度范围内近似效果较好,且四次幂级数近似精度略高于二次幂级数精度,可根据地震反演精度要求进行选用。

(3)相位近似不如振幅近似稳定,可作为振幅信息的补充。

(4)三种近似式近似精度都远比直接利用薄层顶或底界面近似精度高。

(5)弱阻抗差近似公式近似精度较高,但公式形式复杂;四次幂级数及二次幂级数近似公式形式简明,可与 Shuey 公式(Shuey,1985)类比。分析薄层反射系数截距-斜率与各参量的变化关系,利于下一步反演工作的进行,但限定在小角度范围内,一定程度上限制了公式的使用。

4.5.4.2　弱阻抗差薄层模型分析

由于近似公式都是在弱阻抗差薄层模型的基础上提出的,故根据不同薄层阻抗差设置一系列模型,并采用薄层精确公式及本书所提出的近似公式对不同模型分别计算 50Hz、5m 情况下 PP 波在 0° ~30°入射角范围的近似反射系数并分析近似误差。薄层上覆、下伏围岩弹性参数相同,设定 $V_{P1}=3000\text{m/s}$、$V_{S1}=1414\text{m/s}$、$\rho_1=2.29\text{g/cm}^3$,中间薄层参数如表 4.4 所示。近似反射系数公式所产生的误差值如图 4.17 ~ 图 4.19 所示。

由于取薄层上覆、下伏围岩弹性参数相同,则薄层模型顶、底界面处的 $\Delta V_P/V_P$(ΔV_P 为界面两侧纵波速度的差,V_P 为纵波速度的平均值)互为相反数,表 4.4 中 $\Delta V_P/V_P$ 的正负值是根据薄层顶界面设定的,则薄层底界面处的 $\Delta V_P/V_P$ 分别为 0.25、0.1、0.05、0.01 、-0.01 、-0.05、-0.1、-0.25。由表 4.4 中的 $\lambda/8$ 可知,5m 薄层对于所设模型波长而言,随着阻抗差由-0.25 逐渐变为 0.25,薄层厚度也由 1/9.3336 波长变为 1/15.4288 波长,波长与厚度的比值分别为 9.3336、10.8568、11.4144、11.8808、12.1208、12.6152、13.2632、15.4288。即随着阻抗差的改变,薄层厚度与波长的比值也在变小。由表 4.4 中临界角数值可以得知:所设模型的临界角都远大于近似分析中设定的最大角度 30°,可以保证反射系数近似不受临界角处数值突变的影响。

表 4.4　薄层模型参数

$\Delta V_P/V_P$	V_{P2}/(m/s)	V_{S2}/(m/s)	ρ_2/(g/cm^3)	临界角/(°)	λ/8/m
-0.25	2333	839	2.15	/	5.834
-0.10	2714	1167	2.24	/	6.786
-0.05	2854	1288	2.27	/	7.134
-0.01	2970	1388	2.29	/	7.426
0.01	3030	1440	2.30	81.90	7.576
0.05	3154	1546	2.32	72.03	7.885
0.10	3316	1686	2.35	64.79	8.290
0.25	3857	2152	2.44	51.06	9.643

如图 4.17(a)所示,对于弱阻抗差近似而言,振幅近似误差随着入射角的增加而增大;对于阻抗差同号的情况下,随着阻抗差绝对值的降低,近似精度提高;对于阻抗差互为相反数的情况下,如 $\Delta V_P/V_P$ 为±0.25 时,近似误差在小阻抗差情况下近似呈镜像对称,随着阻抗差的增加,$\Delta V_P/V_P$ 正值情况下的误差大于负值情况且有增大的趋势。近似误差数值分析可知:对于阻抗差较小的情况下,即 $\Delta V_P/V_P$ 为±0.01 、±0.05 情况下,弱阻抗差近似精度很高,前两者小于 2.2708% ,后两者小于 9.5451% ,且在(0°,20°)范围内近似误差小于 5% 。根据 Aki-Richards 关于弱阻抗差的假设,即 $\Delta V_P/V_P$ 远远小于 1,且二项及高次项可以省略,则这四个阻抗差薄层为真正的弱阻抗差模型。对于阻抗差为±0.1 的情况下,基本可以满足在小于 25°的角度范围内近似误差小于 10% 。阻抗差为±0.25 时,两者相差很大,-0.25 情况下基本可以满足小于 23°角度范围内近似误差小于 10% ;+0.25 情况下对于约小于 15°的角度范围内近似误差小于 10% 。对于反射系数的相位而言,如图 4.17(b)所示,近似误差随着入

射角的增加而增大;随着阻抗差绝对值的增加而增大;阻抗差互为相反数时,小阻抗差时相差不大且随着阻抗差绝对值的增加,负值近似比正值近似精度更高。对比反射系数振幅和相位的近似误差可以发现:弱阻抗差近似对于反射系数相位的近似程度比振幅要高。

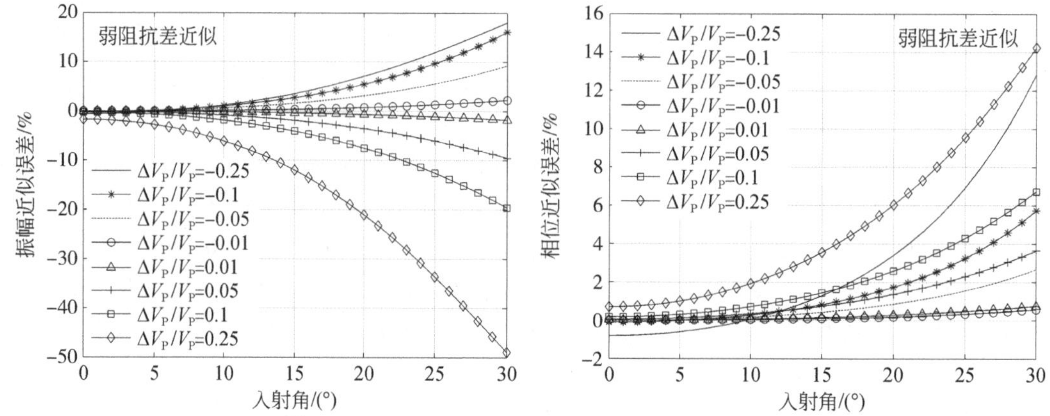

(a)　　　　　　　　　　　　　　(b)

图 4.17　弱阻抗差近似产生的反射系数近似误差

(a)反射系数振幅的近似误差;(b)反射系相位的近似误差

对于四次幂级数近似而言,如图 4.18 所示,除 $\Delta V_P/V_P$ 为−0.01 及 0.25 情况下的大角度(25°,30°)范围情况,四次幂级数近似随着入射角的增加近似误差增大;对于阻抗差同号的情况规律与弱阻抗差近似相似;而对阻抗差互为相反数的情况下,正值情况下的误差大于负值情况,且随着阻抗差绝对值的增加差异有增大的趋势。与弱阻抗差近似对比可知,小角度范围两者近似误差相当,大角度范围内弱阻抗差近似较四次幂级数近似精度更高。对于反射系数的相位而言,如图 4.18(b)所示,除阻抗差为 0.25 以外,与弱阻抗差近似反映规律类似;阻抗差为 0.25 时,相位近似误差在小角度(0°,15°)范围内近似误差小于 10%,随后随着入射角的增加迅速增大,最大可达 70%左右。对比反射系数振幅和相位的近似误差可以发现:除阻抗差为 0.25 情况以外,四次幂级数近似对于反射系数相位的近似程度比振幅要高。

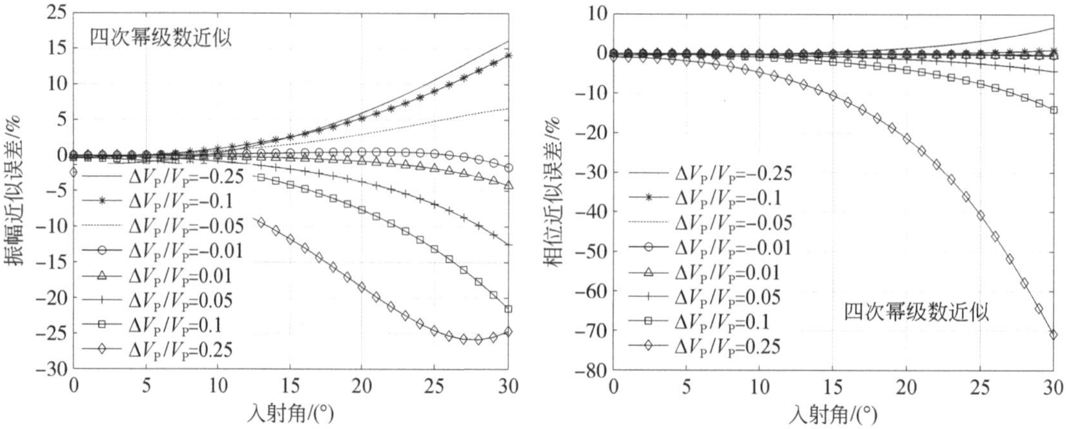

(a)　　　　　　　　　　　　　　(b)

图 4.18　四次幂级数近似产生的反射系数近似误差

(a)反射系数振幅的近似误差;(b)反射系数相位的误差

对于二次幂级数近似而言,如图 4.19 所示,而对阻抗差互为相反数的情况下,正值情况下的误差大于负值情况,且随着阻抗差绝对值的增加,差异有增大的趋势。与弱阻抗差近似对比可知,小角度范围两者近似误差相当,大角度范围内弱阻抗差近似较二次幂级数近似精度更高。相比弱阻抗差近似及四次幂级数近似,二次幂级数近似改变了负向弱阻抗差(-0.01、-0.05)情况下近似值与真实值之间的相对大小关系;前两者近似值都比真实值要大,且随着阻抗差的增加,近似误差越大;而二次幂级数近似的近似值在-0.01 情况下近似值小于真实值且随着入射角的增加差异随之增大,对于-0.05 情况的大角度范围内也出现了近似值小于真实值的现象。对于反射系数的相位而言,如图 4.18(b)所示,除阻抗差为 0.25以外,与弱阻抗差近似反映规律类似,阻抗差为 0.25 时,相位近似误差在小角度(0°,15°)范围内近似误差小于 10%,随后随着入射角的增加迅速增大,最大可达 90%左右。对比反射系数振幅和相位的近似误差可以发现:除阻抗差为 0.25 时,二次幂级数近似对于反射系数相位的近似程度比振幅要高。

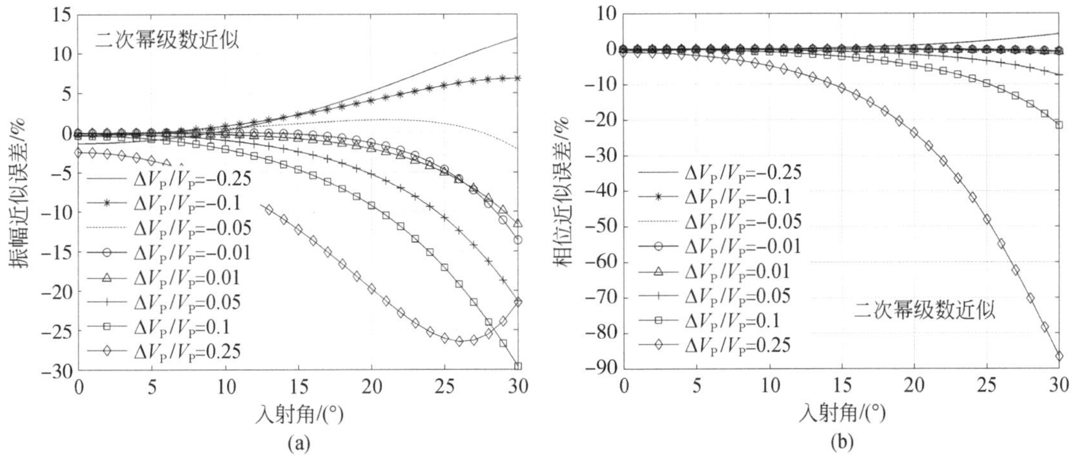

图 4.19　二次幂级数近似产生的反射系数近似误差

(a)反射系数的振幅近似误差;(b)反射系数相位的近似误差

总结以上分析,并对比三种近似公式可得到如下认识。

(1)三种近似式对于负阻抗差薄层近似精度高于相同振幅下的正阻抗差近似精度。由于本章讨论阻抗差值为薄层顶界面的情况,且为了简化问题将薄层上覆、下伏围岩设为相同,则负阻抗差薄层实际是极性(-,+)且顶、底界面反射系数振幅相同的薄层模型,而正阻抗差薄层实际是极性(+,-)且顶、底界面反射系数振幅相同的薄层模型。也就是说,三种近似公式对于薄层顶、底界面反射系数振幅相同的情况下,对顶、底极性为(-,+)的适用性比(+,-)要强。

(2)考虑阻抗差符号相同的情况,对于弱阻抗差近似而言,近似误差随着阻抗差绝对值的增加而增大,且负值阻抗差近似值比真实值大,正值阻抗差近似值比真实值小;对于四次幂级数及二次幂级数来说,正值阻抗差也有此规律;负值阻抗差取较小数值时,会出现改变近似值与真实值相对大小关系的现象,二次幂级数尤其明显。

(3)除较大正值阻抗差外,三种近似式对于薄层反射系数相位的近似程度高于振幅近似。

(4)从近似精度分析来看,小角度范围内可选取二次幂级数近似,由于其形式简单,可以使得薄层 AVO 反演成为可能;对于大角度范围内,弱阻抗差近似效果要比其他两种近似公式好些,但误差也是随着入射角的增加而增大。

(5)本书所提出的薄层近似公式都是建立在弱阻抗差假设前提下,限定了其适用范围;而且仅对薄层 PP 波反射系数进行了近似,后续需要补充 PS 波近似。

(6)单从波形考虑来看,近似式都是基于只考虑薄层顶、底界面一次反射的薄层公式展开的,未考虑层间多次波;从近似精度来看,小角度范围内不考虑多次波对于反射系数的影响不大。

4.6　薄层反/透射系数的幂级数近似

4.3 节给出了薄互层反射系数与射线参数 p 的关系,即薄层非转换波的反射和透射系数是 $\sin\theta$(或射线参数 p)的偶函数,而转换波的反射和透射系数是 $\sin\theta$(或射线参数 p)的奇函数,具体表达式如下:

$$\begin{cases} R_{\mathrm{PP}} = \sum_{n=0}^{\infty} A_{2n}^{R} \sin^{2n}\theta \\ R_{\mathrm{PS}} = \sum_{n=0}^{\infty} A_{2n+1}^{R} \sin^{2n+1}\theta \\ T_{\mathrm{PP}} = \sum_{n=0}^{\infty} A_{2n}^{T} \sin^{2n}\theta \\ T_{\mathrm{PS}} = \sum_{n=0}^{\infty} A_{2n+1}^{T} \sin^{2n+1}\theta \end{cases} \tag{4.81}$$

根据式(4.81)可见:当入射角较小时,$\sin^{n}\theta$ 随着 n 的增大迅速衰减,则近似求解出参数 A_{2n}^{R}、A_{2n+1}^{R}、A_{2n}^{T}、A_{2n+1}^{T},并根据精度需求对式(4.81)进行高阶舍弃便可获得相应的薄层近似公式。

利用该结论,本节分别对薄层精准反/透射系数矩阵方程及极薄层近似矩阵方程进一步化简,给出薄层反/透射系数在 $n=1$ 情况下的幂级数近似式:

$$\begin{cases} R_{\mathrm{PP}} = A_0^R + A_2^R \sin^2\theta \\ R_{\mathrm{PS}} = A_1^R \sin\theta \\ T_{\mathrm{PP}} = A_0^T + A_2^T \sin^2\theta \\ T_{\mathrm{PS}} = A_1^T \sin\theta \end{cases} \tag{4.82}$$

当确定参数 A_0^R、A_1^R、A_2^R时,即可确定 PP 波及 PS 波的反射近似式。

4.6.1　极薄层幂级数近似

基于极薄层反透射系数矩阵方程,见式(4.70),以入射角的正弦作为自变量,分别考虑矩阵方程的常数项、一次项及二次项,依次确定 A_0^R、A_0^T、A_1^R、A_1^T、A_2^R与薄层物性参数的关系,由此可获得 R_{PP}及 R_{PS}的近似表达式。

4.6.1.1　A_0^R、A_0^T的求解(常数项)

记：$z_{\mathrm{P}i}=\rho_i v_{\mathrm{P}i}$，$z_{\mathrm{S}i}=\rho_i v_{\mathrm{S}i}$，$r_i=\dfrac{v_{\mathrm{P}i}}{v_{\mathrm{S}i}}$，$i=1,2,3$，$\tau=\dfrac{\omega h}{v_{\mathrm{P2}}}$，$q=\dfrac{\omega h}{v_{\mathrm{S2}}}$，$l_m=\dfrac{v_{\mathrm{P}(m+1)}}{v_{\mathrm{P}m}}$，$m=1,2$，$d_1=\dfrac{\rho_2}{\rho_1}$。显然 $\alpha_1=0°$时，$R_{\mathrm{PP}}=A_0^R$，$T_{\mathrm{PP}}=A_0^T$，$R_{\mathrm{PS}}=0$，$T_{\mathrm{PS}}=0$，代入式(4.70)，整理得

$$\begin{cases}\left(1+j\dfrac{\omega h}{v_{\mathrm{P1}}}\dfrac{\rho_1}{\rho_2}\dfrac{v_{\mathrm{P1}}^2}{v_{\mathrm{P2}}^2}\right)A_0^R+A_0^T=1-j\dfrac{\omega h}{v_{\mathrm{P1}}}\dfrac{\rho_1}{\rho_2}\dfrac{v_{\mathrm{P1}}^2}{v_{\mathrm{P2}}^2}\\ \left(1+j\dfrac{\omega h}{v_{\mathrm{P1}}}\dfrac{\rho_2}{\rho_1}\right)A_0^R-\dfrac{\rho_3}{\rho_1}\dfrac{v_{\mathrm{P3}}}{v_{\mathrm{P1}}}A_0^T=-1+j\dfrac{\omega h}{v_{\mathrm{P1}}}\dfrac{\rho_2}{\rho_1}\end{cases}\tag{4.83}$$

求解式(4.83)，可得

$$\begin{cases}A_0^R=\dfrac{\left(\dfrac{z_{\mathrm{P3}}}{z_{\mathrm{P1}}}-1\right)+j\tau\left(\dfrac{z_{\mathrm{P2}}}{z_{\mathrm{P1}}}-\dfrac{z_{\mathrm{P3}}}{z_{\mathrm{P2}}}\right)}{\left(\dfrac{z_{\mathrm{P3}}}{z_{\mathrm{P1}}}+1\right)+j\tau\left(\dfrac{z_{\mathrm{P2}}}{z_{\mathrm{P1}}}+\dfrac{z_{\mathrm{P3}}}{z_{\mathrm{P2}}}\right)}\\ A_0^T=\dfrac{2(1+\tau^2)}{\left(\dfrac{z_{\mathrm{P3}}}{z_{\mathrm{P1}}}+1\right)+j\tau\left(\dfrac{z_{\mathrm{P2}}}{z_{\mathrm{P1}}}+\dfrac{z_{\mathrm{P3}}}{z_{\mathrm{P2}}}\right)}\end{cases}\tag{4.84}$$

对于单界面特例，有 $h=0$，则 $\tau=0$，即介质 1、3 半空间组成的单阻抗差界面上：

$$\begin{cases}A_0^R=\dfrac{z_{\mathrm{P3}}-z_{\mathrm{P1}}}{z_{\mathrm{P3}}+z_{\mathrm{P1}}}\\ A_0^T=\dfrac{2z_{\mathrm{P1}}}{z_{\mathrm{P3}}+z_{\mathrm{P1}}}\end{cases}\tag{4.85}$$

显然，这与单界面情况一致。

4.6.1.2　A_1^R、A_1^T的求解(一次项)

只考虑到 $\sin\alpha_1$ 一次项，即 $\sin\alpha_1$ 高次项舍弃，此时：$R_{\mathrm{PP}}=A_0^R$，$T_{\mathrm{PP}}=A_0^T$，$R_{\mathrm{PS}}=A_1^R\sin\alpha_1$，$T_{\mathrm{PS}}=A_1^T\sin\alpha_1$，将其代入式(4.70)，整理可得

$$\begin{cases}\left(-1-j\dfrac{\omega h}{v_{\mathrm{P1}}}\dfrac{v_{\mathrm{S1}}}{v_{\mathrm{P1}}}\dfrac{\rho_1}{\rho_2}\dfrac{v_{\mathrm{P1}}^2}{v_{\mathrm{S2}}^2}\right)A_1^R+A_1^T=1+j\dfrac{\omega h}{v_{\mathrm{P1}}}\left(1-2\dfrac{\rho_1}{\rho_2}\dfrac{v_{\mathrm{S1}}^2}{v_{\mathrm{S2}}^2}\right)\\ +\left[1-j\dfrac{\omega h}{v_{\mathrm{P1}}}\left(1-2\dfrac{\rho_1}{\rho_2}\dfrac{v_{\mathrm{S1}}^2}{v_{\mathrm{S2}}^2}\right)\right]A_0^R-\dfrac{v_{\mathrm{P3}}}{v_{\mathrm{P1}}}A_0^T\\ \left(\dfrac{v_{\mathrm{P1}}}{v_{\mathrm{S1}}}+j\dfrac{\omega h}{v_{\mathrm{P1}}}\dfrac{\rho_2}{\rho_1}\dfrac{v_{\mathrm{P1}}^2}{v_{\mathrm{S1}}^2}\right)A_1^R+\dfrac{\rho_3}{\rho_1}\dfrac{v_{\mathrm{S3}}v_{\mathrm{P1}}}{v_{\mathrm{S1}}^2}A_1^T=2-2A_0^R\\ -j\dfrac{\omega h}{v_{\mathrm{P1}}}\left[\dfrac{\rho_2}{\rho_1}\dfrac{v_{\mathrm{P1}}^2}{v_{\mathrm{S1}}^2}+\dfrac{v_{\mathrm{P1}}^2}{v_{\mathrm{S1}}^2}\left(2\dfrac{v_{\mathrm{S2}}^2}{v_{\mathrm{P2}}^2}-1\right)\right]-2\dfrac{\rho_3}{\rho_1}\dfrac{v_{\mathrm{S3}}^2}{v_{\mathrm{S1}}^2}A_0^T\\ -j\dfrac{\omega h}{v_{\mathrm{P1}}}\left[\dfrac{\rho_2}{\rho_1}\dfrac{v_{\mathrm{P1}}^2}{v_{\mathrm{S1}}^2}+\dfrac{v_{\mathrm{P1}}^2}{v_{\mathrm{S1}}^2}\left(2\dfrac{v_{\mathrm{S2}}^2}{v_{\mathrm{P2}}^2}-1\right)\right]A_0^R\end{cases}\tag{4.86}$$

求解式(4.94),可得

$$\left(\frac{z_{S3}}{z_{S1}}+1+j\tau r_2\frac{z_{S3}}{z_{S2}}+j\tau r_2\frac{z_{S2}}{z_{S1}}\right)A_1^R=\left[-\frac{z_{S3}}{z_{S1}}-j\tau\left(r_2\frac{z_{S2}}{z_{S1}}+\frac{2r_1l_1}{r_2^2}-r_1l_1\right)\right](1+A_0^R)$$
$$+\left[\frac{2}{r_1}+j\tau\left(-l_1\frac{z_{S3}}{z_{S1}}+2\frac{r_2}{r_1}\frac{z_{S3}}{z_{S2}}\right)\right](1-A_0^R)+l_1l_2\left(1-\frac{2}{r_3}\right)\frac{z_{S3}}{z_{S1}}A_0^T \tag{4.87a}$$

$$\left(\frac{z_{S3}}{z_{S1}}+1+j\tau r_2\frac{z_{S3}}{z_{S2}}+j\tau r_2\frac{z_{S2}}{z_{S1}}\right)A_1^T=\begin{pmatrix}1+\tau^2r_2^2+\dfrac{2\tau^2r_1l_1}{r_2}\dfrac{z_{S1}}{z_{S2}}\\ -\tau^2r_1r_2l_1\dfrac{z_{S1}}{z_{S2}}+j\tau r_1l_1-\dfrac{2j\tau r_1l_1}{r_2^2}\end{pmatrix}(1+A_0^R)$$
$$+\left(\frac{2}{r_1}+\frac{2\tau^2r_2^2}{r_1}-\tau^2r_2l_1\frac{z_{S2}}{z_{S1}}+j\tau l_1\right)(1-A_0^R)$$
$$-l_1l_2\left(1+\frac{2}{r_3}\frac{z_{S3}}{z_{S1}}+j\tau r_2\frac{z_{S2}}{z_{S1}}+\frac{2j\tau r_2}{r_3}\frac{z_{S3}}{z_{S2}}\right)A_0^T \tag{4.87b}$$

对于单界面特例,有 $h=0$,则 $\tau=0$,即由介质 1、3 半空间组成的单界面上:

$\tau=0$ 时,可得

$$\left(\frac{z_{S3}}{z_{S1}}+1\right)A_1^R=-\frac{z_{S3}}{z_{S1}}+\frac{2}{r_1}-\frac{z_{S3}}{z_{S1}}A_0^R-\frac{2}{r_1}A_0^R+l_1l_2\left(1-\frac{2}{r_3}\right)\frac{z_{S3}}{z_{S1}}A_0^T \tag{4.88}$$

而杨绍国和周熙襄(1994)给出的单界面公式为

$$A_1^R=-\frac{\dfrac{z_{S3}}{z_{S1}}}{1+\dfrac{z_{S3}}{z_{S1}}}\left(1+A_0^R-\frac{v_{P3}}{v_{P1}}A_0^T\right)+\frac{1}{r_1}\frac{1}{1+\dfrac{z_{S3}}{z_{S1}}}\left[2-2A_0^R-2\frac{\rho_3}{\rho_1}\left(\frac{v_{S3}}{v_{S1}}\right)^2A_0^T\right]$$

与式(4.88)相同。

进一步可得

$$\left(\frac{z_{S3}}{z_{S1}}+1\right)A_1^T=(1+A_0^R)+\frac{2}{r_1}(1-A_0^R)-l_1l_2\left(1+\frac{2}{r_3}\frac{z_{S3}}{z_{S1}}\right)A_0^T \tag{4.89}$$

而杨绍国和周熙襄(1994)给出的单界面公式为

$$A_1^T=-\frac{1}{1+\dfrac{z_{S3}}{z_{S1}}}\left(1+A_0^R-\frac{v_{P3}}{v_{P1}}A_0^T\right)-\frac{v_{S1}}{v_{P1}}\frac{1}{1+\dfrac{z_{S3}}{z_{S1}}}\left[2-2A_0^R-2\frac{\rho_2}{\rho_1}\left(\frac{v_{S3}}{v_{S1}}\right)^2A_0^T\right]$$

与式(4.97)对比,可知:薄层取单界面特例情况求得的 A_1^T 与杨绍国和周熙襄(1994)给出的单界面情况的 A_1^T 相差一个负号。这是由于杨绍国和周熙襄标定波的振动正方向遵循的是右手定则,以上推导遵循 Aki-Richards 的设定,即波从左往右传播,由此造成了 T_{PS} 相差一个负号。

4.6.1.3　A_2^R 的求解(二次项)

只考虑到 $\sin\alpha_1$ 二次项,即 $\sin^2\alpha_1$ 以上高次项舍弃,此时:$R_{PP}=A_0^R+A_2^R\sin^2\alpha_1$,$T_{PP}=A_0^T+A_2^T\sin^2\alpha_1$,$R_{PS}=A_1^R\sin\alpha_1$,$T_{PS}=A_1^T\sin\alpha_1$,将其代入式(4.70),整理可得

$$\begin{cases}\left(1+j\dfrac{\omega h}{v_{\mathrm{P1}}}\dfrac{\rho_1}{\rho_2}\dfrac{v_{\mathrm{P1}}^2}{v_{\mathrm{P2}}^2}\right)A_2^R+A_2^T=-\dfrac{1}{2}+j\dfrac{\omega h}{v_{\mathrm{P1}}}\left(1-2\dfrac{v_{\mathrm{S2}}^2}{v_{\mathrm{P2}}^2}+2\dfrac{\rho_1}{\rho_2}\dfrac{v_{\mathrm{S1}}^2}{v_{\mathrm{P2}}^2}\right)\\ +\dfrac{1}{2}A_0^R+j\dfrac{\omega h}{v_{\mathrm{P1}}}\left(1-2\dfrac{v_{\mathrm{S2}}^2}{v_{\mathrm{P2}}^2}+2\dfrac{\rho_1}{\rho_2}\dfrac{v_{\mathrm{S1}}^2}{v_{\mathrm{P2}}^2}\right)A_0^R+\dfrac{1}{2}\dfrac{v_{\mathrm{P3}}^2}{v_{\mathrm{P1}}^2}A_0^T\\ +\dfrac{v_{\mathrm{S1}}}{v_{\mathrm{P1}}}A_1^R+j\dfrac{\omega h}{v_{\mathrm{P1}}}\left(1-2\dfrac{v_{\mathrm{S2}}^2}{v_{\mathrm{P2}}^2}+2\dfrac{\rho_1}{\rho_2}\dfrac{v_{\mathrm{S1}}^2}{v_{\mathrm{P2}}^2}\right)A_1^R+\dfrac{v_{\mathrm{S3}}}{v_{\mathrm{P1}}}A_1^T\\ \left(1+j\dfrac{\omega h}{v_{\mathrm{P1}}}\dfrac{\rho_2}{\rho_1}\right)A_2^R-\dfrac{\rho_3}{\rho_1}\dfrac{v_{\mathrm{P3}}}{v_{\mathrm{P1}}}A_2^T=2\dfrac{v_{\mathrm{S1}}^2}{v_{\mathrm{P1}}^2}+j\dfrac{\omega h}{v_{\mathrm{P1}}}\left(-2\dfrac{v_{\mathrm{S1}}^2}{v_{\mathrm{P1}}^2}-\dfrac{1}{2}\dfrac{\rho_2}{\rho_1}\right)\\ +2\dfrac{v_{\mathrm{S1}}^2}{v_{\mathrm{P1}}^2}A_0^R+\dfrac{1}{2}j\dfrac{\omega h}{v_{\mathrm{P1}}}\dfrac{\rho_2}{\rho_1}A_0^R+2j\dfrac{\omega h}{v_{\mathrm{P1}}}\dfrac{v_{\mathrm{S1}}^2}{v_{\mathrm{P1}}^2}A_0^R-2\dfrac{\rho_3}{\rho_1}\dfrac{v_{\mathrm{P3}}}{v_{\mathrm{P1}}}\dfrac{v_{\mathrm{S3}}^2}{v_{\mathrm{P1}}^2}A_0^T\\ +2\dfrac{v_{\mathrm{S1}}^2}{v_{\mathrm{P1}}^2}A_1^R+j\dfrac{\omega h}{v_{\mathrm{P1}}}\dfrac{v_{\mathrm{S1}}}{v_{\mathrm{P1}}}\left(1+\dfrac{\rho_2}{\rho_1}\right)A_1^R-2\dfrac{\rho_3}{\rho_1}\dfrac{v_{\mathrm{S3}}^2}{v_{\mathrm{P1}}^2}A_1^T\end{cases}\tag{4.90}$$

则有

$$\begin{aligned}&\left(\frac{z_{\mathrm{P3}}}{z_{\mathrm{P1}}}+1+j\tau\frac{z_{\mathrm{P3}}}{z_{\mathrm{P2}}}+j\tau\frac{z_{\mathrm{P2}}}{z_{\mathrm{P1}}}\right)A_2^R=-\frac{1}{2}\left(\frac{z_{\mathrm{P3}}}{z_{\mathrm{P1}}}+j\tau\frac{z_{\mathrm{P2}}}{z_{\mathrm{P1}}}+\frac{4j\tau l_1}{r_1^2}\right)\left(1-A_0^R-\frac{2}{r_1}A_1^R\right)\\&+\left[\frac{2}{r_1^2}+j\tau\left(l_1-\frac{2l_1}{r_2^2}+\frac{2}{r_1^2}\frac{z_{\mathrm{P1}}}{z_{\mathrm{P2}}}\right)\frac{z_{\mathrm{P3}}}{z_{\mathrm{P1}}}\right](1+A_0^R+A_1^R)\\&+\frac{j\tau l_1}{r_1}\left(1-\frac{4}{r_1^2}\right)A_1^R+l_1^2l_2^2\left(\frac{1}{2}-\frac{2}{r_3^2}\right)\frac{z_{\mathrm{P3}}}{z_{\mathrm{P1}}}A_0^T+\frac{l_1l_2}{r_3}\left(1-\frac{2}{r_3}\right)\frac{z_{\mathrm{P3}}}{z_{\mathrm{P1}}}A_1^T\end{aligned}\tag{4.91}$$

对于单界面特例，$h=0$，则 $\tau=0$，由介质 1、3 半空间组成的单界面上：

$\tau=0$ 时，有

$$\begin{aligned}&\left(\frac{z_{\mathrm{P3}}}{z_{\mathrm{P1}}}+1\right)A_2^R=-\frac{1}{2}\frac{z_{\mathrm{P3}}}{z_{\mathrm{P1}}}\left(1-A_0^R-\frac{2}{r_1}A_1^R\right)+\frac{2}{r_1^2}(1+A_0^R+A_1^R)\\&+\frac{l_1^2l_2^2}{2}\frac{z_{\mathrm{P3}}}{z_{\mathrm{P1}}}\left(1-\frac{4}{r_3^2}\right)A_0^T+\frac{l_1l_2}{r_3}\frac{z_{\mathrm{P3}}}{z_{\mathrm{P1}}}\left(1-\frac{2}{r_3}\right)A_1^T\end{aligned}\tag{4.92}$$

杨绍国和周熙襄(1994)给出的单界面公式为

$$\begin{aligned}A_2^R=&\frac{\dfrac{z_{\mathrm{P3}}}{z_{\mathrm{P1}}}}{1+\dfrac{z_{\mathrm{P3}}}{z_{\mathrm{P1}}}}\left(-\frac{1}{2}+\frac{v_{\mathrm{S1}}}{v_{\mathrm{P1}}}A_1^R+\frac{1}{2}A_0^R-\frac{v_{\mathrm{S3}}}{v_{\mathrm{P1}}}A_1^T+\frac{1}{2}\frac{v_{\mathrm{P3}}^2}{v_{\mathrm{P1}}^2}A_0^T\right)\\&-\frac{1}{1+\dfrac{z_{\mathrm{P3}}}{z_{\mathrm{P1}}}}\left[-2\frac{v_{\mathrm{S1}}^2}{v_{\mathrm{P1}}^2}(1+A_0^R+A_1^R)-2\frac{\rho_3}{\rho_1}\frac{v_{\mathrm{S3}}^2}{v_{\mathrm{P1}}^2}A_1^T+2\frac{z_{\mathrm{P3}}}{z_{\mathrm{P1}}}\frac{v_{\mathrm{S3}}^2}{v_{\mathrm{P1}}^2}A_0^T\right]\end{aligned}$$

与式(4.92)对比可知：由于两种方式所求的 A_1^T 相差一个负号，则两种方式所得的 A_2^R 相同。

将以上求得的参数 A_0^R、A_1^R、A_2^R 代入式(4.82)，即可得到极薄层 PP 波及 PS 波的反射近似式。

4.6.1.4　数值模拟与分析

利用以上获得的极薄层 PP 波及 PS 波反射近似式,对表 4.2 中的四个薄层模型进行 PP 波及 PS 波近似反射系数的计算,并与精准值及极薄层近似值对比,分析近似公式的适用性,如图 4.20 ~ 图 4.27 所示。图中:True 为薄层反射系数的真实值,Quasi 为极薄层近似结果,Series 为极薄层幂级数近似结果,以薄层厚度 = $\lambda/10$ 为例,以下分析主要针对极薄层幂级数近似展开。

以阻抗差表征薄层顶、底界面上下介质构成的阻抗相对强弱,模型 1 顶、底界面处的阻抗差分别为 0.3333、-0.4186,为极性相反(+,-)的高阻抗薄层,且存在 30°临界角。由图 4.20所示,对于模型 1 而言,反射 PP 波情况:极薄层幂级数近似继承了极薄层近似的误差,从振幅上可以看出随着入射角的增大,近似精度变低,这是由 $\sin\alpha_1$ 的 2 次以上幂级数项舍弃造成的。若以 10% 作为能够接受的近似误差最大阈值,则对振幅而言,入射角小于等于 23°满足条件。反射 PS 波情况:由于只计算了 $\sin\alpha_1$ 的 1 次幂级数近似,近似误差比较大,应用中若有需要,应补充 $\sin\alpha_1$ 的 3 次幂级数项。

由图 4.21 所示,对于模型 1,极薄层幂级数近似误差随着薄层厚度的减小(即 λ/h 值的增大)而减小,这是由于极薄层幂级数近似是在极薄层近似的基础上推导的。以 10% 为可接受最大近似误差为例,$\lambda/8$ 情况下在角度小于 23°时满足条件,且随着厚度的减小,满足条件的角度范围有扩大的趋势。对于相位而言,除了 $\lambda/8$ 情况以外,近似误差基本都在 10% 以内,说明相位的近似程度较高。

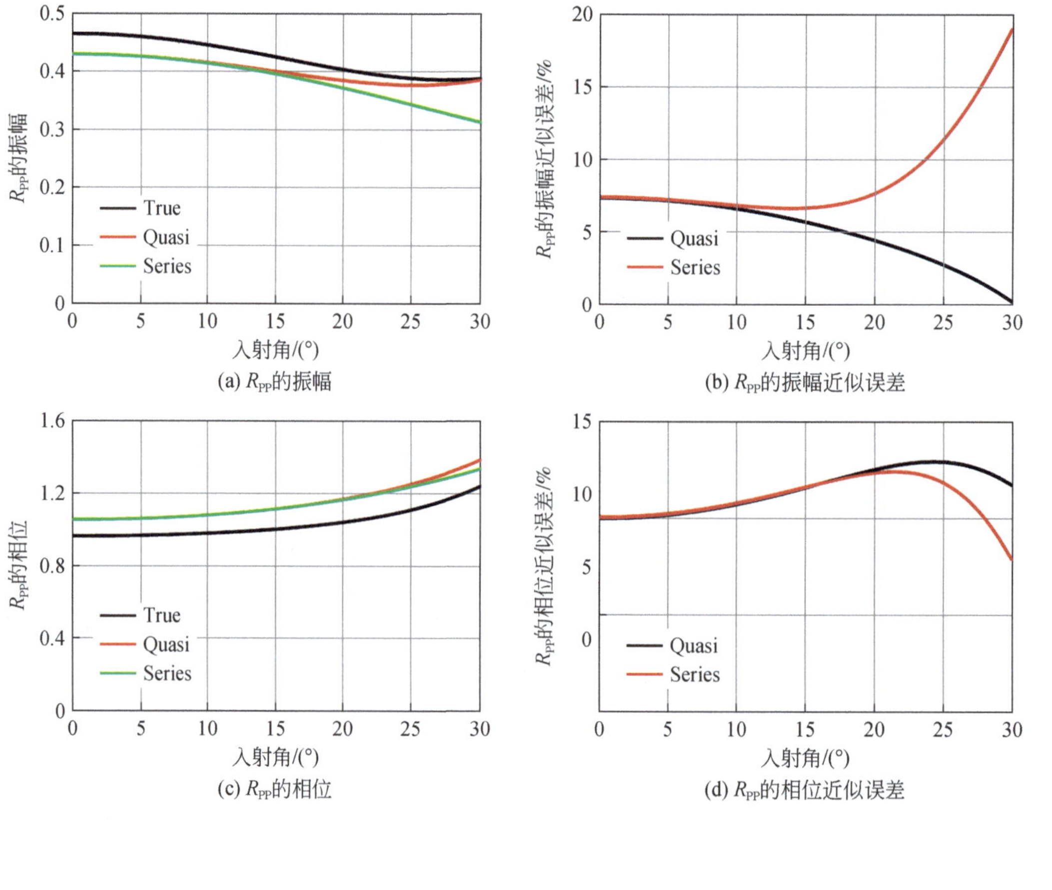

(a) R_{PP}的振幅　　(b) R_{PP}的振幅近似误差

(c) R_{PP}的相位　　(d) R_{PP}的相位近似误差

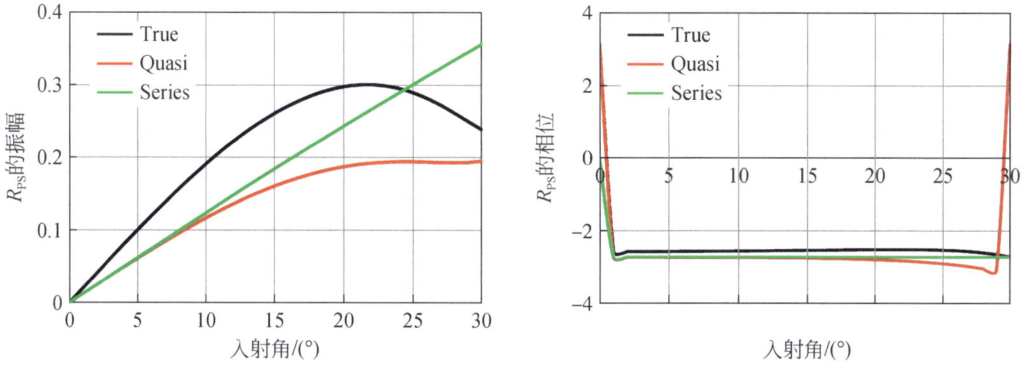

(e) R_{PS}的振幅　　(f) R_{PS}的相位

图 4.20　模型 1 的反射系数近似对比

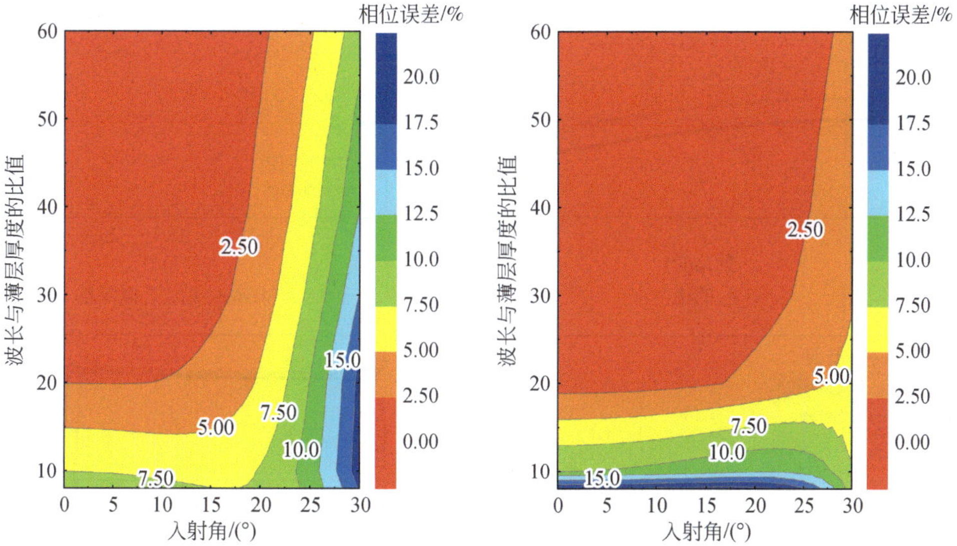

(a) 振幅情况　　(b) 相位情况

图 4.21　模型 1 反射系数 R_{PP} 的近似误差

模型 2 顶、底界面处的阻抗差分别为 0.1586、0.1845，为极性相同(+，+)的阻抗递增薄层，且存在 30°临界角。如图 4.22 所示，小角度范围内(入射角小于 20°)，R_{PP} 振幅近似精度很高(<5%)；入射角大于 20°时，反射 PP 波振幅随着角度的增加由缓慢增大(20°～25°)过渡到急剧增加(25°～30°)，此时极薄层近似完全可以反映出以上反射系数振幅随入射角的变化特征，而极薄层幂级数近似无法刻画反射系数随入射角变化的形态，近似误差随着角度的增加而增大。后续近似误差分析考虑只讨论 25°以内的情况。R_{PP} 相位近似误差在厚度为 $\lambda/10$ 情况下较大。对于反射 PS 波，由于只计算了 $\sin\alpha_1$ 的 1 次幂级数近似，近似误差比较大，应用中若有需要，应补充 $\sin\alpha_1$ 的 3 次幂级数项。

对于不同厚度薄层情况，如图 4.23 所示，在临界角小于 20°的情况下，振幅近似误差都小于 5%；入射角大于 20°时，近似误差随着入射角的增加而迅速增大。该薄层模型存在 30°

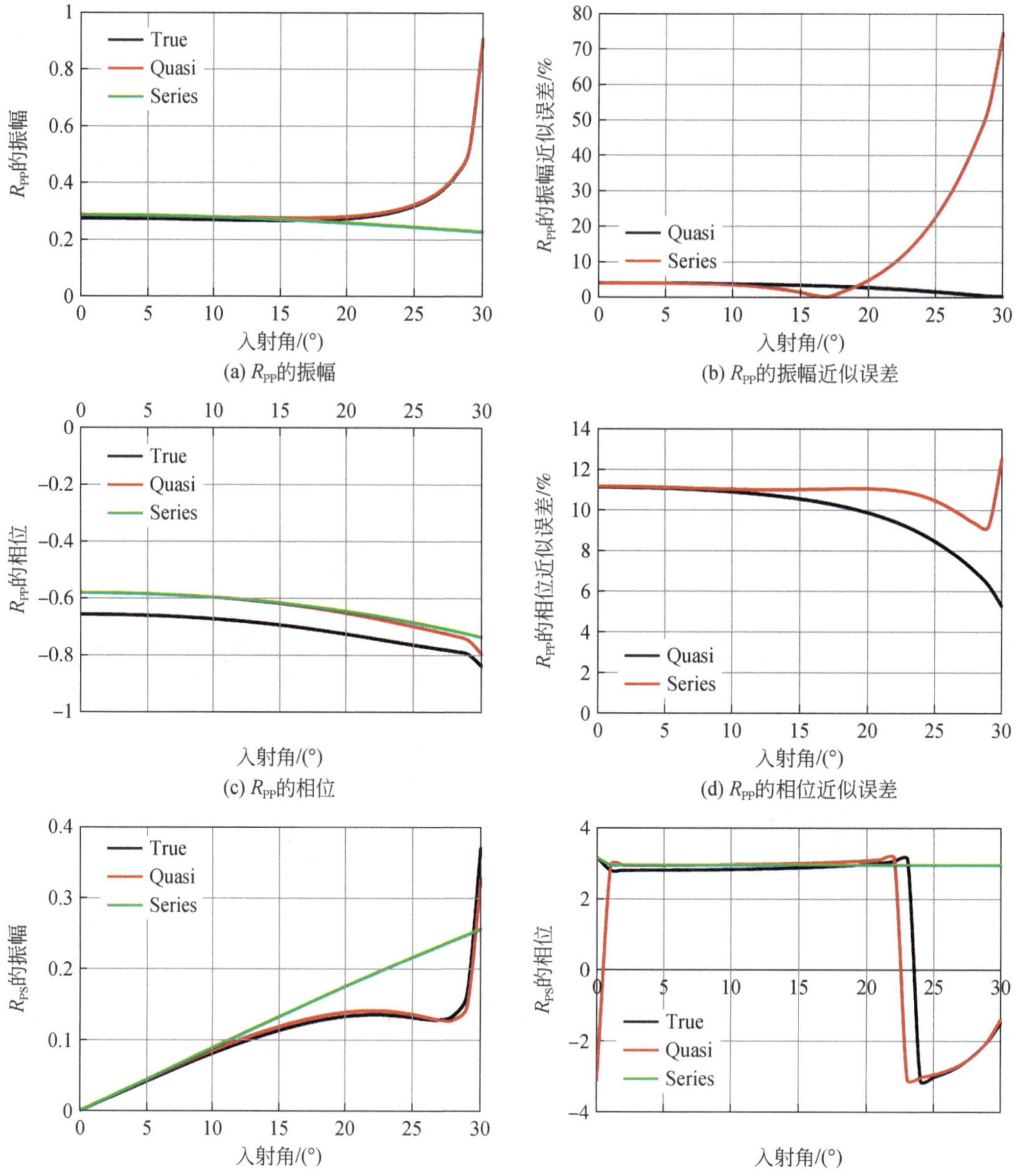

(a) R_{PP}的振幅　(b) R_{PP}的振幅近似误差
(c) R_{PP}的相位　(d) R_{PP}的相位近似误差
(e) R_{PS}的振幅　(f) R_{PS}的相位

图 4.22　模型 2 的反射系数近似对比

的临界角,在临界角附近存在反射系数振幅迅速增大的现象,而极薄层幂级数近似本身舍弃了 $\sin\alpha_1$ 的 2 次以上幂级数项,无法反映大角度时的反射系数振幅变化形态,更无法体现在临界角附近振幅急剧增大的现象。对于反射系数的振幅,在薄层厚度小于 $\lambda/10$ 的情况下,基本可以满足近似误差小于 10% 的要求,且在 $\lambda/20$ 更薄薄层情况下,近似误差小于 5% 。

模型 3 顶、底界面处的阻抗差分别为 -0.2105、0.3695,为极性相反(-,+)的低阻抗薄层,且存在 46.16°临界角。如图 4.24 所示,对于反射 PP 波而言,随着入射角的增加,极薄层幂级数近似误差增大,以 10% 为阈值,则在入射角小于 25°的情况下满足精度要求。极薄层

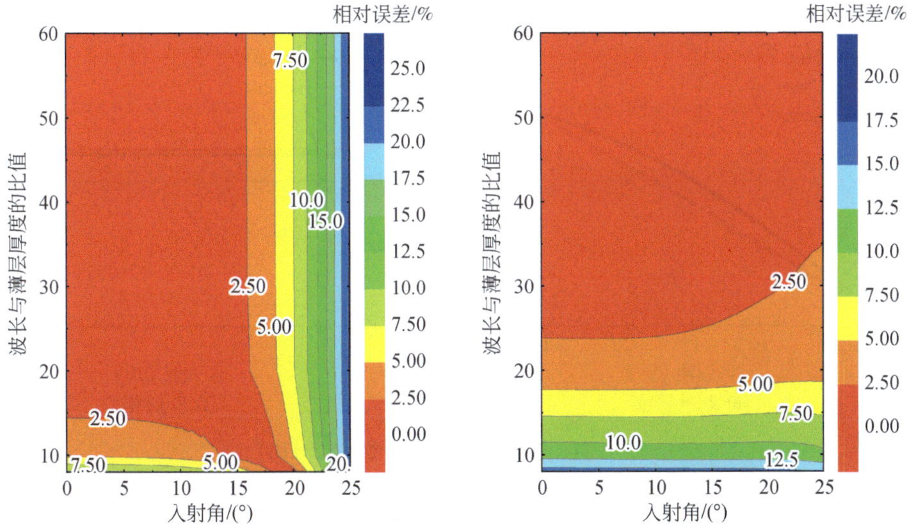

(a) 振幅情况　　　　(b) 相位情况

图 4.23　模型 2 反射系数 R_{PP}的近似误差

近似与幂级数近似对比;近似振幅在入射角小于 20°范围内近似精度相当;近似相位在考虑的角度范围内(入射角小于 30°)近似精度相当。对于 PS 波而言,由于只计算了 $\sin\alpha_1$的 1 次幂级数近似,近似误差比较大。

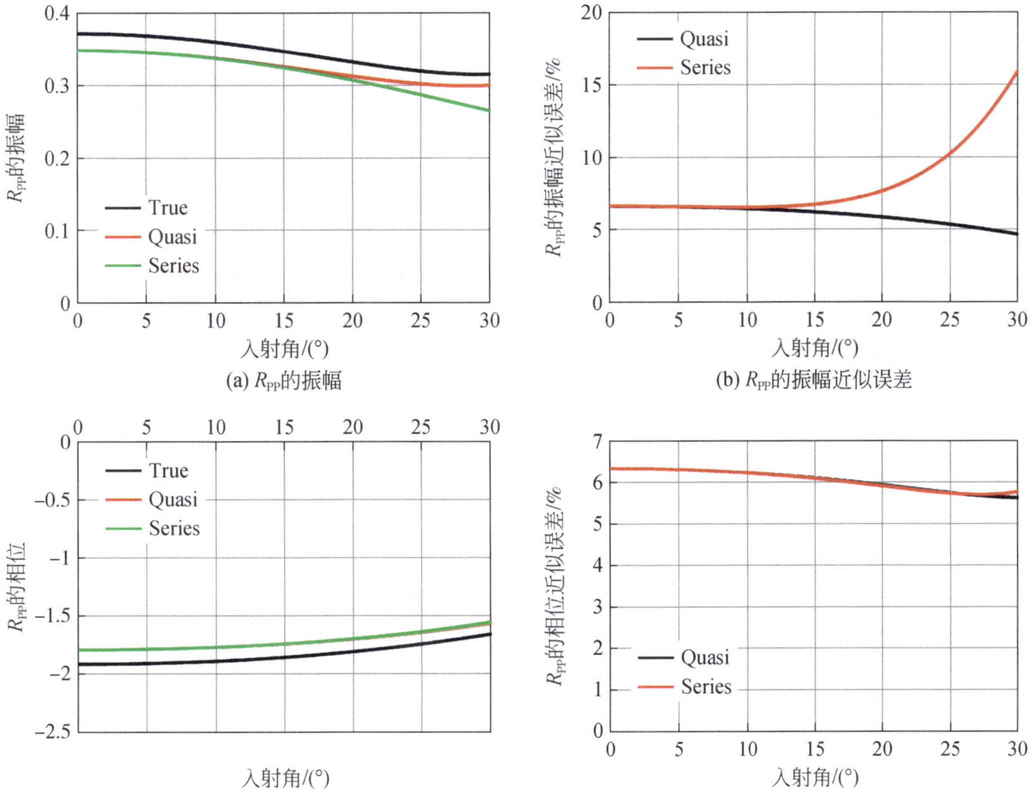

(a) R_{PP}的振幅　　　　(b) R_{PP}的振幅近似误差

(c) R_{PP}的相位　　　　(d) R_{PP}的相位近似误差

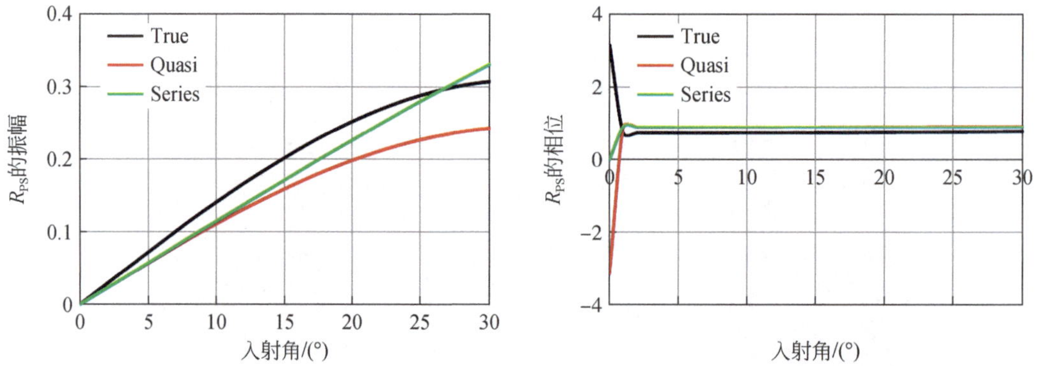

(e) R_{PS}的振幅　　(f) R_{PS}的相位

图 4.24　模型 3 的反射系数近似对比

与模型 2 在入射角小于 20°的情况类似,考虑模型 2 临界角为 30°、模型 3 临界角为 46.16°,反映了极薄层幂级数近似对临界角附近反射系数的近似精度很低。如图 4.25 所示,厚度不同情况对比可知,对于不同厚度薄层情况(除 λ/8),在临界角小于 25°的情况下,振幅近似误差都小于 10%;λ/8 情况,在入射角小于 20°情况下,近似误差小于 10%。振幅近似误差随着入射角的增加而增大,而相位近似误差在不同厚度及入射角情况下都小于 10%。

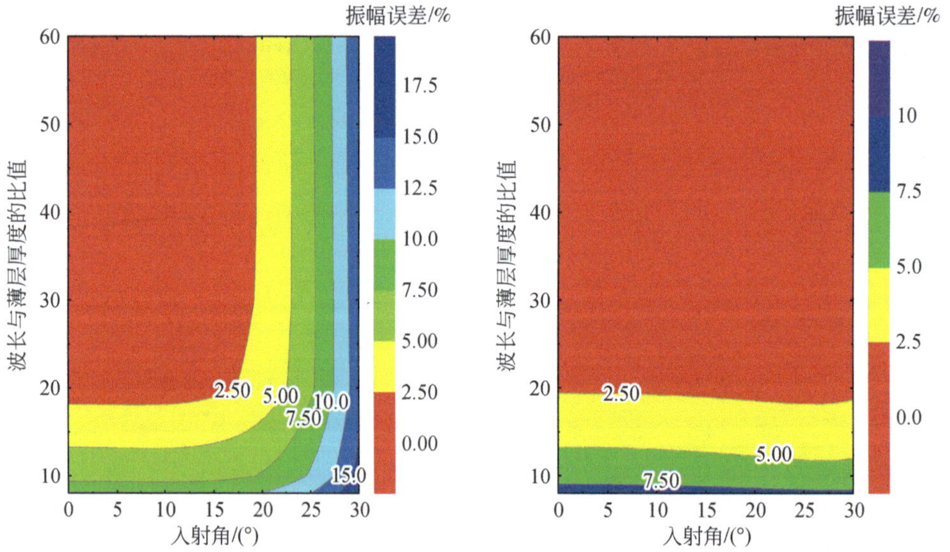

(a) 振幅情况　　(b) 相位情况

图 4.25　模型 3 反射系数 R_{PP} 的近似误差

模型 4 顶、底界面处的阻抗差分别为-0.1845、-0.1836,为极性相同(-,-)的阻抗递减薄层。如图 4.26 所示,无论是极薄层近似还是极薄层幂级数近似对模型 4 的 PP 波反射系数近似精度都很高,振幅近似误差小于 4.25%,相位近似误差小于 2.25%。

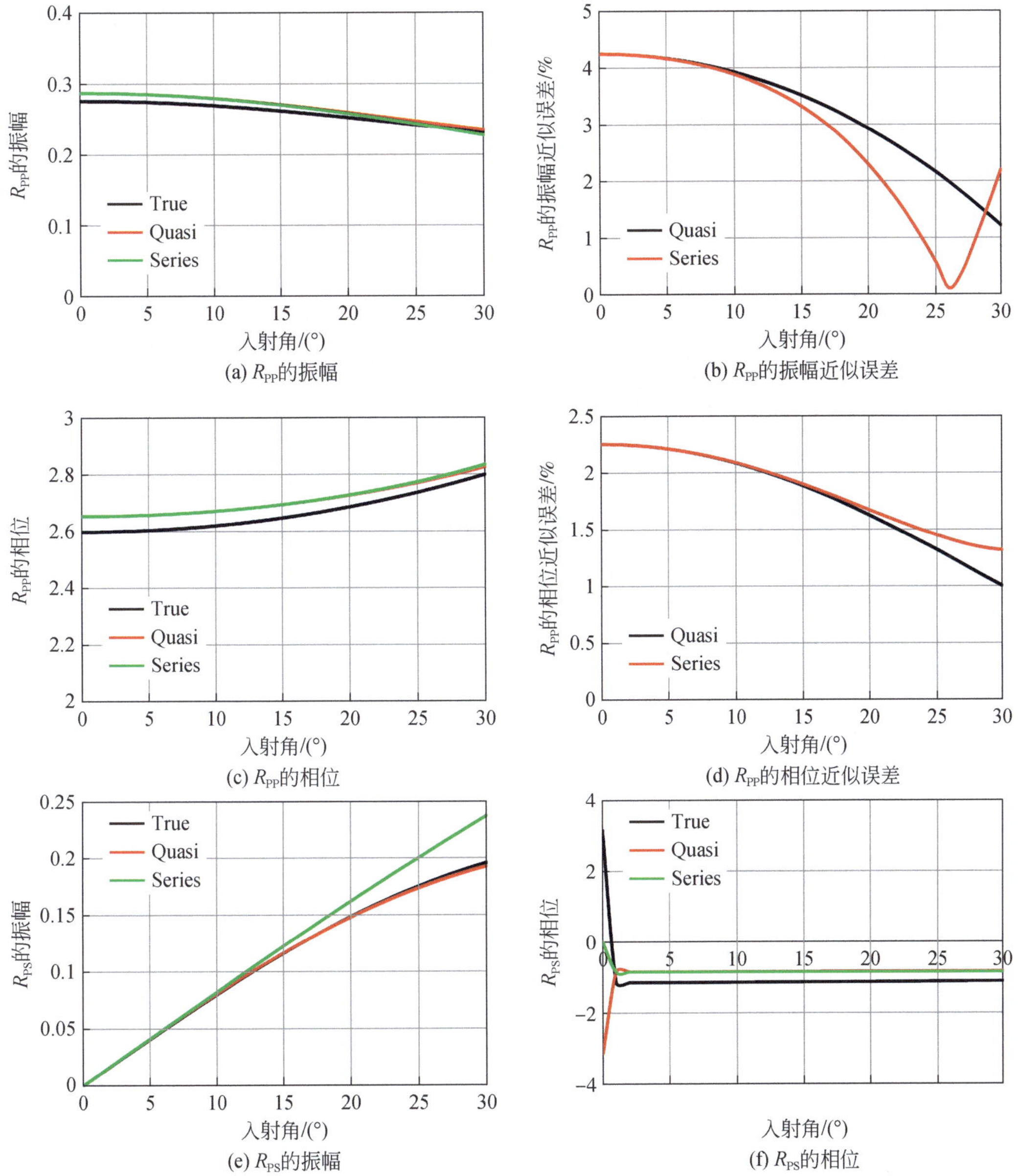

(a) R_{PP}的振幅　(b) R_{PP}的振幅近似误差

(c) R_{PP}的相位　(d) R_{PP}的相位近似误差

(e) R_{PS}的振幅　(f) R_{PS}的相位

图 4.26　模型 4 的反射系数近似对比

如图 4.27 所示,在讨论的厚度及角度范围内,振幅近似误差都小于 10%,且在薄层厚度小于等于 $\lambda/10$ 情况下,近似误差小于 5%;在讨论的厚度及角度范围内,相位近似误差都小于 5%。

综上可知,极薄层幂级数近似在薄层厚度小于等于 $\lambda/10$ 及小角度入射的情况下,具有较高的近似精度。

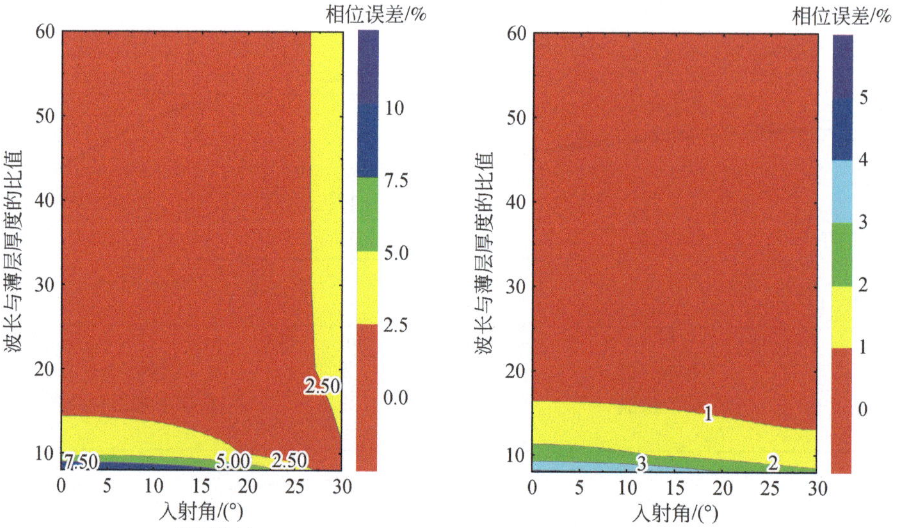

(a) 振幅情况　　(b) 相位情况

图 4.27　模型 4 反射系数 R_{PP} 的近似误差

4.6.2　薄层幂级数近似

基于薄层精准反/透射系数矩阵方程,见式(3.89),以入射角的正弦作为自变量,分别考虑矩阵方程的常数项、一次项及二次项,依次确定 A_0^R、A_0^T、A_1^R、A_1^T、A_2^R 与薄层物性参数的关系,由此获得 R_{PP} 及 R_{PS} 的近似表达式。

4.6.2.1　A_0^R、A_0^T 的求解(常数项)

记:$z_{Pi}=\rho_i v_{Pi}, z_{Si}=\rho_i v_{Si}, r_i=\dfrac{v_{Pi}}{v_{Si}}, i=1,2,3, \tau=\dfrac{\omega h}{v_{P2}}, q=\dfrac{\omega h}{v_{S2}}, l_m=\dfrac{v_{P(m+1)}}{v_{Pm}}, m=1,2, d_1=\dfrac{\rho_2}{\rho_1}$。当 $\alpha_1=0°$ 时,$R_{PP}=A_0^R$,$T_{PP}=A_0^T$,$R_{PS}=0$,$T_{PS}=0$,代入式(3.89),整理得

$$\begin{cases}\left(\cos\tau+j\rho_1 v_{P1}\dfrac{\sin\tau}{\rho_2 v_{P2}}\right)A_0^R+A_0^T=\cos\tau-j\rho_1 v_{P1}\dfrac{\sin\tau}{\rho_2 v_{P2}}\\ \left(j\dfrac{\rho_2 v_{P2}}{\rho_1 v_{P1}}\sin\tau+\cos\tau\right)A_0^R-\dfrac{\rho_3 v_{P3}}{\rho_1 v_{P1}}A_0^T=j\dfrac{\rho_2 v_{P2}}{\rho_1 v_{P1}}\sin\tau-\cos\tau\end{cases} \tag{4.93}$$

求解式(4.93),可得

$$\begin{cases}A_0^R=\dfrac{\left(\dfrac{z_{P3}}{z_{P1}}-1\right)\cos\tau+j\left(\dfrac{z_{P2}}{z_{P1}}-\dfrac{z_{P3}}{z_{P2}}\right)\sin\tau}{\left(\dfrac{z_{P3}}{z_{P1}}+1\right)\cos\tau+j\left(\dfrac{z_{P2}}{z_{P1}}+\dfrac{z_{P3}}{z_{P2}}\right)\sin\tau}\\[2ex] A_0^T=\dfrac{2}{\left(\dfrac{z_{P3}}{z_{P1}}+1\right)\cos\tau+j\left(\dfrac{z_{P2}}{z_{P1}}+\dfrac{z_{P3}}{z_{P2}}\right)\sin\tau}\end{cases} \tag{4.94}$$

4.6.2.2　A_1^R、A_1^T的求解(一次项)

只考虑到 $\sin\alpha_1$ 一次项，即 $\sin\alpha_1$ 以上高次项舍弃，此时：$R_{PP}=A_0^R$，$T_{PP}=A_0^T$，$R_{PS}=A_1^R\sin\alpha_1$，$T_{PS}=A_1^T\sin\alpha_1$，将其代入式(3.89)，整理可得

$$
\begin{cases}
-\cos q A_1^R - j\dfrac{z_{S1}}{z_{S2}}\sin q A_1^R + A_1^T = \left[\cos q - \dfrac{1}{d_1}(\cos q-\cos\tau)\right](1+A_0^R) \\
+j\left(\dfrac{2l_1}{r_2}\sin q - l_1\sin\tau - \dfrac{2}{r_1}\dfrac{z_{S1}}{z_{S2}}\sin q\right)(1-A_0^R) - l_1 l_2 A_0^T \\
\cos q A_1^R + j\dfrac{z_{S2}}{z_{S1}}\sin q A_1^R + \dfrac{z_{S3}}{z_{S1}}A_1^T = -j\left[\dfrac{z_{S2}}{z_{S1}}\sin q + \dfrac{r_1 l_1}{r_2}\left(\dfrac{2}{r_2}\sin\tau - \sin q\right)\right](1+A_0^R) \\
-\left[\dfrac{2l_1}{r_2}(\cos q-\cos\tau)\dfrac{z_{S2}}{z_{S1}} - \dfrac{2}{r_1}\cos q\right](1-A_0^R) - \dfrac{2l_1 l_2}{r_3}\dfrac{z_{S3}}{z_{S1}}A_0^T
\end{cases}
\tag{4.95}
$$

求解式(4.95)，可得

$$
\begin{aligned}
&\left[\left(1+\frac{z_{S3}}{z_{S1}}\right)\cos q + j\left(\frac{z_{S3}}{z_{S2}}+\frac{z_{S2}}{z_{S1}}\right)\sin q\right]A_1^R = \left[\begin{aligned}&\left(\frac{1}{d_1}\cos q - \frac{1}{d_1}\cos\tau - \cos q\right)\frac{z_{S3}}{z_{S1}} - j\frac{z_{S2}}{z_{S1}}\sin q \\ &+j\frac{r_1 l_1}{r_2}\left(\sin q - \frac{2}{r_2}\sin\tau\right)\end{aligned}\right](1+A_0^R) \\
&+\left[\begin{aligned}&\frac{2l_1}{r_2}(\cos\tau-\cos q)\frac{z_{S2}}{z_{S1}} + \frac{2}{r_1}\cos q \\ &+j\left(l_1\sin\tau\frac{z_{S3}}{z_{S1}} + \frac{2\sin q}{r_1}\frac{z_{S3}}{z_{S2}} - \frac{2l_1\sin q}{r_2}\frac{z_{S3}}{z_{S1}}\right)\end{aligned}\right](1-A_0^R) + l_1 l_2\left(1-\frac{2}{r_3}\right)\frac{z_{S3}}{z_{S1}}A_0^T
\end{aligned}
\tag{4.96a}
$$

$$
\begin{aligned}
&\left[\left(1+\frac{z_{S3}}{z_{S1}}\right)\cos q + j\left(\frac{z_{S3}}{z_{S2}}+\frac{z_{S2}}{z_{S1}}\right)\sin q\right]A_1^T = \left[\begin{aligned}&1+\frac{\cos\tau-\cos q}{d_1}\left(\cos q + j\sin q\frac{z_{S2}}{z_{S1}}\right) \\ &+\frac{r_1 l_1}{r_2}\left(\frac{2}{r_2}\sin\tau - \sin q\right)\left(\sin q\frac{z_{S1}}{z_{S2}} - j\cos q\right)\end{aligned}\right](1+A_0^R) \\
&+\left[\frac{2}{r_1} - \frac{2l_1}{r_2}\frac{z_{S2}}{z_{S1}} + l_1\sin q\sin\tau\frac{z_{S2}}{z_{S1}} + \frac{2l_1}{r_2}\cos\tau\cos q\frac{z_{S2}}{z_{S1}} - jl_1\sin\tau\cos q + j\frac{2l_1}{r_2}\sin q\cos\tau\right](1-A_0^R) \\
&-l_1 l_2\left[\cos q\left(1+\frac{2}{r_3}\frac{z_{S3}}{z_{S1}}\right) + j\sin q\left(\frac{z_{S2}}{z_{S1}} + \frac{2}{r_3}\frac{z_{S3}}{z_{S2}}\right)\right]A_0^T
\end{aligned}
\tag{4.96b}
$$

4.6.2.3　A_2^R的求解(二次项)

只考虑到 $\sin\alpha_1$ 二次项，即$\sin^2\alpha_1$ 以上高次项舍弃，此时：$R_{PP}=A_0^R+A_2^R\sin^2\alpha_1$，$T_{PP}=A_0^T+A_2^T\sin^2\alpha_1$，$R_{PS}=A_1^R\sin\alpha_1$，$T_{PS}=A_1^T\sin\alpha_1$，将其代入式(3.89)，整理可得

$$
\begin{cases}
\cos\tau A_2^R + j\dfrac{z_{\mathrm{P1}}}{z_{\mathrm{P2}}}\sin\tau A_2^R + A_2^T = j\left\{\begin{aligned}&\dfrac{l_1}{r_2}\left(\sin q-\dfrac{2}{r_2}\sin\tau\right)\\ &+\dfrac{z_{\mathrm{P1}}}{z_{\mathrm{P2}}}\left[\begin{aligned}&\dfrac{l_1^2}{2}(\sin\tau+\tau\cos\tau)\\ &-\dfrac{l_1^2}{r_2}\sin q+\dfrac{2}{r_1^2}\sin\tau\end{aligned}\right]\end{aligned}\right\}(1+A_0^R)\\
+\left[\dfrac{1}{2}(l_1^2\tau\sin\tau-\cos\tau)+2\left(\dfrac{l_1^2}{r_2^2}-\dfrac{1}{r_1^2 d_1}\right)(\cos q-\cos\tau)\right](1-A_0^R)\\
+\left[\begin{aligned}&\dfrac{1}{r_1}\cos\tau+\dfrac{\cos q-\cos\tau}{r_1 d_1}\\ &+j\dfrac{2\sin\tau}{r_1^2}\dfrac{z_{\mathrm{P1}}}{z_{\mathrm{P2}}}+j\dfrac{l_1}{r_2}\left(\sin q-\dfrac{2}{r_2}\sin\tau\right)\end{aligned}\right]A_1^R+\dfrac{l_1^2 l_2^2}{2}A_0^T+\dfrac{l_1 l_2}{r_3}A_1^T\\
j\dfrac{z_{\mathrm{P2}}}{z_{\mathrm{P1}}}\sin\tau A_2^R+\cos\tau A_2^R-\dfrac{z_{\mathrm{P3}}}{z_{\mathrm{P1}}}A_2^T=\left[\begin{aligned}&-\dfrac{l_1^2}{2}\tau\sin\tau+\dfrac{2}{r_1^2}\cos\tau\\ &+2\dfrac{l_1^2}{r_2^2}(d_1-1)(\cos q-\cos\tau)\end{aligned}\right](1+A_0^R)\\
+j\left\{\dfrac{2l_1}{r_1^2}\left(\sin\tau-\dfrac{2}{r_2}\sin q\right)+\dfrac{z_{\mathrm{P2}}}{z_{\mathrm{P1}}}\left[\begin{aligned}&4\dfrac{l_1^2}{r_2^2}\left(\dfrac{1}{r_2}\sin q-\sin\tau\right)\\ &+\dfrac{l_1^2}{2}(\sin\tau-\tau\cos\tau)-\dfrac{1}{2}\sin\tau\end{aligned}\right]\right\}(1-A_0^R)\\
-\dfrac{2d_1 l_1^2}{r_2^2}(\cos\tau-\cos q)A_1^R+j\dfrac{\sin\tau}{r_1}\dfrac{z_{\mathrm{P2}}}{z_{\mathrm{P1}}}A_1^R+\dfrac{2}{r_1^2}\cos\tau A_1^R\\
+j\dfrac{l_1}{r_1}\left(\dfrac{2}{r_2}\sin q-\sin\tau\right)A_1^R-\dfrac{2l_1^2 l_2^2}{r_3^2}\dfrac{z_{\mathrm{P3}}}{z_{\mathrm{P1}}}A_0^T-\dfrac{2l_1 l_2}{r_3^2}\dfrac{z_{\mathrm{P3}}}{z_{\mathrm{P1}}}A_1^T
\end{cases}
\tag{4.97}
$$

则有

$$
\begin{aligned}
&\left[\left(1+\frac{z_{\mathrm{P3}}}{z_{\mathrm{P1}}}\right)\cos\tau+j\left(\frac{z_{\mathrm{P3}}}{z_{\mathrm{P2}}}+\frac{z_{\mathrm{P2}}}{z_{\mathrm{P1}}}\right)\sin\tau\right]A_2^R\\
&=\left[\begin{aligned}&-\frac{l_1^2}{2}\tau\sin\tau+2\frac{l_1^2}{r_2^2}(d_1-1)(\cos q-\cos\tau)+\frac{2}{r_1^2}\cos\tau+\frac{jl_1}{r_2}\left(\sin q-\frac{2}{r_2}\sin\tau\right)\frac{z_{\mathrm{P3}}}{z_{\mathrm{P1}}}\\ &+j\left(\frac{l_1^2}{2}\sin\tau+\frac{l_1^2}{2}\tau\cos\tau-\frac{l_1^2}{r_2}\sin q+\frac{2}{r_1^2}\sin\tau\right)\frac{z_{\mathrm{P3}}}{z_{\mathrm{P2}}}\end{aligned}\right](1+A_0^R)\\
&+\left[\begin{aligned}&\frac{1}{2}(l_1^2\tau\sin\tau-\cos\tau)\frac{z_{\mathrm{P3}}}{z_{\mathrm{P1}}}+2\left(\frac{l_1^2}{r_2^2}-\frac{1}{r_1^2 d_1}\right)(\cos q-\cos\tau)\frac{z_{\mathrm{P3}}}{z_{\mathrm{P1}}}\\ &+\frac{2jl_1}{r_1^2}\left(\sin\tau-\frac{2}{r_2}\sin q\right)+\frac{4jl_1^2}{r_2^2}\left(\frac{1}{r_2}\sin q-\sin\tau\right)\frac{z_{\mathrm{P2}}}{z_{\mathrm{P1}}}+\frac{jl_1^2}{2}(\sin\tau-\tau\cos\tau)\frac{z_{\mathrm{P2}}}{z_{\mathrm{P1}}}-\frac{j\sin\tau}{2}\frac{z_{\mathrm{P2}}}{z_{\mathrm{P1}}}\end{aligned}\right](1-A_0^R)
\end{aligned}
$$

$$
\begin{aligned}
&+\left[\begin{aligned}&\frac{\cos\tau}{r_1}\frac{z_{\mathrm{P3}}}{z_{\mathrm{P1}}}+\frac{2}{r_1^2}\cos\tau+l_1(\cos q-\cos\tau)\left(\frac{2}{r_2^2}\frac{z_{\mathrm{P2}}}{z_{\mathrm{P1}}}+\frac{1}{r_1}\frac{z_{\mathrm{P3}}}{z_{\mathrm{P2}}}\right)+\frac{2j\sin\tau}{r_1^2}\frac{z_{\mathrm{P3}}}{z_{\mathrm{P2}}}\\
&+\frac{jl_1}{r_2}\left(\sin q-\frac{2}{r_2}\sin\tau\right)\frac{z_{\mathrm{P3}}}{z_{\mathrm{P1}}}+j\frac{\sin\tau}{r_1}\frac{z_{\mathrm{P2}}}{z_{\mathrm{P1}}}+j\frac{l_1}{r_1}\left(\frac{2}{r_2}\sin q-\sin\tau\right)\end{aligned}\right]A_1^R\\
&+l_1^2l_2^2\left(\frac{1}{2}-\frac{2}{r_3^2}\right)\frac{z_{\mathrm{P3}}}{z_{\mathrm{P1}}}A_0^T+\frac{l_1l_2}{r_3}\left(1-\frac{2}{r_3}\right)\frac{z_{\mathrm{P3}}}{z_{\mathrm{P1}}}A_1^T
\end{aligned}
\tag{4.98}
$$

将参数 A_0^R、A_1^R、A_2^R代入式(4.82),即可得到薄层 PP 波及 PS 波的反射近似式。

4.6.2.4　数值模拟与分析

利用以上获得的薄层 PP 波及 PS 波反射近似式,对表4.2中的四个薄层模型进行 PP 波及 PS 波近似反射系数的计算,并与精准值、极薄层及极薄层幂级数近似值对比,分析近似公式的适用性,如图4.28～图4.31所示。图中:True 为薄层反射系数的真实值,Quasi 为极薄层近似结果,Series 为极薄层幂级数近似结果,Qseries 为薄层的幂级数近似,以 λ/10 为例,以下分析主要针对薄层幂级数近似展开。

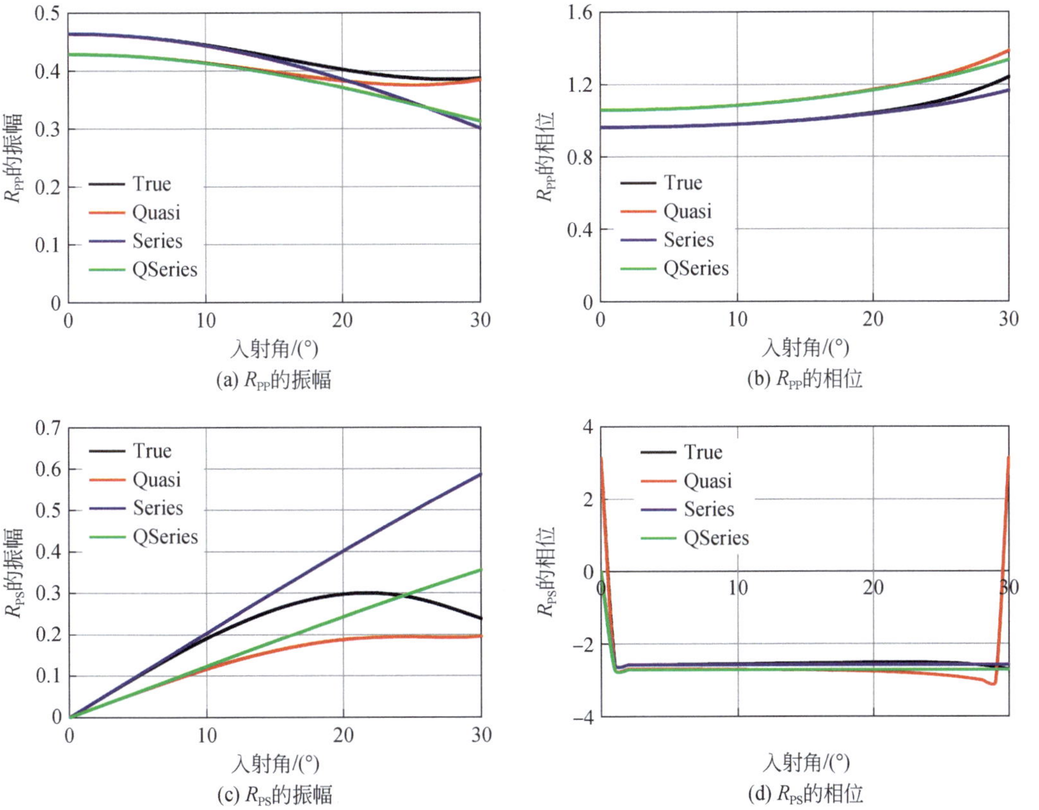

(a) R_{PP}的振幅　(b) R_{PP}的相位　(c) R_{PS}的振幅　(d) R_{PS}的相位

图4.28　模型1的反射系数近似对比

对于模型1,如图4.28所示,对于 PP 波反射系数,幂级数近似较极薄层幂级数近似的优势主要体现在垂直入射及小角度入射情况下,即 A_0^R参数的求解,极薄层幂级数近似继承了极薄层近似在垂直及小角度入射时的近似误差。对于 PS 波反射系数,由于只取了 $\sin\alpha_1$ 项,在小角度(0° ~10°)范围内,幂级数近似可以反映精准 PS 反射系数振幅的变化;极薄层幂级数近似可以反映极薄层近似下的 PS 波反射系数振幅的变化。

对于模型 2 而言,如图 4.29 所示,由于 PP 波反射系数近似都是舍弃了 $\sin^2\alpha_1$ 以上高次项,无论是幂级数近似还是极薄层幂级数近似都无法反映临界角附近反射系数振幅迅速增大的趋势。对于 PS 波反射系数,由于只取了 $\sin\alpha_1$ 项,相位上,无论是幂级数近似还是极薄层幂级数近似仅能反映小角度(0° ~10°)范围内 R_{PS} 的变化,且两种近似公式的精度相当。

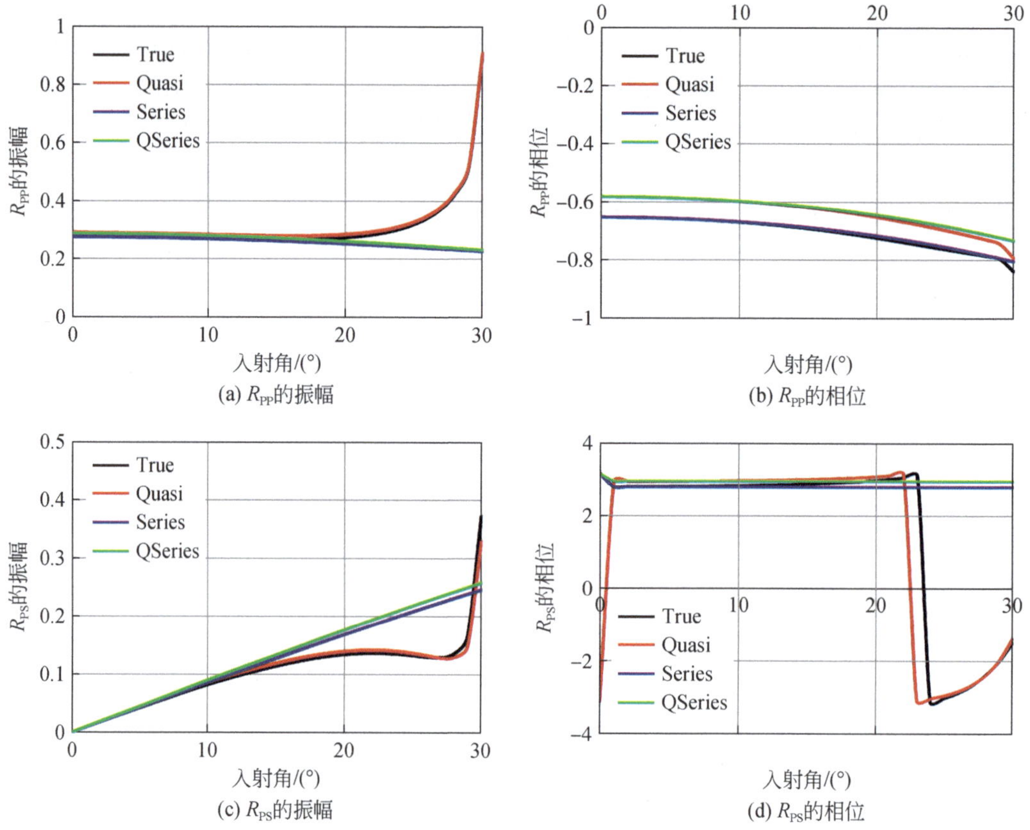

图 4.29　模型 2 的反射系数近似对比

对于模型 3 而言,如图 4.30 所示,反映规律与模型 1 情况类似。

模型 4 有别于前 3 个模型,不存在临界角,则反射系数也不会存在如模型 2 中临界角附近振幅迅速增大的现象。因此,如图 4.31 所示,无论是幂级数近似或者极薄层幂级数近似的近似精度都很高。

综上可知:

(1)对于存在临界角的模型(如模型 2),极薄层近似与极薄层幂级数近似都无法反映临界角附近反射系数的突变趋势。

(2)薄层幂级数近似较极薄层幂级数近似的优势主要体现在垂直入射及小角度入射情

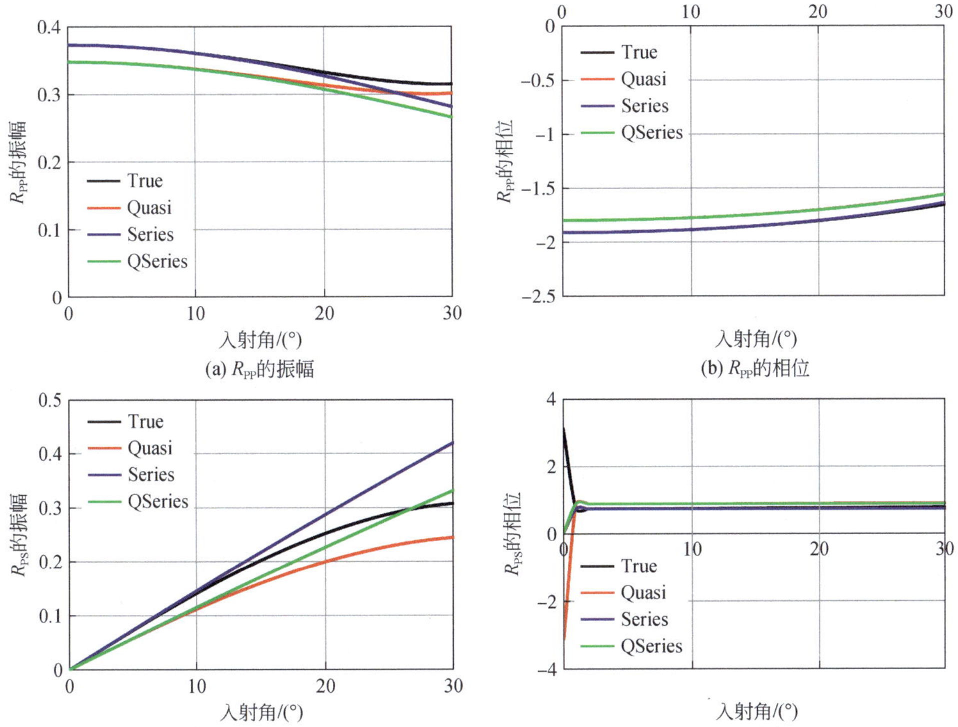

(a) R_{PP}的振幅　(b) R_{PP}的相位

(c) R_{PS}的振幅　(d) R_{PS}的相位

图 4.30　模型 3 的反射系数近似对比

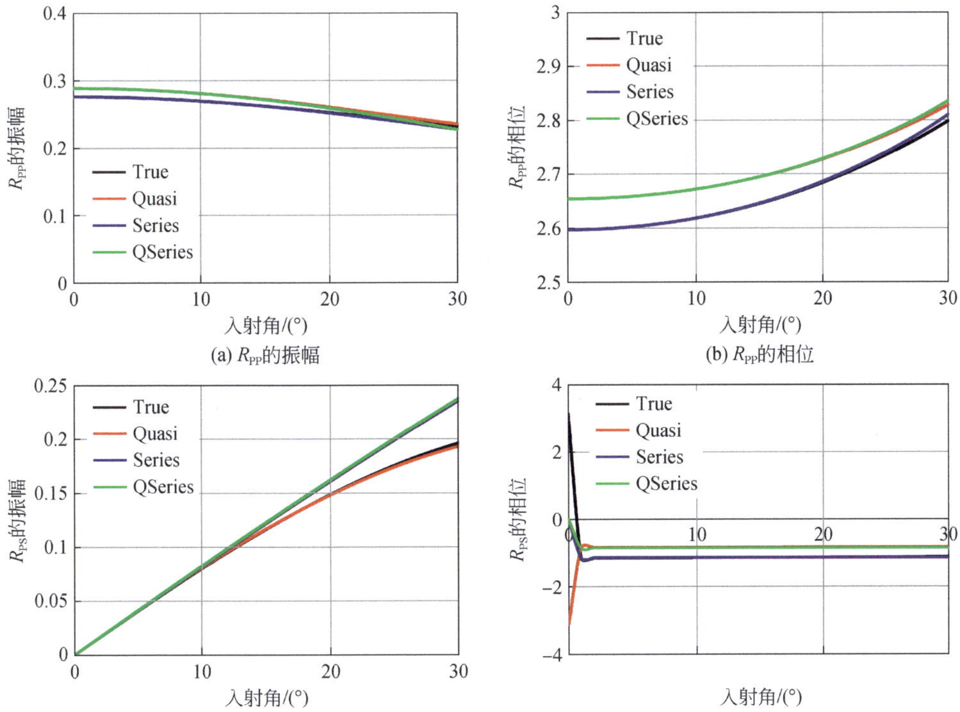

(a) R_{PP}的振幅　(b) R_{PP}的相位

(c) R_{PS}的振幅　(d) R_{PS}的相位

图 4.31　模型 4 的反射系数近似对比

况下,即 A_0^R 参数的求解,极薄层幂级数近似继承了极薄层近似在垂直及小角度入射时的近似误差。

(3)在小角度(0°~10°)范围内,薄层幂级数近似可以反映精准 PS 反射系数振幅的变化;极薄层幂级数近似可以反映极薄层近似下的 PS 波反射系数振幅的变化。

4.7 本章小结

本章主要分为两个部分对薄(互)层反射系数近似进行阐述。

(1)对现有薄互层反射系数近似理论进行整理和修正。整理了 Schoenberg 近似式及各向异性近似式,为后续薄互层视各向异性的研究提供理论基础;修正了张中杰和何樵登(1990,1996)提出的薄互层视各向异性弹性参数 $\bar{c}_{11}$;当互层厚度很小时,可以将薄互层等效成 VTI 介质,减少参数个数,为后续突出薄互层背景下的目标层,将目标层顶、底互层等效成 VTI 介质提供了可能。Schoenberg 各向异性传播矩阵可以实现上述薄互层等效 VTI 介质反射系数拟合。

(2)给出薄层反射系数近似矩阵方程及近似式。首先讨论了薄互层反/透射系数与射线参数 p 的关系,得出了"薄层非转换波的反/透射系数是射线参数 p 的偶函数,而转换波的反/透射系数是射线参数 p 的奇函数"的结论。随后,在薄层厚度很小的假设前提下,给出了与 Zoeppritz 方程具有类似形式的极薄层近似矩阵方程,简化了薄层的反/透射公式,为薄层反演提供了可能。之后,通过假设薄层的反射为薄层顶、底界面的一次反射叠加,对弱阻抗差薄层进行了进一步的简化处理,提出了弱阻抗差近似、四次幂级数近似及二次幂级数近似,并讨论了各近似式的适用条件和精度。最后,利用薄层反/透射系数与射线参数的奇偶关系式,给出薄层及极薄层的幂级数近似式。以上薄层反射系数近似式的提出,为下一步薄层 AVO 分析及反演打下理论基础。

第5章　双相介质薄(互)层弹性波的反射与透射

地球介质的复杂性不仅在于组成固体的介质是多种组分、多种结构的,且一般含有孔隙和孔隙流体。除超深层的变质岩和基性岩外,对于广泛分布的沉积岩,由于固体骨架间的孔隙及其中填充不同岩性、流体所产生的岩石物性的非均质性要求我们考虑更一般的孔隙弹性介质的地震波传播。目前油气地震勘探所面对的主要储层类型中,无论是陆相或海陆交互相的砂岩储层还是海相碳酸盐储层,都是固体和流体组合的双相介质。地震波在双相介质中的传播特征不同于单纯固相介质的情况;相对于单相介质,双相介质中的弹性波传播更为复杂也更贴近实际弹性波情况。而我国绝大多数的中、新生代陆相含油气盆地大都以砂、泥岩沉积为主,以薄层的形式存在,其厚度远低于目前地震技术的垂向分辨率。因此,研究基于双相介质理论的含油气薄砂岩储层的弹性波反射特征,对寻找薄的岩性油气藏具有十分重要的意义。

双相介质理论是讨论岩石骨架与孔隙流体各自的物性参数如何影响岩石总体的物性参数,并进而如何影响弹性波传播和能量传递的一种地震理论模型。双相介质理论充分考虑了固体岩石的结构和流体的特殊性质以及局部特性与整体效应的关系等,因而能够更准确、详尽地描述实际储层结构和流体性质及其对地震波传播过程的影响。在双相介质研究方面,Gassmann(1951)提出了关于弹性波在多孔隙介质中的传播理论,并建立了适用于流通孔隙的各向同性介质的 Gassmann 方程;Biot(1956a,1956b)发展了 Gassmann 的理论,奠定了流体饱和多孔隙双相介质波动理论的基础,Biot 理论充分考虑了孔隙介质中的流固耦合,发现了慢纵波,并指出黏滞力控制孔隙流体的相对运动,是弹性波在孔隙介质传播过程中发生衰减的重要因素。

本章分别利用 Gassmann 方程及 Biot 理论建立两套双相介质薄层弹性波反/透射方程,并分析了单相介质与双相介质的弹性波反射差异及薄层厚度、孔隙度、流体饱和度等参数对双相介质薄储层地震响应的影响。

5.1　双相介质理论

5.1.1　Gassmann 方程

Gassmann(1951)对弹性波动方程做了自适应假设后导出了著名的 Gassmann 方程,该方程建立了饱和岩石体积模量与岩石基质、孔隙流体及其干燥岩石骨架三者体积模量之间的关系,用于解释流体性质的变化对岩石地震属性的影响。

Gassmann 方程基本假设条件如下:

(1)宏观上,孔隙介质(骨架和基质)或岩石是各向同性且均匀的;

(2)岩石中的孔隙大小一致且都是连通的,保证在地震波半个波长之内在孔隙流体中引起的扰动是均衡的；

(3)孔隙中充满无摩擦的流体；

(4)岩石-流体所构成的系统是封闭的；

(5)孔隙流体不与固体产生化学、物理的相互作用。

通过假设条件(1) ~(5)可以看出,Gassmann 方程适用于岩石骨架结构为完全弹性、孔隙流体为完全饱和的岩石中,且对孔隙结构没有要求,一般情况下,对所有几何形式的孔隙都适合。Gassmann 方程适用于频率充分低的情况,地震资料的频率一般小于 100Hz,因此可以很好地应用于地震勘探中。

地下岩石由固体基质、岩石骨架及孔隙流体三大部分组成。其中,固体基质是指组成岩石的矿物颗粒;岩石骨架是指由岩石固体基质和孔隙组成的部分,但孔隙中不包含流体,为空孔隙;孔隙中包含的流体可以为油、气、水或者它们之间的混合物。

对于孔隙中流体排空后的岩石,干岩体积模量 K_{dry} 可以通过下式计算：

$$\frac{1}{K_{dry}}=\frac{1}{K_m}+\frac{\varphi}{K_\varphi} \tag{5.1}$$

式中,K_m 为岩石基质的体积模量;K_φ 为孔隙空间的体积模量;φ 为岩石的孔隙度。饱和岩石体积模量 K_{sat} 和孔隙度 φ 之间在低频情况下存在类似式(5.1)的关系：

$$\frac{1}{K_{sat}}=\frac{1}{K_m}+\frac{\varphi}{\tilde{K}_\varphi} \tag{5.2}$$

式中,$\tilde{K}_\varphi=K_\varphi+\frac{K_mK_f}{K_m-K_f}$,其中 K_f 为孔隙流体的体积模量。

消去式(5.1)、式(5.2)中的 K_φ,得

$$\frac{K_{sat}}{K_m-K_{sat}}=\frac{K_{dry}}{K_m-K_{dry}}+\frac{K_f}{\varphi(K_m-K_f)} \tag{5.3}$$

上式即为 Gassmann 方程。White (1975)将式(5.3)改写成如下形式：

$$K_{sat}=K_{dry}+\frac{\left(1-\frac{K_{dry}}{K_m}\right)^2}{\frac{\varphi}{K_f}+\frac{1-\varphi}{K_m}+\frac{K_{dry}}{K_m^2}} \tag{5.4}$$

从上式可以看出含流体岩石的体积模量可以分解为两项和的形式,第一项是流体排空后岩石的体积模量;第二项比较复杂,但可以看出它是以岩石基质的体积模量和孔隙度等参数为自变量的函数。Gassmann 还指出岩石的饱和剪切模量不受饱和流体的影响,则有：

$$\mu_{sat}=\mu_{dry} \tag{5.5}$$

式中,μ_{sat} 为饱和岩石的剪切模量;μ_{dry} 为干燥岩石骨架的剪切模量。

Gassmann 方程中饱和岩石密度 ρ_{sat} 的表达式如下：

$$\rho_{sat}=\rho_{dry}+\varphi\rho_f=(1-\varphi)\cdot\rho_m+\varphi\cdot\rho_f \tag{5.6}$$

式中,ρ_{sat} 为饱和岩石密度;ρ_{dry} 为岩石骨架密度;ρ_m 为基质矿物密度;ρ_f 为孔隙流体密度。从上式可知:饱和岩石密度可以表示为孔隙流体密度和岩石基质密度的体积百分比和的形式。

混合流体的体积模量 K_f 可以根据 Wood(1955)方程来进行计算：

$$\frac{1}{K_f}=\frac{S_w}{K_w}+\frac{S_o}{K_o}+\frac{S_g}{K_g} \tag{5.7}$$

式中,K_w、K_o、K_g 分别为水、油、气体的体积模量;S_w、S_o、S_g 分别为水、油、气的饱和度,且有 $S_w+S_o+S_g=1$。

混合流体的密度 ρ_f 通过下式进行计算:

$$\rho_f=S_w\rho_w+S_o\rho_o+S_g\rho_g \tag{5.8}$$

式中,ρ_w、ρ_o、ρ_g 分别为水、油、气体的密度。

基质的体积模量 K_m 和剪切模量 μ_m 由已知岩石矿物成分的模量确定,利用 Voigt-Reuss-Hill(VRH)公式(Voigt, 1928; Reuss,1929;Hill,1952)计算:

$$M=\frac{1}{2}(M_V+M_R) \tag{5.9}$$

式中,M 为有效的基质模量,可以为 K_m 或 μ_m;M_V 和 M_R 分别为 Voigt 平均和 Reuss 平均,前者相当于串联模式,后者相当于并联模式,且分别满足:

$$M_V=\sum_{i=1}^{n}c_iM_i \tag{5.10a}$$

$$M_R=\sum_{i=1}^{n}\frac{c_i}{M_i} \tag{5.10b}$$

式中,c_i 和 M_i 分别为第 i 个矿物成分的体积比例和体积模量。

在已知岩石的矿物成分和孔隙流体组成的情况下,就可以计算出孔隙流体的体积模量 K_f 和基质的体积模量 K_m。然而,干岩石体积模量 K_{dry} 却难以求出,但它是地震振幅解释和流体敏感性分析的重要参数。所以许多岩石物理学家在其他已知岩石特性的基础上,提出了一些经验近似公式来估算 K_{dry}。定义 B 为 Biot 系数,且有

$$B=(1-K_{dry}/K_m) \tag{5.11}$$

Biot 系数 B 是基质体积模量 K_m 和干岩体积模量 K_{dry} 的函数,其中 K_m 能够被估计出来,而 K_{dry} 是需要求出的干岩体积模量。B 的取值范围在 0 ~ 1,$B=0$ 代表固结良好的沉积岩,$B=1$ 代表未固结沉积岩和悬浮物。最流行的试验方法是将 B 看作孔隙度的函数近似求得,以下是已经提出的一些公式:

(1)Geertsma (1961):
$$B=1-[1+50\varphi]^{-1} \tag{5.12a}$$

(2)Krief 等(1990):
$$B=1-[1-\varphi]^{[3/(1-\varphi)]} \tag{5.12b}$$

(3)Nur 等(1991):
$$B=\varphi/\varphi_{crit};\varphi<\varphi_{crit} \tag{5.12c}$$

$$B=1;\varphi\geqslant\varphi_{crit} \tag{5.12d}$$

式中,φ_{crit} 为临界孔隙度。

其中 Mavko 等(1998)给出了各种矿物的临界孔隙度,如表 5.1 所示。

表 5.1　矿物的临界孔隙度

矿物	临界孔隙度(φ_{crit})/%	矿物	临界孔隙度(φ_{crit})/%
砂岩	40	浮石	80
石灰岩	60	白垩	65
白云岩	40		

(4)多项式展开(Hilterman,2006)：　$K_{dry}/K_m = a_0 + a_1(\varphi/\varphi_{crit}) + a_2(\varphi/\varphi_{crit})^2$　(5.12e)

推导出：　$B = 2(\varphi/\varphi_{crit}) - (\varphi/\varphi_{crit})^2$　(5.12f)

初始条件是：

当$(\varphi/\varphi_{crit}) = 0$时：$K_{dry}/K_m = 1$

当$(\varphi/\varphi_{crit}) = 1$时：$K_{dry}/K_m = 0$

当$(\varphi/\varphi_{crit}) = 1$时：$d(K_{dry}/K_m)/d(\varphi/\varphi_{crit}) = 0$

利用 Gassmann 方程,我们可以进行流体替代,计算不同流体饱和岩石的速度和密度,分析地震参数和地震响应特征随孔隙度以及流体饱和度的关系,进行岩性和油气预测。

5.1.2　Biot 理论

Biot(1956a, 1956b)发展了 Gassmann 的流体饱和多孔介质理论,建立了弹性波在黏性流体饱和的多孔隙介质中的传播理论,两种理论对比如图 5.1 所示。

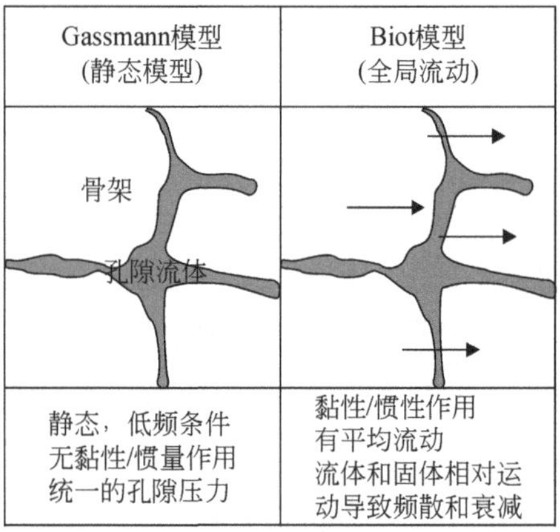

图 5.1　Gassmann 模型与 Biot 模型对比

Biot 假设饱和流体多孔介质是由固体骨架和相互连通的孔隙构成的;孔隙内充满可以压缩的、能够相对于骨架运动的黏滞流体。这种由固体骨架和流体构成的介质称为双相介质。根据这些基本假设,Biot 论证了在饱和流体多孔介质中存在 3 种体波,即两类纵波和一类横波。第 1 类纵波(快纵波)和横波与地震勘探中常规的 P 波和 S 波相类似,第 2 类纵波(慢纵波)的传播速度低于横波的传播速度并具有很强的衰减性质。1980 年 Plona 和 Berryman 分别从实验室发现了慢纵波的存在,从而证实了 Biot 理论的正确性。

Biot 理论的具体假设:多孔介质由固体骨架和孔隙组成;孔隙大小均匀、互相连通,孔隙内完全被可压缩的黏滞流体饱和充填;流体可以相对于骨架运动;具有惯性的流体和骨架固体的运动是相互耦合的;不计热学、化学效应;仍把多孔介质当作均匀各向同性介质处理。在此基本假设基础上,Biot 采用分析力学的方法导出了流体饱和多孔介质中的波动方程,建立了多孔介质中波速、衰减与频率和多孔介质参数(孔隙度、固体骨架和孔隙流体的弹性、流体的黏滞性)之间的关系。基于以上假设,下面将分别介绍 Biot 双相介质中的应力与应变关系、保守系统(王赟,2000)中的运动平衡方程、纵波及横波。

5.1.2.1　应力与应变的关系

从饱和流体孔隙介质中任取一立方体单元(以下简称单元体),应力张量可以分为两个部分。

(1) 作用于单元体中每一固体截面的应力张量为

$$\begin{bmatrix} \sigma_{xx} & \tau_{xy} & \tau_{xz} \\ \tau_{yx} & \sigma_{yy} & \tau_{yz} \\ \tau_{zx} & \tau_{zy} & \sigma_{zz} \end{bmatrix} \tag{5.13}$$

式中,σ_{xx}、σ_{yy}、σ_{zz}为固相部分的正应力;τ_{xy}、τ_{xz}、τ_{yz}、τ_{yx}、τ_{zx}、τ_{zy}为固相部分的剪应力;并且有关系式,即 $\tau_{xy}=\tau_{yx}$,$\tau_{zy}=\tau_{yz}$,$\tau_{xz}=\tau_{zx}$。

(2)作用于单元体中每一流体截面的应力张量为

$$\begin{bmatrix} S & 0 & 0 \\ 0 & S & 0 \\ 0 & 0 & S \end{bmatrix} \tag{5.14}$$

式中,S 为流相部分的正应力。由于流体内无剪切应力,所以应力张量只含有主对角分量。

S 与流体压力 P 成正比,满足如下关系:

$$-S=\varphi P \tag{5.15}$$

式中,φ 为孔隙度;负号表示应力 S 与流体压力 P 方向相反。

作用于单元体中每一固体截面的应变张量为

$$\begin{bmatrix} e_{xx} & e_{xy} & e_{xz} \\ e_{yx} & e_{yy} & e_{yz} \\ e_{zx} & e_{zy} & e_{zz} \end{bmatrix} \tag{5.16}$$

用 $\boldsymbol{u}$ 和 $\boldsymbol{U}$ 分别表示介质固体部分和流体部分的位移分量,且有

$$\begin{aligned} \boldsymbol{u}&=(u_x,u_y,u_z) \\ \boldsymbol{U}&=(U_x,U_y,U_z) \end{aligned} \tag{5.17}$$

则应变分量和位移分量的关系为

$$\left.\begin{aligned} e_{xx}&=\frac{\partial u_x}{\partial x} \\ e_{yy}&=\frac{\partial u_y}{\partial y} \\ e_{zz}&=\frac{\partial u_z}{\partial z} \end{aligned}\right\} \tag{5.18a}$$

$$\left.\begin{aligned} e_{yz}=e_{zy}&=\frac{\partial u_y}{\partial z}+\frac{\partial u_z}{\partial y} \\ e_{zx}=e_{xz}&=\frac{\partial u_z}{\partial x}+\frac{\partial u_x}{\partial z} \\ e_{xy}=e_{yx}&=\frac{\partial u_x}{\partial y}+\frac{\partial u_y}{\partial x} \end{aligned}\right\} \tag{5.18b}$$

于是,固体的体应变 e 和流体的体应变 ε 可以由位移矢量的散度来表示,即

$$e=\mathrm{div}\boldsymbol{u}=e_{xx}+e_{yy}+e_{zz}=\theta \tag{5.19a}$$

$$\varepsilon=\mathrm{div}\boldsymbol{U}=\frac{\partial U_x}{\partial x}+\frac{\partial U_y}{\partial y}+\frac{\partial U_z}{\partial z} \tag{5.19b}$$

为了建立应力和应变之间的联系,首先忽略由于流体和固体之间相对运动产生的能量耗散,在保守系统中研究问题。在这一假设条件下,介质产生的应变就是介质偏离其最小位能的位置,因此介质的位能密度 E_{P} 可以用应变分量表示为

$$E_{\mathrm{P}}=\frac{1}{2}(\sigma_{xx}e_{xx}+\sigma_{yy}e_{yy}+\sigma_{zz}e_{zz}+\tau_{xy}e_{xy}+\tau_{yz}e_{yz}+\tau_{zx}e_{zx}) \tag{5.20}$$

如果进一步假设介质内孔隙大小和分布都均匀,则在统计意义上可将此种介质视为均匀各向同性介质,因此得出双相介质中应力与应变的关系式为

$$\sigma_{xx}=2Ne_{xx}+Ae+Q\varepsilon \tag{5.21a}$$

$$\sigma_{yy}=2Ne_{yy}+Ae+Q\varepsilon \tag{5.21b}$$

$$\sigma_{zz}=2Ne_{zz}+Ae+Q\varepsilon \tag{5.21c}$$

$$\tau_{xy}=Ne_{xy} \tag{5.21d}$$

$$\tau_{xz}=Ne_{xz} \tag{5.21e}$$

$$\tau_{yz}=Ne_{yz} \tag{5.21f}$$

$$S=Qe+R\varepsilon \tag{5.21g}$$

由式(5.21)可知:基于 Biot 理论的双相各向同性介质弹性参数只需要四个独立参数即 A、N、R、Q 来刻画。系数 A 和 N 与弹性理论中的拉梅常数 λ 和 μ 相对应;R 为保持总体积不变而施加在流体上的压力系数;系数 Q 反映了固体和流体体积变化之间的耦合性质,二者均为正。

将式(5.21)写为矩阵形式,则有

$$\begin{bmatrix}\sigma_{xx}\\ \sigma_{yy}\\ \sigma_{zz}\\ \tau_{xy}\\ \tau_{xz}\\ \tau_{yz}\\ S\end{bmatrix}=\begin{bmatrix}2N+A & A & A & 0 & 0 & 0 & Q\\ A & 2N+A & A & 0 & 0 & 0 & Q\\ A & A & 2N+A & 0 & 0 & 0 & Q\\ 0 & 0 & 0 & N & 0 & 0 & 0\\ 0 & 0 & 0 & 0 & N & 0 & 0\\ 0 & 0 & 0 & 0 & 0 & N & 0\\ Q & Q & Q & 0 & 0 & 0 & R\end{bmatrix}\begin{bmatrix}e_{xx}\\ e_{yy}\\ e_{zz}\\ e_{xy}\\ e_{xz}\\ e_{yz}\\ \varepsilon\end{bmatrix} \tag{5.22}$$

即为双相各向同性介质的本构方程。

5.1.2.2 运动平衡方程

双相介质中任一单元体所具有的动能可表示为

$$T=\frac{1}{2}\rho_{11}\left[\left(\frac{\partial u_x}{\partial t}\right)^2+\left(\frac{\partial u_y}{\partial t}\right)^2+\left(\frac{\partial u_z}{\partial t}\right)^2\right]+\rho_{12}\left[\frac{\partial u_x}{\partial t}\frac{\partial U_x}{\partial t}+\frac{\partial u_y}{\partial t}\frac{\partial U_y}{\partial t}+\frac{\partial u_z}{\partial t}\frac{\partial U_z}{\partial t}\right]+\frac{1}{2}\rho_{22}\left[\left(\frac{\partial U_x}{\partial t}\right)^2+\left(\frac{\partial U_y}{\partial t}\right)^2+\left(\frac{\partial U_z}{\partial t}\right)^2\right] \tag{5.23}$$

式中，ρ_{11}，ρ_{22}和ρ_{12}为质量系数。ρ_{11}表示单元体中固体相对于流体运动时固体部分总的等效质量；ρ_{22}表示流体相对于固体运动时流体部分总的等效质量；ρ_{12}表示流体和固体之间的质量耦合系数，是黏滞、摩擦等效应的综合反映，又称为视质量；且有如下关系式：

$$\left.\begin{aligned}\rho_{11}>0\\ \rho_{22}>0\\ \rho_{12}<0\\ \rho_{11}\rho_{22}-\rho_{12}^2>0\end{aligned}\right\}\tag{5.24}$$

由于假定了介质在统计意义上是各向同性的，所以 x,y,z 三个方向是等价的。不失一般性，考虑 x 方向上的运动，用 q_x 表示在 x 方向上作用于单元体固体部分的总作用力；Q_x 表示在 x 方向上作用于单元体流体部分的总作用力。根据分析力学中的拉格朗日方程，有

$$q_x=\frac{\partial}{\partial t}\left[\frac{\partial T}{\partial(\partial u_x/\partial t)}\right]=\frac{\partial^2}{\partial t^2}(\rho_{11}u_x+\rho_{12}U_x)\tag{5.25a}$$

$$Q_x=\frac{\partial}{\partial t}\left[\frac{\partial T}{\partial(\partial U_x/\partial t)}\right]=\frac{\partial^2}{\partial t^2}(\rho_{12}u_x+\rho_{22}U_x)\tag{5.25b}$$

另外，可以将 q_x 和 Q_x 用应力关系表示。以 x 方向的正应力为例，显然有 x 方向的正应力为

$$[\sigma_{xx}(x+\mathrm{d}x,y,z)-\sigma_{xx}(x,y,z)]\,\mathrm{d}y\mathrm{d}z=\frac{\partial\sigma_{xx}}{\partial x}\mathrm{d}x\mathrm{d}y\mathrm{d}z\tag{5.26}$$

同时考虑切应力，则

$$q_x=\left(\frac{\partial\sigma_{xx}}{\partial x}\mathrm{d}x\right)\mathrm{d}y\mathrm{d}z+\left(\frac{\partial\tau_{yx}}{\partial y}\mathrm{d}y\right)\mathrm{d}x\mathrm{d}z+\left(\frac{\partial\tau_{zx}}{\partial z}\mathrm{d}z\right)\mathrm{d}y\mathrm{d}x\tag{5.27}$$

对单位体积，有

$$q_x=\frac{\partial\sigma_{xx}}{\partial x}+\frac{\partial\tau_{yx}}{\partial y}+\frac{\partial\tau_{zx}}{\partial z}\tag{5.28a}$$

同理，有

$$Q_x=\frac{\partial S}{\partial x}\tag{5.28b}$$

由此得出

$$\left.\begin{aligned}&\frac{\partial\sigma_{xx}}{\partial x}+\frac{\partial\tau_{yx}}{\partial y}+\frac{\partial\tau_{zx}}{\partial z}=\frac{\partial^2}{\partial t^2}(\rho_{11}u_x+\rho_{12}U_x)\\ &\frac{\partial S}{\partial x}=\frac{\partial^2}{\partial t^2}(\rho_{12}u_x+\rho_{22}U_x)\end{aligned}\right\}\tag{5.29}$$

式(5.29)为 x 方向上的运动平衡方程式。

同理可以得到其他两个方向上的运动平衡方程式。由此得到下列结果：

$$\left.\begin{aligned}&\frac{\partial\sigma_{xx}}{\partial x}+\frac{\partial\tau_{yx}}{\partial y}+\frac{\partial\tau_{zx}}{\partial z}=\frac{\partial^2}{\partial t^2}(\rho_{11}u_x+\rho_{12}U_x)\\ &\frac{\partial S}{\partial x}=\frac{\partial^2}{\partial t^2}(\rho_{12}u_x+\rho_{22}U_x)\end{aligned}\right\}\tag{5.30a}$$

$$\left.\begin{aligned}&\frac{\partial\tau_{xy}}{\partial x}+\frac{\partial\sigma_{yy}}{\partial y}+\frac{\partial\tau_{zy}}{\partial z}=\frac{\partial^2}{\partial t^2}(\rho_{11}u_y+\rho_{12}U_y)\\&\frac{\partial S}{\partial y}=\frac{\partial^2}{\partial t^2}(\rho_{12}u_y+\rho_{22}U_y)\end{aligned}\right\}\tag{5.30b}$$

$$\left.\begin{aligned}&\frac{\partial\tau_{xz}}{\partial x}+\frac{\partial\tau_{yz}}{\partial y}+\frac{\partial\sigma_{zz}}{\partial z}=\frac{\partial^2}{\partial t^2}(\rho_{11}u_z+\rho_{12}U_z)\\&\frac{\partial S}{\partial z}=\frac{\partial^2}{\partial t^2}(\rho_{12}u_z+\rho_{22}U_z)\end{aligned}\right\}\tag{5.30c}$$

式(5.30)为饱和流体孔隙介质中用应力表示的运动平衡方程,与弹性理论中的纳维尔方程对应(胡德绥,1989)。

将应力-应变关系式[式(5.21)]代入式(5.30)中的各式,再根据式(5.19),可以得到用位移分量表示的运动平衡方程式为

$$\left.\begin{aligned}&N\nabla^2u_x+(A+N)\frac{\partial e}{\partial x}+Q\frac{\partial\varepsilon}{\partial x}=\frac{\partial^2}{\partial t^2}(\rho_{11}u_x+\rho_{12}U_x)\\&Q\frac{\partial e}{\partial x}+R\frac{\partial\varepsilon}{\partial x}=\frac{\partial^2}{\partial t^2}(\rho_{12}u_x+\rho_{22}U_x)\end{aligned}\right\}\tag{5.31a}$$

$$\left.\begin{aligned}&N\nabla^2u_y+(A+N)\frac{\partial e}{\partial y}+Q\frac{\partial\varepsilon}{\partial y}=\frac{\partial^2}{\partial t^2}(\rho_{11}u_y+\rho_{12}U_y)\\&Q\frac{\partial e}{\partial y}+R\frac{\partial\varepsilon}{\partial y}=\frac{\partial^2}{\partial t^2}(\rho_{12}u_y+\rho_{22}U_y)\end{aligned}\right\}\tag{5.31b}$$

$$\left.\begin{aligned}&N\nabla^2u_z+(A+N)\frac{\partial e}{\partial z}+Q\frac{\partial\varepsilon}{\partial z}=\frac{\partial^2}{\partial t^2}(\rho_{11}u_z+\rho_{12}U_z)\\&Q\frac{\partial e}{\partial z}+R\frac{\partial\varepsilon}{\partial z}=\frac{\partial^2}{\partial t^2}(\rho_{12}u_z+\rho_{22}U_z)\end{aligned}\right\}\tag{5.31c}$$

将上述方程分别乘以 i,j,k,相加合并,得到使用梯度符号表示的矢量位移方程为

$$\left.\begin{aligned}&N\nabla^2\boldsymbol{u}+\nabla[(A+N)e+Q\varepsilon]=\frac{\partial^2}{\partial t^2}(\rho_{11}\boldsymbol{u}+\rho_{12}\boldsymbol{U})\\&\nabla(Qe+R\varepsilon)=\frac{\partial^2}{\partial t^2}(\rho_{12}\boldsymbol{u}+\rho_{22}\boldsymbol{U})\end{aligned}\right\}\tag{5.32}$$

式(5.32)为统计均匀、统计各向同性、无耗散双相介质中波动方程的一般形式。

5.1.2.3　双相介质中的纵波和横波

由于假设了在统计意义上是各向同性的,因此在均匀介质中,纵波与横波之间无耦合,各自满足相应的波动方程。记

$$\nabla\times\boldsymbol{u}=\boldsymbol{\omega},\nabla\times\boldsymbol{U}=\boldsymbol{\Omega}$$

(1)对波动方程的一般形式[式(5.32)]两边取散度,得到双相介质中的纵波波动方程:

$$\left.\begin{aligned}\nabla^2(Pe+Q\varepsilon)&=\frac{\partial^2}{\partial t^2}(\rho_{11}e+\rho_{12}\varepsilon)\\\nabla^2(Qe+R\varepsilon)&=\frac{\partial^2}{\partial t^2}(\rho_{12}e+\rho_{22}\varepsilon)\end{aligned}\right\}\tag{5.33}$$

式中,$P=A+2N$。

(2)对波动方程的一般形式[式(5.32)]两边取旋度,得到双相介质中的横波波动方程:

$$\left.\begin{aligned}N\nabla^2\boldsymbol{\omega}&=\frac{\partial^2}{\partial t^2}(\rho_{11}\boldsymbol{\omega}+\rho_{12}\boldsymbol{\Omega})\\0&=\frac{\partial^2}{\partial t^2}(\rho_{12}\boldsymbol{\omega}+\rho_{22}\boldsymbol{\Omega})\end{aligned}\right\}\tag{5.34}$$

下面分别讨论双相介质中的纵波和横波。

1) 横波情形

由式(5.34)中的两个方程消去 $\boldsymbol{\Omega}$,得

$$N\nabla^2\boldsymbol{\omega}=\rho_{11}\left(1-\frac{\rho_{12}^2}{\rho_{11}\rho_{22}}\right)\frac{\partial^2\boldsymbol{\omega}}{\partial t^2}\tag{5.35}$$

令

$$v_{\mathrm{S}}=\left[\frac{N}{\rho_{11}\left(1-\dfrac{\rho_{12}^2}{\rho_{11}\rho_{22}}\right)}\right]^{1/2}$$

式(5.35)可以写成

$$\nabla^2\boldsymbol{\omega}-\frac{1}{v_{\mathrm{S}}^2}\frac{\partial^2\boldsymbol{\omega}}{\partial t^2}=0\tag{5.36}$$

式中,v_{S} 为横波传播的速度。式(5.36)与弹性固体中的横波波动方程具有相同的形式。

2) 纵波情形

引入下面的符号:

$$H=P+R+2Q,v_{\mathrm{c}}=\left(\frac{H}{\rho}\right)^{1/2}$$

式中,ρ 为单元体固体骨架和流体部分的总质量;v_{c} 为固体骨架和流体之间无相对运动(即 $e=\varepsilon$)时纵波的传播速度。

另外,记

$$\sigma_{11}=\frac{P}{H},\sigma_{22}=\frac{R}{H},\sigma_{12}=\frac{Q}{H}\tag{5.37a}$$

$$\gamma_{11}=\frac{\rho_{11}}{\rho},\gamma_{22}=\frac{\rho_{22}}{\rho},\gamma_{12}=\frac{\rho_{12}}{\rho}\tag{5.37b}$$

式中,σ_{ij} 和 $\gamma_{ij}(i=1,2;j=1,2)$为表征双相介质弹性性质的系数,并且有下列关系式:

$$\sigma_{11}\sigma_{22}-\sigma_{12}^2>0,\gamma_{11}\gamma_{22}-\gamma_{12}^2>0\tag{5.38a}$$

$$\sigma_{11}+\sigma_{22}+2\sigma_{12}=1,\gamma_{11}+\gamma_{22}+2\gamma_{12}=1\tag{5.38b}$$

由式(5.38b)可知,σ_{ij} 和 $\gamma_{ij}(i=1,2;j=1,2)$中 6 个系数有 4 个是独立的,将它们代入纵波方程[式(5.33)],得

$$\left.\begin{aligned}\nabla^2(\sigma_{11}e+\sigma_{12}\varepsilon)&=\frac{1}{v_c^2}\frac{\partial^2}{\partial t^2}(\gamma_{11}e+\gamma_{12}\varepsilon)\\ \nabla^2(\sigma_{12}e+\sigma_{22}\varepsilon)&=\frac{1}{v_c^2}\frac{\partial^2}{\partial t^2}(\gamma_{12}e+\gamma_{22}\varepsilon)\end{aligned}\right\}\tag{5.39}$$

为方便起见,研究沿 x 方向传播的一维平面波,此时式(5.39)的解可以写为

$$\left.\begin{aligned}e&=B_1e^{j(\omega t-kx)}\\ \varepsilon&=B_2e^{j(\omega t-kx)}\end{aligned}\right\}\tag{5.40}$$

则波的传播速度为

$$v=\frac{\omega}{k}\tag{5.41}$$

速度 v 可以通过下面的方法确定。将式(5.40)代入式(5.39)中,并令

$$Z=\frac{v_c^2}{v^2}\tag{5.42}$$

得到

$$\left.\begin{aligned}Z(\sigma_{11}B_1+\sigma_{12}B_2)&=\gamma_{11}B_1+\gamma_{12}B_2\\ Z(\sigma_{12}B_1+\sigma_{22}B_2)&=\gamma_{12}B_1+\gamma_{22}B_2\end{aligned}\right\}\tag{5.43}$$

上述方程即

$$\begin{bmatrix}Z\sigma_{11}-\gamma_{11} & Z\sigma_{12}-\gamma_{12}\\ Z\sigma_{12}-\gamma_{12} & Z\sigma_{22}-\gamma_{22}\end{bmatrix}\begin{bmatrix}B_1\\ B_2\end{bmatrix}=\begin{bmatrix}0\\ 0\end{bmatrix}\tag{5.44}$$

由于要求的是方程(5.44)的非零解,而此方程有非零解的充分必要条件是系数行列式为0,即

$$\begin{vmatrix}Z\sigma_{11}-\gamma_{11} & Z\sigma_{12}-\gamma_{12}\\ Z\sigma_{12}-\gamma_{12} & Z\sigma_{22}-\gamma_{22}\end{vmatrix}=0\tag{5.45}$$

展开并整理,得

$$(\sigma_{11}\sigma_{22}-\sigma_{12}^2)Z^2-(\sigma_{11}\gamma_{22}+\sigma_{22}\gamma_{11}-2\sigma_{12}\gamma_{12})Z+(\gamma_{11}\gamma_{22}-\gamma_{12}^2)=0\tag{5.46}$$

式(5.46)是以 Z 为变量的一元二次代数方程,求解可以得到两个根 Z_1 和 Z_2。由代数方程的根与系数的关系及4个弹性系数之间的关系[式(5.38a)],可知两根均为正数。它们对应着两个速度值

$$\left.\begin{aligned}v_1^2&=\frac{v_c^2}{Z_1}\\ v_2^2&=\frac{v_c^2}{Z_2}\end{aligned}\right\}\tag{5.47}$$

可见,在饱和流体孔隙介质中存在着两类纵波。其中,速度高的称为第1类纵波(快纵波),记为 P_1 波;速度低的称为第2类纵波(慢纵波),记为 P_2 波。通常情况下记录到的是第1类纵波;第2类纵波一般很弱,尤其是低频段更弱,且伴有很强的衰减和频散现象。这是 Biot 理论最重要的成果。

5.1.2.4　Biot 理论参数的计算

由于后续讨论的 Biot 双相介质反/透射方程涉及参数众多,包括 4 个 Biot 弹性参数(A、N、Q、R),3 个质量参数(ρ_{11}、ρ_{22}、ρ_{12}),两类纵波及横波的速度(v_{P1}、v_{P2}、v_S)、两类纵波及横波的流固振幅比(m_{11}、m_{12}、m_2)。假设以下参数已知:岩石孔隙度(φ),岩石基质的体积模量、剪切模量及密度(K_m、μ_m、ρ_m),饱和孔隙流体的体积模量及密度(K_f、ρ_f),干岩石的体积模量和剪切模量(K_{dry}、μ_{dry})。利用以下经验公式即可求解低频情况下 Biot 双相介质反/透射方程所需要的参数。

1) Biot 弹性参数(A、N、Q、R)的求取

Biot 和 Willis(1957)给出了 Biot 弹性参数的计算公式,如下所示:

$$\begin{aligned}
A&=\frac{(1-\varphi)^2K_mK_f-(1-\varphi)K_{dry}K_f+\varphi K_mK_{dry}}{K_f\left(1-\varphi-\dfrac{K_{dry}}{K_m}\right)+\varphi K_m}-\frac{2}{3}\mu_{sat}\\
N&=\mu_{sat}\\
Q&=\frac{\varphi K_f(K_m(1-\varphi)-K_{dry})}{K_f\left(1-\varphi-\dfrac{K_{dry}}{K_m}\right)+\varphi K_m}\\
R&=\frac{\varphi^2K_fK_m}{K_f\left(1-\varphi-\dfrac{K_{dry}}{K_m}\right)+\varphi K_m}
\end{aligned}\tag{5.48}$$

且有 $\mu_{sat}=\mu_{dry}$(Gassmann,1951)。

2) 质量参数(ρ_{11}、ρ_{22}、ρ_{12})的求取

Biot(1956a)给出质量参数的计算公式如下所示:

$$\begin{aligned}
\rho_{11}&=(1-\varphi)\rho_m-\rho_{12}\\
\rho_{22}&=\varphi\rho_f-\rho_{12}\\
\rho_{12}&=-(\alpha-1)\varphi\rho_f
\end{aligned}\tag{5.49}$$

式中,α 为弯曲度,根据 Berryman(1980)的定义,α 有如下表达式:

$$\alpha=1+\left(\frac{1}{\varphi}-1\right)r\tag{5.50}$$

式中,r 为与流体运动中骨架的微观模型有关的因子,当孔隙为球形时,$r=0.5$。

3) 纵横波速度(v_{P1}、v_{P2}、v_S)的求取

Biot(1956a)给出双相介质中纵横波速度的计算公式,如下所示:

$$\begin{aligned}
v_{P1}^2&=\frac{a_1+\sqrt{a_1^2-4a_0a_2}}{2a_0}\\
v_{P2}^2&=\frac{a_1-\sqrt{a_1^2-4a_0a_2}}{2a_0}\\
v_S&=\sqrt{\frac{\mu_{sat}\rho_{22}}{a_0}}
\end{aligned}\tag{5.51}$$

其中:

$$a_0=\rho_{11}\rho_{22}-\rho_{12}^2$$
$$a_1=R\rho_{11}-2Q\rho_{12}+(A+2\mu_{\text{sat}})\rho_{22}$$
$$a_2=R(A+2\mu_{\text{sat}})-Q^2$$

且有 $R>0$,$A+2G>0$, $a_2>0$。

4)流固振幅比(m_{11}、m_{12}、m_1)的求取

Feng 和 Johnson(1983)给出双相介质中流固振幅比的计算公式,如下所示:

$$\begin{aligned}
m_{11}&=\frac{Q-V_{\text{P1}}^2\rho_{12}}{V_{\text{P1}}^2\rho_{22}-R}=\frac{A+2\mu_{\text{sat}}-V_{\text{P1}}^2\rho_{11}}{V_{\text{P1}}^2\rho_{12}-Q}\\
m_{12}&=\frac{Q-V_{\text{P2}}^2\rho_{12}}{V_{\text{P2}}^2\rho_{22}-R}=\frac{A+2\mu_{\text{sat}}-V_{\text{P2}}^2\rho_{11}}{V_{\text{P2}}^2\rho_{12}-Q}\\
m_1&=\frac{-\rho_{12}}{\rho_{22}}=\frac{\alpha-1}{\alpha}
\end{aligned}\tag{5.52}$$

5.2 基于 Gassmann 理论的双相介质薄层弹性波反/透射

5.2.1 薄层反/透射矩阵方程

对于如图 5.2 所示的水平层状的均匀各向同性弹性单薄层模型,我们给出了 P 波入射情况下的薄层位移反/透射矩阵方程(具体内容见 3.2.2 节)。

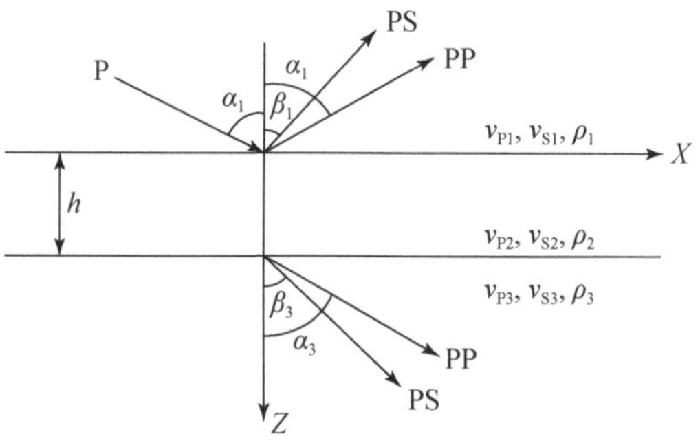

图 5.2 薄层模型

$$\boldsymbol{M}[R_{\text{PP}}\quad R_{\text{PS}}\quad T_{\text{PP}}\quad T_{\text{PS}}]^{\text{T}}=\boldsymbol{N}\tag{5.53}$$

其中,$\boldsymbol{M}=[\boldsymbol{m}_{i1}\quad \boldsymbol{m}_{i2}\quad \boldsymbol{m}_{i3}\quad \boldsymbol{m}_{i4}]$,$\boldsymbol{N}=[\boldsymbol{n}_i]$,$i=1,2,3,4$,且有

$$[\boldsymbol{m}_{i1}]=\boldsymbol{A}\left[-\sin\alpha_1\quad \cos\alpha_1\quad j\rho_1\omega v_{\text{P1}}\cos2\beta_1\quad -j\rho_1\omega\frac{v_{\text{S1}}^2}{v_{\text{P1}}}\sin2\alpha_1\right]^{\text{T}}\tag{5.54a}$$

$$[\boldsymbol{m}_{i2}]=\boldsymbol{A}\,[-\cos\beta_1\quad -\sin\beta_1\quad -j\rho_1\omega v_{\text{S1}}\sin2\beta_1\quad -j\rho_1\omega v_{\text{S1}}\cos2\beta_1]^{\text{T}}\tag{5.54b}$$

$$[\boldsymbol{m}_{i3}]=\left[\sin\alpha_3 \quad \cos\alpha_3 \quad -j\rho_3\omega v_{P3}\cos2\beta_3 \quad -j\rho_3\omega\frac{v_{S3}^2}{v_{P3}}\sin2\alpha_3\right]^T \tag{5.54c}$$

$$[\boldsymbol{m}_{i4}]=[\cos\beta_3 \quad -\sin\beta_3 \quad j\rho_3\omega v_{S3}\sin2\beta_3 \quad -j\rho_3\omega v_{S3}\cos2\beta_3]^T \tag{5.54d}$$

$$[\boldsymbol{n}_i]=\boldsymbol{A}\left[\sin\alpha_1 \quad \cos\alpha_1 \quad -j\rho_1\omega v_{P1}\cos2\beta_1 \quad -j\rho_1\omega\frac{v_{S1}^2}{v_{P1}}\sin2\alpha_1\right]^T \tag{5.54e}$$

方程(5.54)中,$\boldsymbol{A}=[a_{ij}]$,$i,j=1,2,3,4$,且有

$$a_{11}=a_{44}=2\sin^2\beta_2\cos P+\cos2\beta_2\cos Q$$

$$a_{12}=a_{34}=-j(\tan\alpha_2\cos2\beta_2\sin P-\sin2\beta_2\sin Q)$$

$$a_{13}=a_{24}=\frac{j\sin\alpha_2}{\rho_2\omega v_{P2}}(\cos P-\cos Q)$$

$$a_{14}=\frac{1}{\rho_2\omega v_{S2}}(\tan\alpha_2\sin\beta_2\sin P+\cos\beta_2\sin Q)$$

$$a_{21}=a_{43}=-j\left(\frac{v_{S2}\cos\alpha_2}{v_{P2}\cos\beta_2}\sin2\beta_2\sin P-\tan\beta_2\cos2\beta_2\sin Q\right)$$

$$a_{22}=a_{33}=\cos2\beta_2\cos P+2\sin^2\beta_2\cos Q$$

$$a_{23}=\frac{1}{\rho_2\omega v_{P2}}(\cos\alpha_2\sin P+\tan\beta_2\sin\alpha_2\sin Q)$$

$$a_{31}=a_{42}=2j\rho_2\omega v_{S2}\sin\beta_2\cos2\beta_2(\cos Q-\cos P)$$

$$a_{32}=-\rho_2\omega\left(\frac{v_{P2}\cos^2 2\beta_2}{\cos\alpha_2}\sin P+4v_{S2}\cos\beta_2\sin^2\beta_2\sin Q\right)$$

$$a_{41}=-\rho_2\omega v_{S2}\left(\frac{4v_{S2}\sin^2\beta_2\cos\alpha_2}{v_{P2}}\sin P+\frac{\cos^2 2\beta_2}{\cos\beta_2}\sin Q\right)$$

$$P=\frac{\omega h}{v_{P2}}\cos\alpha_2,\qquad Q=\frac{\omega h}{v_{S2}}\cos\beta_2$$

式中,v_P 和 v_S 分别为纵、横波速度;ρ 为密度;α 为纵波传播方向与界面法线的夹角;β 为横波传播方向与界面法线的夹角,且它们的下标 $i=1,2,3$ 分别对应3层介质;h 为中间薄层的厚度;ω 为圆频率;$j=\sqrt{-1}$。根据克拉默法则即可求得薄层位移反/透射系数 R_{PP},R_{PS},T_{PP},T_{PS}。

5.2.2　流体替换理论

流体替换理论是储层岩性研究及流体识别的基础理论之一,在AVO分析中起了重要的作用。流体替换理论的基础是Wood方程(Wood,1955)及Gassmann方程(Gassmann,1951)。在已知充填流体的体积模量及密度的情况下,根据Wood方程可以获得混合流体的等效体积模量 K_f 及密度 ρ_f;同时,在给定孔隙度、基质体积模量、干岩体积模量的情况下,根据Gassmann方程可求得饱和流体介质的体积模量 K_{sat}、剪切模量 μ_{sat} 及密度 ρ_{sat}。在此基础上,利用以下公式便可获得饱和流体介质的纵、横波速度:

$$v_P=\sqrt{\frac{K_{sat}+\frac{4}{3}\mu_{sat}}{\rho_{sat}}},v_S=\sqrt{\frac{\mu_{sat}}{\rho_{sat}}} \tag{5.55}$$

基于流体替换理论,我们可以获得薄层介质的纵、横波速度及密度等参数,将其代入式(5.53)中便可求得双相介质薄层的等效反/透射系数。

5.2.3 模拟与分析

根据 Mavko 等(1998)给出的矿物的体积模量、剪切模量及密度,设定薄砂层各层岩石基质的弹性模量等参数如表 5.2 所示。

表 5.2 岩石基质的模量及密度

层数	体积模量/GPa	剪切模量/GPa	密度/(g/cm³)
泥岩 1	25	9	2.55
砂岩 2	40	44	2.65
泥岩 2	25	9	2.60

变化中间砂层的孔隙度为:0,0.01,0.03,0.05,0.07,0.09,0.12,0.20,0.25 和 0.30,其中孔隙度为 0 时即为单相介质情况。同时,变化孔隙流体的类型如表 5.3 所示,为了论述方便,下面以序号表征各流体类型。油、气、水的体积模量与密度如表 5.4 所示,7 种流体组合情况下饱和流体的等效体积模量及密度如表 5.5 所示。入射波频率取 10Hz,30Hz,50Hz,80Hz 和 100Hz 等,中间层厚度设定为 10m。

表 5.3 油、气、水饱和度及组合类型

序号	类型	S_o	S_g	S_w
1	油	1	0	0
2	气	0	1	0
3	水	0	0	1
4	油、气	0.5	0.5	0
5	油、水	0.5	0	0.5
6	气、水	0	0.5	0.5
7	油、气、水	0.333	0.333	0.334

注:S_o为油的饱和度;S_g为气的饱和度;S_w为水的饱和度

表 5.4 油、气、水的体积模量及密度(Corredor et al. ,2014)

类型	体积模量/GPa	密度/(g/cm³)
油	0.57	0.7
气	0.05543	0.1398
水	2.25	1.0

表 5.5　不同组合类型的饱和流体等效体积模量及密度

序号	类型	体积模量/GPa	密度/(g/cm^3)
1	油	0.57	0.7
2	气	0.05543	0.1398
3	水	2.25	1
4	油、气	0.1010	0.4199
5	油、水	0.9096	0.85
6	气、水	0.1082	0.5699
7	油、气、水	0.1484	0.6137

5.2.3.1　孔隙度及流体性质对砂岩弹性参数的影响

利用流体替换理论求解双相介质砂层的等效纵波速度、横波速度、密度以及泊松比，不同孔隙度及饱和度下中间薄层砂岩的弹性参数如图 5.3 所示。

如图 5.3 所示，中间砂层的纵、横波速度及密度都随着孔隙度的增加而降低，且降低幅度有加快的趋势；在孔隙度为 0.30 的情况下，纵、横波速度相比无孔隙情况都降低了近 40%，密度相比无孔隙情况降低了 23% 左右。相同孔隙度下，不同油、气、水组合类型对比可知：密度对油、气、水组合类型较为敏感，纵波速度次之，横波速度最不敏感；纵、横波速度在含气饱和度 100%（类型 2）情况下高于其他流体充填情况，密度在含气（类型 2,4,5,7）情况下低于其他流体充填情况，且随着含气饱和度的增加而降低。同时，当储层含气时，泊松比要比相同孔隙度下不含气（类型 1,3,5）情况略低，表现为含气异常。

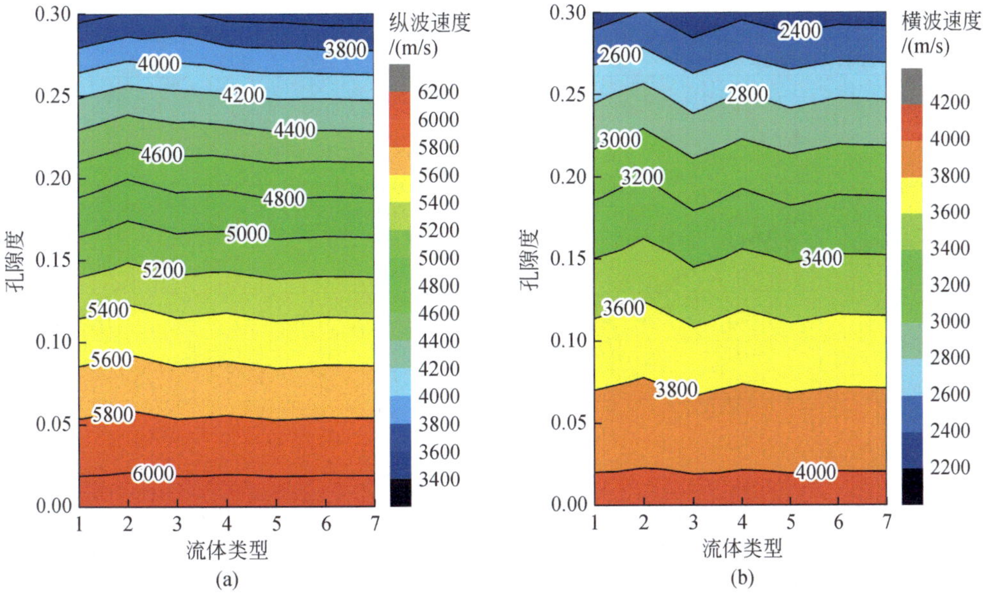

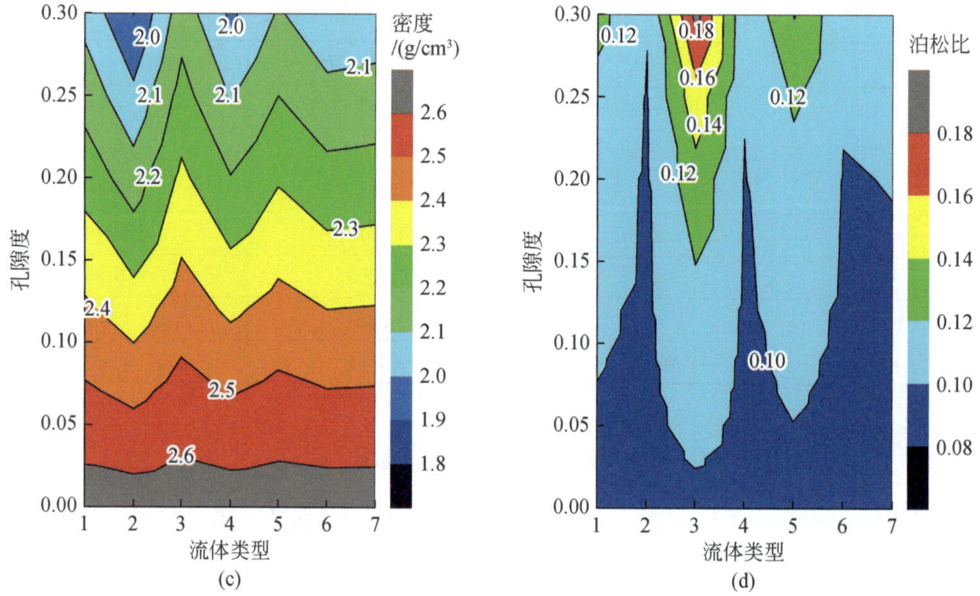

图 5.3　中间层弹性参数的变化

(a)纵波速度;(b)横波速度;(c)密度;(d)泊松比

5.2.3.2　流体对薄砂层地震响应的影响

为了直观地说明流体对薄砂层地震响应的影响,取 50Hz 的雷克子波为震源子波,利用反射率法模拟单相介质及含流体双相介质的 PP 波及 PS 波地震剖面。以孔隙度 12%、含油饱和度 100%(类型 1)为例,地震剖面如图 5.4 所示。

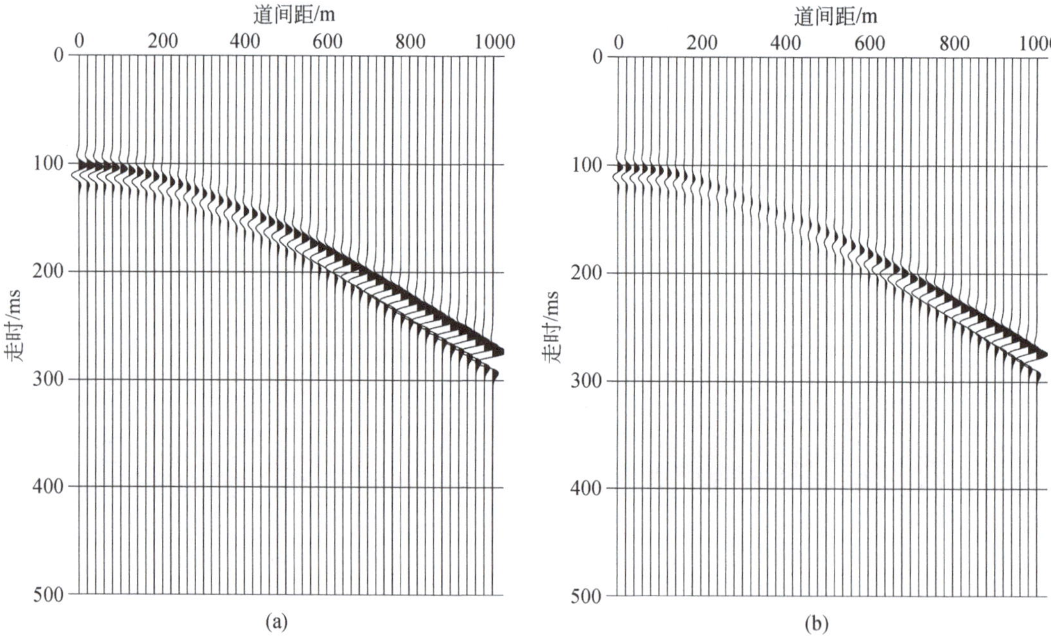

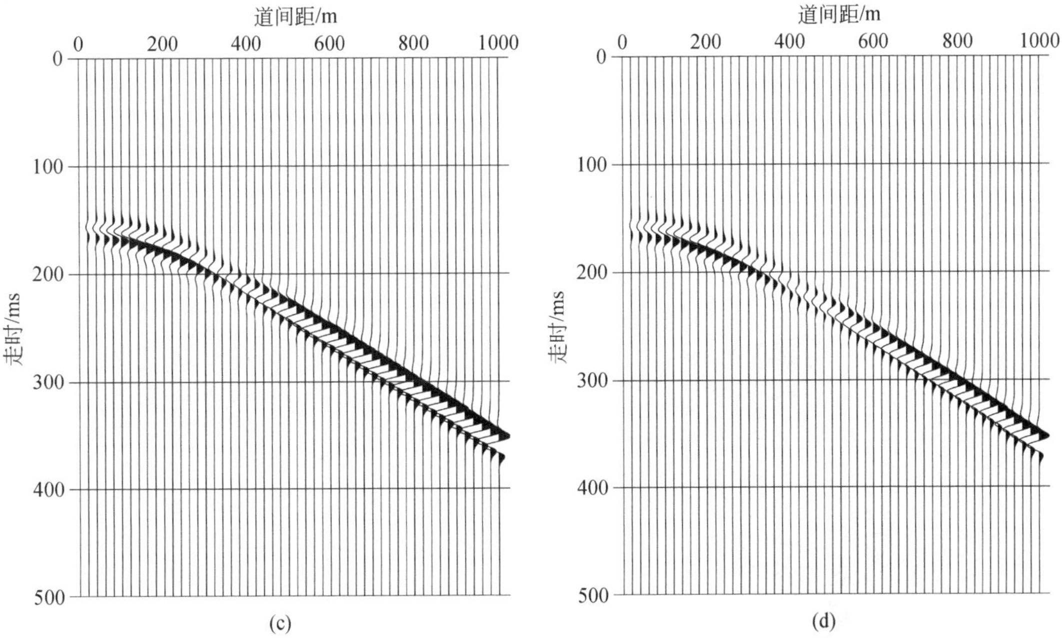

图 5.4　单相介质与含流体双相介质薄砂层地震反射对比

(a)单相介质薄砂层的 PP 波地震剖面;(b)含流体介质薄砂层的 PP 波地震剖面;
(c)单相介质薄砂层的 PS 波地震剖面;(d)含流体介质薄砂层的 PS 波地震剖面

由图 5.4 可知,流体的存在会一定程度地影响薄砂层的地震响应。孔隙度 12%、含油饱和度 100% 情况下,地震反射 PP 波及 PS 波的振幅能量弱于相应的单相介质薄砂层 PP 波及 PS 波振幅能量,且流体对反射 PP 波地震响应的改造作用强于 PS 波。同时,为了讨论不同孔隙度、流体性质及入射波频率对薄砂层地震反射的影响,本章以下内容将忽略地震子波的影响,直接对不同情况下的 PP 波及 PS 波反射系数进行讨论。

5.2.3.3　孔隙度对薄砂层反射系数的影响

以 50Hz 情况下含油饱和度 100%(类型 1)为例,分析孔隙度对反射 PP 波、PS 波振幅及相位的影响,如图 5.5 所示。图中 X 轴为孔隙度,取值范围为 0 ~ 0.30;Y 轴为入射角,取值范围为 0° ~ 90°;Z 轴为反射 PP 波或 PS 波的振幅或相位。

如图 5.5 所示,当孔隙中的流体为油时,对于反射 PP 波而言,中、低孔隙度(0,0.01,0.03,0.05,0.07,0.09,0.12)情况下振幅随着入射角的增大先降低后升高;高孔隙度(0.20,0.25,0.30)情况下的反射系数振幅随入射角的变化趋势没有明显的规律性。在近垂直位置处,孔隙度为 0.20、0.25 时的振幅低于中、低孔隙度的情况,而孔隙度为 0.3 时的情况与中、低孔隙度情况相当。同时,低孔隙度范围内,孔隙度对反射 PP 波的振幅影响主要体现在小角度及中等角度范围(0° ~ 60°);在大角度范围(60° ~ 90°)内,孔隙度的改变未引起明显的 PP 波振幅变化。对于反射 PP 波相位而言,中、低孔隙度下的相位在小角度及大角度范围内基本相同,在中等角度范围(30° ~ 50°)内相位随着孔隙度的增大而降低,且降低幅度随孔隙度的增加而增大;在高孔隙度 0.20、0.25 的情况下相位出现正、负极性的跳变,而孔隙度为

0.30 的情况下地震反射相位为负相位,与中、低孔隙度明显不同。对于反射 PS 波而言,除孔隙度 0.30 情况外,反射振幅随着孔隙度的增加而降低,且中、低孔隙度情况下降低幅度很小,在近垂直或水平入射情况下几乎相同,孔隙度为 0.20、0.25 的情况较中、低孔隙度幅值降低幅度较大;反射相位整体变化趋势一致,孔隙度越大,由负相位倒转为正相位对应的入射角越大。孔隙度为 0.30 时,PS 波反射振幅及相位的变化趋势不同于其他情况,这是由于该孔隙度下砂岩的纵波速度低于围岩的纵波速度,薄层极性由(+,-)变为(-,+)。

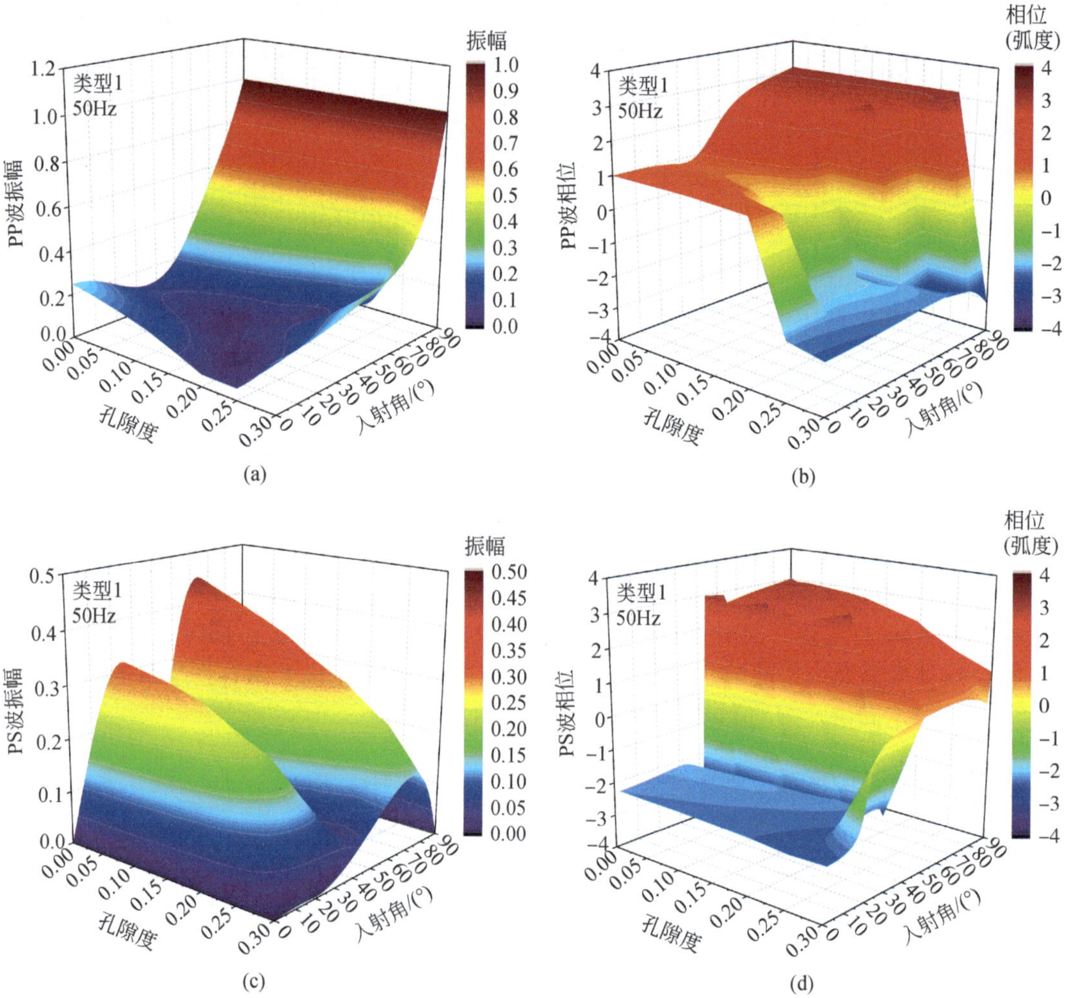

图 5.5　类型 1 反射系数的振幅与相位随孔隙度及入射角的变化

(a) PP 波振幅;(b) PP 波相位;(c) PS 波振幅;(d) PS 波相位

5.2.3.4　流体性质对薄砂层反射系数的影响

考虑入射波频率为 50Hz 时的薄层 PP 波及 PS 波反射系数随不同流体性质的变化,分析不同流体充填对薄层地震响应的影响,如图 5.6 和图 5.7 所示。

由图 5.6 可知:在中、低孔隙度(<0.20)情况下,对于相同孔隙度情况而言,反射 PP 波

及 PS 波的振幅在含气情况下略低于不含气情况,且反射振幅随着含气饱和度的增大而降低,但相对差异较小,反射 PP 波及 PS 波的相位对流体类型无响应;在高孔隙度(≥0.20)情况下,反射 PP 波振幅出现明显的异常,尤其在含气时,随着孔隙度的增加,由相对不含气情况的较低振幅过渡到相对不含气情况的较高振幅。

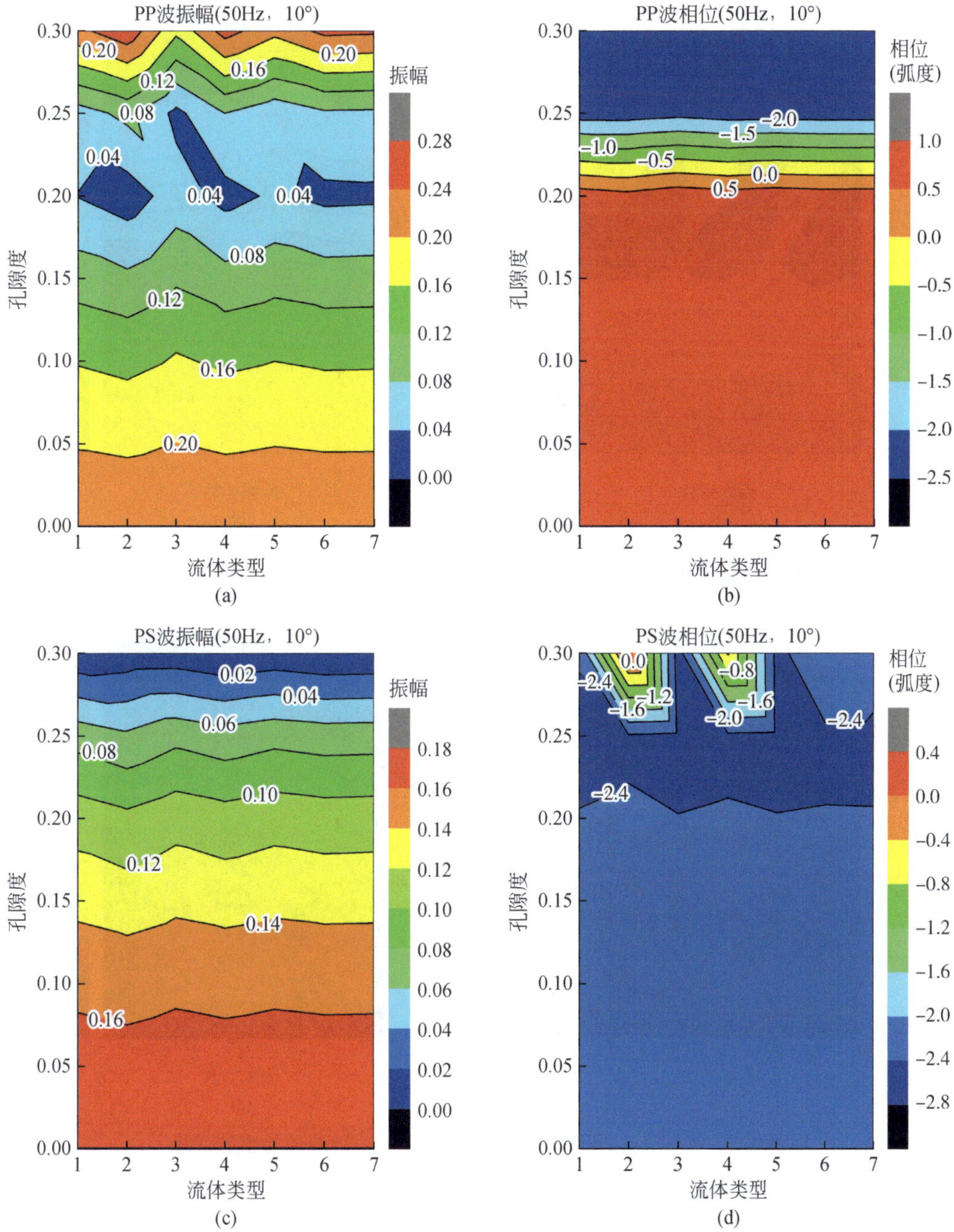

图 5.6　入射角 10°时反射系数的振幅与相位随流体类型的变化(入射波频率为 50Hz)

(a)PP 波振幅;(b)PP 波相位;(c)PS 波振幅;(d)PS 波相位

图 5.7 为入射角 30°时反射 PP 波及 PS 波的振幅及相位随油、气、水组合的变化。与入射角 10°情况类似,都反映出在高孔隙度时含气情况的反射 PP 波振幅低于不含气情况;而在中、低孔隙度下,流体性质对反射系数的影响甚微。

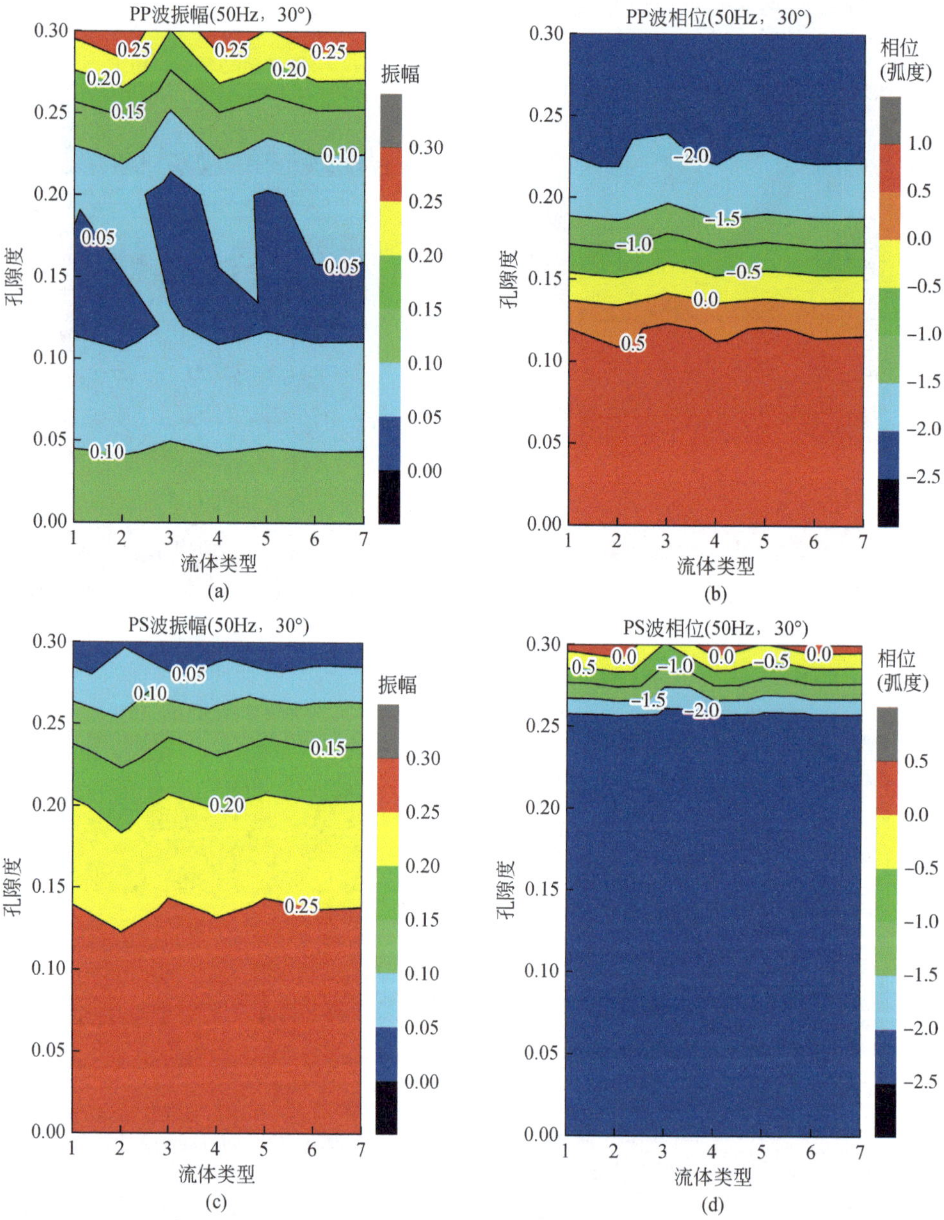

图 5.7　入射角 30°时反射系数的振幅与相位随流体类型的变化

(a) PP 波振幅;(b) PP 波相位;(c) PS 波振幅;(d) PS 波相位

5.2.3.5　频率对薄砂层反射系数的影响

薄层地震响应不仅与地层弹性参数有关,还与薄层厚度及入射波频率有关。由于固定厚度、增大频率与固定频率、增大厚度对薄层地震响应的影响作用一致,因此该部分仅以频率变化来考察频率(或厚度)对薄砂层反射系数的影响,即固定薄砂层厚度为 10m,改变入射波频率为 10Hz,30Hz,50Hz,80Hz,100Hz。综合考虑以上的分析结果可知:孔隙度对薄层反射的影响较大,而流体类型尤其是含气性仅在高孔隙度下对薄层反射有较为明显的改造作用,因此选取类型 1 为例,分析入射角 10°及 30°情况下薄层反射 PP 波及 PS 波随入射波频率及孔隙度的变化情况,如图 5.8 和图 5.9 所示。图中 X 轴为孔隙度,取值范围为 0 ~ 0.30;Y 轴为入射波频率,取值范围为 10 ~ 100Hz;Z 轴为反射 PP 波或 PS 波的振幅或相位。注意:在图 5.9(d)中,为了避免图形遮挡,互换了 X 轴与 Y 轴。

如图 5.8 所示,当入射角为 10°时,入射波频率与孔隙度共同作用影响了薄层 PP 波及 PS 波反射系数的振幅。对于 PP 波而言,除孔隙度为 0.30 的情况外,反射系数振幅随着频率的增加、孔隙度的减小而增大,相位在中、低孔隙度下变化幅度较小。当孔隙度为 0.30 时,反射 PP 波随频率的变化与其他孔隙度情况明显不同。对于 PS 波而言,反射系数振幅随着频率的增加、孔隙度的减小而增大,相位在中、低孔隙度下变化幅度不大。值得注意的是,高频、高孔隙度下反射系数 PP 波及 PS 波的相位都存在数值突变,这是讨论的相位为主周期相位造成的。

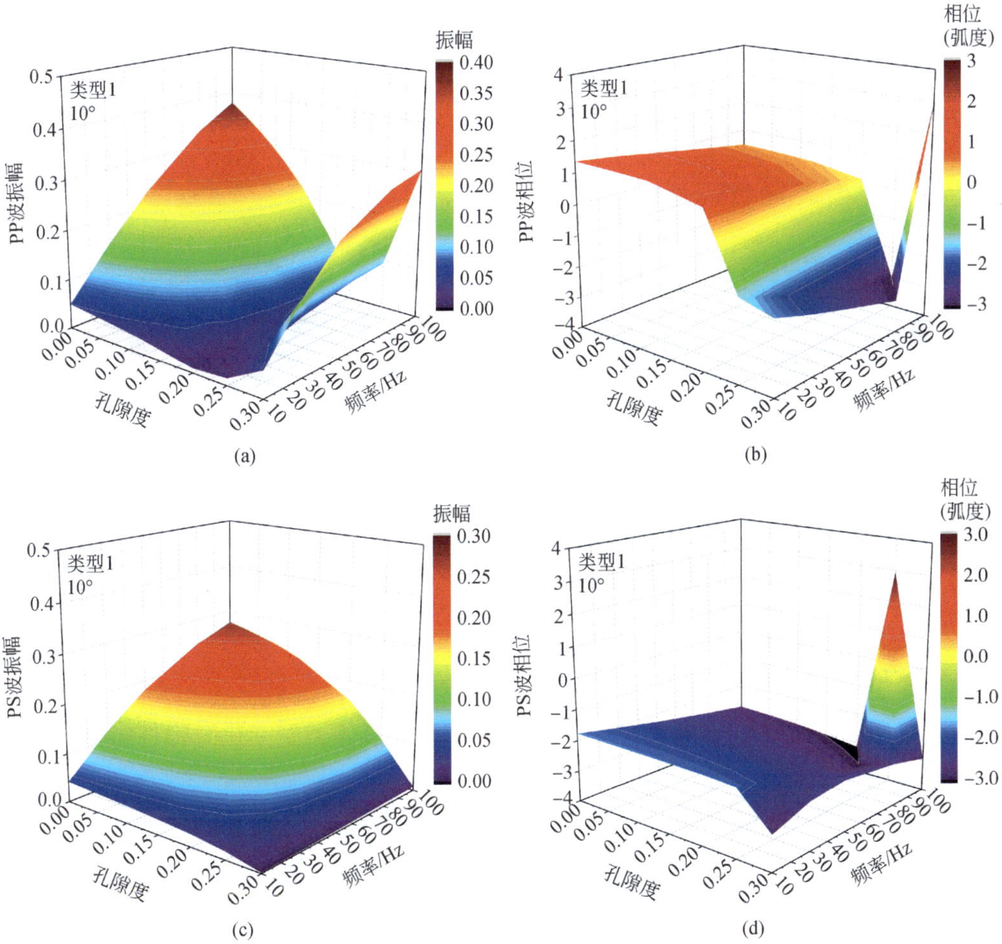

图 5.8　入射角 10°情况下反射系数的振幅与相位随孔隙度及频率的变化

(a)PP 波振幅;(b)PP 波相位;(c)PS 波振幅;(d)PS 波相位

图 5.9 为入射角 30°时反射 PP 波与 PS 波的振幅及相位随孔隙度及入射波频率的变化，对比入射角 10°情况，不难发现：薄层 AVA 效应明显，入射角的不同造成了反射 PP 波及 PS 波反射系数的大小不同，且相对大小关系也有可能发生改变。不同入射角情况下，反射系数随频率、孔隙度的变化趋势是一致的，只是 PP 波变化趋势没有入射角 10°情况时明显，而 PS 波则比入射角 10°情况变化更为明显。

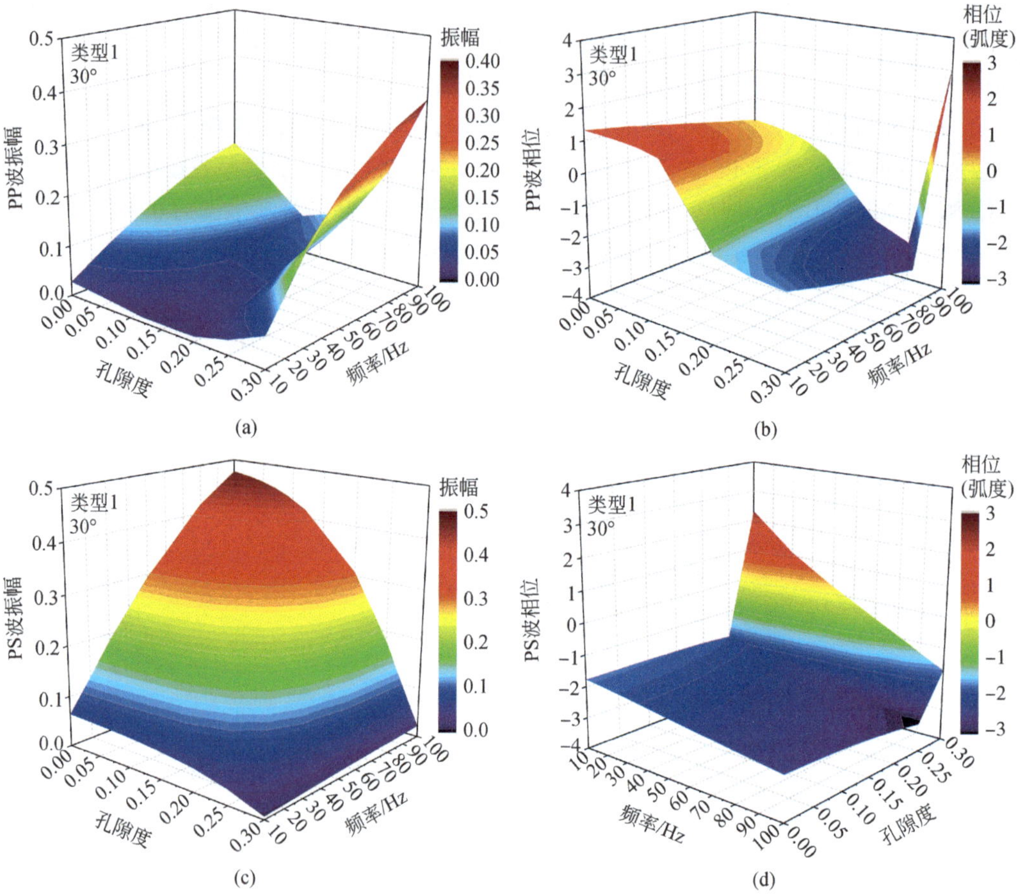

图 5.9　入射角 30°时反射系数的振幅与相位随孔隙度及频率的变化

(a) PP 波振幅；(b) PP 波相位；(c) PS 波振幅；(d) PS 波相位

5.2.3.6　讨论

综合双相介质薄砂岩储层在入射波频率、孔隙度及流体类型变化时弹性参数及地震反射 PP 波、PS 波的振幅及相位的变化，可得到如下认识。

(1) 弹性参数：随着孔隙度的增大，中间层砂岩的纵、横波速度及密度都会有一定幅度的减小；相同孔隙度下，密度对流体类型较为敏感，纵波速度次之，横波速度最不敏感；当储层中含气时，泊松比要比相同孔隙度下不含气情况的泊松比略低。

(2) 孔隙度对反射系数的影响：低孔隙度下，PP 波反射振幅在小角度及中等角度(0° ~ 60°)范围内随着孔隙度的增加先降低后增大，而在大角度范围内对孔隙度的变化基本无响应;PS 波反射振幅随着孔隙度的增加而降低。

(3) 流体类型对反射系数的影响:中、低孔隙度下,流体性质的改变对反射 PP 波及 PS 波的影响微弱;高孔隙度下反射 PP 波振幅上表征出含气异常。

(4)入射波频率(或厚度)的影响:除孔隙度为 0.30 情况外,PP 波反射振幅随着入射波频率的增大(或厚度的增大)而增大;PS 波反射振幅在所讨论的孔隙度范围内都随着入射波频率的增加而增大。

综上可知:孔隙度及入射波频率共同影响薄砂层的 PP 波及 PS 波地震响应;高孔隙度下反射 PP 波振幅会显示出含气异常;同时泊松比对储层是否含气较为敏感。

5.3　基于 Biot 理论的双相介质薄(互)层弹性波反/透射

5.3.1　双相介质薄互层的传播矩阵

如图 5.10 所示,考虑 P 波入射情况下水平层状双相介质的反射和透射情况,波在介质中传播,会产生反射波和透射波。考虑二维水平层状介质模型,共有 $n+1$ 层,n 个界面。图 5.10 中,$P_{jk}^{(i)}$ 为入射、反射或透射的平面纵波,$S_j^{(i)}$ 为反射或透射的平面横波,$\alpha_{jk}^{(i)}$ 为纵波的入射角、反射角或透射角,$\beta_j^{(i)}$ 为横波的反射角或透射角,$\rho_{11}^{(i)}$、$\rho_{22}^{(i)}$、$\rho_{12}^{(i)}$ 分别为固相密度、液相密度、固液耦合相密度,$v_{\mathrm{P}k}^{(i)}$ 为快纵波或慢纵波的速度,$v_{\mathrm{S}}^{(i)}$ 为横波速度,$h^{(i)}$ 为薄层厚度,其中:$i=1,2,\cdots,n+1$ 为层号;$j=1,2$ 分别代表下行波、上行波;$k=1,2$ 分别代表快纵波、慢纵波。

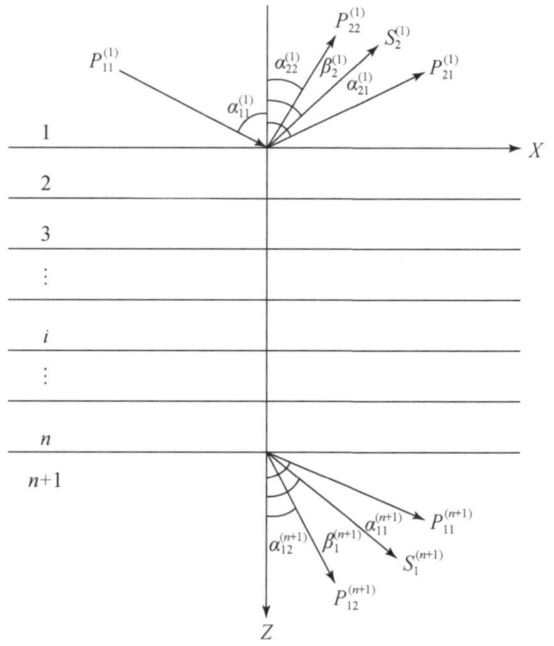

图 5.10　平面纵波入射情况下水平层状双相介质的反射透射模型

以上各波在分界面上遵循 Snell 定律,则有

$$\frac{\sin\alpha_{11}^{(1)}}{v_{P1}^{(1)}}=\frac{\sin\alpha_{11}^{(i)}}{v_{P1}^{(i)}}=\frac{\sin\alpha_{12}^{(i)}}{v_{P2}^{(i)}}=\frac{\sin\beta_{1}^{(i)}}{v_{S}^{(i)}}=\frac{\sin\alpha_{21}^{(i)}}{v_{P1}^{(i)}}=\frac{\sin\alpha_{22}^{(i)}}{v_{P2}^{(i)}}=\frac{\sin\beta_{2}^{(i)}}{v_{S}^{(i)}}=p \tag{5.56}$$

式中,p 为射线参数。则有:$\alpha_{11}^{(i)}=\alpha_{21}^{(i)}$,记作 $\alpha_1^{(i)}$ 为第 i 层快纵波波射线与法线的夹角;$\alpha_{12}^{(i)}=\alpha_{22}^{(i)}$,记作 $\alpha_2^{(i)}$ 为第 i 层慢纵波波射线与法线的夹角;$\beta_1^{(i)}=\beta_2^{(i)}$,记作 $\beta_1^{(i)}$ 为第 i 层横波波射线与法线的夹角。

考虑任意层(第 i 层)纵横波传播情况,如图 5.11 所示,延续 Zoeppritz 的假设,波自左往右传播。

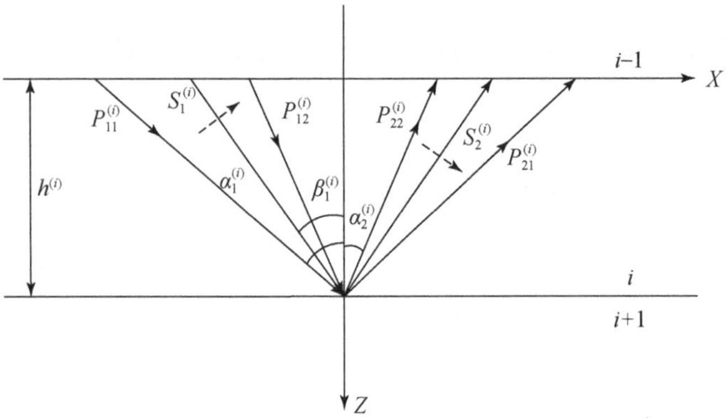

图 5.11　任意层(第 i 层)纵横波传播情况

实箭头指示波的传播方向,虚箭头指示波的振动正方向

i 层各类波的固体骨架和流体位移分别为

$P_{11}^{(i)}$:

$$\begin{cases}u_{P11}^{(i)}=A_{P11}^{(i)}\exp\{j[\omega t-l_{11}^{(i)}(x\sin\alpha_1^{(i)}+z\cos\alpha_1^{(i)})]\}\\ U_{P11}^{(i)}=B_{P11}^{(i)}\exp\{j[\omega t-l_{11}^{(i)}(x\sin\alpha_1^{(i)}+z\cos\alpha_1^{(i)})]\}\end{cases} \tag{5.57}$$

$P_{12}^{(i)}$:

$$\begin{cases}u_{P12}^{(i)}=A_{P12}^{(i)}\exp\{j[\omega t-l_{12}^{(i)}(x\sin\alpha_2^{(i)}+z\cos\alpha_2^{(i)})]\}\\ U_{P12}^{(i)}=B_{P12}^{(i)}\exp\{j[\omega t-l_{12}^{(i)}(x\sin\alpha_2^{(i)}+z\cos\alpha_2^{(i)})]\}\end{cases} \tag{5.58}$$

$S_1^{(i)}$:

$$\begin{cases}u_{S1}^{(i)}=A_{S1}^{(i)}\exp\{j[\omega t-l_{1}^{(i)}(x\sin\beta_1^{(i)}+z\cos\beta_1^{(i)})]\}\\ U_{S1}^{(i)}=B_{S1}^{(i)}\exp\{j[\omega t-l_{1}^{(i)}(x\sin\beta_1^{(i)}+z\cos\beta_1^{(i)})]\}\end{cases} \tag{5.59}$$

$P_{21}^{(i)}$:

$$\begin{cases}u_{P21}^{(i)}=A_{P21}^{(i)}\exp\{j[\omega t-l_{21}^{(i)}(x\sin\alpha_1^{(i)}-z\cos\alpha_1^{(i)})]\}\\ U_{P21}^{(i)}=B_{P21}^{(i)}\exp\{j[\omega t-l_{21}^{(i)}(x\sin\alpha_1^{(i)}-z\cos\alpha_1^{(i)})]\}\end{cases} \tag{5.60}$$

$P_{22}^{(i)}$:

$$\begin{cases}u_{P22}^{(i)}=A_{P22}^{(i)}\exp\{j[\omega t-l_{22}^{(i)}(x\sin\alpha_2^{(i)}-z\cos\alpha_2^{(i)})]\}\\ U_{P22}^{(i)}=B_{P22}^{(i)}\exp\{j[\omega t-l_{22}^{(i)}(x\sin\alpha_2^{(i)}-z\cos\alpha_2^{(i)})]\}\end{cases} \tag{5.61}$$

$S_2^{(i)}$:

$$\begin{cases} u_{S2}^{(i)} = A_{S2}^{(i)} \exp\{j[\omega t - l_2^{(i)}(x\sin\beta_1^{(i)} - z\cos\beta_1^{(i)})]\} \\ U_{S2}^{(i)} = B_{S2}^{(i)} \exp\{j[\omega t - l_2^{(i)}(x\sin\beta_1^{(i)} - z\cos\beta_1^{(i)})]\} \end{cases} \tag{5.62}$$

式中,$u_{Pjk}^{(i)}$ 和 $U_{Pjk}^{(i)}$ 分别为 $P_{jk}^{(i)}$ 波引起的固体位移和流体位移;$u_{Sj}^{(i)}$ 和 $U_{Sj}^{(i)}$ 分别为 $S_j^{(i)}$ 波引起的固体位移和流体位移;$A_{Pjk}^{(i)}$ 和 $B_{Pjk}^{(i)}$ 分别为 $P_{jk}^{(i)}$ 波引起的固体位移的振幅和流体位移的振幅;$A_{Sj}^{(i)}$ 和 $B_{Sj}^{(i)}$ 分别为 $S_j^{(i)}$ 波引起的固体位移的振幅和流体位移的振幅;$l_{jk}^{(i)}$ 为 $P_{jk}^{(i)}$ 波的圆波数;$l_j^{(i)}$ 为 $S_j^{(i)}$ 波的圆波数。为简单起见,层号标记 i 暂略去不写。

设第 i 层的厚度为 h(为简单起见,暂略去标记 i),现在计算当 $z=h$ 时(即第 i 层底面)的位移、应力、流体法向流量、流体压力值,并记为$\left[u_x^{(i)} \quad u_z^{(i)} \quad \sigma_{zz}^{(i)}+S^{(i)} \quad \tau_{zx}^{(i)} \quad \varphi(u_z^{(i)}-U_z^{(i)}) \quad \frac{1}{\varphi}S^{(i)}\right]^{\mathrm{T}}$(以下递推过程中均以各层的底面为该层的隐含位置)。记 $P_1 = l_{11}h\cos\alpha_1$,$P_2 = l_{12}h\cos\alpha_2$,$Q_1 = l_1 h\cos\beta_1$;$m_{11}$、$m_{12}$、$m_{21}$、$m_{22}$、$m_1$、$m_2$ 分别是 P_{11}、P_{12}、P_{21}、P_{22}、S_1、S_2 波对应的流体和固体振幅之比,即 $m_{11}=\frac{B_{P11}}{A_{P11}}$;$m_{12}=\frac{B_{P12}}{A_{P12}}$;$m_{21}=\frac{B_{P21}}{A_{P21}}$;$m_{22}=\frac{B_{P22}}{A_{P22}}$;$m_1=\frac{B_{S1}}{A_{S1}}$;$m_2=\frac{B_{S2}}{A_{S2}}$,且有:$m_{11}=m_{21}$,$m_{12}=m_{22}$,$m_1=m_2$。则有

$$\begin{bmatrix} u_x^{(i)} \\ u_z^{(i)} \\ \sigma_{zz}^{(i)}+S^{(i)} \\ \tau_{zx}^{(i)} \\ \varphi(u_z^{(i)}-U_z^{(i)}) \\ \frac{1}{\varphi}S^{(i)} \end{bmatrix} = \boldsymbol{B} \begin{bmatrix} A_{P11}^{(i)}+A_{P21}^{(i)} \\ A_{P11}^{(i)}-A_{P21}^{(i)} \\ A_{P12}^{(i)}+A_{P22}^{(i)} \\ A_{P12}^{(i)}-A_{P22}^{(i)} \\ A_{S1}^{(i)}+A_{S2}^{(i)} \\ A_{S1}^{(i)}-A_{S2}^{(i)} \end{bmatrix} \exp(j\omega t - j\omega px) \tag{5.63}$$

其中:$\boldsymbol{B}=[b_{cd}]$;$c,d=1,2,3,\cdots,6$;各元素如下:

$$\begin{matrix} b_{11}=\sin\alpha_1\cos P_1 \\ b_{12}=-j\sin\alpha_1\sin P_1 \\ b_{13}=\sin\alpha_2\cos P_2 \\ b_{14}=-j\sin\alpha_2\sin P_2 \\ b_{15}=\cos\beta_1\cos Q_1 \\ b_{16}=-j\cos\beta_1\sin Q_1 \end{matrix};\quad \begin{matrix} b_{21}=-j\cos\alpha_1\sin P_1 \\ b_{22}=\cos\alpha_1\cos P_1 \\ b_{23}=-j\cos\alpha_2\sin P_2 \\ b_{24}=\cos\alpha_2\cos P_2 \\ b_{25}=j\sin\beta_1\sin Q_1 \\ b_{26}=-\sin\beta_1\cos Q_1 \end{matrix};\quad \begin{matrix} b_{31}=J_1\cos P_1 \\ b_{32}=-jJ_1\sin P_1 \\ b_{33}=J_2\cos P_2 \\ b_{34}=-jJ_2\sin P_2 \\ b_{35}=H_{21}\cos Q_1 \\ b_{36}=-jH_{21}\sin Q_1 \end{matrix}$$

$$\begin{matrix} b_{41}=-jH_{11}\sin P_1 \\ b_{42}=H_{11}\cos P_1 \\ b_{43}=-jH_{12}\sin P_2 \\ b_{44}=H_{12}\cos P_2 \\ b_{45}=-jH_{22}\sin Q_1 \\ b_{46}=H_{22}\cos Q_1 \end{matrix};\quad \begin{matrix} b_{51}=-jK_1\sin P_1 \\ b_{52}=K_1\cos P_1 \\ b_{53}=-jK_2\sin P_2 \\ b_{54}=K_2\cos P_2 \\ b_{55}=-jK_3\sin Q_1 \\ b_{56}=K_3\cos Q_1 \end{matrix};\quad \begin{matrix} b_{61}=X_1\cos P_1 \\ b_{62}=-jX_1\sin P_1 \\ b_{63}=X_2\cos P_2 \\ b_{64}=-jX_2\sin P_2 \\ b_{65}=0 \\ b_{66}=0 \end{matrix}$$

$$J_k=-jl_{1k}\left[(2N\cos^2\alpha_k+A+Q)+m_{1k}(Q+R)\right],k=1,2$$

$$X_k=-jl_{1k}\left[\frac{Q}{\varphi}+\frac{R}{\varphi}m_{1k}\right],k=1,2$$

$$H_{ij}=\begin{cases}-jl_{1j}N\sin2\alpha_j,i=1,j=1,2\\ jl_1N\sin2\beta_1,i=2,j=1\\ -jl_1N\cos2\beta_1,i=2,j=2\end{cases}$$

$$K_i=\begin{cases}\varphi\cos\alpha_i(1-m_{1i}),i=1,2\\ -\varphi\sin\beta_1(1-m_1),i=3\end{cases}$$

显然,式(5.63)对第 i 层中介于0到 h 间的任何深度都成立。特殊地,当 $z=0$ 时,$P_1=0,P_2=0,Q_1=0$,代入 $h=0$ 可以得到此时第 i 层顶面(即第 $i-1$ 层底面)的位移和应力值,即 $\left[u_x^{(i-1)}\quad u_z^{(i-1)}\quad \sigma_{zz}^{(i-1)}+S^{(i-1)}\quad \tau_{zx}^{(i-1)}\quad \varphi(u_z^{(i-1)}-U_z^{(i-1)})\quad \frac{1}{\varphi}S^{(i-1)}\right]^{\mathrm{T}}$,计算得到此时的 $\boldsymbol{B}$ 矩阵为

$$\begin{matrix}b_{11}=\sin\alpha_1\\ b_{12}=0\\ b_{13}=\sin\alpha_2\\ b_{14}=0\\ b_{15}=\cos\beta_1\\ b_{16}=0\end{matrix};\quad \begin{matrix}b_{21}=0\\ b_{22}=\cos\alpha_1\\ b_{23}=0\\ b_{24}=\cos\alpha_2\\ b_{25}=0\\ b_{26}=-\sin\beta_1\end{matrix};\quad \begin{matrix}b_{31}=J_1\\ b_{32}=0\\ b_{33}=J_2\\ b_{34}=0\\ b_{35}=H_{21}\\ b_{36}=0\end{matrix};\quad \begin{matrix}b_{41}=0\\ b_{42}=H_{11}\\ b_{43}=0\\ b_{44}=H_{12}\\ b_{45}=0\\ b_{46}=H_{22}\end{matrix};\quad \begin{matrix}b_{51}=0\\ b_{52}=K_1\\ b_{53}=0\\ b_{54}=K_2\\ b_{55}=0\\ b_{56}=K_3\end{matrix};\quad \begin{matrix}b_{61}=X_1\\ b_{62}=0\\ b_{63}=X_2\\ b_{64}=0\\ b_{65}=0\\ b_{66}=0\end{matrix}\tag{5.64}$$

则有

$$\begin{bmatrix}A_{\mathrm{P}11}^{(i)}+A_{\mathrm{P}21}^{(i)}\\ A_{\mathrm{P}11}^{(i)}-A_{\mathrm{P}21}^{(i)}\\ A_{\mathrm{P}12}^{(i)}+A_{\mathrm{P}22}^{(i)}\\ A_{\mathrm{P}12}^{(i)}-A_{\mathrm{P}22}^{(i)}\\ A_{\mathrm{S}1}^{(i)}+A_{\mathrm{S}2}^{(i)}\\ A_{\mathrm{S}1}^{(i)}-A_{\mathrm{S}2}^{(i)}\end{bmatrix}\exp(j\omega t-j\omega px)=\boldsymbol{bb}\big|_{P_1=0,P_2=0,Q_1=0}\begin{bmatrix}u_x^{(i-1)}\\ u_z^{(i-1)}\\ \sigma_{zz}^{(i-1)}+S^{(i-1)}\\ \tau_{zx}^{(i-1)}\\ \varphi_{i-1}(u_z^{(i-1)}-U_z^{(i-1)})\\ \frac{1}{\varphi_{i-1}}S^{(i-1)}\end{bmatrix}\tag{5.65}$$

式中,$\boldsymbol{bb}\big|_{P_1=0,P_2=0,Q_1=0}=[\boldsymbol{B}\big|_{P_1=0,P_2=0,Q_1=0}]^{-1}$。将式(5.65)代入式(5.63)可得

$$\begin{bmatrix}u_x^{(i)}\\ u_z^{(i)}\\ \sigma_{zz}^{(i)}+S^{(i)}\\ \tau_{zx}^{(i)}\\ \varphi_i(u_z^{(i)}-U_z^{(i)})\\ \frac{1}{\varphi_i}S^{(i)}\end{bmatrix}=\boldsymbol{A}\cdot\begin{bmatrix}u_x^{(i-1)}\\ u_z^{(i-1)}\\ \sigma_{zz}^{(i-1)}+S^{(i-1)}\\ \tau_{zx}^{(i-1)}\\ \varphi_{i-1}(u_z^{(i-1)}-U_z^{(i-1)})\\ \frac{1}{\varphi_{i-1}}S^{(i-1)}\end{bmatrix}\tag{5.66}$$

式中,$\boldsymbol{A}=[a_{cd}]$;$c,d=1,2,3,\cdots,6$;且有 $\boldsymbol{A}=\boldsymbol{B}\cdot[\boldsymbol{B}|_{P_1=0,P_2=0,Q_1=0}]^{-1}$。

由此,可建立第 n 层顶面和第 1 层底面的位移、应力、流体法向流量、流体压力之间的关系,如下式:

$$\begin{bmatrix} u_x^{(n)} \\ u_z^{(n)} \\ \sigma_{zz}^{(n)}+S^{(n)} \\ \tau_{zx}^{(n)} \\ \varphi^{(n)}(u_z^{(n)}-U_z^{(n)}) \\ P^{(n)} \end{bmatrix} = \boldsymbol{A}^{(n-1)}\cdot\boldsymbol{A}^{(n-2)}\cdot\cdots\cdot\boldsymbol{A}^{(i)}\cdots\cdot\boldsymbol{A}^{(2)}\cdot \begin{bmatrix} u_x^{(1)} \\ u_z^{(1)} \\ \sigma_{zz}^{(1)}+S^{(1)} \\ \tau_{zx}^{(1)} \\ \varphi^{(1)}(u_z^{(1)}-U_z^{(1)}) \\ P^{(1)} \end{bmatrix} \tag{5.67}$$

5.3.2　双相介质薄层的反射与透射

当平面简谐 P 波从第 1 层介质入射时,其反/透射情况如图 5.12 所示。

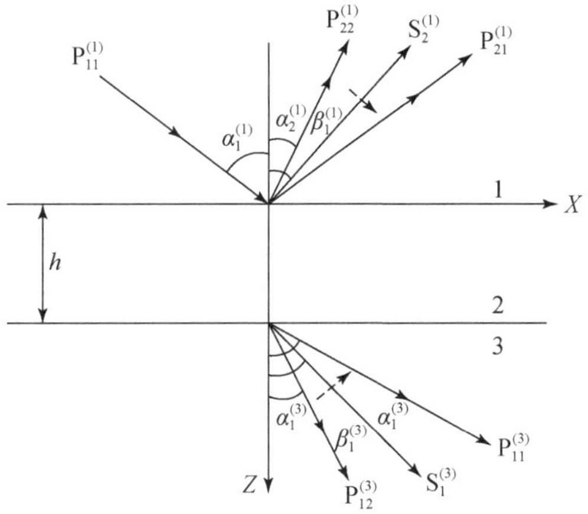

图 5.12　P 波入射薄层时的反射和透射

第 1 层介质中的各类波的固体骨架和流体位移分别如下。

$\mathrm{P}_{11}^{(1)}$:

$$\begin{cases} u_{\mathrm{P11}}^{(1)}=A_{\mathrm{P11}}^{(1)}\exp\{j[\omega t-l_{11}^{(1)}(x\sin\alpha_1^{(1)}+z\cos\alpha_1^{(1)})]\} \\ U_{\mathrm{P11}}^{(1)}=B_{\mathrm{P11}}^{(1)}\exp\{j[\omega t-l_{11}^{(1)}(x\sin\alpha_1^{(1)}+z\cos\alpha_1^{(1)})]\} \end{cases} \tag{5.68}$$

$\mathrm{P}_{21}^{(1)}$:

$$\begin{cases} u_{\mathrm{P21}}^{(1)}=A_{\mathrm{P21}}^{(1)}\exp\{j[\omega t-l_{21}^{(1)}(x\sin\alpha_1^{(1)}-z\cos\alpha_1^{(1)})]\} \\ U_{\mathrm{P21}}^{(1)}=B_{\mathrm{P21}}^{(1)}\exp\{j[\omega t-l_{21}^{(1)}(x\sin\alpha_1^{(1)}-z\cos\alpha_1^{(1)})]\} \end{cases} \tag{5.69}$$

$\mathrm{P}_{22}^{(1)}$:

$$\begin{cases} u_{\mathrm{P22}}^{(1)}=A_{\mathrm{P22}}^{(1)}\exp\{j[\omega t-l_{22}^{(1)}(x\sin\alpha_2^{(1)}-z\cos\alpha_2^{(1)})]\} \\ U_{\mathrm{P22}}^{(1)}=B_{\mathrm{P22}}^{(1)}\exp\{j[\omega t-l_{22}^{(1)}(x\sin\alpha_2^{(1)}-z\cos\alpha_2^{(1)})]\} \end{cases} \tag{5.70}$$

$S_2^{(1)}$：

$$\begin{cases} u_{S2}^{(1)} = A_{S2}^{(1)} \exp\{j[\omega t - l_2^{(1)}(x\sin\beta_1^{(1)} - z\cos\beta_1^{(1)})]\} \\ U_{S2}^{(1)} = B_{S2}^{(1)} \exp\{j[\omega t - l_2^{(1)}(x\sin\beta_1^{(1)} - z\cos\beta_1^{(1)})]\} \end{cases} \tag{5.71}$$

第 3 层介质中的各类波的固体骨架和流体位移分别如下。

$P_{11}^{(3)}$：

$$\begin{cases} u_{P11}^{(3)} = A_{P11}^{(3)} \exp\{j[\omega t - l_{11}^{(3)}(x\sin\alpha_1^{(3)} + (z-h)\cos\alpha_1^{(3)})]\} \\ U_{P11}^{(3)} = B_{P11}^{(3)} \exp\{j[\omega t - l_{11}^{(3)}(x\sin\alpha_1^{(3)} + (z-h)\cos\alpha_1^{(3)})]\} \end{cases} \tag{5.72}$$

$P_{12}^{(3)}$：

$$\begin{cases} u_{P12}^{(3)} = A_{P12}^{(3)} \exp\{j[\omega t - l_{12}^{(3)}(x\sin\alpha_2^{(3)} + (z-h)\cos\alpha_2^{(3)})]\} \\ U_{P12}^{(3)} = B_{P12}^{(3)} \exp\{j[\omega t - l_{12}^{(3)}(x\sin\alpha_2^{(3)} + (z-h)\cos\alpha_2^{(3)})]\} \end{cases} \tag{5.73}$$

$S_1^{(3)}$：

$$\begin{cases} u_{S1}^{(3)} = A_{S1}^{(3)} \exp\{j[\omega t - l_1^{(3)}(x\sin\beta_1^{(3)} + (z-h)\cos\beta_1^{(3)})]\} \\ U_{S1}^{(3)} = B_{S1}^{(3)} \exp\{j[\omega t - l_1^{(3)}(x\sin\beta_1^{(3)} + (z-h)\cos\beta_1^{(3)})]\} \end{cases} \tag{5.74}$$

第 1 层介质底界面上的位移、应力、流体流量、流体压力分别为 $z=0$、$P_1=0$、$P_2=0$、$Q_1=0$，以下省略 $\exp(j\omega t - j\omega px)$ 项：

$u_x^{(1)} = \sin\alpha_1^{(1)}(A_{P11}^{(1)} + A_{P21}^{(1)}) + \sin\alpha_2^{(1)} A_{P22}^{(1)} + \cos\beta_1^{(1)} A_{S2}^{(1)}$；

$u_z^{(1)} = \cos\alpha_1^{(1)}(A_{P11}^{(1)} - A_{P21}^{(1)}) - \cos\alpha_2^{(1)} A_{P22}^{(1)} + \sin\beta_1^{(1)} A_{S2}^{(1)}$；

$\sigma_{zz}^{(1)} + S^{(1)} = J_1^{(1)}(A_{P11}^{(1)} + A_{P21}^{(1)}) + J_2^{(1)} A_{P22}^{(1)} + H_{21}^{(1)} A_{S2}^{(1)}$

$\tau_{zx}^{(1)} = H_{11}^{(1)}(A_{P11}^{(1)} - A_{P21}^{(1)}) - H_{12}^{(1)} A_{P22}^{(1)} - H_{22}^{(1)} A_{S2}^{(1)}$；

$\varphi^{(1)}(u_z^{(1)} - U_z^{(1)}) = K_1^{(1)}(A_{P11}^{(1)} - A_{P21}^{(1)}) - K_2^{(1)} A_{P22}^{(1)} - K_3^{(1)} A_{S2}^{(1)}$；

$\dfrac{1}{\varphi^{(1)}}(Q^{(1)} e^{(1)} + R^{(1)} \varepsilon^{(1)}) = X_1^{(1)}(A_{P11}^{(1)} + A_{P21}^{(1)}) + X_2^{(1)} A_{P22}^{(1)}$

省略 $\exp(j\omega t - j\omega px)$ 项时，第 3 层介质顶界面上的位移、应力、流体流量、流体压力分别为：

$u_x^{(3)} = \sin\alpha_1^{(3)} A_{P11}^{(3)} + \sin\alpha_2^{(3)} A_{P12}^{(3)} + \cos\beta_1^{(3)} A_{S1}^{(3)}$；

$u_z^{(3)} = \cos\alpha_1^{(3)} A_{P11}^{(3)} + \cos\alpha_2^{(3)} A_{P12}^{(3)} - \sin\beta_1^{(3)} A_{S1}^{(3)}$

$\sigma_{zz}^{(3)} + S^{(3)} = J_1^{(3)} A_{P11}^{(3)} + J_2^{(3)} A_{P12}^{(3)} + H_{21}^{(3)} A_{S1}^{(3)} \tau_{zx}^{(3)} = H_{11}^{(3)} A_{P11}^{(3)} + H_{12}^{(3)} A_{P12}^{(3)} + H_{22}^{(3)} A_{S1}^{(3)}$；

$\varphi^{(3)}(u_z^{(3)} - U_z^{(3)}) = K_1^{(3)} A_{P11}^{(3)} + K_2^{(3)} A_{P12}^{(3)} + K_3^{(3)} A_{S2}^{(3)}$；

$\dfrac{1}{\varphi^{(3)}}(Q^{(3)} e^{(3)} + R^{(3)} \varepsilon^{(3)}) = X_1^{(3)} A_{P11}^{(3)} + X_2^{(3)} A_{P12}^{(3)}$

将第 1 层介质底界面及第 3 层顶界面的位移、应力、流体流量、流体压力代入式(5.67)建立第 3 层顶界面与第 1 层底界面的位移、应力、流体流量、流体压力关系，并定义第 1 类纵波、第 2 类纵波和横波的反射系数分别为

$$R_{P1} = A_{P21}^{(1)}/A_{P11}^{(1)},\ R_{P2} = A_{P22}^{(1)}/A_{P11}^{(1)},\ R_S = A_{S2}^{(1)}/A_{P11}^{(1)}$$

定义第 1 类纵波、第 2 类纵波和横波的透射系数分别为

$$T_{P1} = A_{P11}^{(3)}/A_{P11}^{(1)},\ T_{P2} = A_{P12}^{(3)}/A_{P11}^{(1)},\ T_S = A_{S1}^{(3)}/A_{P11}^{(1)}$$

则有

$$\begin{bmatrix} u_x^{(3)} \\ u_z^{(3)} \\ \sigma_{zz}^{(3)}+S^{(3)} \\ \tau_{zx}^{(3)} \\ \varphi^{(3)}(u_z^{(3)}-U_z^{(3)}) \\ \dfrac{1}{\varphi^{(3)}}(Q^{(3)}e^{(3)}+R^{(3)}\varepsilon^{(3)}) \end{bmatrix} = (a_{cd}^{(2)}) \begin{bmatrix} u_x^{(1)} \\ u_z^{(1)} \\ \sigma_{zz}^{(1)}+S^{(1)} \\ \tau_{zx}^{(1)} \\ \varphi^{(1)}(u_z^{(1)}-U_z^{(1)}) \\ \dfrac{1}{\varphi^{(1)}}(Q^{(1)}e^{(1)}+R^{(1)}\varepsilon^{(1)}) \end{bmatrix} \tag{5.75}$$

上式整理化简可得 P 波入射情况下双相介质薄层的反/透射矩阵方程：

$$\begin{bmatrix} g_{11} & g_{12} & g_{13} & g_{14} & g_{15} & g_{16} \\ g_{21} & g_{22} & g_{23} & g_{24} & g_{25} & g_{26} \\ g_{31} & g_{32} & g_{33} & g_{34} & g_{35} & g_{36} \\ g_{41} & g_{42} & g_{43} & g_{44} & g_{45} & g_{46} \\ g_{51} & g_{52} & g_{53} & g_{54} & g_{55} & g_{56} \\ g_{61} & g_{62} & g_{63} & g_{64} & g_{65} & g_{66} \end{bmatrix} \cdot \begin{bmatrix} R_{\mathrm{P1}} \\ R_{\mathrm{P2}} \\ R_{\mathrm{S}} \\ T_{\mathrm{P1}} \\ T_{\mathrm{P2}} \\ T_{\mathrm{S}} \end{bmatrix} = \begin{bmatrix} n_1 \\ n_2 \\ n_3 \\ n_4 \\ n_5 \\ n_6 \end{bmatrix} \tag{5.76}$$

其中：

$$\begin{bmatrix} g_{11} \\ g_{21} \\ g_{31} \\ g_{41} \\ g_{51} \\ g_{61} \end{bmatrix} = (a_{cd}^{(2)}) \begin{bmatrix} \sin\alpha_1^{(1)} \\ \cos\alpha_1^{(1)} \\ -J_1^{(1)} \\ H_{11}^{(1)} \\ K_1^{(1)} \\ -X_1^{(1)} \end{bmatrix}, \quad \begin{bmatrix} g_{12} \\ g_{22} \\ g_{32} \\ g_{42} \\ g_{52} \\ g_{62} \end{bmatrix} = (a_{cd}^{(2)}) \begin{bmatrix} \sin\alpha_2^{(1)} \\ \cos\alpha_2^{(1)} \\ -J_2^{(1)} \\ H_{12}^{(1)} \\ K_2^{(1)} \\ -X_2^{(1)} \end{bmatrix}$$

$$\begin{bmatrix} g_{13} \\ g_{23} \\ g_{33} \\ g_{43} \\ g_{53} \\ g_{63} \end{bmatrix} = (a_{cd}^{(2)}) \begin{bmatrix} \cos\beta_1^{(1)} \\ -\sin\beta_1^{(1)} \\ -H_{21}^{(1)} \\ H_{22}^{(1)} \\ K_3^{(1)} \\ 0 \end{bmatrix}, \quad \begin{bmatrix} n_1 \\ n_2 \\ n_3 \\ n_4 \\ n_5 \\ n_6 \end{bmatrix} = (a_{cd}^{(2)}) \begin{bmatrix} -\sin\alpha_1^{(1)} \\ \cos\alpha_1^{(1)} \\ J_1^{(1)} \\ H_{11}^{(1)} \\ K_1^{(1)} \\ X_1^{(1)} \end{bmatrix}$$

$$\begin{bmatrix} g_{14} \\ g_{24} \\ g_{34} \\ g_{44} \\ g_{54} \\ g_{64} \end{bmatrix} = \begin{bmatrix} -\sin\alpha_1^{(3)} \\ \cos\alpha_1^{(3)} \\ J_1^{(3)} \\ H_{11}^{(3)} \\ K_1^{(3)} \\ X_1^{(3)} \end{bmatrix}, \quad \begin{bmatrix} g_{15} \\ g_{25} \\ g_{35} \\ g_{45} \\ g_{55} \\ g_{65} \end{bmatrix} = \begin{bmatrix} -\sin\alpha_2^{(3)} \\ \cos\alpha_2^{(3)} \\ J_2^{(3)} \\ H_{12}^{(3)} \\ K_2^{(3)} \\ X_2^{(3)} \end{bmatrix}, \quad \begin{bmatrix} g_{16} \\ g_{26} \\ g_{36} \\ g_{46} \\ g_{56} \\ g_{66} \end{bmatrix} = \begin{bmatrix} -\cos\beta_1^{(3)} \\ -\sin\beta_1^{(3)} \\ H_{21}^{(3)} \\ H_{22}^{(3)} \\ K_3^{(3)} \\ 0 \end{bmatrix}$$

5.3.3　双相介质单界面的反射与透射

当薄层厚度为 0 时,即退化为单界面情况,相应的反/透射系数矩阵方程[式(5.76)]可退化为双相介质单界面的反/透射矩阵方程:

$$\begin{bmatrix} g_{11} & g_{12} & g_{13} & g_{14} & g_{15} & g_{16} \\ g_{21} & g_{22} & g_{23} & g_{24} & g_{25} & g_{26} \\ g_{31} & g_{32} & g_{33} & g_{34} & g_{35} & g_{36} \\ g_{41} & g_{42} & g_{43} & g_{44} & g_{45} & g_{46} \\ g_{51} & g_{52} & g_{53} & g_{54} & g_{55} & g_{56} \\ g_{61} & g_{62} & g_{63} & g_{64} & g_{65} & g_{66} \end{bmatrix} \cdot \begin{bmatrix} R_{\mathrm{P1}} \\ R_{\mathrm{P2}} \\ R_{\mathrm{S}} \\ T_{\mathrm{P1}} \\ T_{\mathrm{P2}} \\ T_{\mathrm{S}} \end{bmatrix} = \begin{bmatrix} n_1 \\ n_2 \\ n_3 \\ n_4 \\ n_5 \\ n_6 \end{bmatrix} \tag{5.77}$$

其中:

$$\begin{bmatrix} g_{11} \\ g_{21} \\ g_{31} \\ g_{41} \\ g_{51} \\ g_{61} \end{bmatrix} = \begin{bmatrix} \sin\alpha_1^{(1)} \\ \cos\alpha_1^{(1)} \\ -J_1^{(1)} \\ H_{11}^{(1)} \\ K_1^{(1)} \\ -X_1^{(1)} \end{bmatrix}, \quad \begin{bmatrix} g_{12} \\ g_{22} \\ g_{32} \\ g_{42} \\ g_{52} \\ g_{62} \end{bmatrix} = \begin{bmatrix} \sin\alpha_2^{(1)} \\ \cos\alpha_2^{(1)} \\ -J_2^{(1)} \\ H_{12}^{(1)} \\ K_2^{(1)} \\ -X_2^{(1)} \end{bmatrix}, \quad \begin{bmatrix} g_{13} \\ g_{23} \\ g_{33} \\ g_{43} \\ g_{53} \\ g_{63} \end{bmatrix} = \begin{bmatrix} \cos\beta_1^{(1)} \\ -\sin\beta_1^{(1)} \\ -H_{21}^{(1)} \\ H_{22}^{(1)} \\ K_3^{(1)} \\ 0 \end{bmatrix}, \quad \begin{bmatrix} n_1 \\ n_2 \\ n_3 \\ n_4 \\ n_5 \\ n_6 \end{bmatrix} = \begin{bmatrix} -\sin\alpha_1^{(1)} \\ \cos\alpha_1^{(1)} \\ J_1^{(1)} \\ H_{11}^{(1)} \\ K_1^{(1)} \\ X_1^{(1)} \end{bmatrix}$$

$$\begin{bmatrix} g_{14} \\ g_{24} \\ g_{34} \\ g_{44} \\ g_{54} \\ g_{64} \end{bmatrix} = \begin{bmatrix} -\sin\alpha_1^{(3)} \\ \cos\alpha_1^{(3)} \\ J_1^{(3)} \\ H_{11}^{(3)} \\ K_1^{(3)} \\ X_1^{(3)} \end{bmatrix}, \quad \begin{bmatrix} g_{15} \\ g_{25} \\ g_{35} \\ g_{45} \\ g_{55} \\ g_{65} \end{bmatrix} = \begin{bmatrix} -\sin\alpha_2^{(3)} \\ \cos\alpha_2^{(3)} \\ J_2^{(3)} \\ H_{12}^{(3)} \\ K_2^{(3)} \\ X_2^{(3)} \end{bmatrix}, \quad \begin{bmatrix} g_{16} \\ g_{26} \\ g_{36} \\ g_{46} \\ g_{56} \\ g_{66} \end{bmatrix} = \begin{bmatrix} -\cos\beta_1^{(3)} \\ -\sin\beta_1^{(3)} \\ H_{21}^{(3)} \\ H_{22}^{(3)} \\ K_3^{(3)} \\ 0 \end{bmatrix}$$

5.3.4　数值模拟与分析

利用双相介质薄层的反/透射系数方程,模拟分析孔隙弹性薄层反射系数随入射角的变化特征,并讨论薄层厚度及孔隙度对薄层反射系数的影响。选取如表 5.6 所示的 3 种流体充填介质,分别为孔隙岩石(Turgut and Yamamoto,1990)、水饱和砂岩、水饱和泥岩(Mavko et al.,1998; Denneman et al.,2002)。设各层岩石孔隙中充填的都是水,且密度为 1.0g/cm^3,体积模量为 2.22GPa(Dennemand et al.,2002)。参考前人给出的近似公式(Nurs et al.,1995; Gassmann,1951; Biot and Willis,1957; Biot,1956a,1956b; Berryman,1980; Feng and Johnson,1983),我们可以获得 Biot 弹性系数、圆波数、流固振幅比和介质的体积模量、剪切模量、密度等参数。将以上参数代入式(5.76),即可计算不同入射角、频率、薄层厚度及孔隙度等情况下双相介质薄砂层的反/透射系数。

表 5.6　双相介质薄砂层模型参数

层数	介质	φ_c	ρ_s/(g/cm^3)	K_s/GPa	G_s/GPa
1	孔隙岩石	0.32	2.650	36	17
2	砂岩	0.40	2.650	40	44
3	泥岩	0.20	2.840	30	41

注:K_s、G_s、ρ_s为岩石基质的体积模量、剪切模量及密度;φ_c 为岩石的临界孔隙度

5.3.4.1　双相介质薄层的反射特征

双相介质薄层反射系数随入射角的变化如图 5.13 所示,其中薄层厚度为 3m、孔隙度为 0.24、入射波频率为 40Hz。根据 Snell 定律,可知该薄层模型对于快纵波入射情况而言,存在两个临界角,即 28°及 56°;同时,我们对比分析了单相介质薄层的反射系数随入射角的变化,以说明岩石孔隙度及流体充填对双相介质薄砂层地震响应的影响。为了区分单、双相薄层反射系数,我们标记 R_{P1}、R_{P2}、R_S 分别为双相介质薄层中快纵波、慢纵波及转换横波的反射系数;R_{PP}、R_{PS}为单相介质薄层的纵波及转换横波的反射系数。

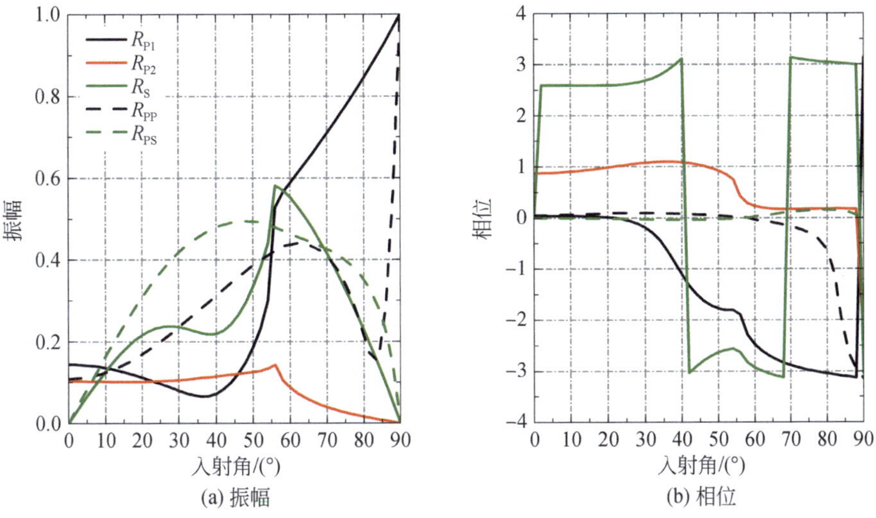

图 5.13　单、双相介质薄层反射系数的对比

如图 5.13 所示,慢纵波的振幅随着入射角的增加而缓慢增大,直到在第二临界角的位置处达到最大值,随后随着入射角的增大而减小,在入射角为 90°时减小到 0°。单、双相介质的反射系数对比可知:流体的存在改变了薄层反射系数振幅及相位随入射角的变化趋势、振幅的极大值及极大值所对应的入射角。

对于双相介质薄层模型,快纵波的振幅随着入射角的增大而降低,在 36°附近达到一个局部极小值。当入射角大于 36°且小于第二临界角时,快纵波的振幅随着入射角的增大而迅速增大;当入射角大于第二临界角时,快纵波的振幅与入射角的增大近似呈线性关系,并在入射角为 90°时达到最大值 1。而对于单相介质薄层模型,在入射角小于 66°的情况下,PP 波反射系数振幅随着入射角的增大而增大;当入射角大于 66°且小于 82°时,薄层 PP 波振幅随着入射角的增大而降低;当入射角大于 82°,PP 波反射系数随着入射角的增大而迅速增大,并在入射角为 90°时达到最大值 1。对于 PS 波,双相介质薄层的 PS 波反射系数由垂直入射时的 0°逐渐增大,并在第一临界角附近达到第一个局部极大值;当入射角大于第一临界角时,PS 波反射系数随着入射角的增大而降低,并在 38°附近达到极小值;当入射角大于 38°且小于第二临界角时,PS 波反射系数随着入射角的增大而迅速增加;当入射角大于第二临界角时,PS 波反射系数迅速降低且在入射角为 90°时降低到 0 值。然而,对于单相介质薄层,PS 波反射系数的振幅随着入射角的增大由 0°逐渐增大直至在 48°附近达到最大值;随着入射角的增大而减小,直至入射角为 90°时的 0 值。相比小角度入射情况下快纵波、慢纵波,转换横波随入射角的变化的特征更为明显。同时,快纵波、慢纵波及转换横波反射系数的相位在第二临界角处都会发生突变。

5.3.4.2　薄层厚度对双相介质薄层反射的影响

图 5.14 为不同厚度情况下双相介质薄层快纵波、慢纵波及转换横波随入射角的变化情况。其中,薄层厚度设置为 10m、7m、5m、3m、1m、0m,相对快纵波波长而言,该薄层厚度由 λ/11 减薄至 λ/110,并考虑薄层厚度为 0 的情况。当薄层厚度为 0 时,即为原来薄层上覆、下伏围岩构成的单界面情况。对于慢纵波,图 5.14 中仅绘制了中间层厚度为 5m、3m、1m 等情况,以保障讨论的中间厚度小于慢纵波的调谐厚度。

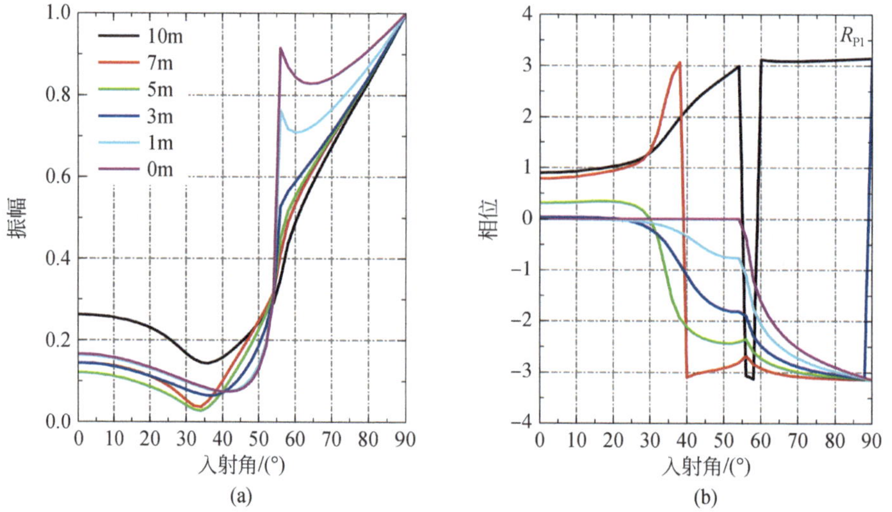

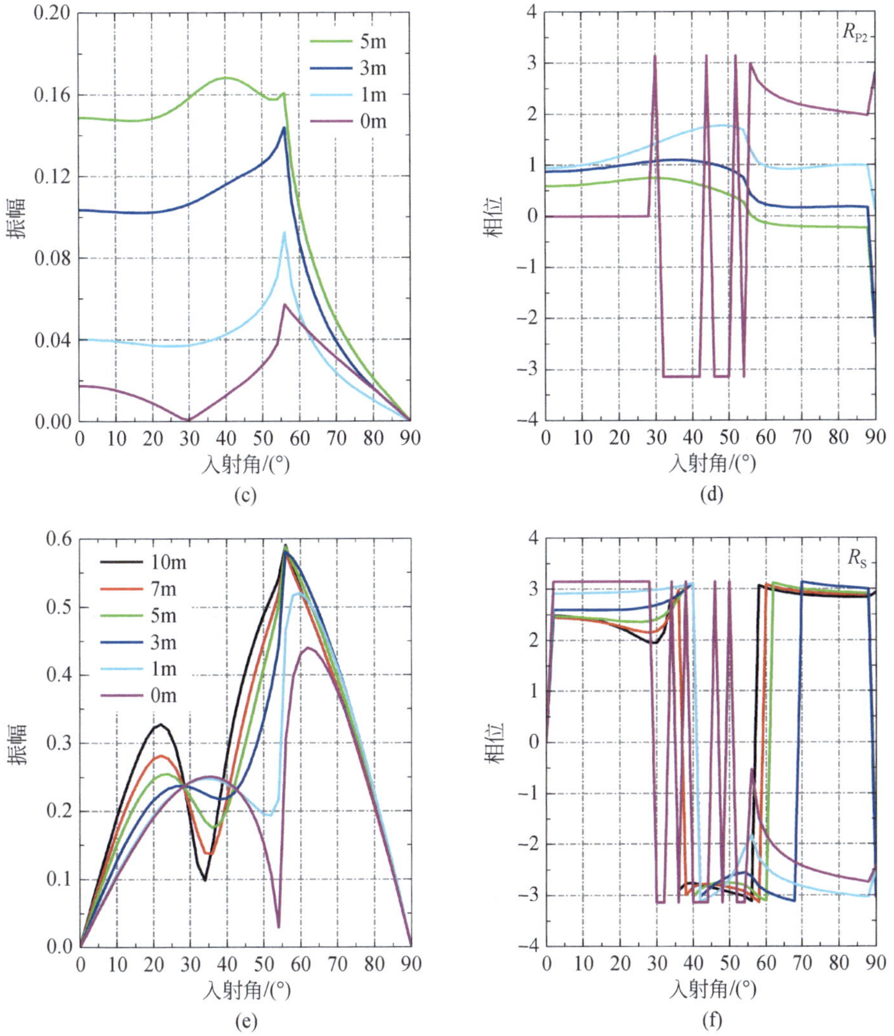

图 5.14　不同厚度情况下快纵波、慢纵波、转换横波反射系数随入射角的变化

(a)快纵波的振幅;(b)快纵波的相位;(c)慢纵波的振幅;(d)慢纵波的相位;(e)转换横波的振幅;(f)转换横波的相位

如图 5.14 所示:快纵波、慢纵波及转换横波的反射系数振幅对薄层厚度都很敏感。对于快纵波而言,在入射角小于 40°时,快纵波的反射系数振幅随着薄层厚度的减小呈现先降低后增大的现象;当入射角大于 40°且小于 56°时,快纵波的反射系数振幅随着薄层厚度的减小而减小;当入射角大于 56°时,快纵波的反射系数振幅随着薄层厚度的减小而增大。对于慢纵波而言,薄层厚度越薄,反射系数的振幅越低、相位越大;且对于非零厚度情况,相位在第二临界角附近会发生突变。对于薄层厚度为 0 情况,在入射角小于第二临界角时,反射系数的振幅都小于薄层厚度非零情况。对于转换横波,反射系数存在两个局部极大值,且极大值的位置与薄层厚度有关,当薄层厚度降低时,反射系数极大值向右移动;当入射角在 0°～30°或者 40°～90°时,薄层厚度越薄,反射系数的振幅越小;当入射角位于 30°～40°时,薄层厚度越薄,反射系数的振幅越大。相比快纵波情况,转换横波的反射系数对薄层厚

度的变化响应更为敏感。

5.3.4.3　孔隙度对双相介质薄层反射的影响

为了分析岩石孔隙度对双相介质薄层反射的影响,我们变化砂岩层的孔隙度并绘制不同孔隙度情况下双相介质薄层反射系数随入射角的变化,如图 5.15 所示。其中,孔隙度为 0.16、0.20、0.24、0.28、0.32;薄层厚度为 3m,入射波频率为 40Hz。表 5.7 给出了不同孔隙度下的 Biot 弹性参数、介质密度参数、速度及流固振幅比。如表 5.7 所示:孔隙度越大,快纵波速度越小,而慢纵波速度越大。同时,慢纵波速度明显低于快纵波及横波速度,仅有快纵波速度的 1/6.87 ~ 1/4.53,横波速度的 1/3.65 ~ 1/2.27。ρ_{22}随着孔隙度的增大而增大;而ρ_{11}、ρ_{12}随着孔隙度的增大而减小。

表 5.7　不同孔隙度下各层的介质参数

参数	层 1	层 3	层 2				
φ	0.30	0.18	0.16	0.20	0.24	0.28	0.32
A	4.2006	5.2000	7.1378	6.2556	5.3733	4.4911	3.6089
N	1.0625	4.1000	26.4000	22.0000	17.6000	13.2000	8.8000
Q	1.2513	1.2333	0.4919	0.6148	0.7378	0.8607	0.9837
R	0.5888	0.3083	0.3279	0.4099	0.4919	0.5738	0.6558
ρ_{11}	2.2050	2.7388	2.6460	2.5200	2.3940	2.2680	2.1420
ρ_{22}	0.6500	0.5900	0.5800	0.6000	0.6200	0.6400	0.6600
ρ_{12}	−0.3500	−0.4100	−0.4200	−0.4000	−0.3800	−0.3600	−0.3400
V_{P1}	2.1032	2.5424	5.0978	4.7722	4.3957	3.9477	3.3934
V_{P2}	0.6102	0.5282	0.7416	0.8104	0.8659	0.9080	0.9305
V_S	0.7259	1.2926	3.3575	3.1246	2.8538	2.5280	2.1152
m_{11}	1.2244	1.1079	0.7736	0.7337	0.7034	0.6884	0.7055
m_{12}	−3.9841	−9.3759	−80.9078	−55.3850	−37.9173	−25.0712	−15.1435
m_1	0.5385	0.6949	0.7241	0.6667	0.6129	0.5625	0.5152

注:φ 为孔隙度;A、N、Q、R 为 Biot 弹性系数;ρ_{11}、ρ_{12}、ρ_{22} 为密度系数;V_{P1}、V_{P2}、V_S 分别为快纵波、慢纵波及转换横波的速度;m_{11}、m_{12}、m_1 分别为快纵波、慢纵波及转换横波对应的流固振幅比。表中 Biot 弹性系数、密度、速度单位分别为 GPa、g/cm^3 及 km/s

对于快纵波而言,当入射角小于 34°时,反射振幅随着孔隙度的增大而小幅度降低;当入射角大于 34°时,反射振幅随着孔隙度的增大而增大。对于慢纵波,孔隙度越大,反射振幅越大而反射相位越小,这与薄层变厚引起的现象是相似的。对于转换横波,反射系数的振幅在 0° ~20°及 86° ~90°情况下基本没有变化;当入射角位于 20° ~32°时,反射系数的振幅随着孔隙度的增大而增大;当入射角位于 46° ~86°时,反射系数的振幅随着孔隙的增大而减小。总体来说,慢纵波的反射相比快纵波及横波情况对孔隙度更为敏感。

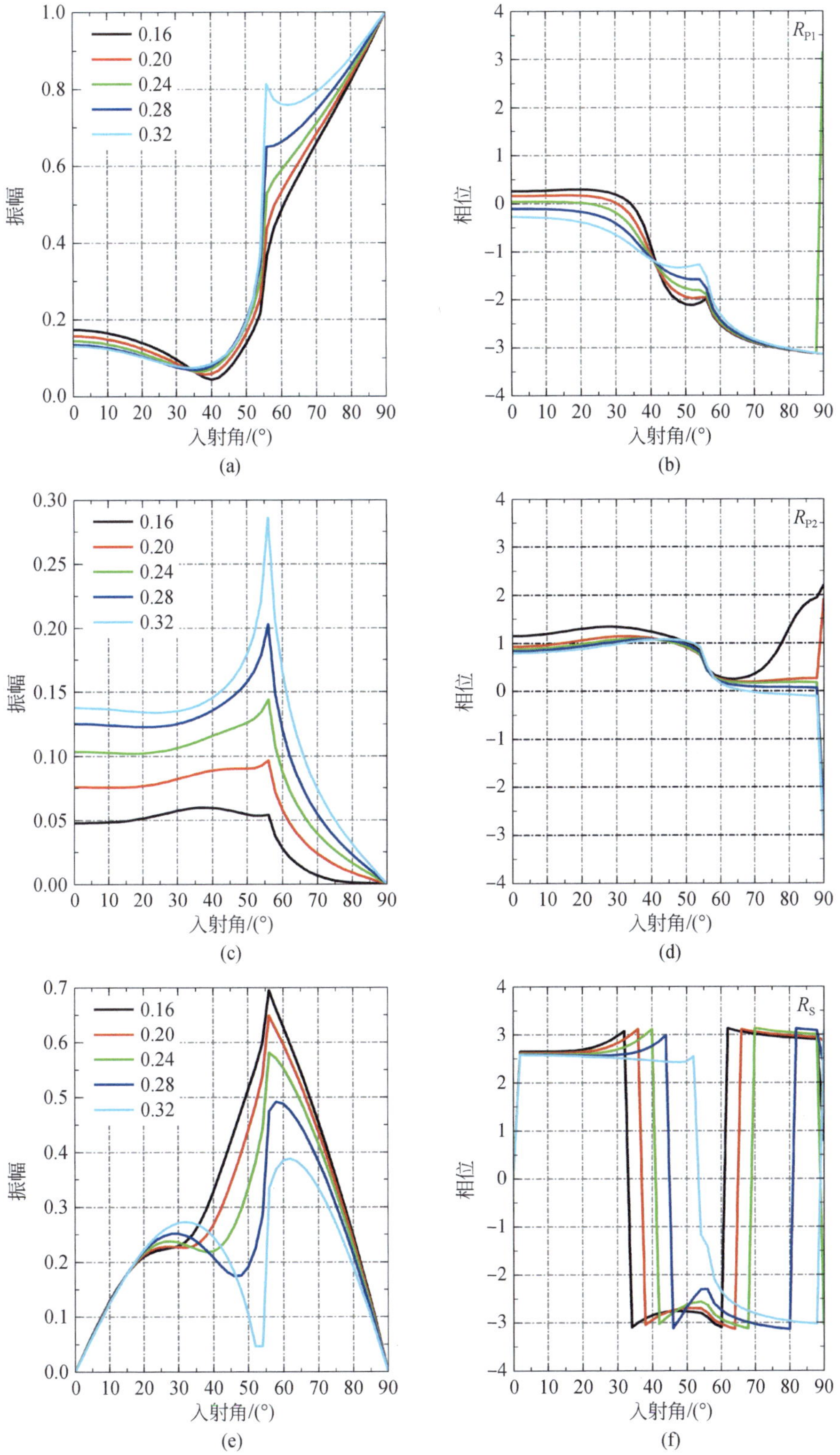

图 5.15　不同孔隙度情况下快纵波、慢纵波、转换横波反射系数随入射角的变化

(a)快纵波的振幅;(b)快纵波的相位;(c)慢纵波的振幅;(d)慢纵波的相位;(e)转换横波的振幅;(f)转换横波的相位

5.3.4.4 讨论

双相介质薄层反射明显有别于双相介质单界面的反射,尤其受到薄层厚度的影响。相比快纵波及慢纵波,转换横波的 AVA 特征更为明显。然而,快纵波的反射相比横波情况对薄层厚度的响应更为敏感。综合以上,联合 PP 波及 PS 波 AVO 分析将会成为薄层流体检测的最佳选择。

相比快纵波、转换横波,慢纵波的反射对孔隙度更为敏感;且高的孔隙度及较厚中间层将会引起相同的反射响应;即孔隙度越大、厚度越厚,慢纵波的反射系数振幅越大而相位越小,此规律也增加了薄储层流体预测的复杂性。

5.4 本章小结

本章主要分两个思路研究双相介质薄层弹性波的反射与透射。

(1)利用 Gassmann 方程建立双相介质薄层的等效弹性参数,并将其代入各向同性薄层反/透射矩阵方程,以求得等效 PP 波及 PS 波反射系数,并分析了孔隙度、流体属性、频率等参数对 PP 波及 PS 波的影响。

(2)基于低频 Biot 理论,利用双相介质边界条件,建立双相介质薄互层的传播矩阵,并给出双相介质单薄层的反/透射矩阵方程。该矩阵方程在薄层厚度为 0m 的情况下,可退化为双相介质单界面的反/透射矩阵方程。数值模拟分析可得:慢纵波速度明显低于快纵波及转换横波的速度,且慢纵波比其他体波对孔隙度更为敏感。

第6章　典型薄(互)层模型的弹性波传播特征

从前述的各章节所使用的四种典型薄层模型的反射波场模拟与数值分析可以看出，煤层是典型的、相对于地震频带宽度的薄层低阻抗介质，由于与围岩存在较强的阻抗差异，煤层的反射明显不同于阻抗差界面的反射。因此，本章将以这种薄层为主要研究对象，采取从简单模型——均匀、水平层状、各向同性单薄层，到含构造煤与夹矸，再到含裂缝煤层、含流体单薄层、黏弹性速度各向异性单薄层，最后到薄互层模型这种逐步复杂化模型的思路，通过不同复杂程度模型的定义、数值模拟与波场分析，重点讨论薄层与单阻抗差界面的PP波与PS波反射系数幅值与相位的差异，分析薄互层的反射特征，讨论薄层中含裂缝密度与方向、含流体性、黏弹性各向异性对单薄层反射的影响，提高人们对于薄层弹性波传播特征的认识，从理论上回答薄层的物性与结构变化是否存在足够的异常。

6.1　薄煤层的地震响应特征

从3.2节的薄层公式及模拟分析中可以看出：薄层反/透射不仅与波阻抗有关，还与入射波的频率及薄层厚度有关；薄层反射是顶、底界面反射及层间多次波的混叠，与单界面反射有所不同。以下由一个典型薄煤层为例具体说明薄层与单阻抗差界面反射的异同点，煤层参数如表6.1所示。

表6.1　薄煤层模型参数

层号	V_p/(m/s)	V_s/(m/s)	ρ/(g/cm^3)
1(泥岩)	2400	1200	2.60
2(煤)	1800	800	1.40
3(泥岩)	2500	1300	2.65

设定煤层厚度为9m，对比薄层干涉叠加形成的反射波振幅与薄层顶、底界面的反射系数的差异，图6.1显示的是各向同性介质假设P波入射情况下以计算的PP波反射系数振幅随入射角的变化关系，其中$R_{PPm_{amtl}}$、$R_{PPm_{emtl}}$、$R_{PPm12_{si}}$、$R_{PPm23_{si}}$分别代表声学介质反射率法计算的PP波反射系数、弹性介质反射率法计算的PP波反射系数、Zoeppritz方程计算的煤层顶界面与底界面的反射系数。

由图6.1可见，对于调谐厚度的煤层反射，其强度远大于顶、底界面的反射强度，增量可达80%；声波与弹性波假设下计算的反射系数在f=50Hz时近似程度较高，然而从15°左右开始声波方程出现随角度增加的误差，但误差小于5%。由理论分析可知，薄层反射系数与入射频率及厚度有关，故下面保持薄层弹性参数不变的情况下，分别修改薄层入射频率及厚度，讨论反射系数的变化。

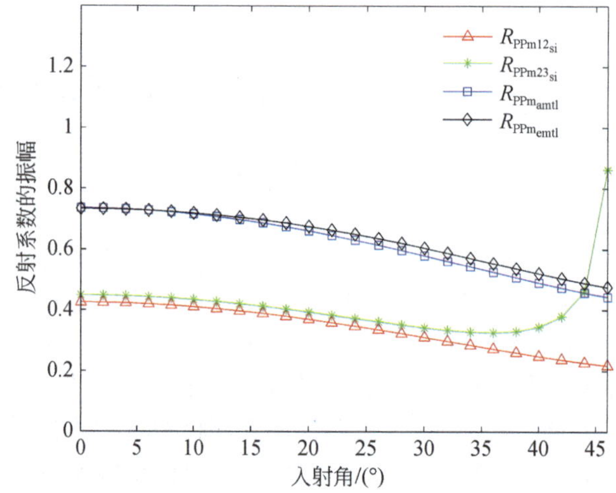

图 6.1　单界面与调谐厚度煤层的反射强度对比

设定薄层厚度为 3m,修改入射波频率为:5Hz、25Hz、45Hz、65Hz、85Hz、105Hz、125Hz,反射系数的变化如图 6.2 所示。相同入射角、相同厚度下,入射 P 波的频率越高反射系数的振幅越大,相位越小。在小角度时,近似平行,随着角度的增大,反射系数的振幅有降低的趋势;且随着频率越高趋势越明显,相位有升高的趋势且频率越高趋势越明显。

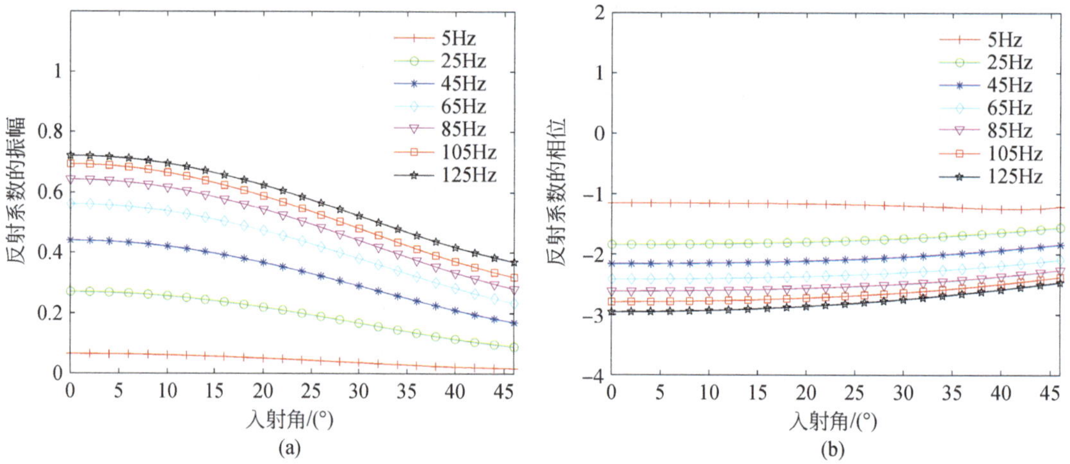

图 6.2　反射系数 R_{PP} 随入射频率的变化

(a)反射系数的振幅随入射频率的变化;(b)反射系数的相位随入射频率的变化

改变煤层厚度,从 λ、$\lambda/2$、$\lambda/4$、$\lambda/8$、$\lambda/10$、$\lambda/20$、$\lambda/30$ 直至 0m(其中 λ 为纵波波长),在单频 50Hz 入射波时观察薄层反射系数的变化,如图 6.3 所示。

由图 6.3(a)可见,煤层厚度大于 $\lambda/4$ 时(图中 λ,$\lambda/2$),在小于等于 6°的情况下与薄层厚度取 0m 时的反射系数的振幅相同,随着入射角的增大,反射系数的振幅逐渐增加,且厚度越大(λ)增加越快;煤层厚度等于 $\lambda/4$ 时,反射系数的振幅最大,随着厚度的逐渐降低,振幅越来越小;煤层厚度小于等于 $\lambda/4$ 时,相同厚度的情况下,随着入射角的增大,振幅逐渐降

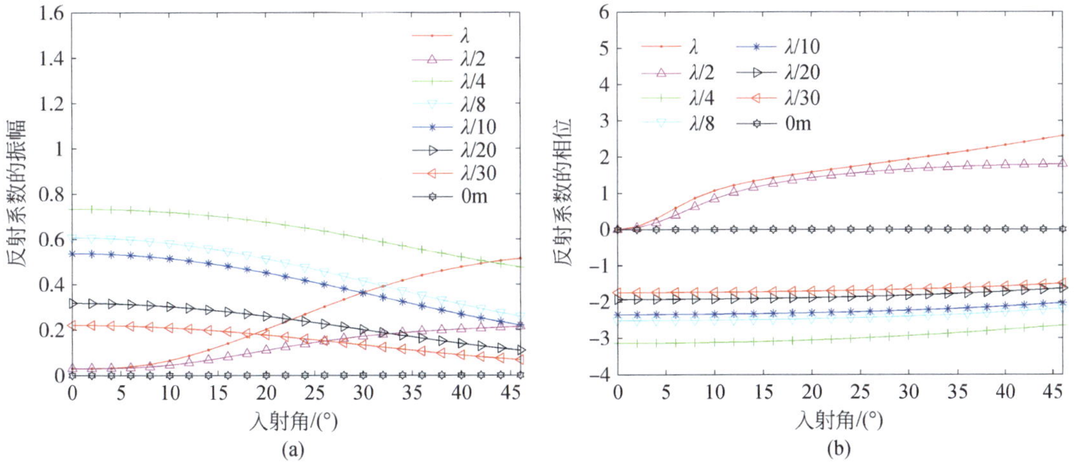

图 6.3　反射系数 R_{PP} 随煤层厚度的变化

(a) 反射系数的振幅随煤层厚度的变化；(b) 反射系数的相位随煤层厚度的变化

低,且随着厚度降低,振幅降低的趋势越来越不明显。煤层厚度为 0 时,反射系数的振幅随着入射角的增加而小幅度降低。如图 6.3(b) 所示,煤层厚度大于 $\lambda/4$ 时(图中 λ,$\lambda/2$),0°反射系数的相位为 0,随着入射角的增大,相位逐渐增加,且厚度越大(λ)增加的幅度越大;煤层厚度等于 $\lambda/4$ 时,反射系数的相位最大(接近于 $-P_i$)且随角度的增加缓慢下降;煤层厚度小于 $\lambda/4$ 时,反射系数的相位随着煤层厚度的降低而减小,厚度不变的情况下,随着入射角的增大相位逐渐降低;煤层厚度为 0m 时,反射系数的相位为 0。

根据以上分析,对薄煤层反射有如下特征可以总结:①薄层的反射不同于单阻抗差界面的反射,是一个干涉叠加的复合波;②薄层的反射受薄层厚度、入射波频率、薄层与围岩阻抗差的影响,反射强度大于单阻抗差界面,在调谐频率或调谐厚度时达到最大;③薄层的反射波强度随薄层厚度、频率、阻抗差降低而变小,但仍然大于单阻抗差界面的反射;④薄层的反射相位不同于入射波的相位,表现为非零相位。

6.2　含构造煤及夹矸薄煤层的弹性波传播特征

我国绝大多数煤田经历过多期次构造运动的作用,构造煤发育较为普遍。随着煤矿开采深度不断增加,地应力及瓦斯压力增大、瓦斯含量升高,煤的松软特点与较差的渗透性使得深层煤地质条件更加复杂,煤与瓦斯突出灾害日趋严重。国内外大量的研究工作表明:发生煤与瓦斯突出的煤层一般都发育有一定厚度的构造煤(张子敏和张玉贵,2005)。构造煤不仅是地质构造运动的标志,也是典型的瓦斯地质体。因此,构造煤的预测是煤矿安全生产及煤层气抽放急需预测的关键地质体。

我国煤层厚度多在 2～10m,相对于煤田地震的频带宽度为典型的薄层,煤层反射表现为顶、底反射及层间多次波叠加形成的复合波。王赟等(2012,2013)研究发现构造煤与原生结构煤存在明显的速度差异。鉴于此,本章定义了三个简单的薄互层构造煤模型,利用薄层反射率法对这三种模型的煤层反射进行了模拟分析与讨论,以期对构造煤的地震探测与识别提供一定的理论指导。

综合中国五个不同矿区的构造煤发育特征,以河南焦作煤田某矿区构造煤的空间分布为主要参考,对构造煤与原生结构煤的赋存关系进行地球物理建模的理想化与简化,建立如图 6.4 所示的三种典型构造煤薄互层模型。其中图 6.4(a)表示构造煤夹层位于原生结构煤的中间;图 6.4(b)代表构造煤夹层位于原生结构煤的顶部;图 6.4(c)表示构造煤夹层位于原生结构煤的底部。假设模型中的原生结构煤与构造煤均为均匀各向同性介质。

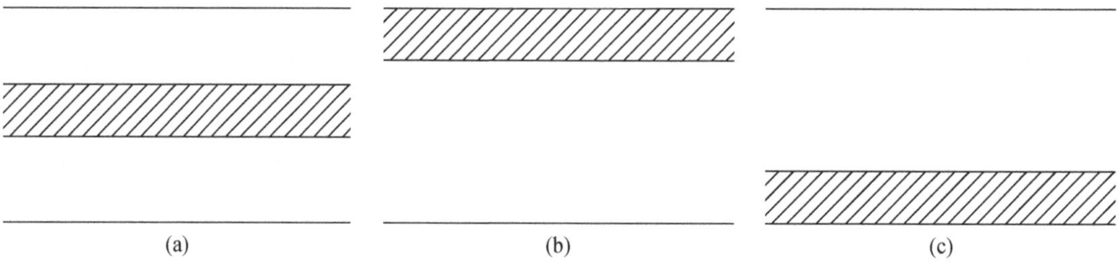

图 6.4　原生煤与构造煤的薄互层模型

模型地震参数依据焦作煤矿无烟煤煤样原生结构煤和构造煤的超声测量结果选取,设原生结构煤的纵横波速度比为 2,构造煤纵横波速度比为 1.8;假设模型的上、下介质为泥岩,模型中各层的弹性参数如表 6.2 所示。其中煤层的厚度设定 5m,构造煤的厚度分别为 0.5m、1m、1.5m、2m。

表 6.2　模型中各层的弹性参数

弹性参数	原生结构煤	构造煤	夹矸	泥岩
纵波速度/(m/s)	2800	1000	3500	3500
横波速度/(m/s)	1400	556	1700	1700
密度/(g/cm^3)	1.60	1.60	2.6	2.65

在以下模拟分析中,我们对原生结构煤及夹有构造煤(或夹矸)的煤层进行反射系数的计算,研究图 6.4 中不同厚度构造煤的 AVO 响应,并与无构造煤夹层的煤层反射进行对比。

6.2.1　构造煤模型

对图 6.4 所示模型进行不同频率(5Hz、25Hz、45Hz、50Hz、65Hz、85Hz)入射波情况下的 PP、PS 波反射系数振幅与相位的计算,图 6.5 ~ 图 6.8 分别为其中两个频率(25Hz、50Hz)入射波在第一临界角内的计算结果及其与不含构造煤煤层反射的对比,其中振幅比是指含构造煤与不含构造煤的反射系数振幅的比值。

从图 6.5(a)、(c)、(e)与(f)对比可以看出:对于 25Hz 入射波的情况,夹有构造煤的煤层比原生结构煤 PP 波、PS 波反射系数都要大;对于 PP 波反射系数来说,由 0.5m 夹层情况的 1.8 倍左右(相比原生结构煤情况)增加至 2m 夹层的 3.5 倍左右;PS 波反射系数由 0.5m 夹层情况的 1.6 倍左右增加至 2m 夹层的 2.6 倍左右;相同条件下,PP 波的反射系数增幅高于 PS 波,且都随着入射角的增加而增大。

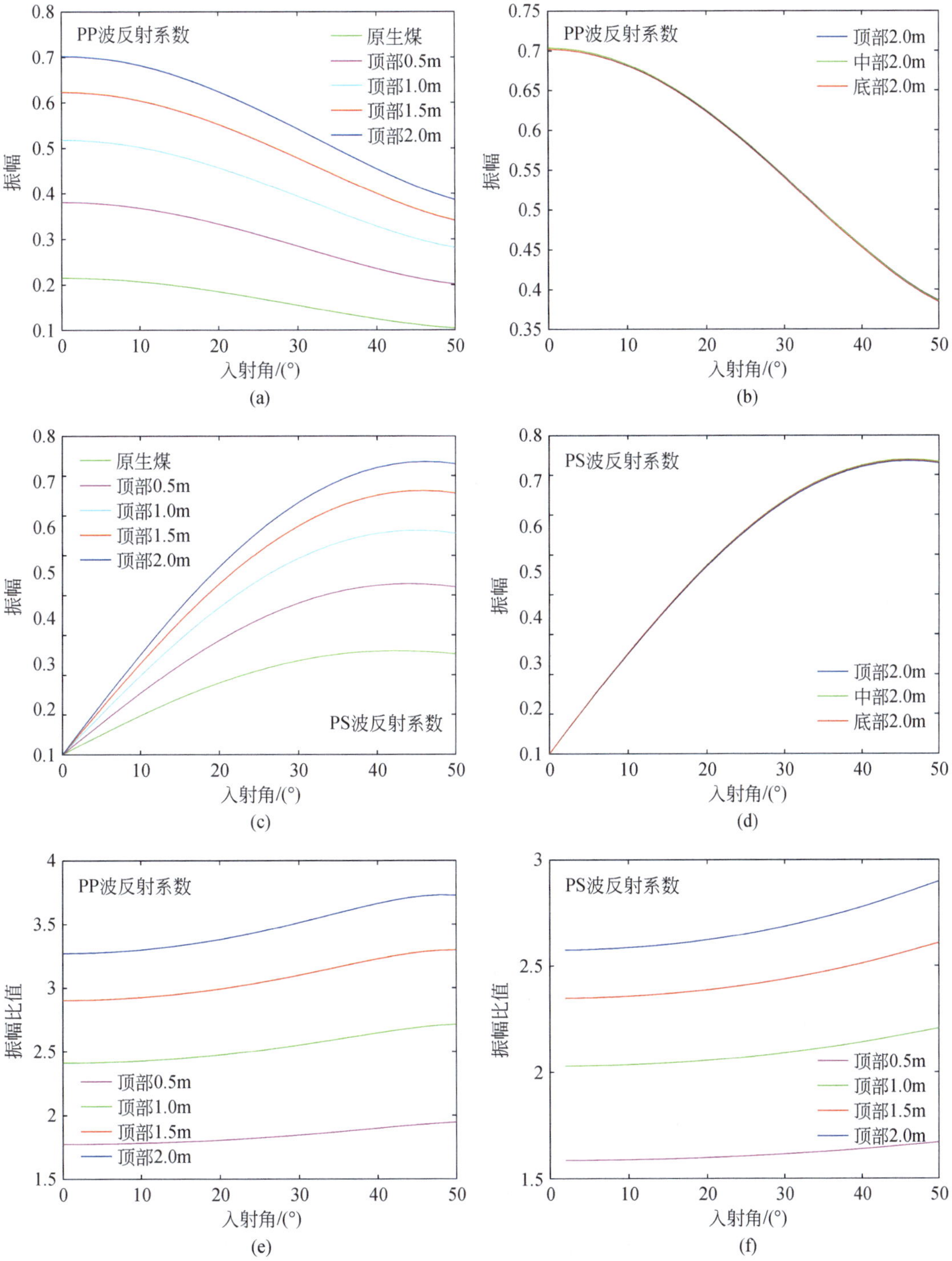

图 6.5　25Hz 时 PP 波、PS 波反射系数的振幅及其比值

(a)构造煤位于顶部情况时 R_{PP} 的振幅;(b)2.0m 构造煤 R_{PP} 的振幅;(c)构造煤位于顶部情况时 R_{PS} 的振幅;(d)2.0m 构造煤 R_{PS} 的振幅;(e)构造煤位于顶部情况时 R_{PP} 振幅的比值;(f)构造煤位于顶部情况时 R_{PS} 振幅的比值

从图6.5(b)与(d)对比可以看出:构造煤厚度不变时,构造煤所处位置(顶部、底部、中间)对反射系数没影响。从图6.5(e)与(f)对比可以看出,构造煤所处空间位置不变时,随着构造煤厚度的降低,PP波与PS波的反射系数均逐渐降低。

构造煤所处位置的变化对煤层反射的相位有影响,如图6.6(a)~(d)所示,夹有构造煤的煤层比原生结构煤PP波、PS波反射系数的相位值要小;且构造煤厚度不变时,构造煤位于顶部的煤层模型PP波、PS波反射系数的相位值最大,位于中间时次之,处于底部时最小;当构造煤所处位置不变时,随着构造煤厚度的降低,反射系数的相位逐渐升高,但仍然小于原生结构煤模型的相位。

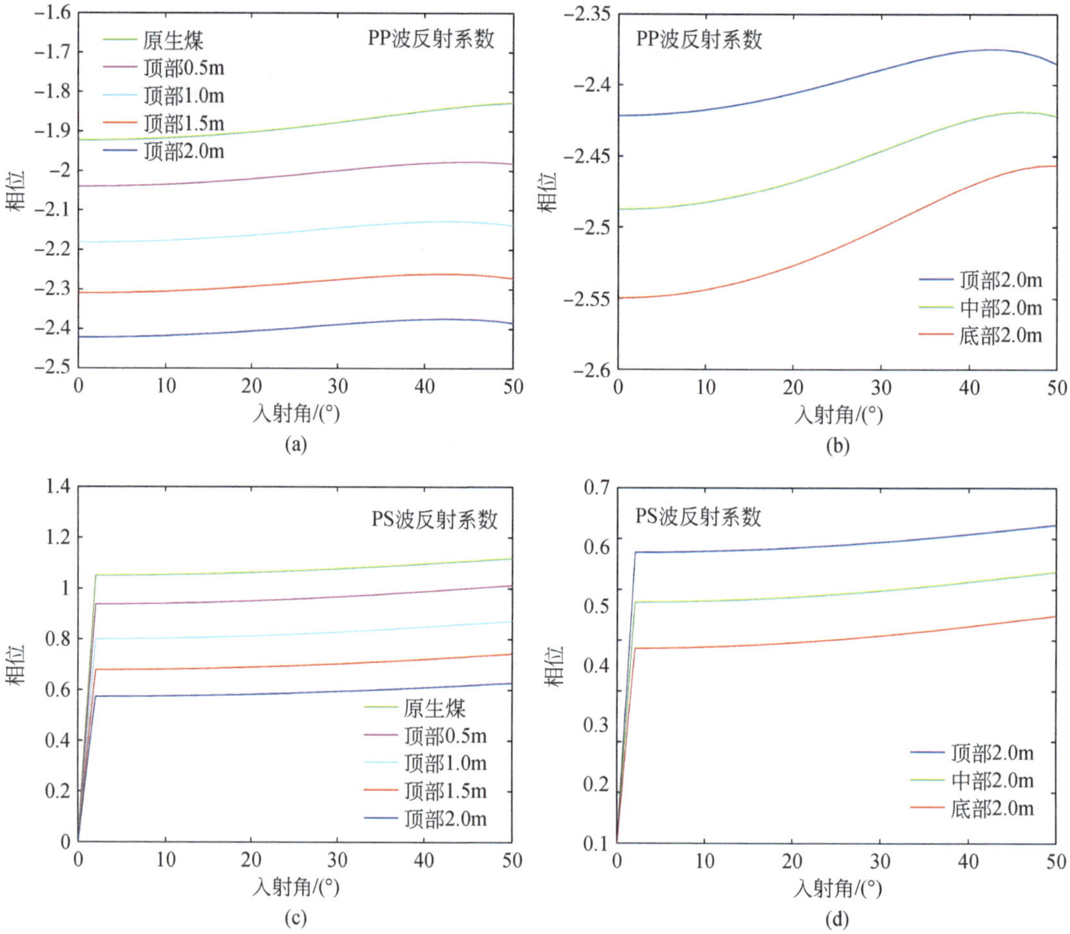

图6.6　25Hz时PP波、PS波反射系数的相位

(a)构造煤位于顶部情况时R_{PP}的相位;(b)2.0m构造煤R_{PP}的相位;
(c)构造煤位于顶部情况时R_{PS}的相位;(d)2.0m构造煤R_{PS}的相位

对比图6.7与图6.8可以看出,50Hz入射波类似于25Hz时的情况:夹有构造煤的煤层比原生煤PP波、PS波反射系数大,但相同条件下低于25Hz情况增加的倍数。对于PP波反射系数来说,由0.5m夹层情况的1.6倍左右增加至2m夹层的2.3倍左右;PS波反射系数

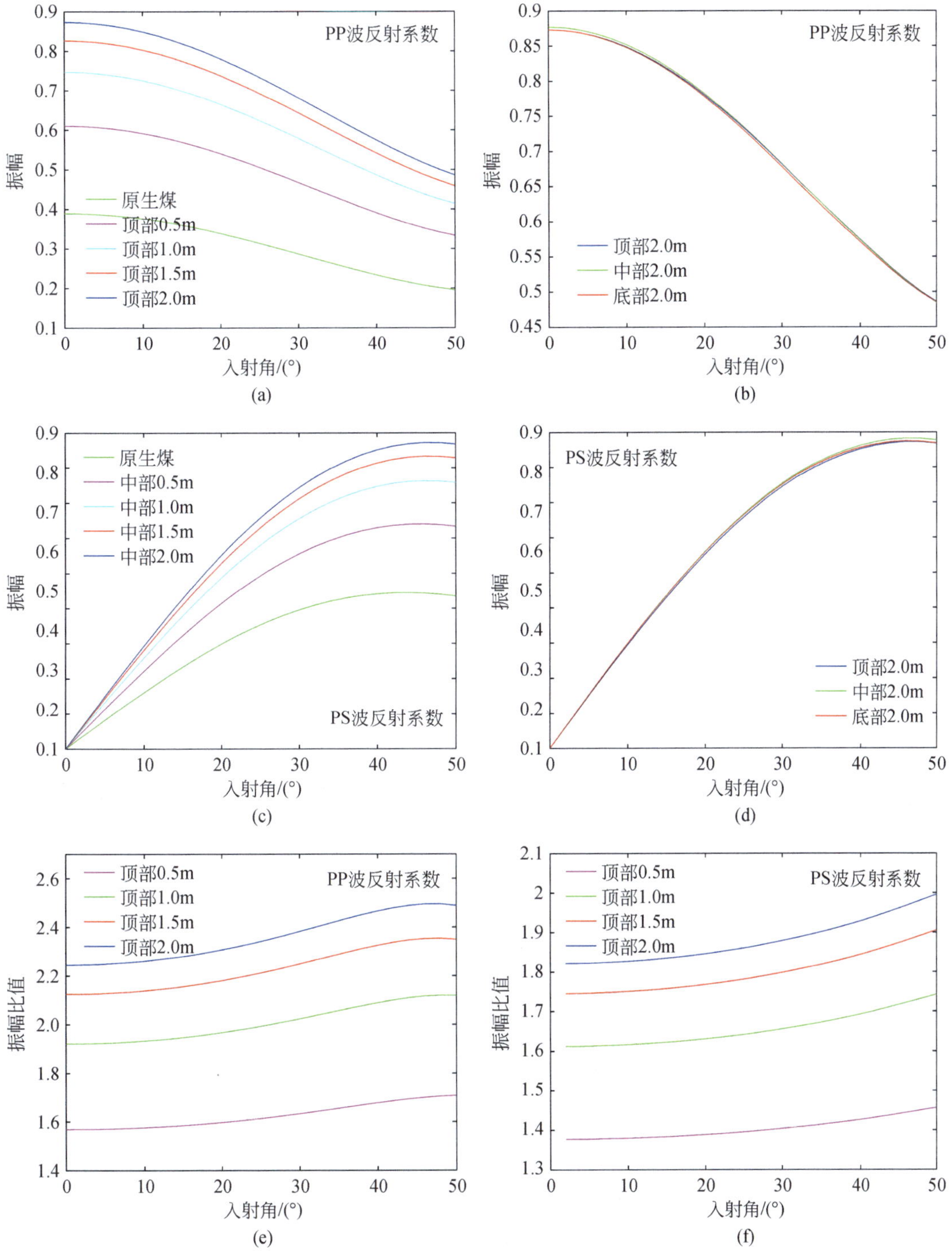

图 6.7　50Hz 时 PP 波、PS 波反射系数的振幅及其比值

(a)构造煤位于顶部情况时 R_{PP} 的振幅;(b)2.0m 构造煤 R_{PP} 的振幅;(c)构造煤位于顶部情况时 R_{PS} 的振幅;(d)2.0m 构造煤 R_{PS} 的振幅;(e)构造煤位于顶部情况时 R_{PP} 振幅的比值;(f)构造煤位于顶部情况时 R_{PS} 振幅的比值

由 0.5m 夹层情况的 1.4 倍左右增加至 2m 夹层的 1.9 倍左右。夹层厚度较小(1m、0.5m)时,构造煤所处位置(顶部、底部、中间)对反射系数稍有影响,中间情况略大于底部情况,且 PS 波反射系数反映较明显;反射系数的相位与 25Hz 情况反映规律基本相同,但构造煤处于不同位置时相位曲线出现反相位现象。

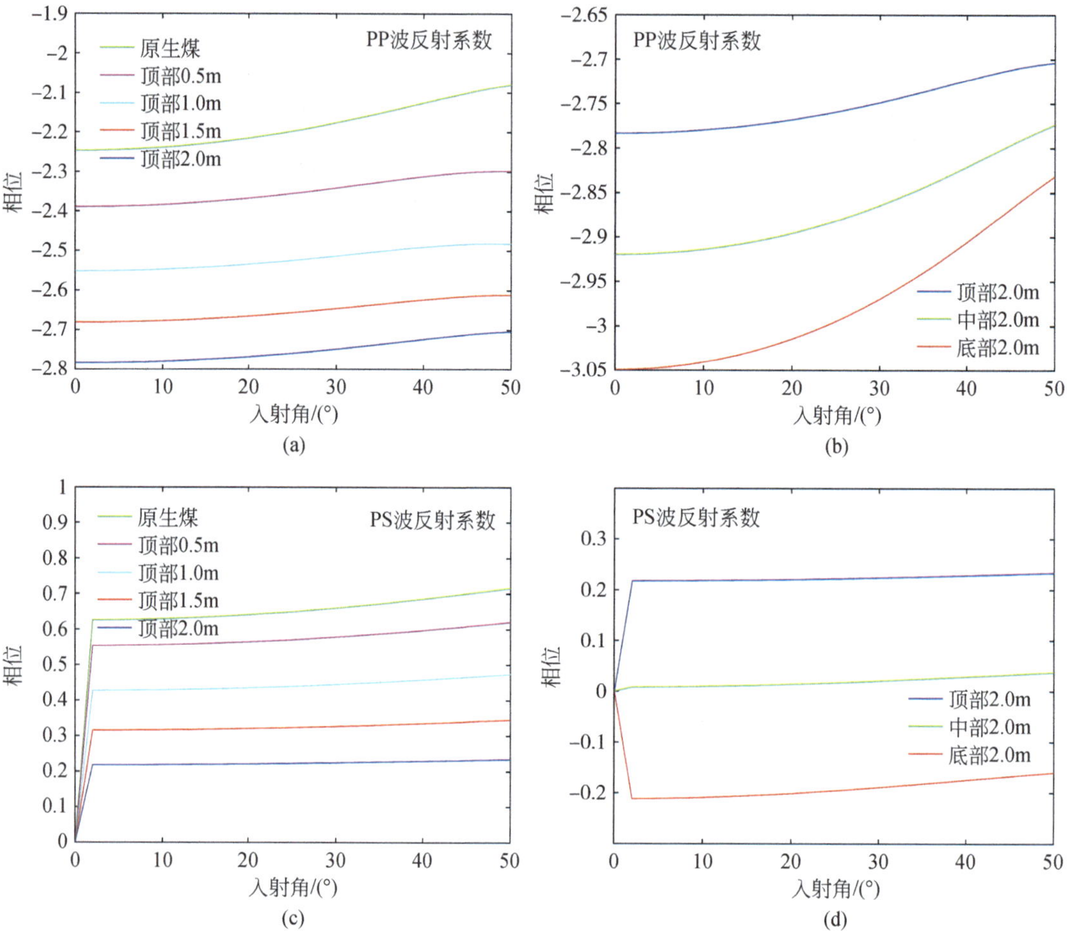

图 6.8　50Hz 时 PP 波、PS 波反射系数的相位

(a)构造煤位于顶部情况时 R_{PP} 的相位;(b)2.0m 构造煤 R_{PP} 的相位;

(c)构造煤位于顶部情况时 R_{PS} 的相位;(d)2.0m 构造煤 R_{PS} 的相位

不同频率(5Hz、25Hz、45Hz、50Hz、65Hz、85Hz)分析结果综合对比可以发现:在其他参数相同的情况下,夹有构造煤的煤层 PP 波反射系数随着入射角的增大而减小,PS 波反射系数随着入射角的增大而增大,分别与原生结构煤 PP 波、PS 波反射系数随角度的变化规律一致。从量值上分析,夹有构造煤的煤层比原生结构煤反射系数要大,且频率越低、夹层厚度越大反射系数增加的倍数越高;PP 波、PS 波反射系数在 5Hz、2m 夹层情况下分别为原生结构煤的 4.5 倍左右、4 倍左右,而对于 85Hz、2m 夹层情况分别仅为原生结构煤的 1.9 倍左右、1.5 倍左右;相同条件下 PP 波的反射系数增幅高于 PS 波。在构造煤厚度不变时,低频

时构造煤所处的位置对反射系数大小基本无影响;但随着频率的增大,构造煤的不同位置在小角度范围内开始呈现差异,PS波反射系数差异较明显。构造煤的夹杂造成了地震反射相位的改变,且在低频时可以明显地区分不同位置不同厚度的构造煤;随着频率的增加,构造煤处于不同位置、取不同厚度时相位曲线出现反相现象。由于相位限定在[-π,π],故进行高频数值对比讨论时应考虑周期变换。

6.2.2　含夹矸模型

由于夹矸的存在也会影响煤层的反射,因此有必要将构造煤的反射与夹矸模型反射进行对比。鉴于夹矸位于顶、底均可视为煤层厚度的变化,因此补充一个中间层为相同几何参数的夹矸模型。即为了区分夹矸与构造煤夹层的反射差异,我们对图6.4(a)所示的模型进行了参数替换,设定煤层厚度依然为5m,中间位置夹有0.2m厚的夹矸,密度与速度参数设置参照泥岩给定(杨起和韩德馨,1979)。对该模型也进行了不同频率(5Hz、25Hz、45Hz、50Hz、65Hz、85Hz)入射波情况下的PP、PS波反射系数振幅与相位的计算。如图6.9所示为5m原生结构煤与含有夹矸情况的计算结果对比,图中c代表原生煤,Itc代表含夹矸情况。

从图6.9中可以看出:夹矸的存在改变了原生结构煤的反射系数,使得煤层反射系数R_{PP}、R_{PS}减小,且频率越低减小的幅度越小;对煤的反射系数的相位基本无影响。相比于含有构造煤夹层,夹矸存在对煤层的反射系数的响应异常正好相反。因此,从AVO理论分析的角度来说,与原生结构煤反射系数比较,可区分构造煤与夹矸。

通过以上的理论模型计算及分析,我们可以获得以下认识。

(1)构造煤夹层的存在可使煤层反射系数增大,由于反射系数一定程度上反映反射波的能量,可将煤层的均方根振幅或瞬时振幅出现幅值异常高的位置作为构造煤可能存在的判据之一。

(2)在已确定构造煤存在和钻孔与测井约束煤厚的情况下,以低频正演拟合构造煤位于煤层中间的相位变化曲线作为量板,若实际瞬时相位谱曲线值高于量板曲线值,则可推测构

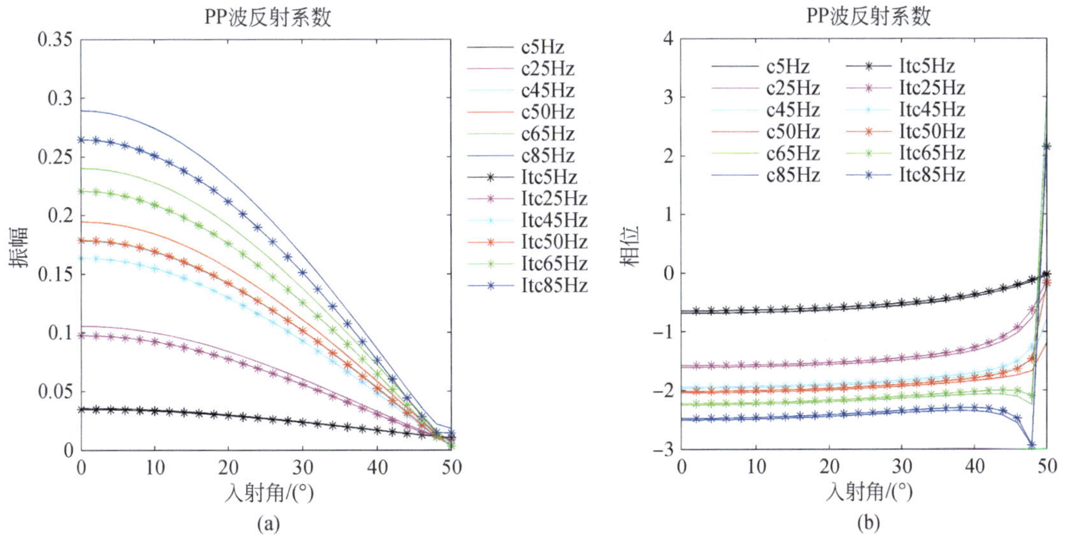

(a)　(b)

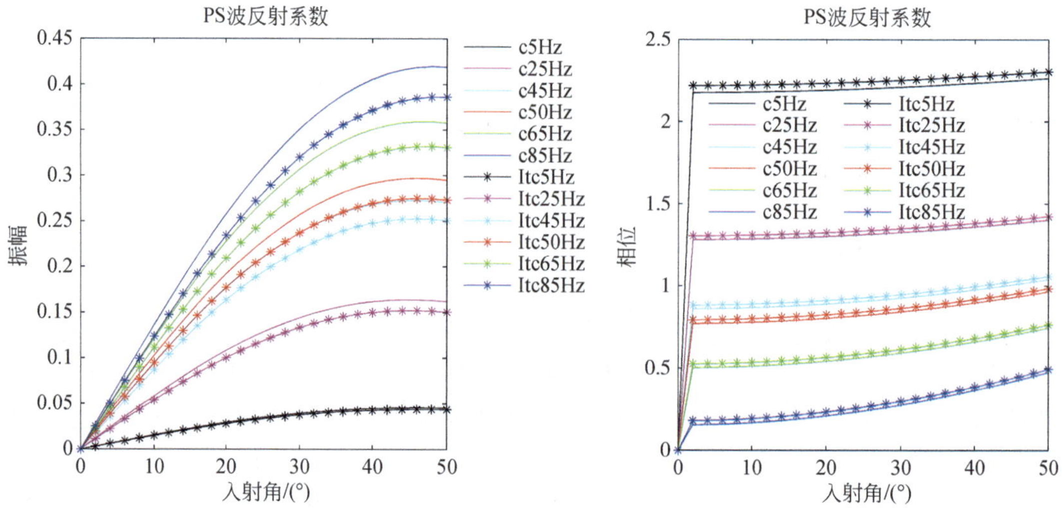

(c)　(d)

图 6.9　不同频率下含构造煤及夹矸模型反射系数的对比

(a) R_{PP}的振幅;(b) R_{PP}的相位;(c) R_{PS}的振幅;(d) R_{PS}的相位

造煤夹层位于原生结构煤顶部;与之相当,推测构造煤夹层位于原生结构煤中间;小于量板曲线值,则可推测构造煤夹层位于原生结构煤底部。

(3)模拟发现高频时 PS 波较 PP 波反射系数的幅值在小角度范围内对构造煤的位置反应灵敏,在 PP 波反射系数无法准确确定构造煤位置或者存在非唯一性时,可加入 PS 波信息,以提高解释的精度。

(4)从夹矸与构造煤模型的对比结果可以看出,利用与原生结构煤反射系数的相对大小即可判定是构造煤或是夹矸,反射系数增大为构造煤夹层情况,反之为夹矸。

为了使模拟分析结果对比更明晰,本章对构造煤赋存模型及煤层等效模型做了一定的简化近似处理,存在如下问题。

(1)对于实际地质情况,构造煤在煤层中的赋存位置是各种各样的,厚度也并非不变,煤层顶底板的岩性和互层的影响是不可忽略的。煤系地层反射系数影响因素很多,如波阻抗、层厚、频率等都可造成煤层反射系数的改变,本书在以上各因素忽略的情况下考虑了构造煤夹层及厚度变化对反射系数的影响,在实际应用中,需考虑钻孔、测井等信息综合约束。

(2)本章波场模拟使用了简单的各向同性假设,实际煤层中裂缝、节理、割理发育,不满足各向同性的假设;但鉴于目前的地震勘探水平尚处于各向同性纵波和弹性波勘探阶段,本章的模拟对于煤田地震的解释和反演是有指示意义的。虽然煤层为典型的薄层,由于薄层反射的调谐作用,各向异性存在并不会引起十分明显的地震运动学特征的变化,而大多体现在动力学特征的异常上。但以后为了提高对实际介质的近似程度和薄层波场的模拟精度,裂缝等各向异性影响是需要开展研究与讨论的。

(3)构造煤超声实验结果表明,相比于原生结构煤,构造煤的纵横波速度、品质因子都大幅度降低,本书仅考虑了纵横波速度的改变,对于品质因子的讨论,将在后续章节涉及。

6.3　含裂隙薄层的弹性波传播特征

为了探讨裂缝密度、裂缝方向对煤层反射的影响,我们定义了如表6.3和图6.10所示的单薄层模型(煤层厚度5m),通过有限元裂缝模拟,与各向同性单相介质假设的煤层反射对比,重点探讨煤层反射复合波受煤层裂缝的影响程度,为煤层裂缝的识别提供理论依据。

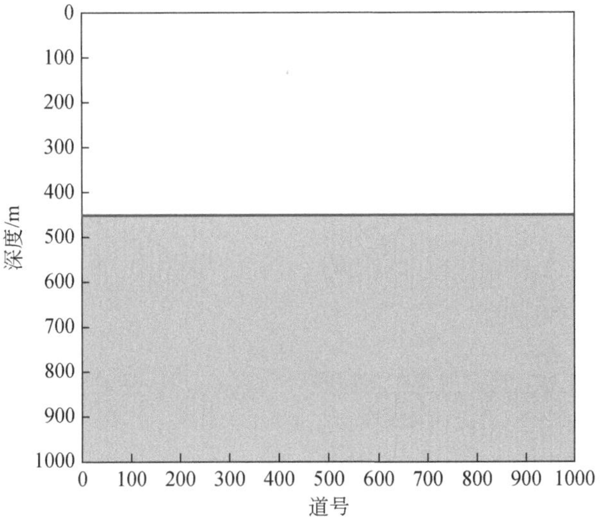

图6.10　单薄层模型(中间红色为煤层)

表6.3　模型参数

层号	厚度/m	V_P/(m/s)	V_S/(m/s)	ρ/(kg/m^3)
1(泥岩)	450	3100	1900	2000
2(煤层)	5	2400	1000	1600
3(泥质砂岩)	545	3800	2200	2200

煤层含裂缝二维模型共分8个,以1000m长的模型中所含裂缝的条数逐渐增加进行不同裂缝密度的模拟与对比,这8个模型分别代表:①无裂缝,②~⑦100条、200条、400条、800条、1200条、1600条垂向裂缝,⑧1600条垂直裂缝+400条水平裂缝(两组正交裂缝)。裂缝均为随机分布,裂缝长度2~5m,不考虑裂缝开度的影响。模拟采用主频50Hz的雷克子波;单相介质模拟,切除直达波后的模拟记录如图6.11所示。

由图6.11可见,对于薄煤层,裂缝的存在对模拟记录的影响难以分辨;加之数值模拟噪声和边界反射的影响,无论是X分量还是Z分量,随着裂缝条数的变化,其主频基本无变化。为此,我们利用商业软件系统对模拟的炮记录进行了压噪处理,如图6.12和图6.13所示,抽取炮检距分别为100m及400m时含不同密度裂缝的单炮记录中的单道组合一起,不同的CDP号(CDP1、2、3、4、5、6、7、8)分别对应含裂隙0条、100条、200条、400条、800条、1200

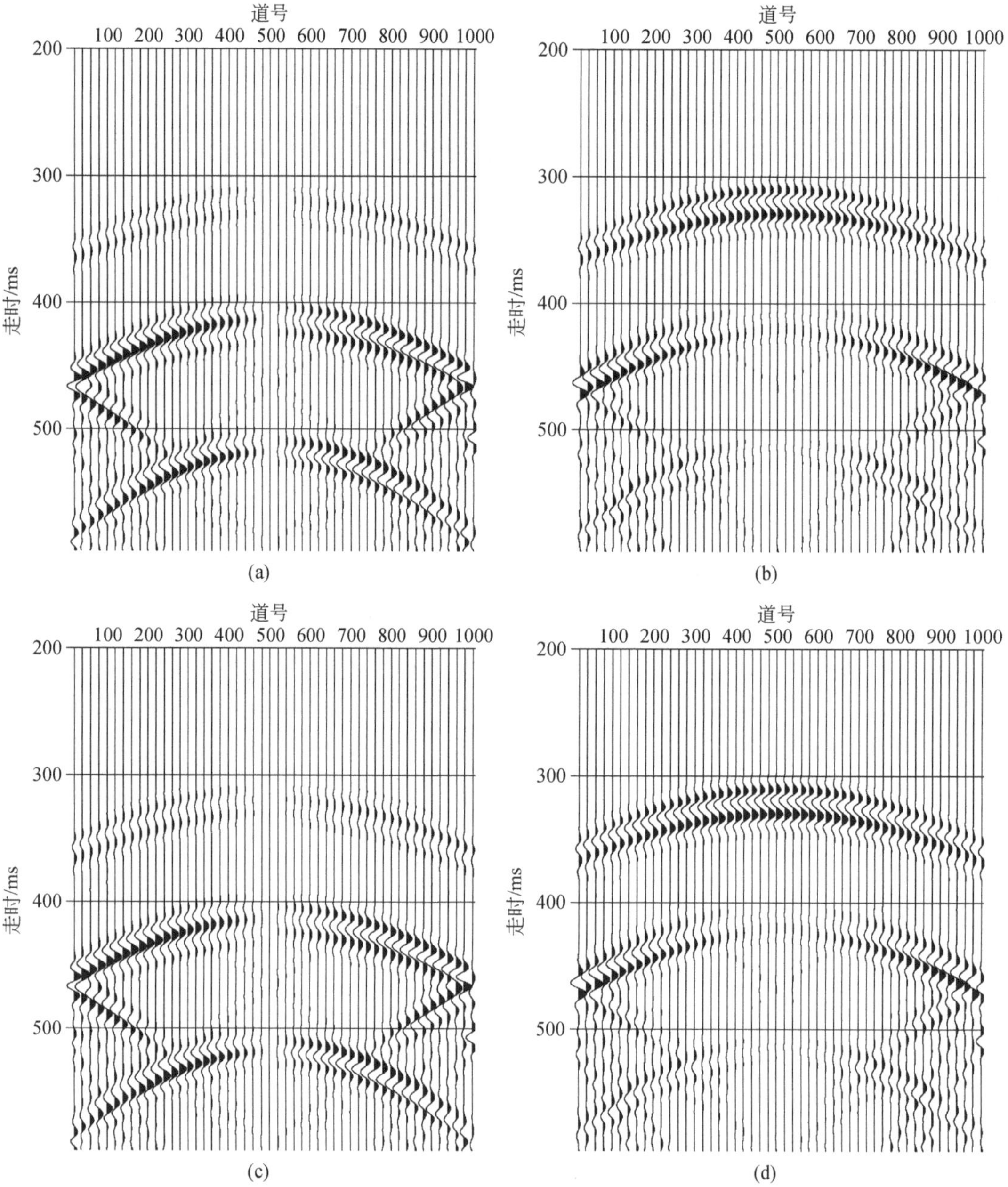

图 6.11　层状裂缝介质的时间域地震剖面图

(a)无裂隙介质的 X 分量;(b)无裂隙介质的 Z 分量;(c)800 条裂隙介质的 X 分量;(d)800 条裂隙介质的 Z 分量

条、1600 条、2000 条。显然不同的波型在不同分量上均存在波场投影,且裂缝密度对于不同分量上记录的煤层反射存在明显的异常。去噪前后数据对比可知:压噪处理可以有效地保留有效信号(反射 PP 波、PS 波),去除噪声干扰。

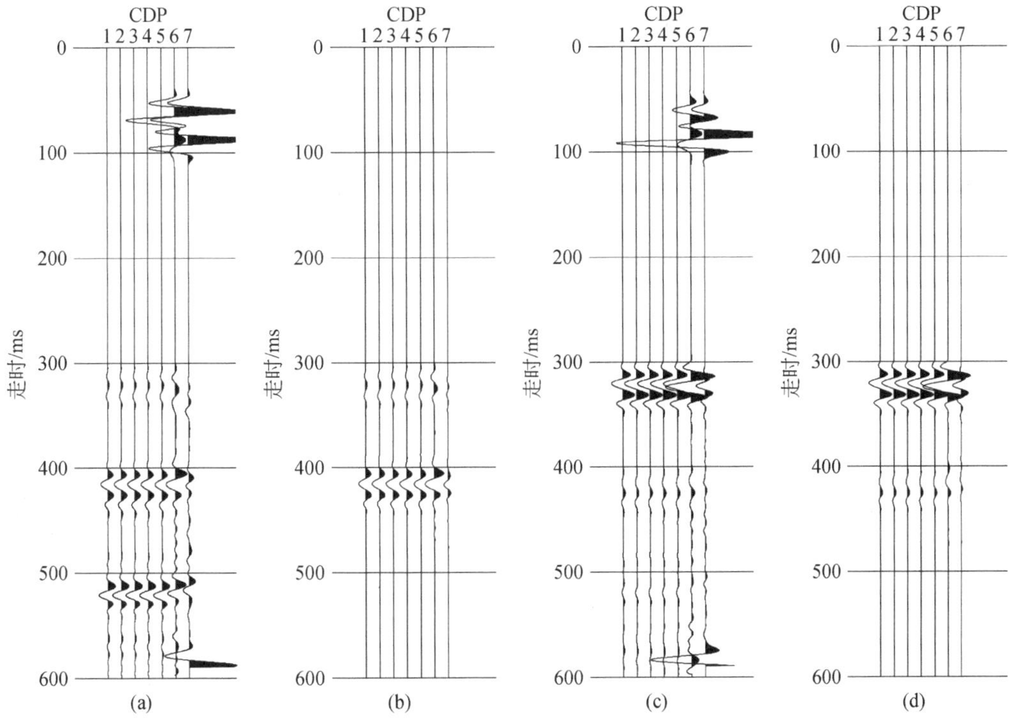

图 6.12　去噪前后模拟单道信号(炮检距为 100m)的对比

(a)去噪前 *X* 分量;(b)去噪后 *X* 分量;(c)去噪前 *Z* 分量;(d)去噪后 *Z* 分量

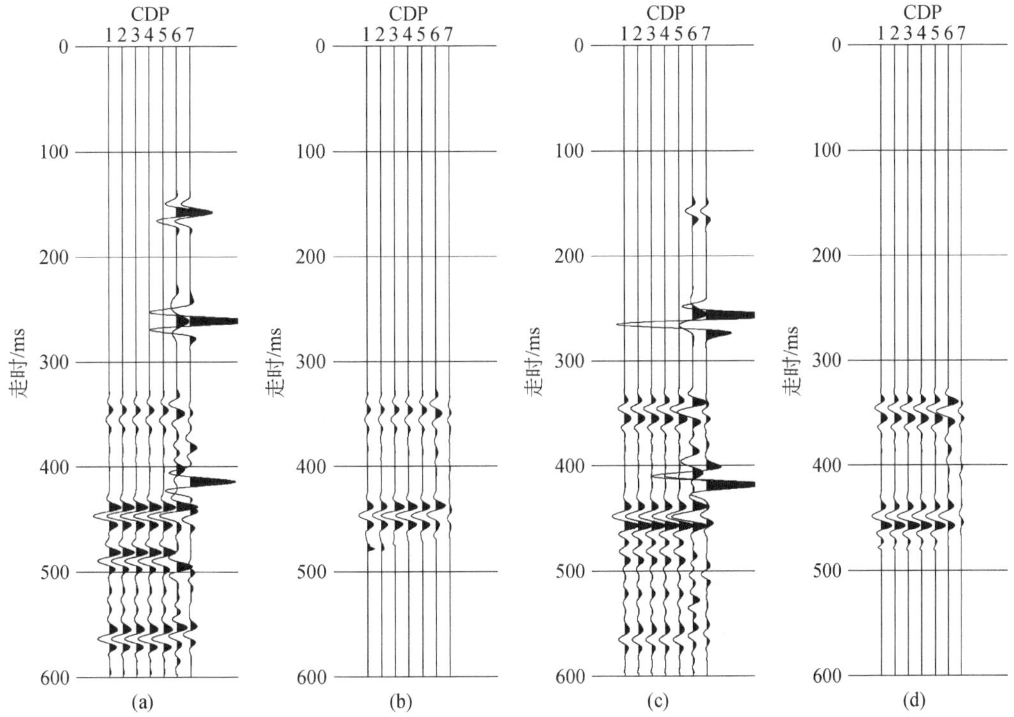

图 6.13　去噪前后模拟单道信号(炮检距为 400m)的对比

(a)去噪前 *X* 分量;(b)去噪后 *X* 分量;(c)去噪前 *Z* 分量;(d)去噪后 *Z* 分量

为分析煤层中含不同密度裂缝对地震传播的影响,在合成地震记录的基础上,通过拾取煤层反射波的双曲线进行 AVO、IFVO(instantaneous frequency versus offset,瞬时频率随炮检距的变化)、频谱特征的分析。数值模拟过程中边界反射与散射干扰的影响,使得煤层反射波混杂有数值噪声,因此通过不同炮检距上反射双曲线振幅的提取所绘制的散点图出现跳变点;经过多项式拟合证明,可以用二次以上函数进行高相关程度的拟合。以 PS 波反射系数多项式拟合为例,如图 6.14 所示,并根据不同项次拟合精度对比,确定 PS 波的 AVO 采用 4 次拟合,PP 波的 AVO 曲线采用 2 次拟合。

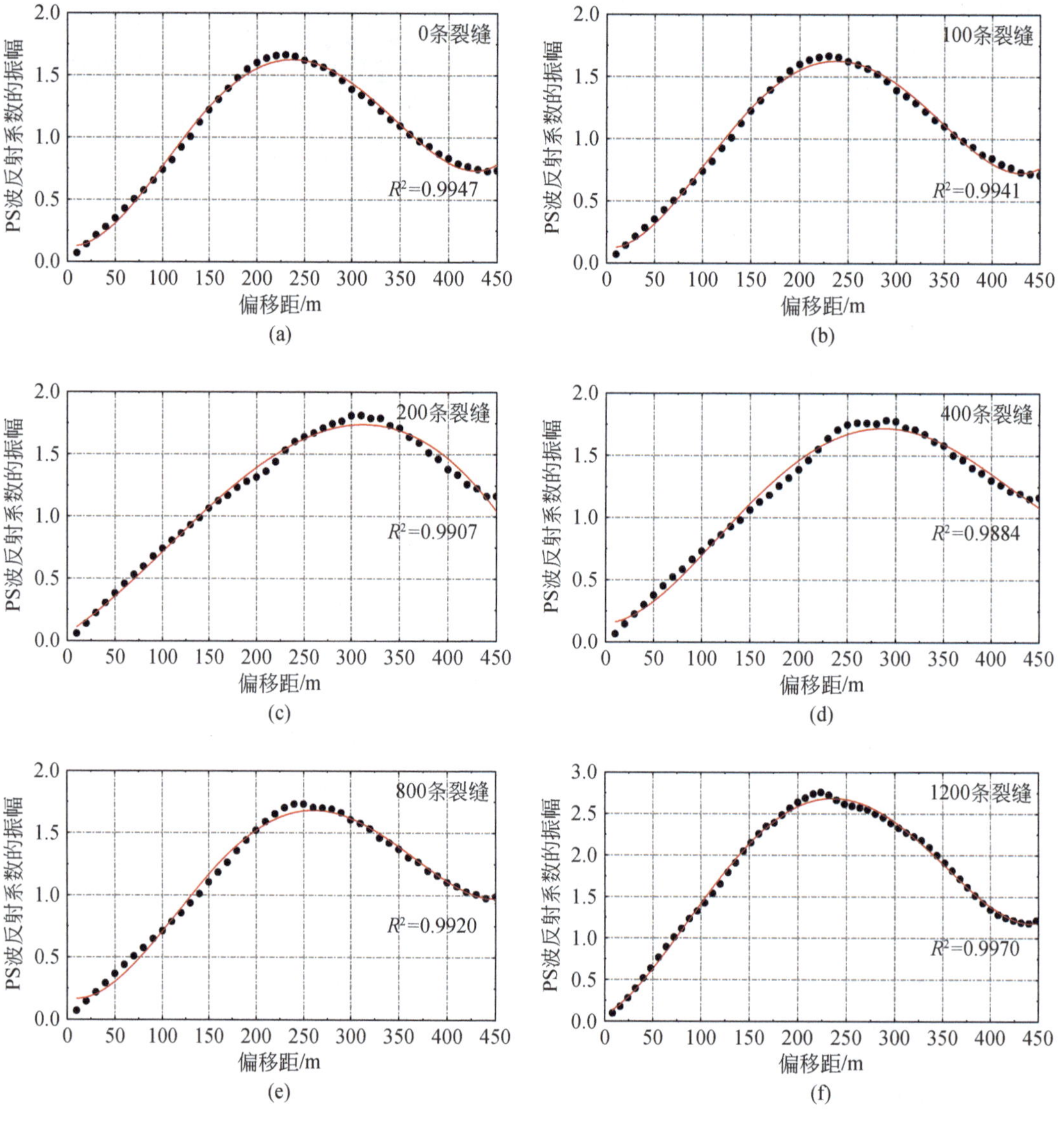

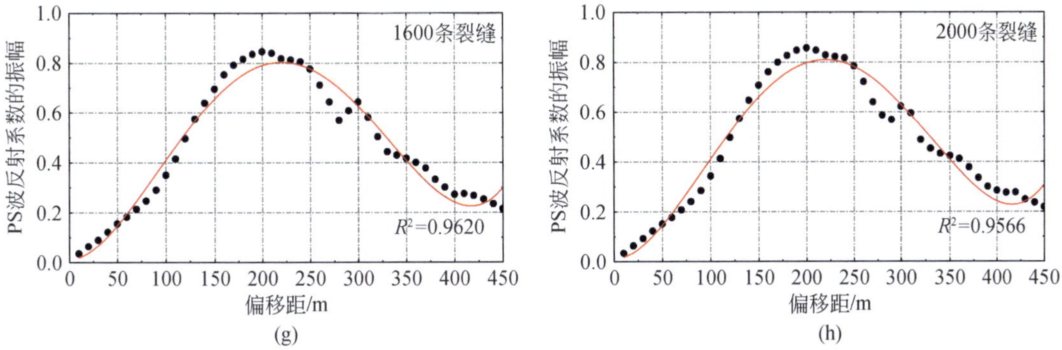

图 6.14　不同裂隙密度下 PS 波反射系数多项式拟合

(a)无裂隙;(b)100 条裂隙;(c)200 条裂隙;(d)400 条裂隙;(e)800 条裂隙;(f)1200 条裂隙;(g)1600 条裂隙;(h)2000 条裂隙

如图 6.15 所示,拟合曲线可以很好地反映真实曲线的相对变化关系,曲线更光滑。与不含裂缝介质的波场 AVO 曲线相比,可以发现含裂缝时 PP 波与 PS 波 AVO 曲线存在如下特征:①PP 波与 PS 波的振幅随炮检距的变化趋势与裂缝存在与否无关,PS 波呈现相同的先增大、再减小的态势,而 PP 波随偏移距增大是逐渐减小的。②当裂缝增加到 1200 条以上时,PP 波与 PS 波振幅出现明显的异常,其中 1200 条裂缝呈现异常大值,1600 条与 2000 条裂缝近似,呈现异常低值。③当裂缝从 100 条递增到 800 条时,PS 波近偏移距端与不含裂缝的振幅差异不大,呈小幅度降低,大致降低 15% ,如图 6.16 所示;中偏移距差异进一步缩小至 10% 以内;当偏移距进一步增大,差异又进一步扩大至 40% 左右,且裂缝密度越大,差异越小。④当裂缝从 100 条递增到 800 条时,PP 波振幅差异稳定增大,平均在 10% 左右,最大可达 20% 。

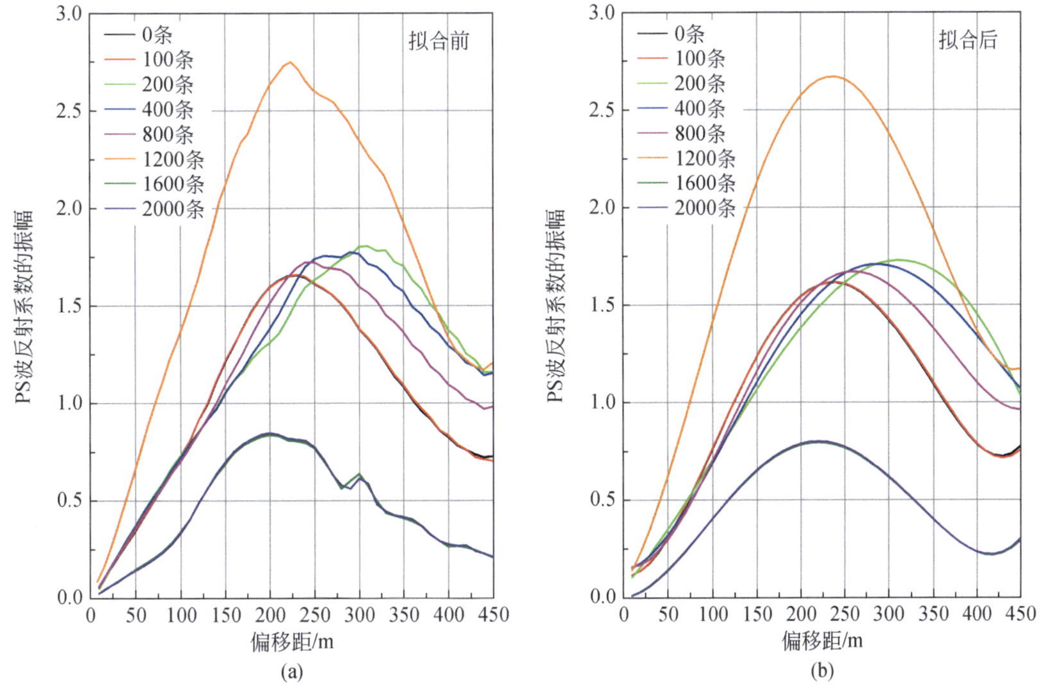

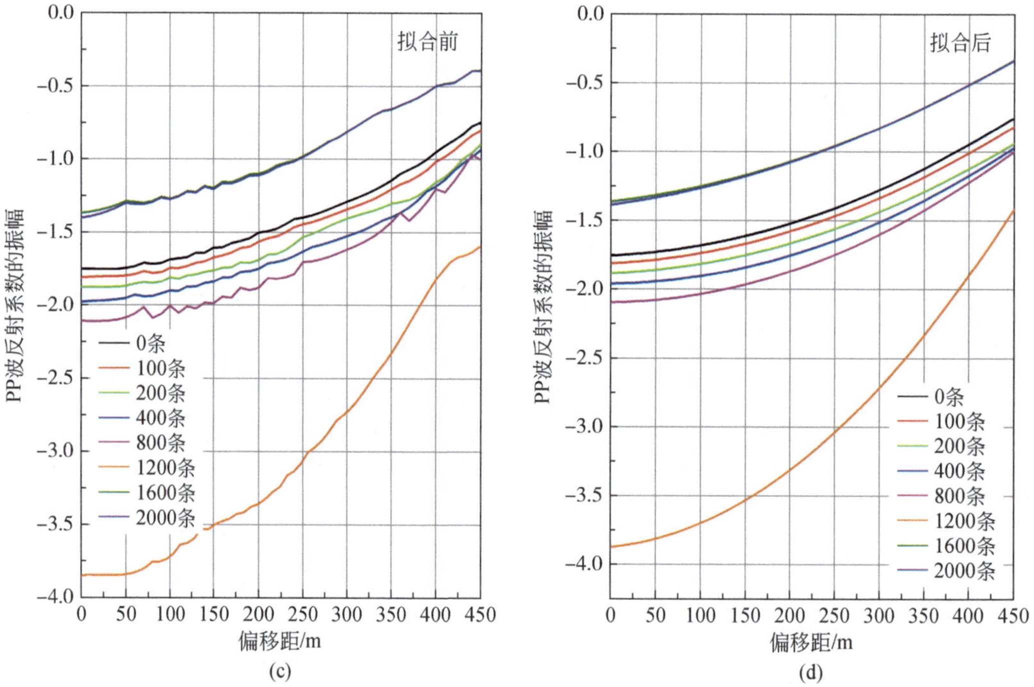

图 6.15　不同裂隙密度下薄层反射系数拟合前后振幅随偏移距的变化

(a)PS 波反射系数振幅随偏移距的变化;(b)PS 波拟合反射系数振幅随偏移距的变化;(c)PP 波反射系数振幅随偏移距的变化;(d)PP 波拟合反射系数振幅随偏移距的变化

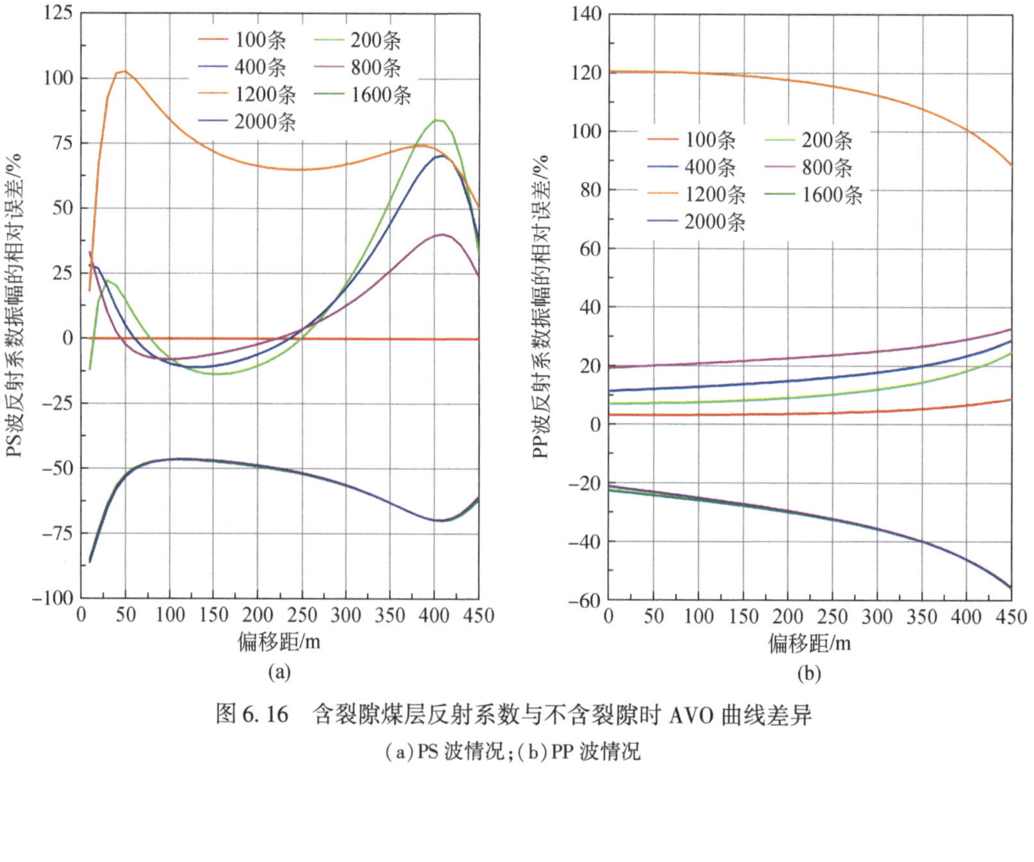

图 6.16　含裂隙煤层反射系数与不含裂隙时 AVO 曲线差异

(a)PS 波情况;(b)PP 波情况

提取煤层反射 PP 波与 PS 波的瞬时频率信息,如图 6.17 所示。可见:随着偏移距的变化,总体上 1600 条与 2000 条裂缝时表现为高频,1200 条裂缝时表现为低频,与振幅谱的反映规律类似;但随着炮检距的变化 IFVO 变化呈现 3 段不同的细节特征,裂缝的存在会使得不同的地震道上反射频率发生差异,对于 PS 波,以中远偏移距变化明显,裂缝密度增加频率升高;但 PP 波变化不明显。

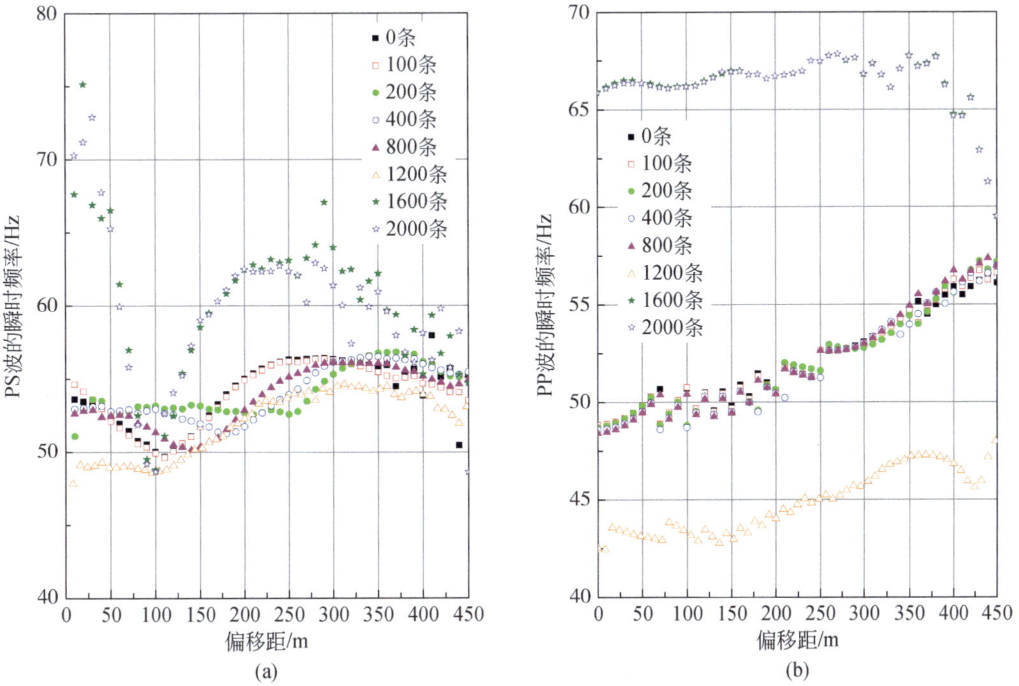

图 6.17　不同裂隙密度下薄层反射系数瞬时频率随偏移距的变化

(a)PS 波情况;(b)PP 波情况

对模拟数据频谱的分析也采用了 AVO 分析过程中类似的多项式平滑近似处理,以便于分析含有裂缝与不含裂缝介质在频带宽度、主频等方面的主体差异。如图 6.18 所示,6 次多项式拟合平滑处理后的 PP 波与 PS 波振幅谱可以较好地反映未平滑处理的 PP 波与 PS 波振幅谱特征。从图上的各裂缝密度情况的振幅谱对比可以看出:①当裂缝密度增加到 1200 条以上时,地震波受裂缝的影响,主频增加,频带变宽;②低密度裂缝对 PP 波与 PS 波的频谱影响微弱;③PP 波的主频与频带宽度略高于 PS 波。

通过上述分析,对于含裂缝的薄层单相介质,可以总结形成如下的地震响应模式。

(1)PP 波的反射强度:当煤层含裂缝时,在低密度裂缝情况下随着裂缝密度的增加,PP 波的反射强度会呈小幅度的增加;至某一裂缝密度时由于裂缝所产生的走时延迟和干涉叠加会产生反射强度的明显增加并达到最大值;进一步裂缝密度再增加,反射强度会减弱,且小于不含裂缝时的反射。

(2)PS 波的反射强度:PS 波的反射强度变化特征并非像 PP 波一样简单,在煤层含低密度裂缝时,反射强度差异弱,随着裂缝密度增加,反射强度增强,但并非单调关系;在中等密

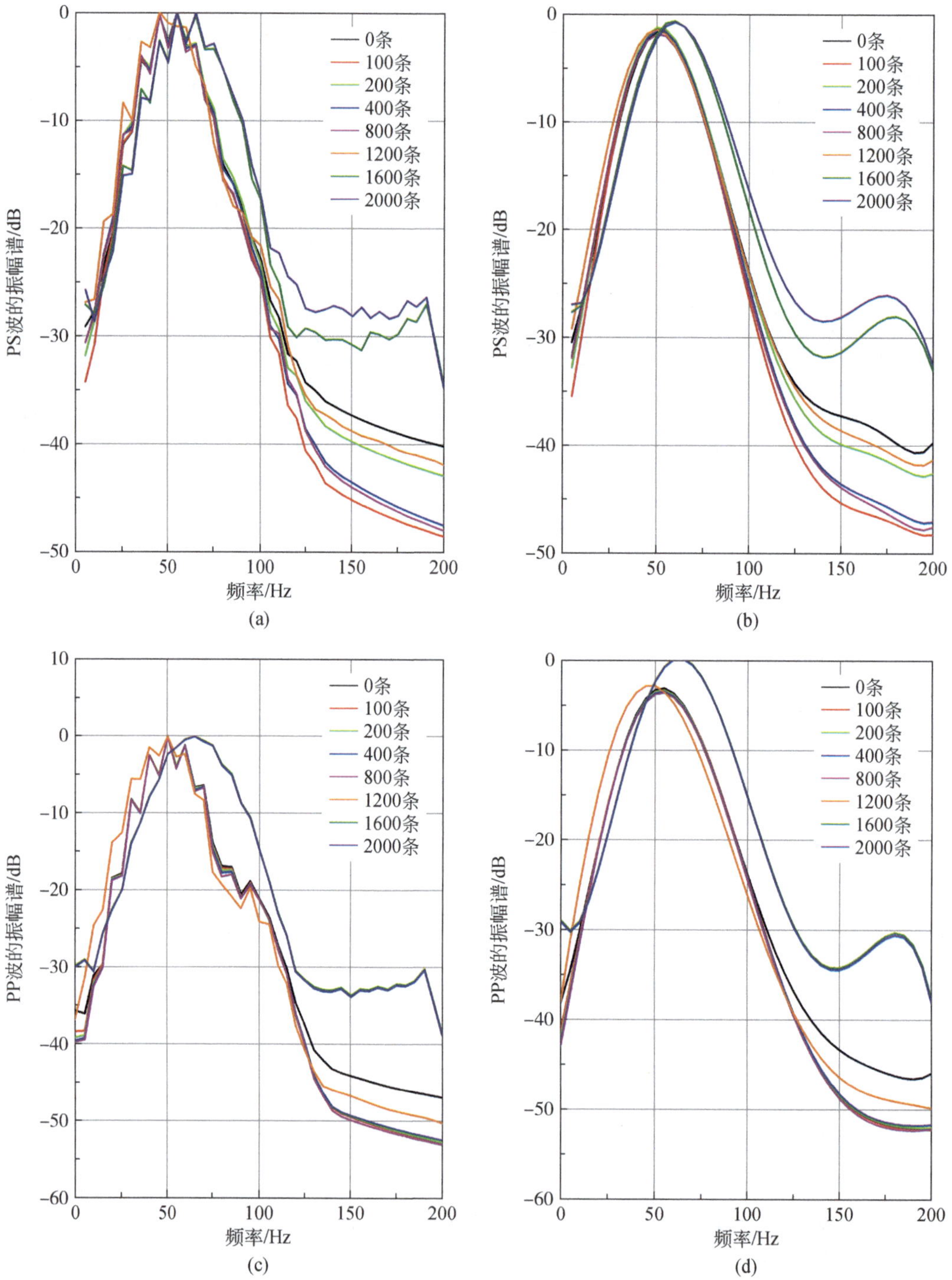

图 6.18　不同裂隙密度下薄层反射系数拟合前后振幅谱的变化

(a)PS 波反射系数振幅谱;(b)PS 波拟合反射系数振幅谱;(c)PP 波反射系数振幅谱;(d)PP 波拟合反射系数振幅谱

度裂缝时中远偏移距的反射强度随着裂缝密度的增加呈递减模式;至某一裂缝密度时,同 PP 波的反射类似,也会存在一个同相干涉达到最大振幅的裂缝密度;但高于此密度后,继续增加裂缝密度,反射强度反而降低。

(3)PP 波与 PS 波的频谱特征:在低密度裂缝时,煤层反射频带宽度、主频与无裂缝时基本相同;但当裂缝密度增加到一定程度后的高密度裂缝状态下,两种波的反射信号都呈现频宽拓宽、主频提高的特征,且 PP 波的主频和频带宽度略高于 PS 波。

(4)IFVO 特征:由于薄层的反射是频率的函数,加之裂缝的影响,当煤层含裂缝时,煤层反射的频率随炮检距的变化特征较为复杂,是综合因素的影响结果。但有以下 2 个规律值得关注:①不同的裂缝密度分别对应一个不同的炮检距,在此炮检距处,PS 波反射频率呈现局部极小值,但随着裂缝密度的增加,这一极小值也呈现大于入射波主频递增的态势;PP 波则没有这一现象,而是呈现平缓、微弱的增高,意义不大。②不论对于 PP 波,还是 PS 波,均存在一极限裂缝密度,在此密度时瞬时频率低于无裂缝情况;再增加裂缝密度,瞬时频率会显著提高。

6.4　含流体薄层的弹性波传播特征

为了探讨煤层含流体性质与孔隙度对煤层反射的影响,沿用如表 6.3 和图 6.10 所示的单薄层模型(煤层厚度 5m),通过有限差分双相介质弹性波场模拟,与各向同性单相介质假设的煤层反射对比,重点探讨煤层反射复合波受煤层流体影响的程度,为煤层流体的识别提供理论依据。以下将薄煤层内流体分为游离态与吸附态两种,其中游离态流体薄煤层利用 Boit 理论建立含流体运动微分方程,并利用有限差分法进行地震记录拟合;而吸附态流体薄煤层依据岩石物理实验给定吸附前后的弹性参数,利用反射率法对其进行地震波场拟合并进行属性分析。

6.4.1　游离态流体对薄煤层弹性波传播特征的影响

二维双相介质的几何模型同图 6.10;按照介质孔隙度的变化和流体属性的不同设置了 11 个模型,包括:单相无流体介质,含气孔隙度 3%、6%、10%、20% 和 30%,含水孔隙度 3%、6%、10%、20% 和 30%,以体现不同流体和孔隙度变化;所采用的模型参数如表 6.3 和表 6.4 所示。

表 6.4　双相介质模型参数

模型	P	Q	R	ρ_{11}	ρ_{22}	ρ_{12}
孔隙度 3%(含气)	7.75	0.0729	0.0148	1915.75	386.25	−363.75
孔隙度 6%(含气)	6.76	0.120	0.0323	1856.50	397.50	−352.50
孔隙度 10%(含气)	5.45	0.211	0.0527	1778	413	−338
孔隙度 20%(含气)	3.46	0.300	0.118	1580	450	−300
孔隙度 30%(含气)	1.90	0.354	0.188	1383	488	−263
孔隙度 3%(含水)	8.03	0.130	0.0263	2037	515	−485

续表

模型	P	Q	R	ρ_{11}	ρ_{22}	ρ_{12}
孔隙度 6%(含水)	7.16	0.230	0.0620	1974	530	-470
孔隙度 10%(含水)	6.19	0.396	0.0991	1890	550	-450
孔隙度 20%(含水)	4.30	0.632	0.249	1680	600	-400
孔隙度 30%(含水)	2.74	0.796	0.422	1470	650	-350

注:P,Q,R 单位为 $10^9 \mathrm{kg/(m \cdot s^2)}$;$\rho_{ij}$ 单位为 $\mathrm{kg/m^3}$

模拟采用 MWMC 研究组开发的二维各向同性双相介质有限差分法,地震子波取峰值频率为 50Hz 的雷克子波(主频约为 65Hz)。模拟结果如图 6.19 和图 6.20 所示,其中图 6.19 为单相介质模拟单炮数据及抽取右半支去噪后(压制数值噪声)的反射双曲数据;图 6.20 为对应的双相介质、孔隙度为 10%、饱和气时的模拟数据及去噪结果。显然,直达波、边界反射等数值噪声较强,若不压制将影响波场特征的定量化分析,而且不同分量上不同反射波型的投影现象较为严重。

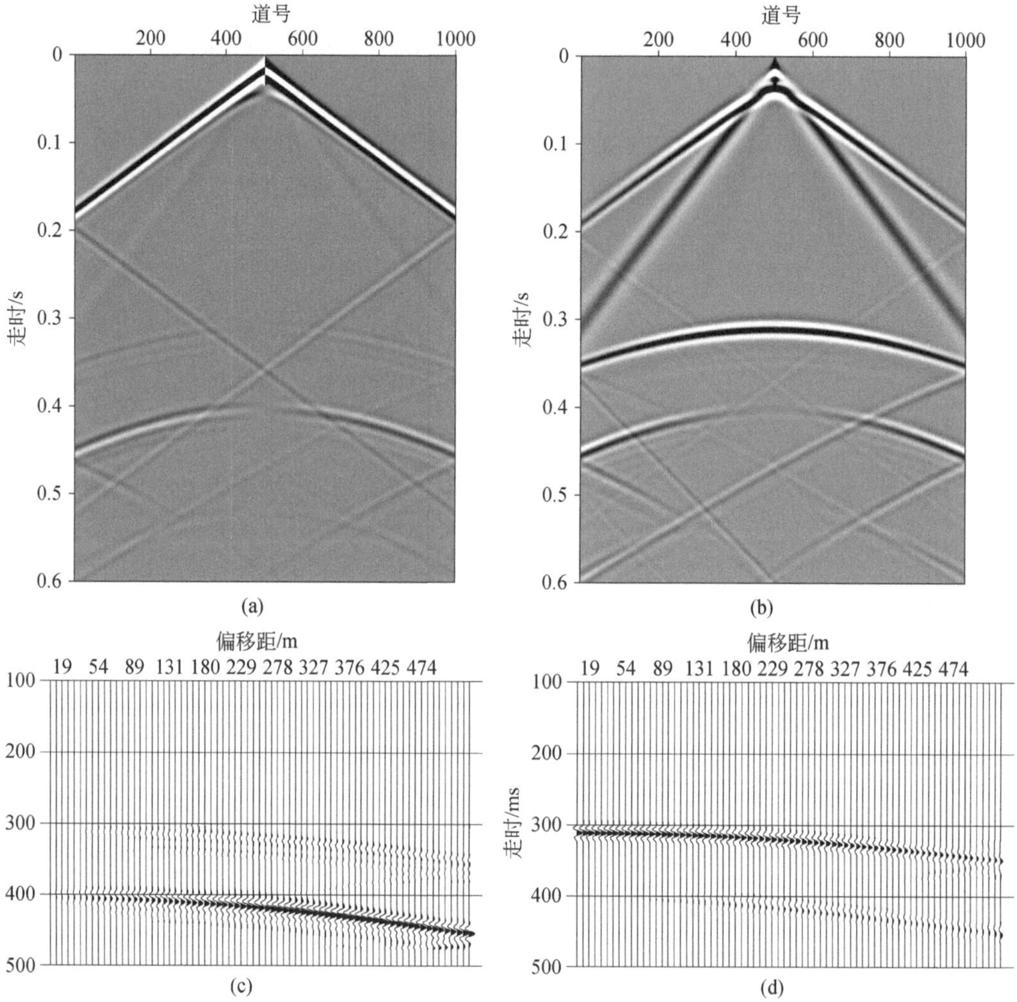

图 6.19　单相无流体煤层去噪前后模拟记录

(a)去噪前 X 分量;(b)去噪前 Z 分量;(c)去噪后 X 分量;(d)去噪后 Z 分量

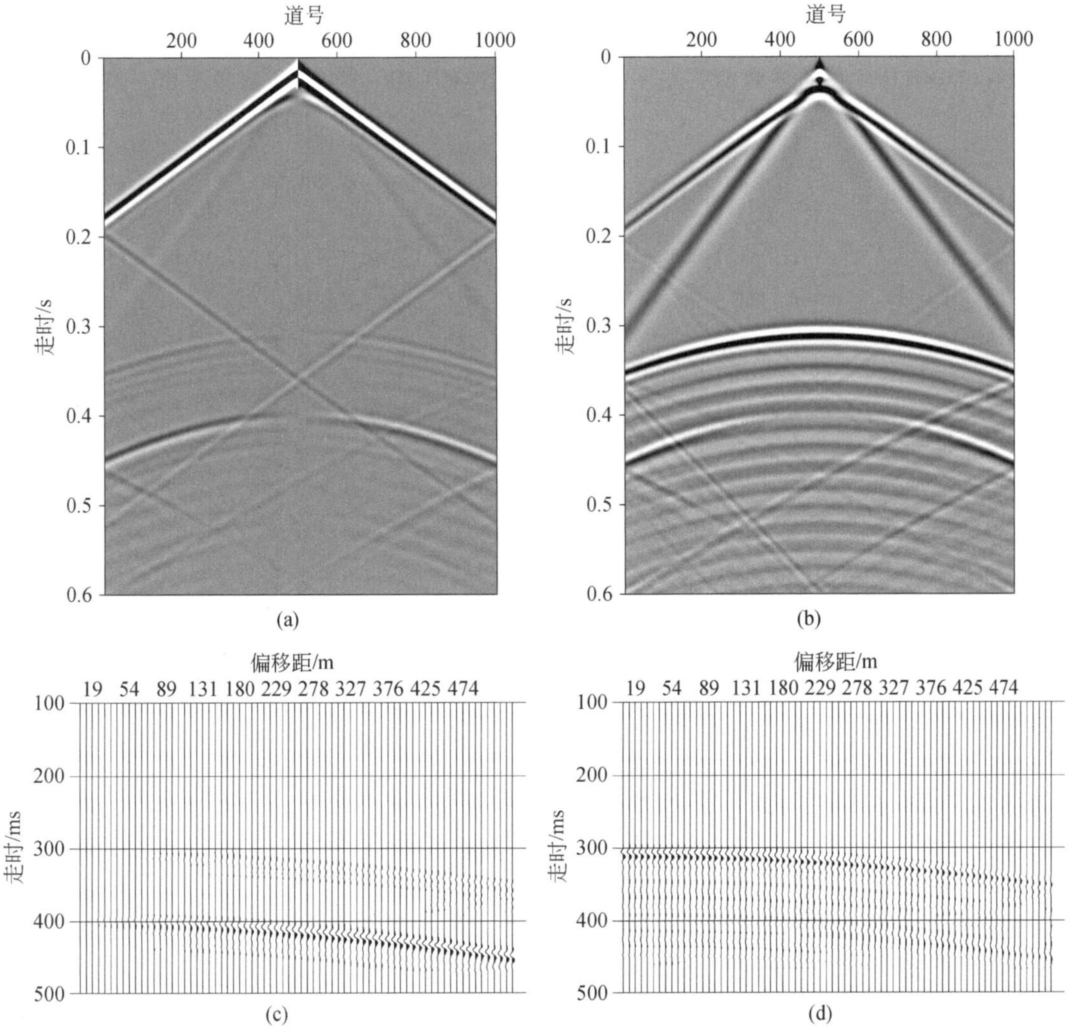

图6.20　含气(孔隙度10%)煤层去噪前后模拟记录

(a)去噪前 X 分量;(b)去噪前 Z 分量;(c)去噪后 X 分量;(d)去噪后 Z 分量

提取各模拟数据的煤层反射双曲线,从AVO、IFVO和频谱特征的角度进行孔隙度、流体属性对煤层反射波场的影响分析。为了压制局部数据噪声散点跳跃对曲线分析的影响,利用多项式拟合对提取的属性散点进行近似处理。

含气薄层反射PS波振幅随偏移距变化的散点数据可以利用二次多项式较好地光滑拟合。由图6.21可知:①气体的存在未改变PS波振幅随偏移距增大而先增大后减小的趋势。在近偏情况下,低孔隙度(3%、6%)含气情况增大薄层PS波反射振幅且前者增加的幅度大,而中、高孔隙度(10%、20%、30%)降低薄层PS波反射振幅,降低幅度10%最小、30%居中、20%最大。在远偏位置处,不同孔隙度情况都越来越接近于单相情况,甚至出现与近偏时相反的规律(如3%,近偏增大反射系数的振幅,远偏降低反射系数的振幅)。②含气薄层对PS波振幅的改变量在-30%~20%,且低孔隙度改变量较小。值得注意的是,PS波反射系数在近垂直位置处数值接近于0,故不同孔隙度相对于单相煤层的振幅增幅有可能因为数值计算而造成较大的增幅(或降幅)百分比,且参考实际模拟情况该范围的振幅增幅在近垂直位置处数值与小偏移距位置处数值相差不大,故振幅增幅中 10 ~ 100m 变化参考 60 ~ 100m 幅值变化。

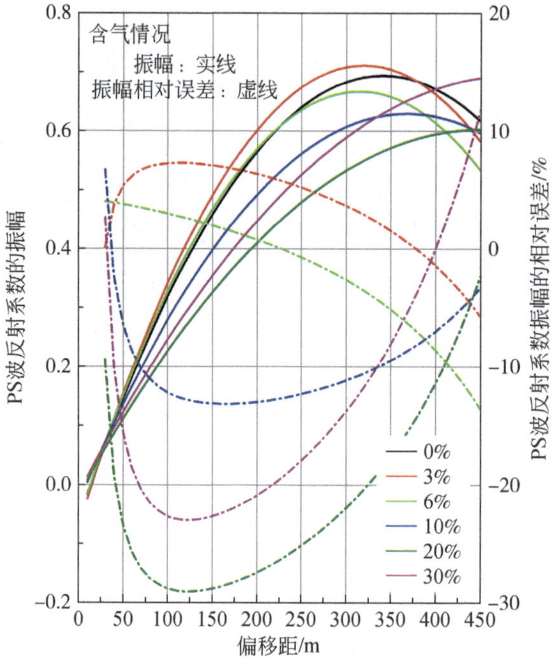

图 6.21　含气煤层 PS 波 AVO 分析

同样,我们对含水煤层 PS 波反射特征也做了如上分析,如图 6.22 所示。

含水薄层 PS 波 AVO 特征如图 6.22 左纵坐标所示,与含气反映规律类似,增幅(或降幅)大小不同。具体有以下特征:①含水薄层反射 PS 波振幅随偏移距变化的散点数据可以利用二次多项式较好地光滑拟合。②水的存在未改变 PS 波振幅随偏移距增大而先增大后减小的趋势。在近偏情况下,低孔隙度(3%、6%)含气情况增大薄层 PS 波反射振幅且前者增加的幅度大,而中、高孔隙度(10%、20%、30%)降低薄层 PS 波反射振幅,降低幅度 10% 最小、30% 居中、20% 最大。在远偏位置处,不同孔隙度情况都越来越接近于单相情况,甚至出现与近偏时相反的规律(如 3%,近偏增大反射系数的振幅,远偏降低反射系数的振幅)。③含水薄层对 PS 波振幅的改变量在 5% ~40%,且低孔隙度改变量较小。

提取不同孔隙度下的薄煤层 PS 波瞬时频率随偏移距的变化,如图 6.23 所示。整体来说,同一孔隙度下含气薄煤层 PS 波瞬时频率随偏移距的增大变化不大。中、低孔隙度(3%、6%、10%)情况:随着孔隙度的增加,瞬时频率小幅度降低且都小于单相情况。高孔隙度(20%、30%)情况:前者与中孔隙度相当,后者与单相情况相当。而对于含水情况而言,除了高孔隙度(20%、30%)外,与含水情况类似。整体来说,同一孔隙度下含水薄煤层 PS 波瞬时频率随偏移距的增大变化不大。中、低孔隙度(3%、6%、10%、20%)情况:随着孔隙度的增加,瞬时频率小幅度降低且都小于单相情况;高孔隙度(30%)情况与 6% 情况相当。

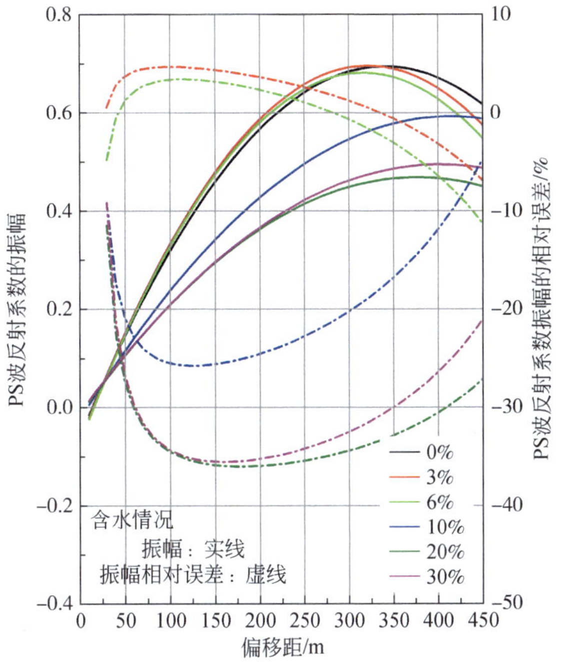

图 6.22　含水煤层 PS 波 AVO 分析

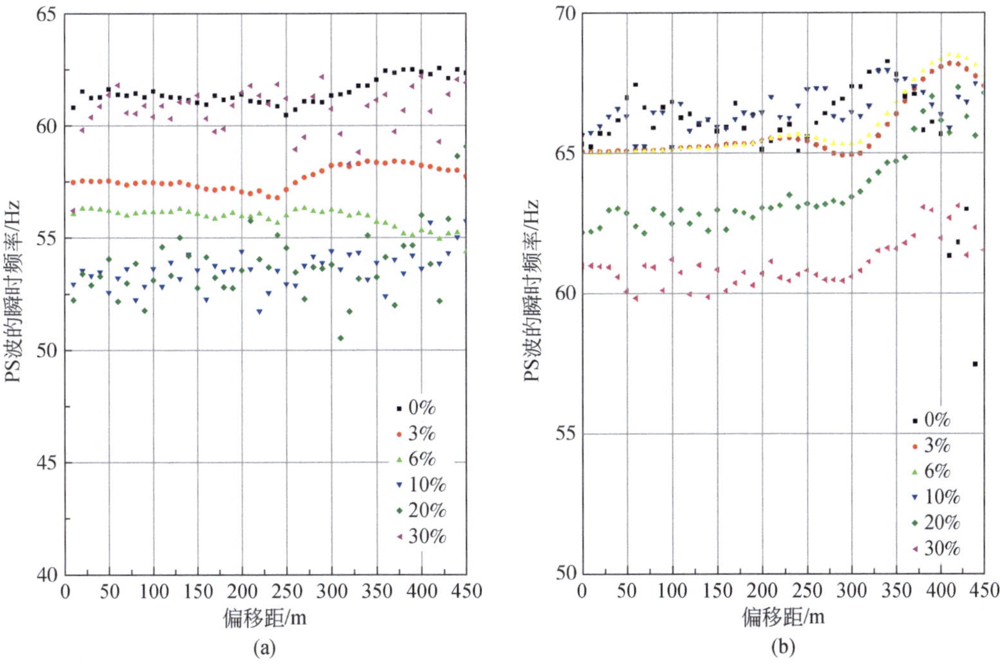

图 6.23　不同孔隙度下含流体煤层 PS 波瞬时频率随偏移距的变化

(a)含气情况;(b)含水情况

以上为不同孔隙度下含流体煤层 PS 波地震属性特征的分析,对于 PP 波地震属性特征也展开了类似的分析。

如图 6.24 所示,含气薄层反射 PP 波振幅随偏移距变化的散点数据可以利用二次多项式较好地光滑拟合;气体的存在未改变 PP 波振幅随偏移距增加而减小的趋势。气体的存在会使得薄层 PP 波反射系数振幅增大(负号代表极性);不同孔隙度情况对比,中等孔隙度(10%)情况下增加幅度最小,低孔隙度(3%、6%)及高孔隙度(20%、30%)情况下,随着孔隙度的增加薄层反射系数的增幅增大。对于含气性对煤层 PP 波反射的影响,振幅增幅在近偏范围内变化较为平稳,远偏时上升,幅值为近偏时的 2 ~ 3 倍;含水薄层 PP 波反射系数振幅相对于单相情况的增幅百分比在近偏处为 50% ~150%,相比含水薄层对 PS 波振幅的改变量(5% ~40%),可产生明显的 PP/PS 振幅比亮点。

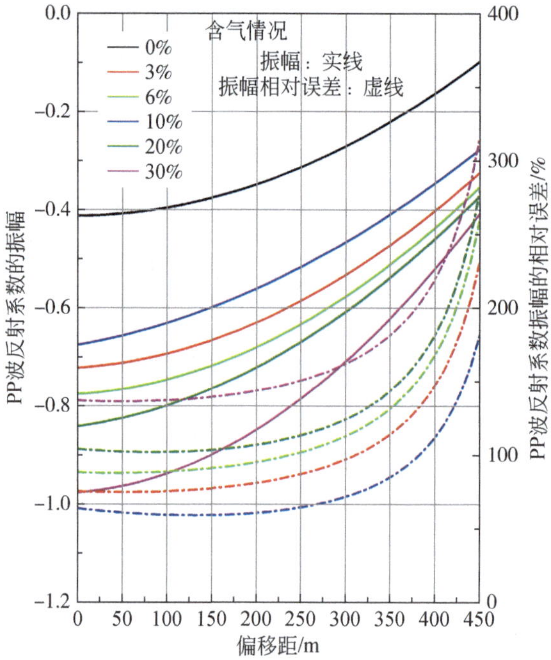

图 6.24　含气煤层 PP 波 AVO 分析

含水薄层 PP 波 AVO 特征如图 6.25 所示,含水薄层反射 PP 波振幅随偏移距变化的散点数据可以利用二次多项式较好地光滑拟合;水的存在未改变 PP 波振幅随偏移距增加而减小的趋势,且水的存在会使得薄层 PP 波反射系数振幅增大(负号代表极性);不同孔隙度情况对比,中等孔隙度(10%)增加幅度最小,20% 次之,低孔隙度(3%、6%)及高孔隙度(30%)情况下,随着孔隙度的增加薄层反射系数的增幅增大。含水性对煤层 PP 波反射的影响,如图 6.26(b)所示,相对于单相情况的振幅增幅在近偏范围内变化较为平稳,远偏时上升,幅值为近偏时的 2 ~3 倍;含水薄层 PP 波反射系数振幅相对于单相情况的增幅百分比在近偏处为 40% ~140%,相比含气薄层对 PS 波振幅的改变量(−30% ~20%),可产生明显的 PP/PS 振幅比亮点。

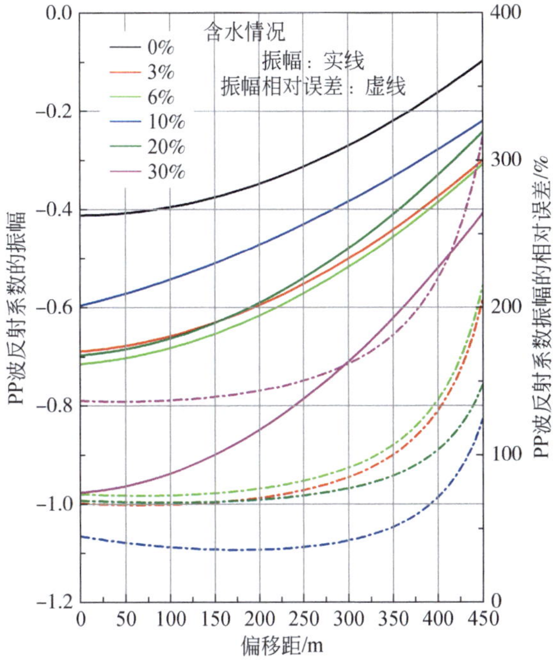

图 6.25　含水煤层 PP 波 AVO 分析

提取不同孔隙度下薄层 PP 波瞬时频率随偏移距的变化,如图 6.26 所示。同一孔隙度

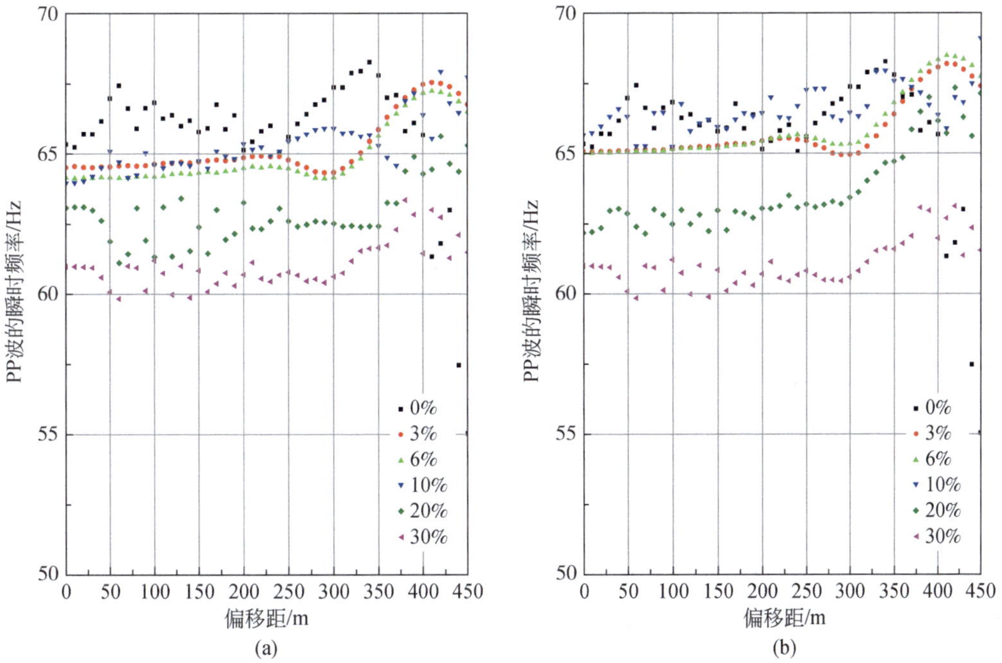

图 6.26　不同孔隙度下含流体煤层 PP 波瞬时频率随偏移距的变化

(a)含气情况;(b)含水情况

下 PP 波瞬时频率近偏范围内变化不大,且不同流体对瞬时频率的影响甚微。相对于单相介质情况,中、低孔隙度(3%、6%、10%)与单相介质瞬时频率相差无几,高孔隙度(20%、30%)情况略低于单相介质情况,与 PS 波瞬时频率反映规律略有不同。

同时,为了考察相同孔隙度下流体性质的不同对薄层 PS 波及 PP 波反射振幅的影响,绘制相同孔隙度下含水情况相对于含气情况的振幅变化百分比,如图 6.27 所示。对于 PS 波反射来说主要有如下特征:①在低孔隙度(3%、6%)情况下,含水与含气振幅异常不明显,相对差异在±5%之间。②在中等孔隙度(10%)情况下,含水薄层 PS 波反射振幅小于含气情况,相对差异随着偏移距的增大而减小。③在高孔隙度(20%、30%)情况下,含水薄层 PS 波反射振幅小于含气情况,且孔隙度越大振幅异常越大,相对差异随着偏移距的增大而增大。④近偏情况下,相同孔隙度下流体的不同造成薄层 PS 波反射系数相对差异小于20%。对于 PP 波主要有如下特征:①相同孔隙度下,含气情况的 PP 波反射系数振幅高于含水情况(孔隙度 30% 除外)。②孔隙度为 30% 时,流体的不同对 PP 波反射系数振幅影响甚微。③近偏范围内,中、低孔隙度(3%、6%、10%、20%)情况下,随着孔隙度的增加充填流体不同造成的 PP 波反射系数振幅差异越大,相对异常随着偏移距的增加而缓慢上升,且为 5% ~20%。

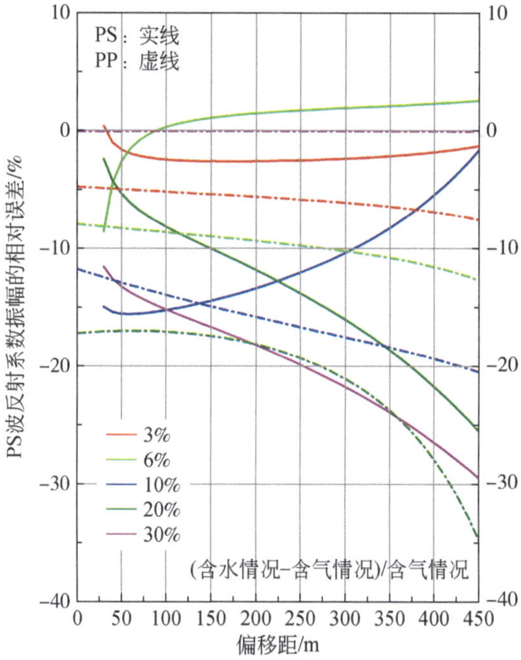

图 6.27　相同孔隙度下流体的不同对薄煤层反射系数振幅的影响

在此基础上,我们考虑了气水混合薄煤层情况,并分析了相同孔隙度下含气饱和度对薄煤层 PP 波及 PS 波反射振幅的影响。以孔隙度 10% 为例,设定含气饱和度为 10%、30%、50%、80%,并计算相比于含气饱和度 100% 情况下薄层反射 PP 波及 PS 波的振幅变化百分比,如图 6.28 所示。对于 PP 波而言,含气饱和度越高反射振幅越大,即含气饱和度 100% 时薄层 PP 波反射振幅最大,这与吴国庆等(2015)在薄煤层含水、气水混合、含气情况讨论中关于“薄煤层含气情况的反射系数最大”的结论是一致的。对于 PS 波而言,近偏移距范围内,反射振幅随着含气饱和度的增加而增大。

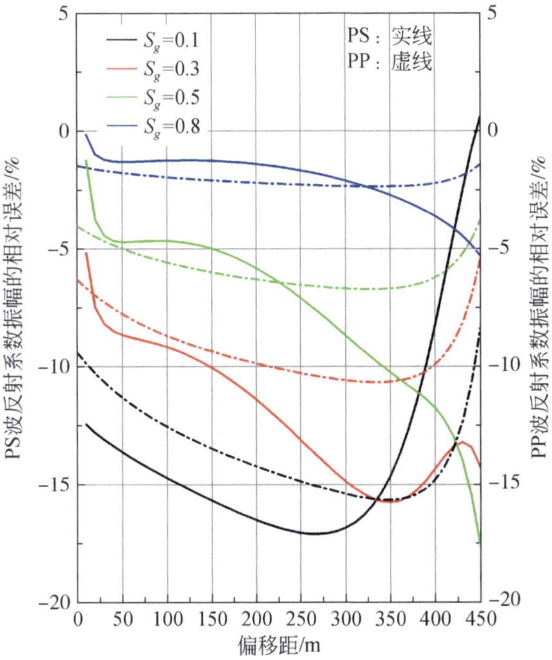

图 6.28　含气饱和度对薄层反射系数振幅的影响

如图 6.29 所示,不同孔隙度下含流体薄层反射波的振幅谱显示:孔隙度、孔隙流体的变化不会引起薄层反射的频带宽度、主频产生明显的异常。

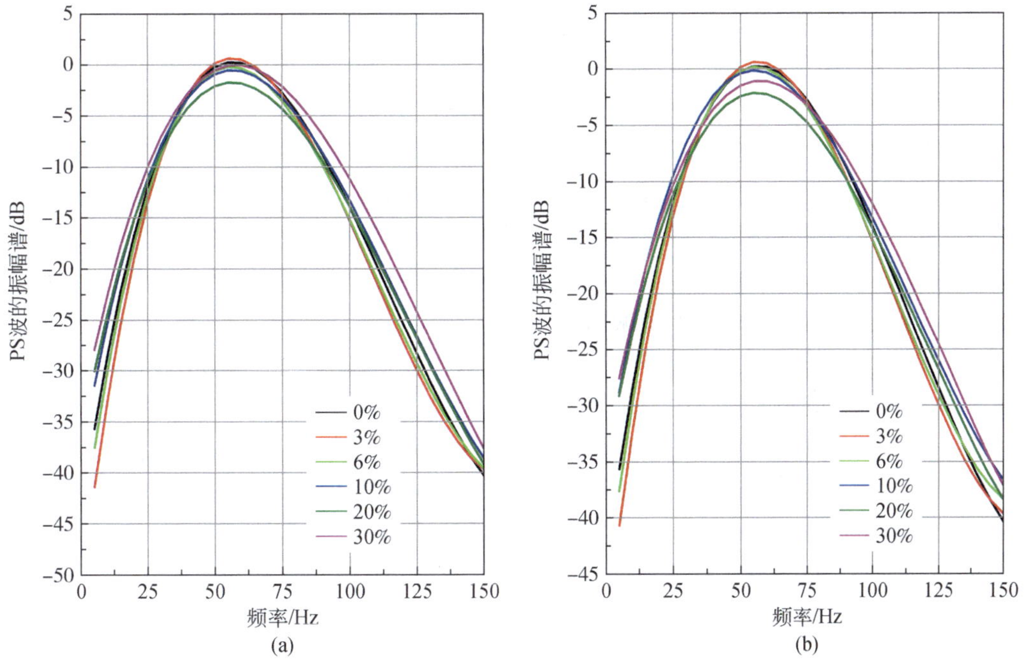

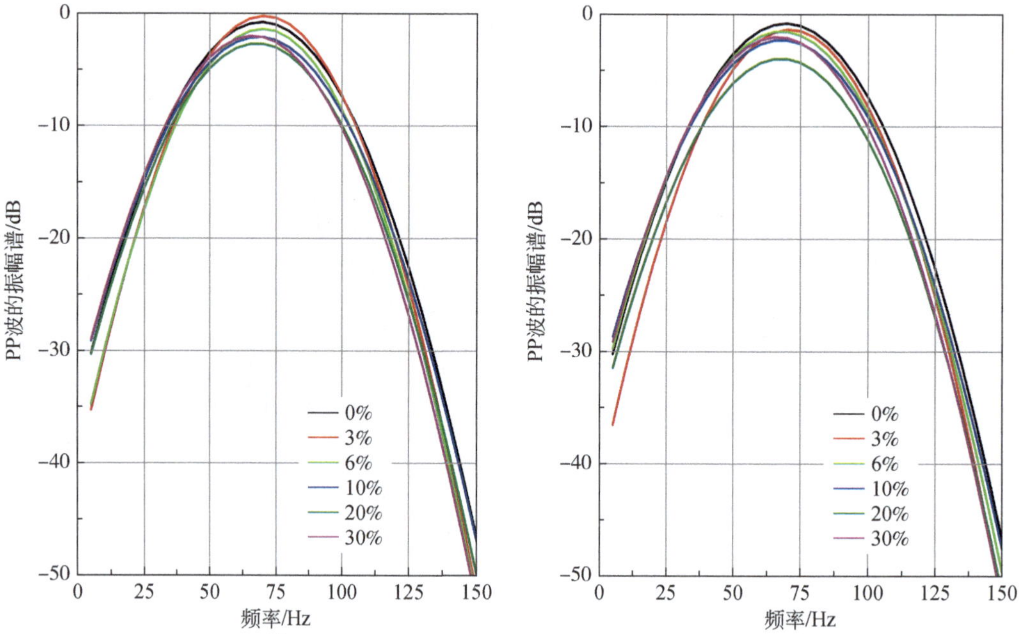

(c)　　(d)

图 6.29　不同孔隙度下含流体煤层反射系数振幅谱的变化

(a)含气 PS 波反射系数振幅谱;(b)含水 PS 波反射系数振幅谱;(c)含气 PP 波反射系数振幅谱;
(d)含气 PP 波拟合反射系数振幅谱

综合煤层孔隙度与流体属性变化时波场的 AVO、IFVO 及频谱特征,可以形成如下的双相介质地震响应模式。

(1)AVO 曲线:①由于 PS 是兼具 P 波与 S 波的特征,而 S 波作为沿固体骨架传播的偏振波,理论上 S 波的 AVO 特征应与介质孔隙度的变化、孔隙中介质的变化无关;但由于 P 波下行的影响,双相介质 PS 波的 AVO 特征相比于单相介质存在一定程度的振幅衰减,但衰减幅度不明显,在 10% ~30% 。②相对而言,双相介质孔隙度与孔隙流体性质的变化对 PP 波的 AVO 特征产生了明显的影响,PP 波反射振幅会出现 30% ~150% 的明显的振幅增强,且孔隙度越大、流体的弹性模量越小,增加的幅度越大。③综合 PS 波与 PP 波,由于 PS 波作为背景模板的作用,可以总结认为,当薄层介质孔隙度增加,或含不同属性流体时会产生明显的 PP/PS 振幅比的亮点或 PS/PP 振幅比的暗点。

(2)IFVO:①对于薄层反射而言,不同孔隙度或不同流体属性的变化对于薄层响应频率的影响由于受到调谐频率的作用,表现特征并不明显,但仍存在一定的规律性。②PP 波的瞬时频率在较低孔隙度情况下与单相介质差异不大,近似相同;当向中、高孔隙度变化时,频率降低,但只有 5% 左右的变化;不同流体属性响应差异不明显。③PS 波的瞬时频率在高孔隙度时与单相介质的响应频率特征相似,当从较低孔隙度向高孔隙度变化时,瞬时频率也会出现 5% 左右的降低;不同流体属性响应差异不大。

(3)频谱:孔隙度、孔隙流体的变化不会对薄层反射的频率宽度、主频产生明显的异常,基本可以认为二者响应特征一致。

6.4.2　吸附态流体对薄煤层弹性波传播特征的影响

6.4.1 节讨论了不同孔隙度下游离气(或水)饱和充填时对煤层地震响应的影响,本节将根据物理实验测定的煤层吸附气体前后的弹性参数建立吸附模型,并利用反射率法拟合地震记录提取地震属性信息,以探究薄煤层吸附气体前后地震响应的变化。吸附前、后煤层参数如表 6.5、表 6.6 所示。

表 6.5　吸附气体前薄煤层的模型参数

层数	厚度/m	V_P/(m/s)	V_S/(m/s)	ρ/(kg/m^3)
1	450	3100	1900	2000
2	5	2350	1150	1450
3	545	3800	2200	2200

注:实验数据来自国家十二五油气重大专项“大型油气田与煤层气开发”的课题报告(2011ZX05035-001)

表 6.6　吸附平衡时薄煤层的模型参数

层数	厚度/m	V_P/(m/s)	V_S/(m/s)	ρ/(kg/m^3)
1	450	3100	1900	2000
2	5	2087	1088	1397
3	545	3800	2200	2200

注:实验数据来自国家十二五油气重大专项“大型油气田与煤层气开发”的课题报告(2011ZX05035-001)

设震源在地表中间激发,两边接收,地震子波为 50Hz 的雷克子波,地震记录如图 6.30 所示。值得注意的是,反射率法拟合中采取了炮检距相对距离计算界面处的反射系数,故炮点中间激发,两侧波形完全对称,有别于有限元模拟或有限差分模拟中的可能极性相反的现象,由于后续地震属性分析只是考察振幅或频率等随偏移距的变化,取右支数据即可,整体不影响地震属性分析。如图 6.30 所示,从地震记录对比看出,吸附气体前后,煤层反射 PP 波、PS 波记录振幅没有明显的变化。

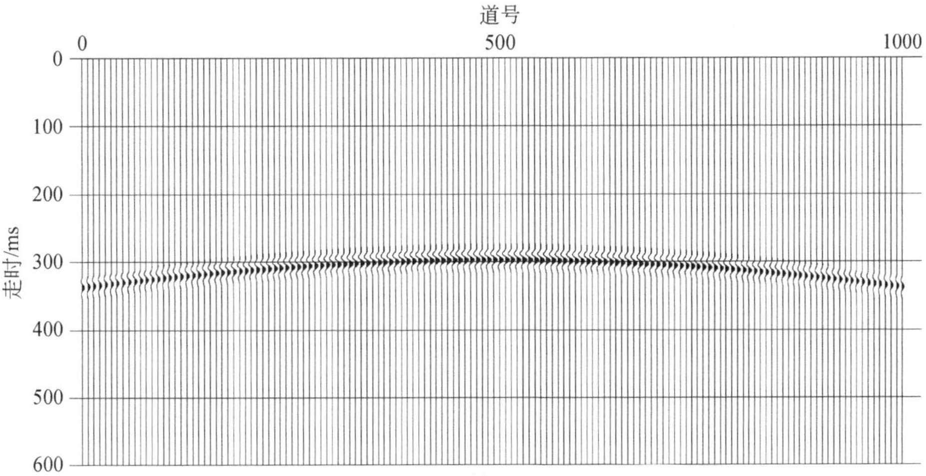

(a)

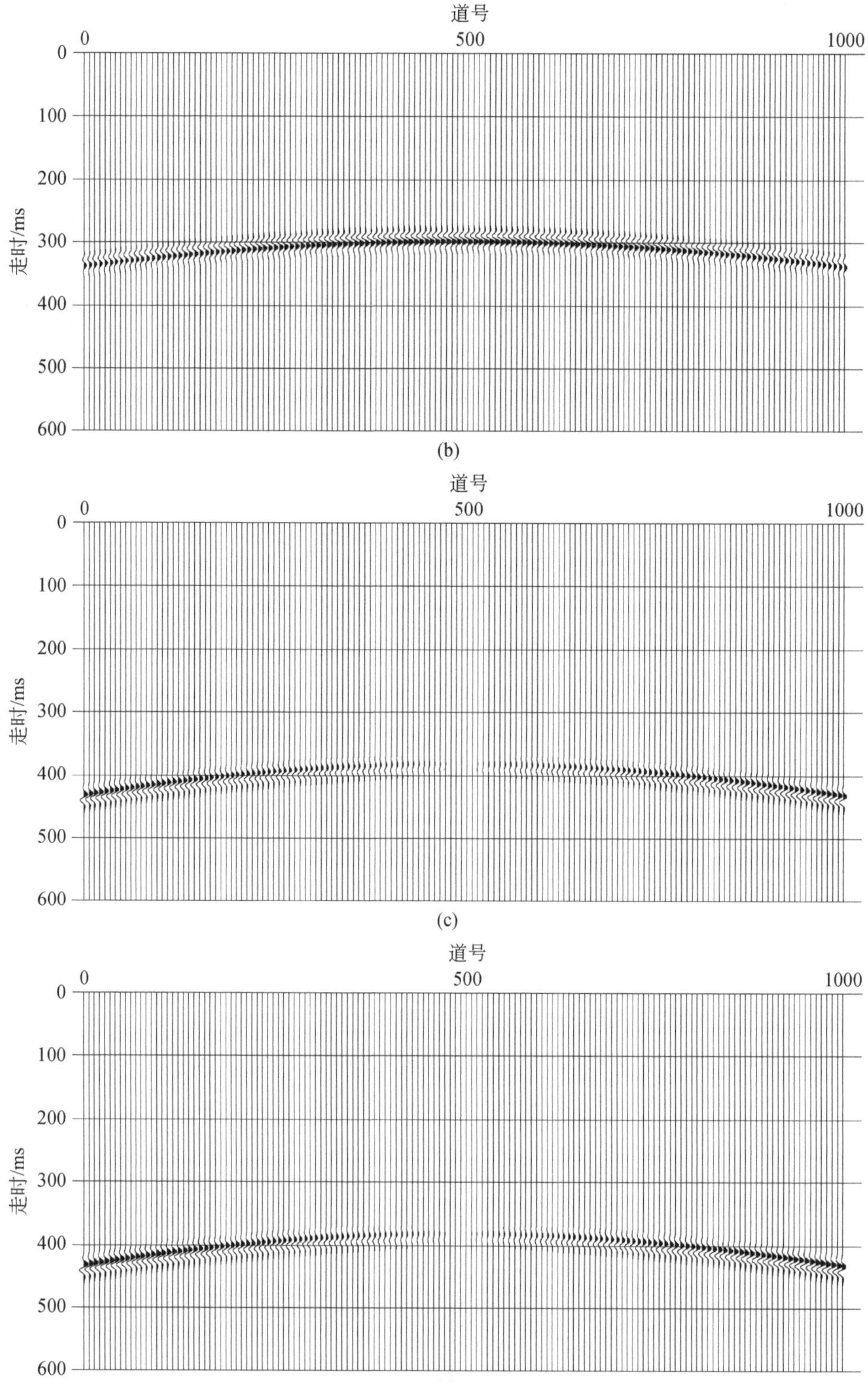

图 6.30　吸附气体前、后煤层的地震合成记录

(a)吸附气体前 PP 波地震合成记录;(b)吸附平衡时 PP 波地震合成记录;(c)吸附气体前 PS 波地震合成记录;(d)吸附平衡时 PS 波地震合成记录

因此,采用 AVO 曲线进行分析。如图 6. 31(a)所示,未吸附气体与吸附平衡的薄层 PP 波反射系数振幅都随着偏移距的增大而降低,且吸附气体会使得 PP 波反射系数的振幅增大。未吸附气体薄层 PP 波反射系数的振幅由 0m 的-0. 2812 逐渐降低到 500m 的-0. 1188;吸附平衡后薄层 PP 波反射系数振幅由 0m 的-0. 3779 逐渐降低到 500m 的-0. 1804。如图 6. 31(c)所示,吸附平衡情况相对于未吸附情况,增幅随着偏移距的增大而增加,由 0m 的 34. 388% 增加到 500m 的 51. 852% 。总而言之:气体的吸附会引起薄层 PP 波反射系数振幅的显著增加,PP 波反射系数振幅增加与否可以作为判定薄层是否吸附气体的参考标准之一。

对于 PS 波情况,如图 6. 31(b)所示,未吸附气体与吸附平衡的薄层 PS 波反射系数振幅都随着偏移距的增大而增大,且吸附气体会使得 PS 波反射系数的振幅增大。未吸附气体薄层 PS 波反射系数的振幅由 1m 的 0. 0012 逐渐增大到 500m 的 0. 3942;吸附平衡后薄层 PS 波反射系数振幅由 1m 的 0. 0014 逐渐增加到 500m 的 0. 4638;吸附平衡情况相对于未吸附情况,如图 6. 31(d)所示,忽略近垂直入射时由于 PS 波反射能量很弱而产生的大幅值震荡,增幅随着偏移距的增大而增大,由 100m 的 15. 830% 微小幅度震荡逐步增加到 500m 的 17. 656% ;近垂直入射时增幅最大可达 17. 391% ,考虑是因为近垂直入射时,薄层 PS 波反射系数为接近于 0 的小量,虽然实际数值很接近,但增幅有可能大于远偏情况。

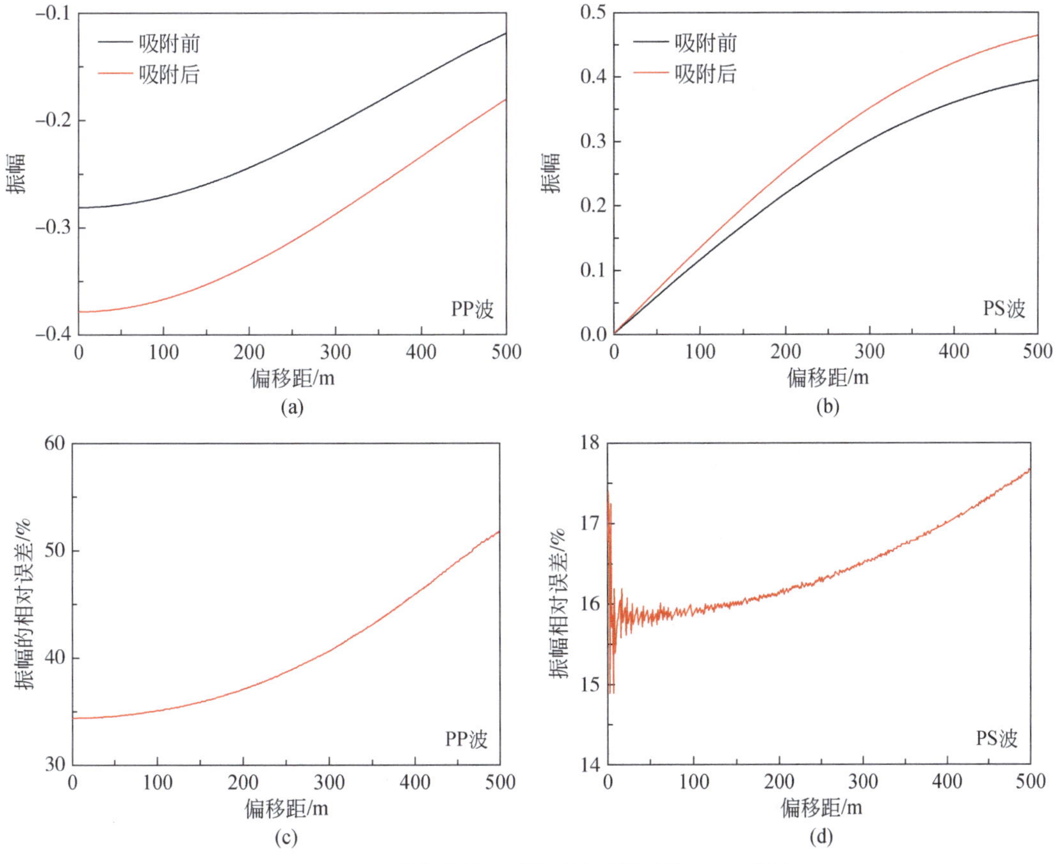

图 6. 31　吸附气体前、后煤层的反射系数 AVO 分析

(a)吸附气体前后 PP 波 AVO 分析;(b)吸附气体前后 PS 波 AVO 分析;(c)吸附气体对 PP 波反射振幅的影响;(d)吸附气体对 PS 波反射振幅的影响

对比薄层 PP 波与 PS 波反射系数振幅,吸附气体后都使得薄层反射系数增加,但 PP 波反射系数的增幅明显大于 PS 波,相同入射角情况下,可达 2 ~ 3 倍之多。分析吸附气体前后纵波速度及横波速度的改变量,纵波速度由 2350m/s 降低到 2087m/s,降幅约为 11.1915%;横波速度由 1150m/s 降低到 1088m/s,降幅约为 5.3923%;且该模型为低阻抗差薄层,薄层阻抗的降低使得薄层与上下围岩的阻抗差增大,反映在反射系数曲线上就是振幅的增加,且纵波速度降幅为横波的两倍多,表现在反射系数曲线上便是 PP 波增幅高于 PS 波,以上从理论上分析了薄层反射系数在吸附气体前后的变化,与模拟结果一致。

如图 6.32 所示,薄层反射系数的瞬时频率在吸附气体前后会出现 0 ~ 2Hz 的改变量,变化不大,不可作为薄层是否吸附气体的判定标准。

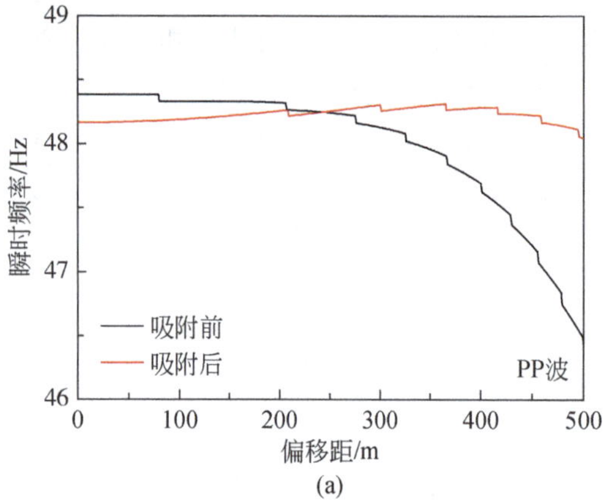

图 6.32　吸附气体前、后煤层的反射系数 IFVO 分析

(a)吸附气体前后 PP 波 IFVO 分析;(b)吸附气体前后 PS 波 IFVO 分析

如图 6.33 所示,吸附气体前后,煤层 PP 波及 PS 波振幅谱没有变化。

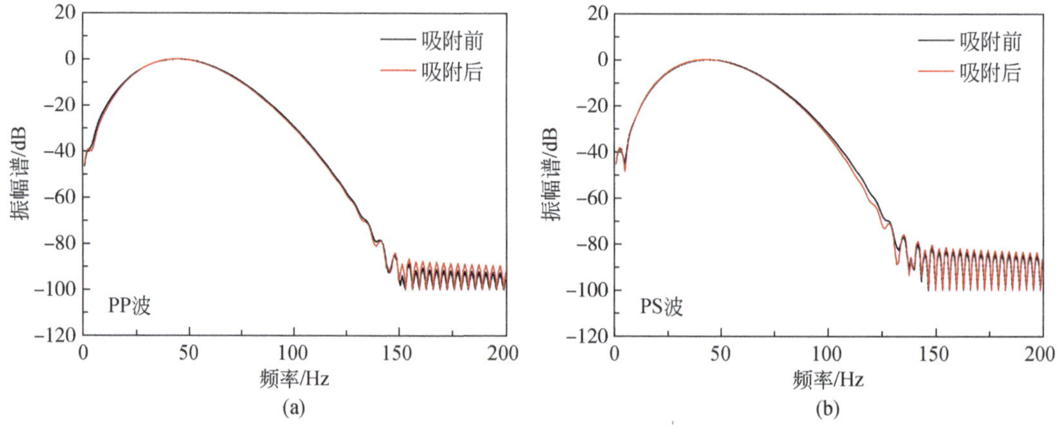

图 6.33　吸附气体前、后煤层的反射系数振幅谱的变化

(a)吸附气体前后 PP 波振幅谱;(b)吸附气体前后 PS 波振幅谱

通过含游离气及吸附气煤层地震反射特征分析,不难发现:无论是游离气还是吸附气,

都会引起煤层反射系数振幅的增强,且 PP 波的增幅明显大于 PS 波。

6.5　黏弹性及其各向异性对薄层反射的影响

作为一种典型的砂泥沉积中的软弱夹层,煤层是一种明显的黏弹性介质,不满足完全弹性的假设,因此,我们本节讨论非弹性对于薄层反射的影响。设煤层为黏弹性体,定义黏弹性模型分 3 种,所采用的几何模型同图 6.10,各模型参数如表 6.7 ~ 表 6.9 所示。分别按照各向同性弹性、各向异性黏弹性、速度各向异性黏弹性 3 种方式,利用 MWMC 研究组开发的伪谱法和切比雪夫法进行波场的模拟(杨春颖等,2017),模拟子波采用主频为 50Hz 的雷克子波;1ms 采样,2000 个采样点;震源在左端点激发,道间距为 1m,1001 道单边接收;物性参数的设置依据煤岩的岩石物理实验结果(许小凯等,2014)。

表 6.7　各向同性弹性原生结构煤模型

层数	厚度/m	V_P/(m/s)	V_S/(m/s)	ρ/(kg/m^3)
1	450	3100	1900	2000
2	5	2400	1000	1600
3	545	3800	2200	2200

表 6.8　各向同性黏弹性原生结构煤模型

层数	厚度/m	V_P/(m/s)	V_S/(m/s)	ρ/(kg/m^3)	Q_P	Q_S
1	450	3100	1900	2000		
2	5	2400	1000	1600	6.27	3.01
3	545	3800	2200	2200		

表 6.9　速度各向异性黏弹性原生结构煤模型

层数	厚度/m	V_P/(m/s)	V_S/(m/s)	ρ/(kg/m^3)	Q_P	Q_S	ε	δ
1	450	3100	1900	2000				
2	5	2400	1000	1600	6.27	3.01	0.11	0.09
3	545	3800	2200	2200				

以下为叙述方便,把上述模型简称为模型 1 ~ 模型 3,分别对应表 6.7 ~ 表 6.9 中所示的物性参数。如图 6.34 所示为模型 2 与模型 1 的单炮记录去噪后的差值。显然,介质的黏弹性会一定程度地影响薄煤层的地震响应。

如图 6.35 所示,薄层的黏弹性及速度各向异性未改变反射 PP 波振幅随偏移距增加而减小的变化形态,但反射强度低于各向同性情况;在近偏及中等偏移距范围内振幅异常可达 30% 以上,并随着偏移距的增加先增大后减小,在远偏位置偏离程度随着偏移距的增加而降低;总体上黏弹性各向异性薄煤层的反射振幅异常强于黏弹性薄煤层情况,最大可达 5% 左右。

如图 6.36 所示,从 3 个不同模型的 PS 反射 AVO 曲线对比可以看到:薄层的黏弹性及各向异性未改变反射 PS 波振幅随偏移距增加而先增大后减小的变化形态;但幅值较各向同

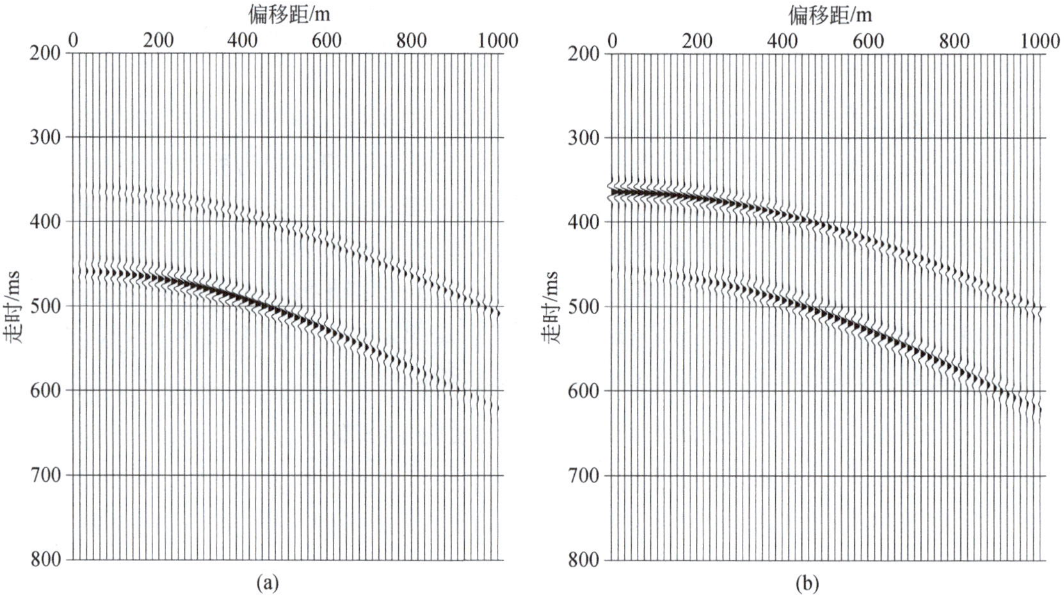

图 6.34　模型 2 与模型 1 的单炮记录去噪后的差值
(a)X 分量;(b)Z 分量

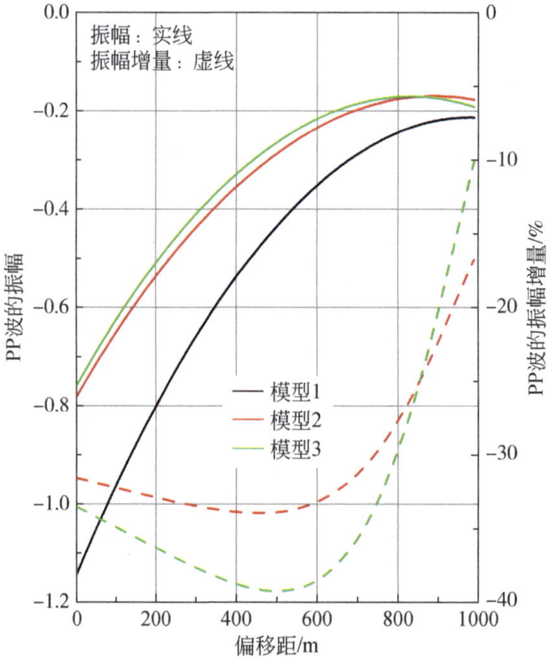

图 6.35　模型 1 ~ 模型 3 的 PP 波 AVO 分析

性情况略有降低;且黏弹性降低幅度稍稍大于黏弹性各向异性情况,在近偏及中等偏移距范围内振幅异常程度在20%左右,并随着偏移距的增加而缓慢增大,在远偏位置偏离程度急剧增大,最大可达到47%左右。但考虑该位置处3种不同模型的真实振幅值都接近于0,故不作为黏弹性引起的地震波场异常。

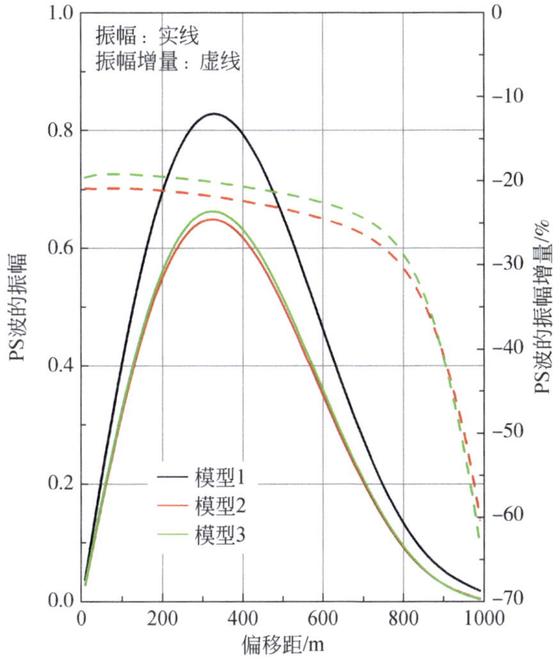

图6.36　模型1～模型3的PS波AVO分析

通过PP波与PS波的AVO曲线对比可以发现:黏弹性与速度各向异性会明显地降低煤层的反射振幅,且黏弹性与各向异性两种情况在真振幅上来看相差不大。对于PP波而言,黏弹性引起煤层的振幅异常较黏弹性速度各向异性低,相对于原生结构煤的误差百分比最大相差5%左右;对于PS而言,黏弹性引起煤层的振幅异常较黏弹性速度各向异性较大,相对于原生结构煤的误差百分比最大相差3%左右。近、中偏移距情况下,黏弹性及速度各向异性引起煤层PP波反射振幅异常接近于PS波振幅异常的1.5倍;远偏距情况下,黏弹性及速度各向异性引起煤层PP波反射振幅异常低于PS波振幅异常,且随着偏移距的增加而加剧,PS波反射振幅异常较PP波反射振幅异常最大可达4.5倍。

基于吸收衰减的频率依赖性,以下重点分析黏弹性与速度各向异性对薄层反射频率特征的影响。如图6.37所示,黏弹性及黏弹性各向异性薄层反射PP波的瞬时频率小于各向同性情况,相比各向同性瞬时频率降低的幅度小于8%左右,道间距600m左右的瞬时频率异常是由残余噪声引起的,不予考虑。黏弹性及黏弹性各向异性薄层反射PS波的瞬时频率略大于各向同性情况,相比各向同性瞬时频率增大的幅度约为3%。

提取100m、500m及900m位置处的PP波及PS波的振幅谱及相位谱,如图6.38所示,对于强阻抗差薄煤层而言,相比于薄层的AVO效应,黏弹性及黏弹性速度各向异性对薄层反射波的振幅谱及相位谱影响微弱。

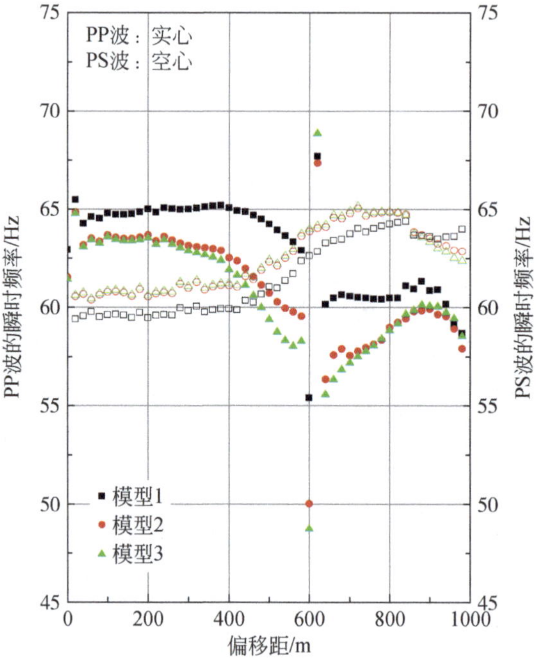

图 6.37　模型 1～模型 3 的薄层反射系数瞬时频率随偏移距的变化

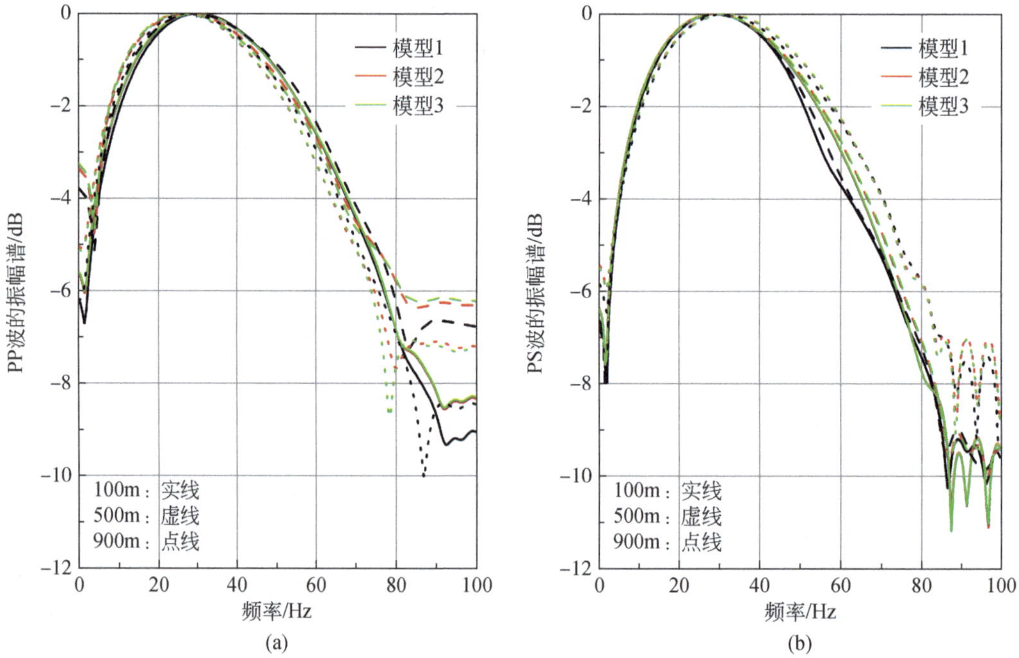

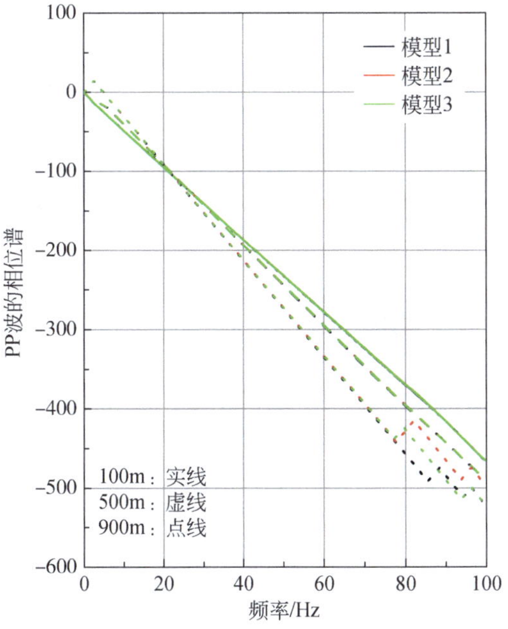

(c)

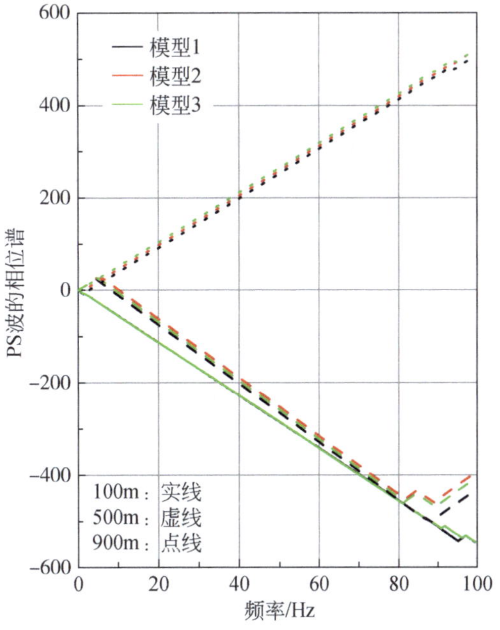

(d)

图 6.38　模型 1 ~ 模型 3 的反射系数振幅谱及相位谱

(a)PP 波的振幅谱；(b)PS 波的振幅谱；(c)PP 波的相位谱；(d)PS 波的相位谱

根据以上波场响应特征的分析,不难归纳形成如下的黏弹性煤层反射的响应模式。

(1)AVO 分析:黏弹性与速度各向异性会明显地降低煤层的反射振幅,且黏弹性及速度各向异性两种情况在真振幅上来看相差不大。对于 PP 波而言,黏弹性引起煤层的振幅异常较黏弹性各向异性低,相对于原生结构煤的误差百分比最大相差 5% 左右;对于 PS 而言,黏弹性引起煤层的振幅异常较黏弹性各向异性较大,相对于原生结构煤的误差百分比最大相差 3% 左右。

(2)瞬时频率随偏移距的变化:黏弹性及速度各向异性薄层反射 PP 波的瞬时频率小于各向同性情况,相比各向同性瞬时频率降低的幅度小于 8% 左右;黏弹性与速度各向异性薄层反射 PS 波的瞬时频率略大于各向同性情况,相比各向同性瞬时频率增大的幅度约为 3% 。

(3)振幅谱:对于原生结构煤模型,PP 波与 PS 波反射振幅谱受黏弹性与各向异性的影响微弱。

6.6　均匀各向同性韵律型薄互层的纵波传播特征

鉴于煤系地层典型的陆相交互沉积、多个薄层叠置的特点,定义了图 6.39 所示的高速层与煤层(两种介质)交互叠置的韵律型薄互层模型,通过数值模拟来分析薄互层纵波反射的波场特征及其复杂性。

数值模拟过程中采用的主频为 50Hz,子波长度为 100ms,子波类型为雷克子波,1ms 采样,时间剖面长度为 200ms。为便于同物理模拟的结果对比,下伏介质设为无限延伸的弱阻

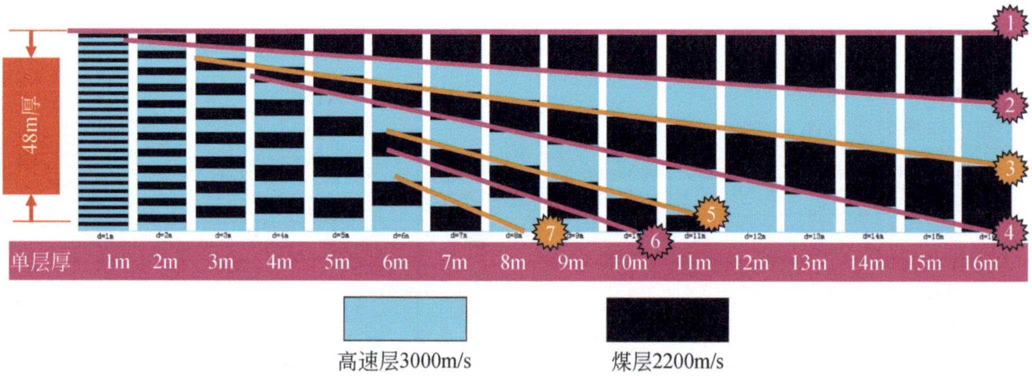

图 6.39　薄互层模型及其参数(中国石化石油物探技术研究院提供)

抗差高速厚层,上覆介质分两种情况:①与物理模拟对比,上覆介质设置为厚层水;②与实际地质情况吻合,上覆介质设为厚层松散碎屑岩沉积,与薄互层存在低阻抗差异的低阻抗层。模型参数如表 6.10 所示,其中上覆围岩厚度设为 30m,远大于薄层厚度(为使该层的反射不产生调谐效应,不影响薄互层的反射特征)。

表 6.10　薄互层模型参数

	V_P/(m/s)	V_S/(m/s)	ρ/(g/cm^3)	Z_P	λ_P/m	λ_P/4/m	λ_P/8/m
上覆围岩	1500	800	1.0/2.2	1500/3300	/	/	/
煤层	2200	1110.07	1.43	3146	44	11	5.5
高速层	3000	1413.80	2.29	6770	60	15	7.5
下伏围岩	3050	1600	2.7	8235	/	/	/

注:由于上覆、下伏围岩的波长不在讨论范围中,故未给出,以"/"标注

6.6.1　上覆水层的薄互层反射特征

对于上覆水介质的模型,反射率法模拟的 PP 波场如图 6.40 所示。由于上覆水层为低阻抗层,下伏高速层为高阻抗层,薄互层的顶、底反射均为正极性(对应波峰)。

如图 6.40 所示为上覆水层情况下不同互层厚度的反射波场,互层厚度为 1 ~ 6m 时,薄互层顶、底界面可以识别,内部互层界面在波场上没有反映。当互层厚度由 7m 变化到 16m 时,薄互层顶、底界面之间出现波形,并且随着互层厚度的增大,波形峰值越来越接近于互层内部界面。为了具体分析 7 ~ 16m 互层内部波形情况,如图 6.41 所示,波场记录中红点标注互层间的界面,并在旁边标注了到时,黑色字体到时说明与理论计算到时一致,而红色字体表征与理论时间不同。

根据图 6.40、图 6.41 中的上覆水层的薄互层波场反射特征,可以将反射波场分三段讨论。

(1)当薄互层中单薄层的厚度小于高、低速层的平均波长的 1/8(6.5m)时,薄互层反射呈现为:①顶与底反射存在,而中间表现为多种波的干涉叠加形成弱反射特征(好像没有反

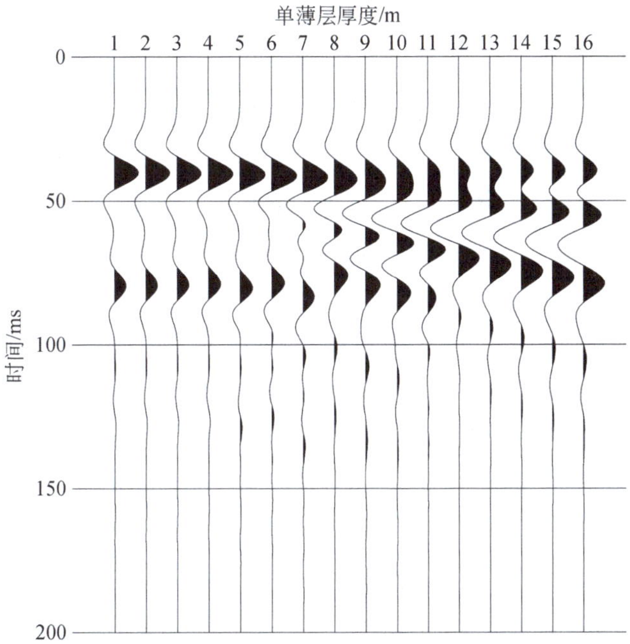

图 6.40　上覆水层的薄互层反射波场(自激自收记录,从左自右互层厚度为 1 ~ 16m)

射信号,本书中我们称为“白反射”),从而可以说明在这一厚度范围内通过地震记录识别薄互层内部的薄层是不可能的。②薄互层顶、底反射的走时与实际模型的理论走时一致,即薄互层的走时厚度与真实厚度存在对应性。

(2)当薄互层中单薄层的厚度大于等于高、低速层的平均波长的 1/8(6.5m),小于平均波长的 1/4(13m)时,薄互层反射呈现为:①内部“白反射”消失,出现微弱的反射能量,且反射能量的强度随着单薄层厚度的增加而增强。②薄互层顶、底反射的走时与实际模型的理论走时存在偏差,随着单薄层厚度的增加,顶反射的走时偏差增大;底反射的走时呈现非线性变化;薄互层的走时厚度与真实厚度之间的关系复杂,受内部单薄层厚度或层数的影响,难以利用走时厚度计算实际厚度。③内幕反射的同相轴数目与薄互层内的单薄层数量存在

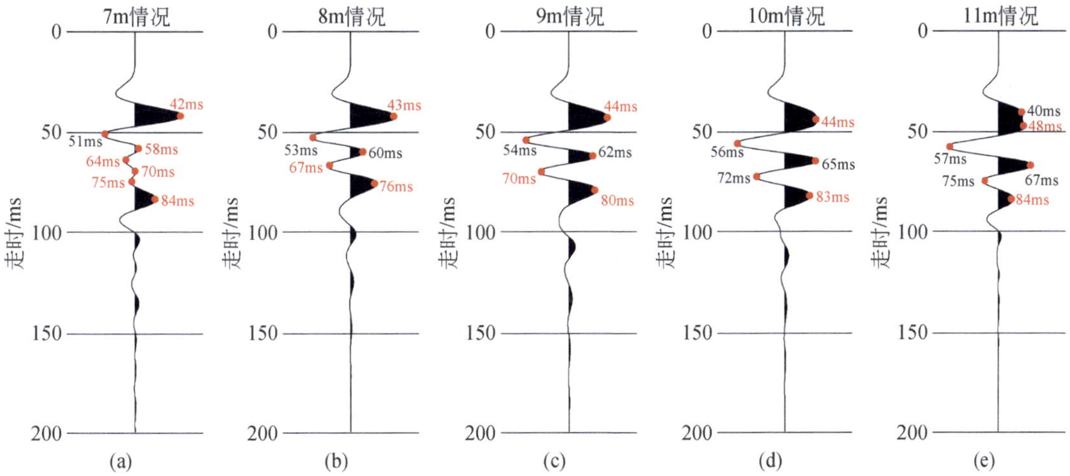

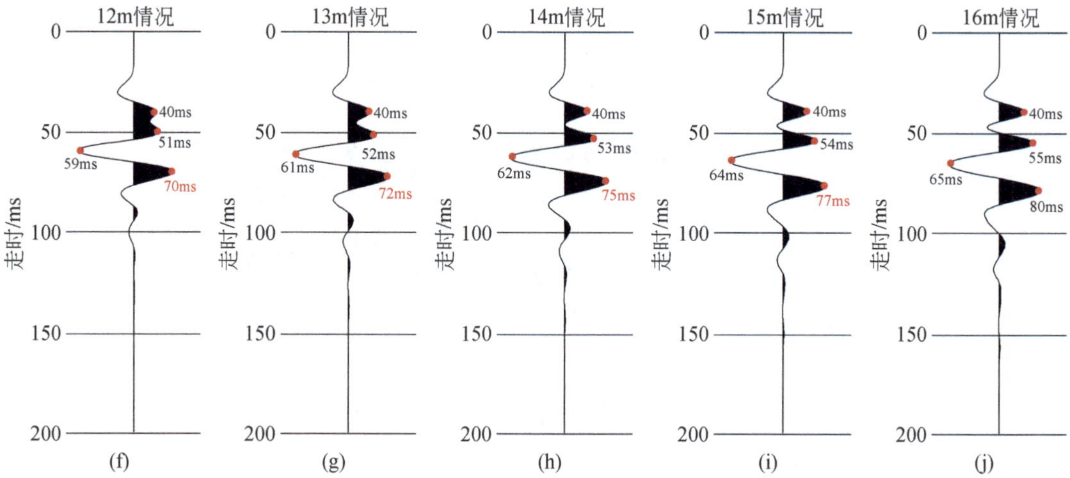

图 6.41 上覆水层时互层厚度 7 ~ 16m 的波场记录分析

对应关系,但单薄层的反射走时与理论走时存在偏差,且随着单薄层厚度的增加,偏差逐渐减小;④内幕反射强度是多次波叠加的结果,与单薄层反射强度不存在一一对应关系。

(3)当薄互层中单薄层的厚度大于等于高、低速层的平均波长的 1/4(13m)时,薄互层反射呈现为:①薄互层的内幕反射与单薄层的数量存在一一对应关系,单薄层的反射可识别。②顶反射的走时与理论走时吻合,底反射的走时从偏小逐渐增大,随着单薄层厚度的增加趋近于理论走时。③内幕反射的同相轴数目与薄互层内的单薄层数量存在对应关系,其中单薄层的反射走时与理论走时基本吻合。④内幕反射强度是多次波叠加的结果,与单薄层反射强度不存在一一对应关系。

6.6.2 上覆松散沉积的薄互层反射特征

对于上覆松散沉积的薄互层模型,反射率法模拟的 PP 波场如图 6.42 和图 6.43 所示。与上覆围岩为水层的反射相比,除表现为相似的三段反射特征外,由于上覆围岩与薄互层第 1 层的阻抗差变小,反射强度变弱;低速松散沉积覆盖的薄互层反射还表现出如下特征。

(1)当薄互层中单薄层的厚度大于等于高、低速层的平均波长的 1/4(13m)时,反射同相轴数量减少,第 1 层的单薄层反射不可识别,薄互层的走时厚度减小。

(2)顶反射走时相比于上覆水层随着单薄层的厚度增加增大,与理论走时偏差加大。

总结这两种模型的反射波场,可以进一步综合归纳为以下的薄互层反射特征。

(1)对于单层厚度远小于调谐厚度的薄互层,其反射表现为类似厚层顶、底界面的反射形态,内幕反射能量弱,难以获得与各薄层对应的反射同相轴。

(2)对于单层厚度接近调谐厚度的薄互层,除薄互层顶、底反射外,内幕出现较强反射及其同相轴,但该同相轴与任何薄层不存在走时上的对应关系。

(3)对于单层厚度大于等于调谐厚度的薄互层(理论上已不能称为薄互层),各薄层在振幅和相位上是可以区分的。

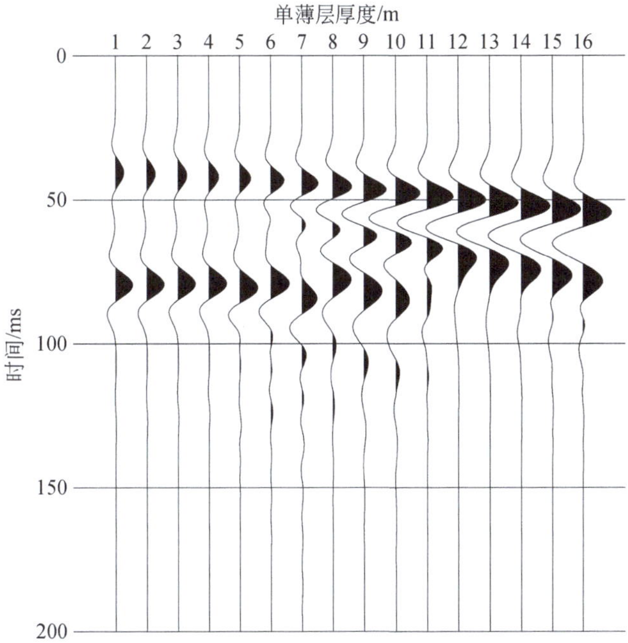

图 6.42　上覆松散沉积的薄互层反射波场(自激自收记录,从左自右互层厚度为 1 ~ 16m)

需要指出的是,综合不同上覆介质模型的波场说明,当将一个薄互层当作一个整体进行考虑时,薄互层顶、底介质的物性也会影响薄互层的反射特征,表现在以下几个方面:①薄互层顶、底反射的相位(或极性)会因为上覆与下伏介质与薄互层的阻抗高低差异出现正、反极性的变化;②薄互层顶、底反射的强度会因为上覆与下伏介质与薄互层的阻抗差异大小出现强弱变化;③在薄互层中单薄层的厚度在平均波长 1/8 ~ 1/4 高速层波长范围内变化时,薄互层顶、底介质的物性还会影响薄互层内幕薄层的可识别程度。

总结薄互层的反射特征,可以总结形成如下的响应模式。

(1)当薄互层中任一单层厚度小于高速层与低速层的平均波长的 1/8 时,不论薄互层上覆与下伏介质物性如何变化,薄互层反射呈现黑箱特点:只有顶与底的反射,内幕反射为“白

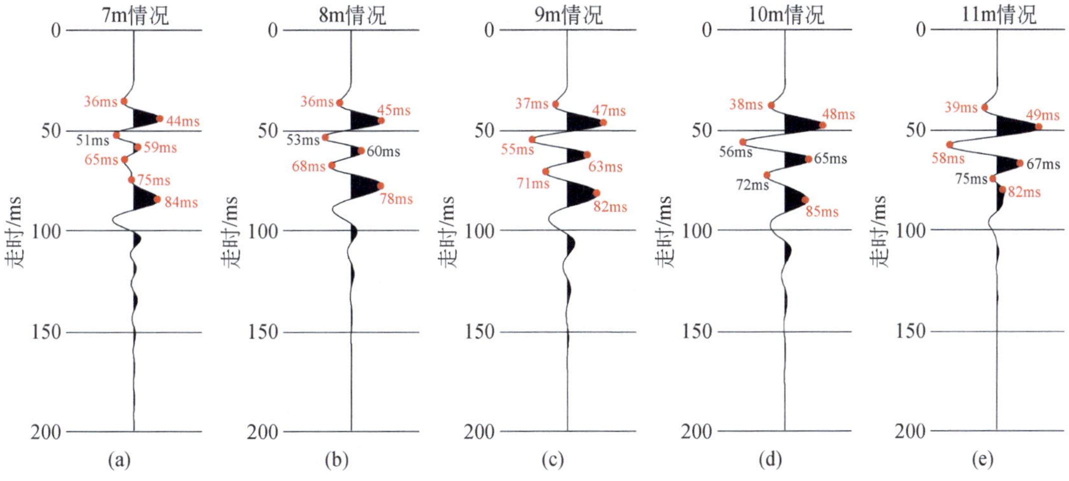

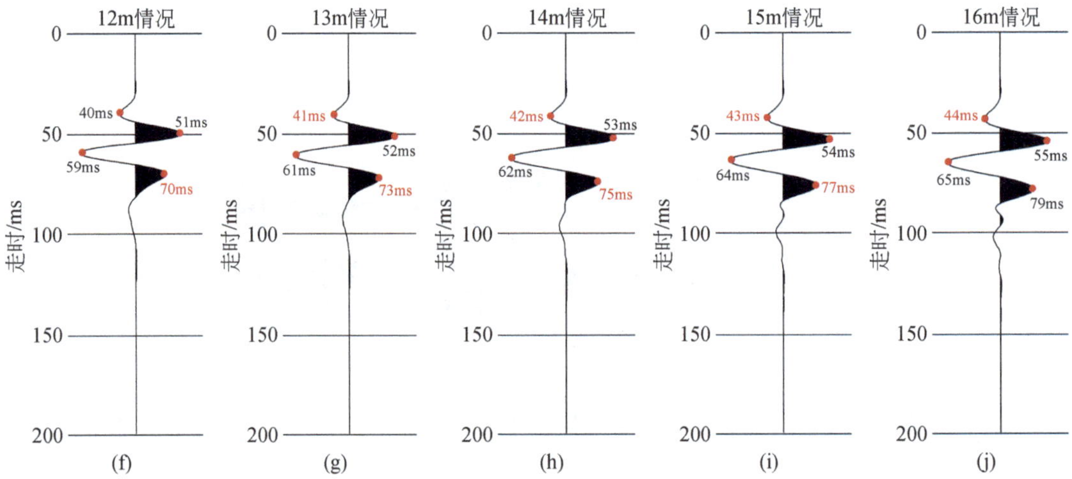

图 6.43　上覆松散层时互层厚度 7 ~ 16m 波场记录

反射”。

(2)当薄互层的反射呈现黑箱式、“白反射”特征时,两个强反射同相轴分别对应于薄互层顶、底界面的反射走时,但反射振幅不同于单界面反射。

(3)当薄互层中任一单层厚度大于等于高速与低速层的平均波长的 1/8 时,且小于高速层的平均波长的 1/8 时,薄互层的反射除了顶与底外,内幕也会存在反射同相轴,但同相轴的数目、走时与互层的层数与层深不存在对应关系,反射同相轴不代表任何一个物理界面或层位的反射。

(4)当薄互层中任一单层厚度大于等于高速层的平均波长的 1/8 时,除顶底反射外,薄互层内幕反射与互层存在一一对应关系,但反射强度并不能直接反映阻抗差的大小。

(5)薄互层顶、底反射强度、相位及内幕反射特征与薄互层上覆、下伏介质的物性密切相关。

(6)薄互层底的时间厚度与真实厚度受互层结构影响。

6.7　本 章 小 结

本章主要研究了典型薄互层模型的弹性波传播特征,分析了各向同性薄煤层、含构造煤及夹矸的薄煤层、含裂隙薄煤层、含流体薄煤层、黏弹性各向异性单薄层及均匀各向同性薄互层的弹性波传播特征。具体有以下结论。

(1)薄煤层中含构造煤或夹矸在理论上是可以识别的。在已确定构造煤存在和钻孔与测井约束煤厚的情况下,以低频正演拟合构造煤位于煤层中间的相位变化曲线作为量板,若实际瞬时相位谱曲线值高于量板曲线值,则推测构造煤夹层位于原生结构煤顶部;与量板曲线值相当,推测构造煤夹层位于原生结构煤中间;小于量板曲线值,则推测构造煤夹层位于原生结构煤底部;高频时 PS 波较 PP 波反射系数的幅值在小角度范围内对构造煤的位置反应灵敏,在 PP 波反射系数无法准确确定构造煤位置或者存在非唯一性时,可加入 PS 波信息,以提高解释的精度。利用与原生结构煤反射系数相对大小即可判定是构造煤或是夹矸,反射系数增大为构造煤夹层情况,反之为夹矸。

(2)低裂隙发育的薄煤层主要表现为薄层的调谐反射,难以获得足够的异常用于反演。裂缝隙的存在会对煤层的反射产生影响,但裂缝密度低影响微弱,裂缝密度增加到一定程度后会出现类似调谐作用的干涉加强;裂缝密度进一步升高,对煤层反射的影响主要反映在高频成分的增加,对振幅影响较弱;从而可以证明煤层的反射强度主要受薄层的干涉作用影响较大。

(3)理论上,PP波反射AVO特征对薄煤层是否含流体更加敏感,但综合使用多波信息对比更有利于薄煤层中流体的预测。煤层中含流体时主要对反射波的AVO特征产生影响,且PP波的响应要强于PS波,可以利用多波的振幅比等比值属性进行不同流体的预测;但对反射的频谱特征影响不大,近似于单相(固相)介质时的情况。对于薄层中含吸附气体的情况下,吸附后气体都使得薄层反射系数增加,且PP波反射系数的增幅明显大于PS波,相同入射角情况下,可达2~3倍之多。

(4)相比于弹性各向同性介质,黏弹性与速度各向异性会明显地降低煤层的反射振幅,但黏弹性及黏弹性各向异性两种情况在真振幅上相差不大。对于PP波而言,黏弹性引起煤层的振幅异常较黏弹性各向异性低,相对于原生结构煤的误差百分比最大相差5%左右;对于PS而言,黏弹性引起煤层的振幅异常较黏弹性各向异性较大,相对于原生结构煤的误差百分比最大相差3%左右。

(5)均匀各向同性薄互层的反射远比单薄层反射复杂。目前理论与地震分辨率条件下实现薄互层的定量反演不可行。互层厚度小于平均波长的1/8时,薄互层的反射主要表现为只具有顶、底反射,而内幕反射弱的“白反射”特征;当互层中薄层厚度增加时,内幕反射出现,但反射能量强弱和相位变化与单薄层厚度、频率、物性变化有关,不具有与薄层数量与物性的完全一一对应性;薄互层的顶底反射与上覆、下伏围岩的物性相关。

第7章 总　　结

本书对均匀各向同性水平层状单相介质的薄互层弹性波传播的反射率法、单薄层反射的各种近似公式、双相介质薄互层弹性波的反/透射及典型薄互层模型的弹性波传播特征等进行了系统的介绍。在前人工作的基础上,本书对薄层地震波传播特征与反射系数近似、薄互层在不同波函数情况下的反/透射系数、薄互层各向异性近似、极薄层近似、弱阻抗差及小角度近似展开了详细的推导与讨论。通过典型模型模拟分析,对比说明了薄层与单界面地震响应的不同,并将薄层复杂化,研究了单薄层含构造煤或夹矸、含裂隙、含流体及薄互层等情况下的地震反射特征。本章将对薄互层反射系数近似及传播特征进行总结和归纳,给出几点认识,并指出所存在的问题及后续研究方向。

7.1 结　　论

1)薄互层弹性波传播的反射率法

薄层反/透射系数是AVO研究的基础。本书参考薄互层P波入射情况下的位移位反/透射矩阵方程,利用Brekhovskikh传播矩阵建立了SV波入射水平层状各向同性介质时的位移位反/透射矩阵方程;并给出了位移波函数表示的薄互层传播矩阵,P波及SV波入射情况下的薄层反/透射方程。对比不同波函数下的薄互层反/透射方程,可以发现,位移位传播矩阵与位移传播矩阵形式相同,而薄层反/透射系数相差速度比关系。当薄层简化为单界面情况时,P波入射情况下,位移位及位移表述的反/透射矩阵方程分别退化为Knott方程与Zoeppritz方程。通过地震记录模拟可以验证,薄互层地震记录远比单阻抗差界面反射复杂,包含了转换波及层间多次波。薄互层弹性波传播的反射率法可以提供更为接近于实际情况的反射地震响应,但此精确公式的复杂表达限制了它在反演中的应用,因此本书中关于近似公式的理论论证中只利用精确公式作为近似公式误差分析的标尺。

2)薄互层弹性波反射的各种近似

薄层近似公式的提出是实现薄层AVO反演的前提条件。沉积地层中周期性薄互层,只要单层的厚度远小于地震波长,地震波通过时就会表现出长波长各向异性。本书整理了Schoenberg关于各向异性薄互层的反/透射公式,为薄互层视各向异性提供理论基础,可用于后续薄互层背景下突出目标层的问题研究。修正了张中杰和何樵登给出的薄互层视各向异性弹性参数$\bar{c}_{11}$;当互层厚度很小时,可以将薄互层等效成VTI介质,减少参数个数,为后续突出薄互层背景下的目标层,以及将目标层顶、底互层等效成VTI介质提供可能。

讨论了薄互层反/透射系数与射线参数p的关系,得出了“薄层非转换波的反/透射系数是射线参数p的偶函数,而转换波的反/透射系数是射线参数p的奇函数”的结论,煤层及含油气砂岩拟合分析显示在小角度($\leqslant 30°$)范围内保留奇偶一次项就可以高度地近似精确反射系数。

在厚度较小假设下对薄层反/透射矩阵方程进行简化，获得 Zoeppritz 方程形式的薄层近似矩阵方程，我们称为单薄层反/透射的拟 Zoeppritz 方程或极薄层公式。通过一系列典型薄层模型拟合误差分析可知，极薄层公式近似精度高，基本可以满足薄层地震反演的精度要求，并且近似误差随着薄层厚度及阻抗差异的降低而减小。PP 波反射系数近似公式在薄层厚度小于平均波长的 1/8 时误差小于 10%。相比之下，PS 波反射系数近似精度稍差。考虑到实际地震勘探中 PP 波与 PS 波的频率差异，厚度分别取相应波长的相同倍数时，对比 PP 波与 PS 波反射系数近似精度，前者近似精度普遍高于后者。

由极薄层近似分析可知，阻抗差越小时薄层近似精度越高。因此，本书围绕着弱阻抗差展开，采用 Aki-Richards 和 Shuey(Aki and Richards，1980；Shuey，1985)的模式，对薄层进行弱阻抗差及小角度近似，根据幂级数的舍弃项次，依次给出了薄层弱阻抗差近似、四次幂级数形式及二次幂级数形式。模拟分析结果表明：弱阻抗差近似公式可以反映大角度范围内薄层反射系数的变化，但公式形式较为复杂，难以直接用于薄层的 AVO 反演。四次幂级数近似及二次幂级数近似适用于小角度范围内的弱阻抗差近似，对于薄层顶、底界面反射系数振幅不同的情况下，四次幂级数近似精度略高于二次幂级数近似；对于薄层顶、底界面反射系数极性相反振幅相同的情况下，二次幂级数近似对于低阻抗差薄层而言具有普遍比四次幂级数近似更高的近似精度；而对于高阻抗差薄层而言，后者近似精度高于前者。四次幂级数近似及二次幂级数近似公式形式简明，可与 Shuey 公式类比，分析薄层反射系数截距-斜率与各参量的变化关系，可进行薄层 AVO 反演。

基于薄层反/透射系数与射线参数的奇偶关系，本书依次给出了极薄层及薄层幂级数近似式；在小入射角情况下，两种近似都能获得较高的近似精度，且薄层幂级数近似相比极薄层幂级数近似，没有极薄层的假设前提，适用范围更广。然而，极薄层幂级数近似形式更为简洁，数值模拟分析可知，当薄层厚度小于等于 $\lambda/10$ 时，极薄层幂级数近似为更优的近似方案。

3)双相介质薄互层弹性波的反/透射

本书分别利用 Gassmann 方程及 Biot 理论建立双相介质薄层的反/透射系数矩阵方程。前者实际是将 Gassmann 方程及单相介质薄层反/透射系数矩阵方程结合，获得 Gassmann 近似等效下的反射 PP 波及 PS 波反射系数。数值模拟分析可知：孔隙度及入射波频率(或薄层厚度)共同影响薄砂层的 PP 波及 PS 波地震响应；高孔隙度下反射 PP 波振幅会显示出含气异常；同时利用反演泊松比的方法可以判别储层是否含气。后者基于低频 Biot 理论，利用界面处位移、应力、流体法向流量、流体压力的连续性，给出双相介质薄互层的传播矩阵；并在此基础上，给出快纵波入射情况下的双相介质单薄层的反/透射矩阵方程。该方程可以用于求取快纵波、慢纵波及转换横波的反/透射系数。数值模拟分析可知：慢纵波速度明显低于快纵波及转换横波的速度，且慢纵波比其他体波对孔隙度更为敏感。

4)典型薄互层模型的弹性波传播特征

实际的煤层是典型的、相对于地震频带的薄层，具有低速、低密度、与围岩之间形成强阻抗差等特征；同时，煤层内部裂隙发育、流体充填并有可能存在构造煤及夹矸夹层，使得煤层反射更为复杂。本书采用从简单模型——均匀、水平层状、各向同性单薄层，到含构造煤与夹矸，再到含裂缝单薄层、含流体单薄层、黏弹性各向异性单薄层，最后到薄互层模型，从简单到复杂,逐步增加模型复杂程度的方法,通过不同复杂程度模型的定义与数值模拟分析,重点讨论薄层与单阻抗差界面的 PP 波与 PS 波反射系数的差异、薄互层的反射特征,以及裂缝密度、含流体性及其饱和度对薄层反射的影响。主要结论如下。

薄层的反射不同于单阻抗差界面的反射,是一个干涉叠加的复合波;薄层的反射受薄层厚度、入射波频率、薄层波阻抗的影响,在调谐频率或调谐厚度时达到最大;薄层的反射波强度随薄层厚度降低、频率降低、阻抗差降低而变小;薄层的反射相位不同于入射波的相位,表现为非零相位。

理论上,综合利用煤层反射的 PP 波与 PS 波的振幅与相位,可以实现煤层中是否含有构造煤式夹矸,并判断其位置的精确预测,可以推测,若煤层地震反演中有已知钻井和测井曲线的约束,通过制作相位量板的方法能实现煤层结构的定量反演。

裂缝隙的存在会对煤层的反射产生影响,但裂缝密度低影响微弱,裂缝密度增加到一定程度后会出现类似调谐作用的干涉加强;裂缝密度进一步升高,对煤层反射的影响主要反映在高频成分的增加,对振幅影响较弱;从而可以证明煤层的反射强度主要受薄层的干涉作用影响较大。

煤层中含流体时主要对反射波的 AVO 特征产生影响,且 PP 波的响应要强于 PS 波,可以利用多波的振幅比等比值属性进行不同流体的预测;但对反射的频谱特征影响不大,近似于单相(固相)介质时的情况。对于薄层中含吸附气体的情况下,吸附气体使得薄层反射系数增大,且 PP 波反射系数的增幅明显大于 PS 波,相同入射角情况下,可达 2 ~ 3 倍之多。

黏弹性及其各向异性会明显地降低煤层的反射振幅,振幅异常可达 20% 以上,但黏弹性及黏弹性各向异性两种情况在真振幅上相差不大。对于 PP 波而言,黏弹性引起煤层的振幅异常较黏弹性各向异性低,相对于原生结构煤的误差百分比最大相差 5% 左右;对于 PS 而言,黏弹性引起煤层的振幅异常较黏弹性各向异性较大,相对于原生结构煤的误差百分比最大相差 3% 左右。

高、低速层互层的韵律型薄互层模型模拟发现,互层厚度小于平均波长的 1/8 时,薄互层的反射主要表现为只具有顶、底反射,而内幕反射弱的“白反射”特征;当互层中薄层厚度增加时,内幕反射出现,但反射能量强弱及相位变化与单薄层厚度、频率、物性变化有关,不具有与薄层数量与物性的完全一一对应性;薄互层的顶底反射与上覆、下伏围岩的物性相关。

7.2　存在的问题及下册书中的相关内容

本书较为全面系统地介绍了薄层弹性反射系数及近似和典型薄(互)层模型的弹性波传播特征、地震响应模式等,但是书中对薄互层弹性波传播问题的探讨在有些方面还不够全面深入,下面将指出这些不足,并将在下册给予详细讨论。

(1)本书提出的拟 Zoeppritz 方程虽然简化了现有薄层公式,但仍保留着基本的矩阵方程形式,难以解析使用。后续可借鉴 Aki 和 Richards(1980)、Shuey(1985)等对单界面反/透射系数的简化思路,进行拟 Zoeppritz 方程的再简化,提出显式解析形式的薄层反/透射系数,以利于薄层的 AVO 和 AVA 分析。本书借鉴单界面反/透射系数与射线参数奇偶关系的结论证明了薄层反/透射系数与射线参数的奇偶关系，并给出了 $n=1$ 情况下的低阶级数近似解，使得参数 A_{2n}^{R}、A_{2n+1}^{R}、A_{2n}^{T}、A_{2n+1}^{T} 具有显式表达式，但这种低阶近似只在小角度范围内具有较好的近似误差；若要考虑高精度和大角度的近似，需要进一步采用迭代的方式给出更高阶的近似表达。

（2）本书只讨论了薄互层的视各向异性，并未对薄互层模型进行近似误差分析，并给出长波长假设 VTI 近似理论的适用条件。下册书中将对视各向异性的近似精度进行分析，并结合 Schoenberg 各向异性传播矩阵，对薄互层背景下的单薄层的反演进行研究。

（3）在薄层厚度很小的假设前提下，对薄层反/透射矩阵公式进行简化近似，获得了类似于 Zoeppritz 方程形式的薄层近似矩阵方程，后续可参考单界面广义线性反演方法，实现对薄层参数的反演。

（4）本书对于典型含裂缝隙薄层模型的弹性波传播模拟与特征分析中，仅考虑了薄层含低裂隙密度的情况，后续需要补充薄层含高裂隙密度的数值模拟与分析，使得模型更切合实际地质情况。

参考文献

柏冠军,吴汉宁,赵希刚,等.2006. 地震资料预测薄层厚度方法研究与应用. 地球物理学进展,21(2):554-558.

常子恒.2001. 石油勘探开发技术. 北京:石油工业出版社.

陈继松,常旭.1987. 储油薄层的地震响应及定量解释. 石油地球物理勘探,22(4):386-399.

陈康,吴国忱,印兴耀,等.2013. 基于反射率法的TTI介质正演模拟. 石油地球物理勘探,48(5):717-727.

程冰洁,张玉芬.2003. AVO简化方程的物理意义及其在油气识别中的应用. 物探化探计算技术,25(1):26-30.

董书宁,张群.2007. 安全高效煤矿地质保障技术及应用. 北京:煤炭工业出版社.

杜世通.1996. 地震波动力学. 北京:石油大学出版社.

戈革.1986. 地震波动力学基础. 北京:石油工业出版社.

郭智奇.2008. 粘弹各向异性介质波场模拟与储层信息研究. 吉林大学博士学位论文.

侯伯刚.2005. AVO处理解释技术研究及应用. 中国地质大学(北京)博士学位论文.

胡德绥.1989. 弹性波动力学. 北京:地质出版社.

黄文锋,姚逢昌,李宏兵.2012. 薄互层调谐规律研究与净厚度估算. 石油地球物理勘探,47(4):584-591.

黄真萍,王晓华,王云专.1997. 薄层地震属性参数分析和厚度预测. 石油物探,36(3):28-38.

兰慧田.2014. 裂缝性孔隙介质波场模拟与频变AVO储层参数反演. 吉林大学博士学位论文.

李国发,岳英,熊金良,等.2011. 基于三维模型的薄互层振幅属性实验研究. 油地球物理勘探,6(1):114-120.

李红星,桂磊峰,陶春辉,等.2015. 基于改进BISQ模型的AVA方程. 石油学报,36(9):1108-1115.

李录明,罗省贤.1997. 多波多分量地震勘探原理及数据处理方法. 成都:成都科技大学出版社.

李雪英,陈树民,王建民,等.2012. 薄层时频特征的正演模拟. 地球物理学报,55(10):3410-3419.

李雪英,李东庆,白诗缘.2014. 薄层研究方法综述. 地球物理学进展,29(5):2197-2203.

李跃,徐果明,施行觉,等.1995. 薄互层等效各向异性的实验研究. 石油地球物理勘探,30(4):513-517.

梁锴.2009. TI介质地震波传播特征与正演方法研究. 中国石油大学硕士学位论文.

刘万金,周辉,袁三一,等.2013. 谱反演在地震属性解释中的应用. 石油地球物理勘探,48(3):423-428.

刘亚茹.2007. 薄互层AVO正演模拟及特征分析. 中国石油大学硕士学位论文.

刘洋,李承楚,牟永光,等.2000. 双相横向各向同性介质分界面上弹性波反射与透射问题研究. 地球物理学报,43(5):691-698.

刘银斌,李幼铭.1994. 横向各向同性多孔介质中的地震波传播. 地球物理学报,37(4):499-514.

卢明辉,巴晶,杨慧珠.2007. 双相介质分界面上弹性波的反射与透射. 地球物理学进展,22(5):1439-1445.

陆基孟.1993. 地震勘探原理. 东营:中国石油大学出版社.

马海珍.2003. 双相介质储层参数AVO波形反演方法研究. 中国石油大学(北京)博士学位论文.

牟永光.1996. 储层地球物理学. 北京:石油工业出版社.

乔文孝,王宁,严炽培.1992. 声波在两种多孔介质分界面上的反射和透射. 地球物理学报,35:242-248.

撒利明.2003. 储层反演油气检测理论方法研究及其应用. 中国科学院广州地球化学研究所博士学位论文.

宋建国,王艳香,乔玉雷,等.2008. AVO技术进展. 地球物理学进展,23(2):508-514.

苏盛甫.1988. 薄储集层的反射特征和定量解释方法. 石油地球物理勘探,23(4):387-402.

孙成禹,尚新民,石翠翠,等.2011. 影响地震数据相位特征的因素分析. 石油物探,50(5):444-454.

孙鲁平,郑晓东,首皓,等.2010. 薄层地震峰值频率与厚度关系研究. 石油地球物理勘探,45(2):254-259.

孙树海,牛彦良.1991. 薄互层条件下AVO技术的应用. 地球物理学报,34(1):99-106.

唐文榜 . 1987. 地震反射法中薄煤层分辨能力的研究 . 地球物理学报,30(6):641-652.
唐文榜,刘来祥,樊佳方,等 . 2012. 地震可检测性分辨率研究 . 石油物探,51(2):107-121.
汪恩华 . 1991. 适用于 AVO 分析的层状介质反射系数公式及模型计算 . 石油地球物理勘探,26(4):425-429.
汪恩华,贺振华,李庆忠 . 2001. 基于薄层的反射系数谱理论与模型正演 . 成都理工学院学报,28(1):70-74.
王椿镛 . 1982. 层状不均匀介质中合成地震图的反射率法 . 地球物理学报,25(5):424-433.
王栋 . 2007. AVO 技术的研究探讨 . 内蒙古石油化工,33(8):16-19.
王明春 . 2007. VTI 介质多波叠前联合反演岩性参数方法及应用 . 成都理工大学硕士学位论文 .
王濮,金振奎,李国发,等 . 2007. 薄层生物碎屑灰岩的地震属性检测 . 石油物探,46(4):390-393.
王尚旭 . 1990. 双相介质中弹性波问题有限元数值解和 AVO 问题 . 石油大学博士学位论文 .
王贻朋,谢金平,韩文工,等 . 2014. 基于谱分解的薄层预测方法 . 石油地球物理勘探,49(3):561-566.
王赟 . 2000. 开放系统中的地球物理场 . 中国矿业大学(北京)博士后出站报告 .
王赟,芦俊,石瑛 . 2010. 我们能识别煤层中垂直落差小于 3 米的断层吗? 煤炭学报,35(4):629-634.
王赟,许小凯,张玉贵 . 2012. 六种不同变质程度煤的纵横波速度特征及其与密度的关系 . 地球物理学报,55(11):3754-3761.
王赟,张玉贵,许小凯 . 2013. 六种不同变质程度煤的最大镜质组反射率与弹性参数的关系 . 地球物理学报,56(6):2116-2122.
王赟,刘媛媛,张美根 . 2017. 裂缝各向异性地震等效介质理论 . 北京:科学出版社 .
王赟,杨春,芦俊 . 2018. 薄互层弹性波反演面临的困境 . 地球物理学报,61(3):1118-1135.
魏修成 . 1995. 双相各向异性介质中的地震波场研究 . 石油大学博士学位论文 .
沃特斯 K H. 1983. 反射地震学——能源勘探的工具 . 许云,吴荣祥译 . 北京:石油工业出版社 .
吴国庆,李刚,董守华 . 2015. 薄煤层赋存不同流体的 AVO 特征分析 . 工程地球物理学报,12(3):395-400.
谢里夫 R E,吉尔达特 L P. 1999. 勘探地震学(上册). 北京:石油工业出版社 .
徐果明,李跃,倪四道,等 . 1996. 薄互层等效横向各向同性的研究 . 石油地球物理勘探,31(6):792-805.
徐萍,李景叶,黄饶 . 2010. 薄互层油气藏 AVO 特征模拟分析 . 中国海上油气,22(2):91-95.
徐善辉 . 2012. 基于 Hilbert-Huang 变换的地震噪声衰减与薄层预测技术研究 . 吉林大学博士学位论文 .
徐仲达,屠浩敏,邬庆良 . 1991. 平面波反射系数与 AVO 技术 . 石油物探,30(3):1-20.
许小凯,王赟,孟召平 . 2014. 6 种不同变质程度煤岩的品质因子特征 . 地球物理学报,57(2):644-650.
许云 . 1981a. 地震层状构造理论与地震模型 . 石油物探,20(1):1-16.
许云 . 1981b. 岩性革命与波动理论 . 石油物探,20(4):1-12.
寻浩,董敏煜,牟永光 . 1997. 各向异性介质中反射率法波场模拟及体波辐射图案 . 石油地球物理勘探,32(5):605-614.
杨春,王赟,杨德义 . 2014. 构造煤的地震可识别性理论探讨 . 煤炭学报,39(S2):465-470.
杨春峰 . 2010. 薄层 VTI 介质中地震反射系数及相位响应 . 地球物理学进展,25(3):904-910.
杨春颖 . 2013. 三维各向异性粘弹性正演模拟与转换波衰减补偿 . 中国科学院地质与地球物理研究所博士学位论文 .
杨春颖,杨春,陈双全,等 . 2017. 各向异性衰减薄层地震响应特征研究 . 地球物理学报,60(1):316-326.
杨辉 . 1988. 薄层响应对反射层的影响 . 石油地球物理勘探,23(3):287-293.
杨起,韩德馨 . 1979. 中国煤田地质学 . 北京:煤炭工业出版社 .
杨绍国,周熙襄 . 1994. Zoeppritz 方程的级数表达式及近似 . 石油地球物理勘探,29(4):399-412.
姚陈,蔡明刚,王赟 . 2010. 各向同性薄层反射理论地震图 . 地球物理学报,53(1):164-170.

殷八斤,曾灏,杨在岩 . 1995. AVO 技术的理论与实践 . 北京:石油工业出版社 .

雍学善,马海珍,高建虎 . 2006. 双相介质 AVO 方程及参数简化研究 . 地球科学进展,21(3):242-249.

袁子龙,杨冰,王建国 . 1996. 薄层、薄互层地震反射时间域与频率域正演模拟研究及应用 . 石油物探,35(3):14-20.

苑春方,彭苏萍,唐申强,等 . 2014. 薄层复合波振幅与厚度函数关系的改进 . 煤炭学报,39(10):2083-2086.

曾允孚,夏文杰 . 1996. 沉积岩石学 . 北京:地质出版社 .

张爱敏,汪洋,赵世尊 . 1997. 不同厚度煤层 AVO 特征及模型研究 . 中国矿业大学学报,26(3):36-41.

张川,杨春,王赟 . 2015. 关于薄层与单界面模型弹性反射透射系数的讨论. 煤田地质与勘探,43(2):86-90.

张繁昌,印兴耀,赵剑 . 2003. 慢度法全波场模拟及其水平慢度积分的实现 . 石油地球物理勘探,38(6):597-602.

张铁强,孙鹏远,钱钟平,等 . 2013. 薄煤层 AVO 响应特征分析 . 石油地球物理勘探,48(4):597-603.

张显文,王德利,王者江,等 . 2010. 基于 BISQ 机制三维双相正交裂隙各向异性介质衰减及频散方位特性研究 . 地球物理学报,53(10):2452-2459.

张营革 . 2014. 饱和流体多孔隙介质反射率法全波场模拟 . 地球物理学进展,29(3):1369-1376.

张应波 . 1994. Biot 理论应用于地震勘探的探索 . 石油物探,33(4):29-37.

张玉芬 . 2002. 薄互层地震反射特征研究 . 武汉:中国地质大学出版社 .

张中杰,何樵登 . 1990. N 个薄层介质组合引起的视各向异性 . 长春地质学院学报,20(2):223-231.

张中杰,何樵登 . 1996. 横向各向同性介质中地震波及其数值模拟 . 长春:吉林大学出版社 .

张子敏,张玉贵 . 2005. 瓦斯地质规律与瓦斯预测 . 北京:煤炭工业出版社 .

赵晨光 . 1986. 薄互层地震反射波的特征分析 . 石油地球物理勘探,21(1):32-46.

赵改善 . 1991. 二维起伏层状模型的纵横波 AVO 模拟 . 石油地球物理勘探,26(4):419-425.

赵伟,陈小宏,李景叶 . 2006. 薄互层调谐效应对 AVO 的影响 . 石油物探,45(6):570-573.

郑晓东 . 1991. Zoeppritz 方程的近似及其应用 . 石油地球物理勘探,26(2):129-144.

朱建伟,杜旭东,杨宝俊 . 1994. 陆相薄互层地震沉积微相研究的基本方法探讨 . 长春地质学院学报,24(2):210-217.

Aki K, Richards P G. 1980. Quantitative seismology: Theory and methods. USA, 144-154.

Al-Marzoug A M, Neves F A, Kim J J, et al. 2006. P-wave anisotropy from azimuthal AVO and velocity estimates using 3D seismic data from Saudi Arabia. Geophysics, 71: E7-E11.

Backus G E. 1962. Long-wave elastic anisotropy produced by horizontal layering. Journal of Geophysical Research, 67(11): 4427-4440.

Bakulin A, Grechka V, Tsvankin I. 2000. Estimation of fracture parameters from reflection seismic data-Part I: HTI model due to a single fracture set. Geophysics, 65: 1788-1802.

Berryman J G. 1980. Confirmation of Biot's theory. Applied Physics Letters, 37: 382-384.

Biot M A. 1956a. Theory of propagation of elastic waves in a fluid-saturated porous solid: I- low frequency range. Journal of the Acoustical Society of America, 28(2): 168-178.

Biot M A. 1956b. Theory of propagation of elastic waves in a fluid-saturated porous solid: II-higher frequency range. Journal of the Acoustical Society of America, 28(2): 179-191.

Biot M A, Willis D G. 1957. The elastic coefficients of the theory of consolidation. Journal of Applied Mechanics, 15: 594-601.

Booth D C, Crampin S. 1983. The anisotropic reflectivity technique: Anomalous reflected arrivals from an anisotropic upper mantle. Geophysical Journal Royal Astronomical Society, 72: 767-782.

Bortfeld R. 1961. Approximation to the reflection and transmission coefficients of the plane longitudinal and transverse waves. Goephysical Prospecting,9:485-502.

Brekhovskikh L M. 1980. Waves in Layered Media. New York:Academic Press.

Bruggeman D A G. 1935. Berechnung verschiedener physikalischer konstanten von heterogenen substanzen. Annals of Physics,24:636.

Carcione J M. 1995a. Constitutive model and wave equations for linear,voscoelastic,anisotropic media. Geophysics, 60(2):537-548.

Carcione J M. 1995b. Attenuation and quality factor surfaces in anisotropic-viscoelastic media. Mechanics of materials,19:311-327.

Carcoine J M. 1997. Reflection and transmission of qP-qS plane waves at a plane boundary between viscoelastic transversely isotropic media. Geophysical Journal International,129:669-680.

Carcoine J M. 2001. Wave fields in real media:Wave propagation in anisotropic,anelastic porous and electromagnetic media. Amsterdam:Elsevier Science.

Carcione J M,Kosloff D,Behle A. 1991. Long-wave anisotropy in stratified media:A numerical test. Geophysics, 56(2):245-254.

Castagna J P. 1997. Principles of AVO cross plotting. The Leading Edge,16:337-342.

Castagna J P,Batzle M L,Eastwood,R L. 1985. Relationship between compressional-wave and shear-wave velocities in clastic silicate rocks. Geophysics,50:571-581.

Chapman M,Liu E. 2005. The effect of abnormally high reservoir attenuation on AVO analysis. 2005 SEG Annual Meeting:Society of Exploration Geophysicists.

Chapman M, Liu E, Li X Y. 2006. The influence of fluid sensitive dispersion and attenuation on AVO analysis. Geophysical Journal International,167:89-105.

Chen T S,Liu Y. 2006. Multi-component AVO response of thin beds based on reflectance spectrum theory. Applied Geophysics,3(1):27-36

Chichinina T,Sabinin V,Ronquillo-Jarillo G. 2006. QVOA analysis:P-wave attenuation anisotropy for fracture characterization. Geophysics,71:C37-C48.

Chung H M,Lawton D C. 1995a. Frequency characteristics of seismic reflections from thin beds. Canadian Journal of Exploration Geophysics,31:32-37.

Chung H M,Lawton D C. 1995b. Amplitude responses of thin beds:Sinusoidal approximation versus Ricker approximation. Geophysics,60(1):223-230.

Corredor R M,Santons J E,Gauzellino P M,et al. 2014. Reflection and transmission coefficients of a single layer in poroelastic media. Journal of the Acoustical Society of America,135(6):3151-3162.

Crampin S. 1970. The dispersion of surface waves in multilayered anisotropic media. Geophysical Journal of the Royal Astronomical Society,21:387-402.

Crampin S. 1975. Distinctive particle motion of surface waves as a diagnostic of anisotropic layering. Geophysical Journal of the Royal Astronomical Society,40:177-186.

Crampin S. 1981. A review of wave motion in anisotropic and cracked elastic-media. Wave Motion,3:343-391.

Crampin S. 1984. Effective anisotropic elastic constants for wave propagation through cracked solids. Geophysical Journal of the Royal Astronomical Society,76:135-145.

Crampin S, Mcgonigle R, Bamford D. 1980. Estimating crack parameters for observations of P wave velocity anisotropy. Geophysics,45(3):345-360.

Denneman A I M,Drijkoningen G G,Smeulders D M J,et al. 2002. Reflection and transmission of waves at a fluid/

porous-medium interface. Geophysics,67:282-291.

Deresiewicz H, Rice J T. 1962. The effect of boundaries on wave propagation in a liquid-filled porous solid: III. Reflection of plane waves at a free plane boundary (general case). Bulletin of the Seismological Society of America,52(3):595-625.

Deresiewicz H, Rice J T. 1964. The effect of boundaries on wave propagation in a liquid filled porous-solid, V-transmission across a plane interface. Chemsuschem,51(1):467-473.

Ellison S J, Mhofm G, Coruh C, et al. 2004. Modeling offset-dependent reflectivity for time-lapse monitoring of water-flood production in thin-layered reservoirs. Geophysics,69(1):25-36.

Fang Y C, Ping P S, Qiang T S, et al. 2014. Improvement of function between thin-bed composite amplitude and its thickness. Journal of China Coal Society,39(10):2083-2086.

Fatti J L, Smith G C, Vail P J, et al. 1994. Detection of gas in sandstone reservoirs using AVO analysis. Geophysics, 59:1362-1376.

Feng S, Johnson D L. 1983. High-frequency acoustic properties of a fluid/porous solid interface. I. New surface mode. Journal of the Acoustical Society of America,74:906-914.

Foldstad P G, Schoenberg M. 1992. Low frequency propagation through finelayering. 62nd Annual International Meeting, SEG Expanded Abstracts:1279-1281.

Fryer G J. 1980. A slowness approach to the reflectivity method of seismogram synthesis. Geophysical Journal of the Royal Astronomical Society,63(3):747-758.

Fryer G J, Frazer L N. 1984. Seismic waves in stratified anisotropic media. Geophysical Journal of the Royal Astronomical Society,91(1):73-101.

Fuchs K, Müller G. 1971. Computation of synthetic seismograms with the reflectivity method and comparison with observations. Geophysical Journal of the Royal Astronomical Society,23(4):417-433.

Gardner G H F, Gardner L W, Gregory A R. 1974. Formation velocity and density-The diagnostic basics for stratigraphic traps. Geophysics,39:770-780.

Gassmann F. 1951. Elastic waves through a packing of spheres. Geophysics,16(4):673-685.

Geerstma J. 1961. Velocity-log interpretation: The effect of rock bulk compressibility. Society of Petroleum Engineers Journal,1(4):235-248.

Geerstma J, Smit D C. 1961. Some aspect of elastic wave propagation in fluid-saturated porous solids. Geophysics, 26:169-181.

Gidlow P M, Smith G C, Vail P J. 1992. Hydrocarbon detection using fluid factor traces, a case study: How useful is AVO analysis? Joint SEG/EAEG summer research workshop, Technical Program and Abstracts:78-89.

Gochioco L M. 1991. Tuning effect and interference reflections from thin beds and coal seams. Geophysics, 56: 1288-1295.

Gochioco L M. 1992. Modeling studies of interference reflections in thin-layered media bounded by coal seams. Geophysics,57:1209-1216.

Goodway B, Chen T, Downton J. 1997. Improved AVO fluid detection and lithology discrimination using lame petrophysical parameters. 67th Annual International SEG meeting, Expanded Abstracts:183-186.

Goodway B, Varsek J, Abaco C. 2006. Practical applications of P-wave AVO for unconventional gas Resource Plays. Part 2:52-65.

Gray F D. 1999. Bridging the gap: Using AVO to detect changes in fundamental elastic constants. 59th Ann Internet Expanded Abstract of 59th SEG Mtg:852-855.

Gray F D. 2002. Elastic inversion for Lame parameters. Expanded Abstract of 72th SEG Mtg:697-700.

Helbig K. 1984. Anisotropy and dispersion in periodically layered media. Geophysics,49(4):364-373.

Helbig K. 2007. Transverse isotropy in exploration seismic. Geophysical Journal International,76(1):79-88.

Hill R W. 1952. The elastic behavior of crystalline aggregate. Proceedings of the Physical Society. Section A,65: 349-354.

Hiltemen F. 1983. Seismic lithology. SEG-continuing Education:115.

Hilterman J F. 2006. 地震振幅解释. 孙夕平等译. 北京:石油工业出版社.

Hovem J M. 1995. Acoustic waves in finely layered media. Geophysics,60(4):1217-1221.

Imhof M G. 2003. Scale dependence of reflection and transmission coefficients. Geophysics,68(1):322-336.

Jonathan E D. 2005. Seismic parameter estimation from AVO inversion. Calgary,Alberta:University of Calgary.

Juhlin C,Young R. 1993. Implications of thin layers for amplitude variation with offset(AVO) studies. Geophysics, 58:1200-1204.

Kallweit R S,Wood L C. 1982. The limits of resolution of zero-phase wavelets. Geophyiscs,47:1035-1046.

Kennett B L N. 1974. Reflections,rays and reverberations. Bulletin of the Seismological Society of America,64(6): 1685-1696

Kennett B L N. 1979. Theoretical reflection seismograms for elastic media. Geophysical Prospecting,27:301-321.

Kennett B L N. 1983. Seismic wave propagation in stratified media. Cambridge:Cambridge University Press.

Kennett B L N,Kerry N J. 1979. Seismic waves in a stratified half space. Geophysical Journal International,57(3): 557-583.

Kerner C. 1992. Anisotropy in sedimentary rocks modeled as random media. Geophysics,57(4):564-576.

Knott C G. 1899. Reflection and refraction of elastic waves with seismological applications. Philosophical Magazine Series 5,48(290):64-97.

Koefoed O. 1955. On the effect of Poisson's rations of rock strata on the reflection coefficients of plane waves. Goephysical Prospecting,3:381-387.

Koefoed O,de Voogd N. 1980. The linear properties of thin layers,with an application to synthetic seismograms over coal seams. Geophysics,45(8):1254-1268.

Krey T,Helbig K. 1956. A theorem concerning anisotropy of stratified media and its significance for reflection seismics. Geophysical Prospecting,4(3):294-302.

Krief M,Garat J,Stellingwerff J,et al. 1990. A petrophysical interpretation using the velocities of P and S waves (full-waveform sonic). The Log Analyst,31:355-269.

Krollpfeifer D. 1988. Detection and resolution of thin layers:A model seismic study. Geophysical Prospecting,36: 244-264.

Levshin A,Ratnikova L. 1984. Apparent anisotropy in inhomogeneous media. Geophysical Journal of the Royal Astronomical Society,76:65-69.

Li Z S,Guo X B. 2007. Predicting the distribution of thin bed reservoirs by broad frequency band seismic. Applied Geophysics,4(2):118-126.

Liu J,Marfurt K J. 2006. Thin bed thickness prediction using peak instantaneous frequency. 2006 SEG Annual Meeting. Society of Exploration Geophysicists.

Liu Y,Schmitt D R. 2003. Amplitude and AVO response of a single thin bed. Geophysics,68(4):1161-1168.

Lyakhovitskiy F M. 1984. Transverse itotropy of thinly layered media. Geophysical Journal of the Royal Astronomical Society,76:71-77.

Mahmoudian F. 2006. Linear AVO Inversion of Multi-component Surface Seismic and VSP Data. Calgary. Alberta: University of Calgary.

Mallick S, Frazer L N. 1990. Computation of synthetic seismograms for stratified azimuthally anisotropic media. Journal of Geophysical Research:Solid Earth,95(B6):8513-8526.

Marmalyevskyy N, Roganov Y. 2006. Frequency depending AVO for a gas-saturated periodical thin-layered stack. AEG International Exposition and 76th Annual Meeting:274-278.

Martin T, Sergei A, Peter H. 1996. AVO correction for scaler waves in the case of a thinly layered reflector overburden. Geophysics,61(2):520-528.

Mavko G,Mukerji T,Dvorkin J. 1998. The rock physics handbook:Tools for seismic analysis in porous media. New York:Cambridge University Press.

Meissner R,Meixner E. 1969. Deformation of seismic wavelets by thin layers and layered boundaries. Geophysical Prospecting,17(1):1-27.

Melia P J,Carlson R L. 1984. An experimental test of P-wave anisotropy in stratified media. Geophysics,49(4):374-378.

Muskat M,Merest M W. 1940. Reflection and transmission coefficients for plane waves in elastic media. Geophysics, 5(2):115-148.

Nur A,Marion D,Yin H. 1991. Wave velocities in sediments. In:Hovem J M,Richardson M D,Stoll R D(eds.). Shear Waves In Marine Sediments. Dordrecht:Kluwer Academic Publishers.

Nur A M,Mavko G,Dvorkin J,et al. 1995. Critical porosity:the key to relating physical properties to porosity in rocks,SEG Technical Program Expanded Abstracts.

Pan W Y,Kristopher A. 2013. AVO/AVF analysis of thin-bed in elastic media. SEG Houston 2013 Annual Meeting:373-377.

Partyka G,Gridley J,Lopez J. 1999. Interpretational applications of spectral decomposition in reservoir characterization. The Leading Edge,18(3):353-360.

Plona T J. 1980. Observation of a second bulk compressional wave in a porous medium at ultrasonic frequencies. Applied Physics Letters,36:259-161.

Postma G W. 1955. Wave propagation in a stratified medium. Geophysics,20(4):780-806.

Puryear C I, Castagna J P. 2008. Layer-thickness determination and stratigraphic interpretation using spectral inversion:Theory and application. Geophysics,73(2):R37-R48.

Reuss A. 1929. Berechnung der Fliessgrenzen von Mischkristallen auf Grund der Plastizitätsbediung für Einkristalle,Zeischrift für Angewandte Mathematik und Mechanik,9:49-58.

Riznichenko Y V. 1949. Seismic quasi-anisotropy. Bull Acad Sci USSR,Geographical and Geophysical Series,13:518-544.

Samec P,Blangy J. 1992. Viscoelastic attenuation,anisotropy,and AVO. Geophysics,57:441-450.

Schoenberg M, Protazio J. 1992. "Zoeppritz" rationalized and generalized to anisotropy. Journal of Seismic Exploration,1:125-144.

Shuck E L, Davis T L, Benson R D. 1996. Multicomponent 3-D characterization of a coalbed methane reservoir. Geophysics,61(2):315-330.

Shuey R T. 1985. A simplification of the Zoeppritz equations. Geophysics,50(4):609-614.

Smith G C,Gidlow P M. 1987. Weighted stacking for rock property estimation and detection of gas. Geophysical Prospecting,35:993-1014.

Stewart R R. 1992. Joint P and P-SV inversion. CREWES Research Report,1(2):112-115.

Stovas,A,Ursin B. 2005. The reflection and transmission responses of a periodic layered medium. SEG/Houston 2005 Annual Meeting:2386-2390.

Treitel S, Robinson E A. 1966. Seismic wave propagation in layered media in terms of communication theory. Geophysics, 31(1): 17-32.

Tsvankin I. 1995. Body-wave radiation patterns and AVO in transversely isotropic media. Geophysics 60(5): 1409-1425.

Turgut A, Yamamoto T. 1990. Measurements of acoustic wave velocities and attenuation in marine sediments. Journal of the Acoustical Society of America, 87(6): 2376-2383.

Ursenbach C P, Stewart R R. 2001. Extending AVO inversion techniques. CREWES Research Report, 13.

Ursin B, Stovas A. 2002. Reflection and transmission responses of a layered isotropic viscoelastic medium. Geophysics, 67(1): 307-323.

Voigt W. 1928. Lehrbuch der Kristallphysik. Teubner, Leipzig, Germany.

Wang Y H. 1999. Approximations to Zoeppritz equation and their use in AVO analysis. Geophysics, 64(6): 1920-1927.

Wang Z R, Chen L X, Cheng C R, et al. 2007. Forecast of Geological Gas Hazards for "Three-Soft" Coal Seams in Gliding Structural Areas. Journal of China University of Mining&Technology, 17(4): 484-488.

White J E. 1975. Computed seismic speeds and attenuation in rocks with partial gas saturation. Geophysics, 40(2): 224-232.

Widess M B. 1973. How thin is a thin bed? Geophysics, 38: 1176-1180.

Wood A W. 1955. A Textbook of Sound. Tallahassee: The MacMillan Company.

Wu K Y, Xue Q, Laszlo Adler. 1990. Reflection and transmission of elastic waves from a fluid-saturated porous boundary. The Journal of the Acoustical Society of America, 87(6): 2349-2358.

Wu X Y, Wu R S. 2006. Wavefield and AVO modeling using elastic thin-slab method. Geophysics, 71: C57-C67.

Xu Y, Bancroft J C. 1998. AVO case study: Extraction of Lame's parameters from vertical component seismic data. Presented at Geotriad'98, Canada.

Yang C, Wang Y, Wang Y H, 2016. Reflection and transmission coefficients of a thin bed. Geophysics, 81(5): N31-N39.

Yao C, Xiong Y W. 1993a. Far-field radiation pattern from an anisotropic dislocation point source. Canadian Journal of Exploration Geophysics, 29: 315-323.

Yao C, Xiong Y W. 1993b. Shear-wave splitting from local earthquakes modeled by synthetic seismograms. Can J Expl. Geophys, 29(1): 324-331.

Yao C, Chen X G, Lei J. 1999. Seismic synthetics study of 4 components for sea floor reflection. Seg Technical Program Expanded Abstracts, (1): 2061.

Zoeppritz K. 1919. On the reflection and penetration of seismic waves through unstable layers. Goettinger Nachr, 1(7B): 66-84.

Zykov Y D, Lyakhovitskiy F M, Chervinskaya O P. 1984. Experimental investigation of transverse isotropy in ice/clay thin-layered periodic models. Geophysical Journal International, 76: 269-272.

后　记

1995 年我硕士研究生毕业离开了中国地质大学北京研究生院；20 年后，也是毕业季，我又回到了曾经读书的这个校园（应用地球物理系已扩大为学院），却是作为老师。人生有很多个圆，经常地，蓦然回首好像又回到了起点。记得 1988 年报考大学时父母曾希望我还走他们的路子，上师范、当老师。我真的不太理解，他们这么辛苦地在中小学工作了几十年，在一方小小的三尺讲台上天天吃着粉笔灰，还爱着这个行业。我不会再走这条路的！这么整天地站着就受不了，何况还有“臭老九”的待遇？

都说人生是螺旋式的，看似起点，实则上下有别。除了年龄，我无法判断我在上升还是下降，只是我已不再是那个 20 多岁的小伙子。中国社会正处于变化中，我肯定也是变化了的。只是有些惶恐，惶恐我是否能做一个像我的硕士研究生导师许云先生那样称职的老师：手里拿着几页纸，密密麻麻地写满了公式，在往黑板上写时，偶尔抬手看一眼那几片纸。

我实际上应该是他的徒孙了，因为我报考的是他的弟子的研究生，但这个弟子出国后没再回来，我有幸几乎成为他的关门弟子，因为那一年，许老师已经 64 岁。因此，我从踏进校门心里就有恐惧：在许老师的直接指导下，要尝试他的很多关于物理的奇妙想法，一月一次汇报，没有进展是很难堪的。

常常记起许老师头发花白，穿着中式的布扣衫、老布鞋，背着手走在校园那两排参天毛白杨守卫着的林荫路上的背影。我们迎面看见一般是要绕着走的，因为打招呼会不经意地打断他的思路，他会“喔”地抬起头，思绪似乎需要很费劲地回到现实中来。

可今天，已到耄耋之年的许老师，还是那身几乎未变的装束，那样的步伐和背影，只是不常出来走动了。办公室搬到了家里，还是一指禅式地敲着键盘，左手的那根烟没那么频繁了，师母也找到了制裁师父的法理依据——北京实行了史上最严的禁烟令，家里抽烟也没那么自由了。许老师说：“抽得少了，可思路还未少，只是需要自己慢慢地编程序实现了。”

45 岁后，我几乎已不编程序了，有那么多的学生，年轻人调程序快着呢。面对许老师，我也没有先前那么害怕了；发现在他严厉的背后，还有蛮慈祥的一面，可不敢说可爱，因为在许老师心里，除了物理、地球物理、推公式、编程序、讨论思路，还有什么是可爱的呢？

从 20 世纪 60 ~ 70 年代引进国外的层状介质地震理论与方法以来，我国勘探地震在这一理论框架下已经走了半个多世纪的发展之路。而今天这本《薄互层弹性波传播理论》（上册）的出版，也只是其中适应中国复杂能源地质条件的、一个小小的特例与细化，是刚刚汇集成册的许云老师的《层状介质地震波理论与应用》的延续；而且仅仅是正演部分，至于薄互层的完备模拟和近似，以及反演理论方法的系统论证和应用尚需要后续不断的努力［预计五年后我们会出版《薄互层弹性波传播理论》（下册）］。

因此,在我的脑海里,许老师永远是那个头发花白、背着手、沉思走在树荫下的背影,赶不上,而只能远远地望着、敬仰着。

特以此专著献给许云先生九十诞辰与从事地球物理(地震)工作60年。

1995届硕士研究生　王赟
2016年11月24日修改,2019年1月27日定稿
于中国地质大学(北京)逸夫楼